リアルイラストでスラスラわかる
建築基準法

2025年大改正対応版

関田保行——著

X-Knowledge

装丁／ neucitora
本文デザイン／山田知子（chichols）
本文組版／ TK クリエイト（竹下隆雄）
イラスト／栗原寛志・坪内俊英・堀野千恵子・ヤマサキミノリ・西太一
印刷・製本／シナノ書籍印刷

本書は、「リアルイラストでスラスラわかる建築基準法［増補改訂版］」を加筆修正のうえ、再編集したものです。

PART 1
用途

特殊建築物の用途のものは
防火・避難の規制が厳しくなるなど
建築物はその用途によりさまざまな制限を受ける。
また、市街地は用途地域に分けられ
各地域に適した建築物が集積し
都市が合理的発展をするよう用途規制が行われている。
ここでは、建築物にとって「まず建築できるか」が
問われる重要な制限といえる「用途」について解説する。
準用工作物でも立体式自動車車庫や
コンクリートプラントなど
用途規制を受けるものがあるので注意が必要だ。

建築基準法の対象は建築物と準用工作物・建築設備

建築物に該当するもの、しないもの

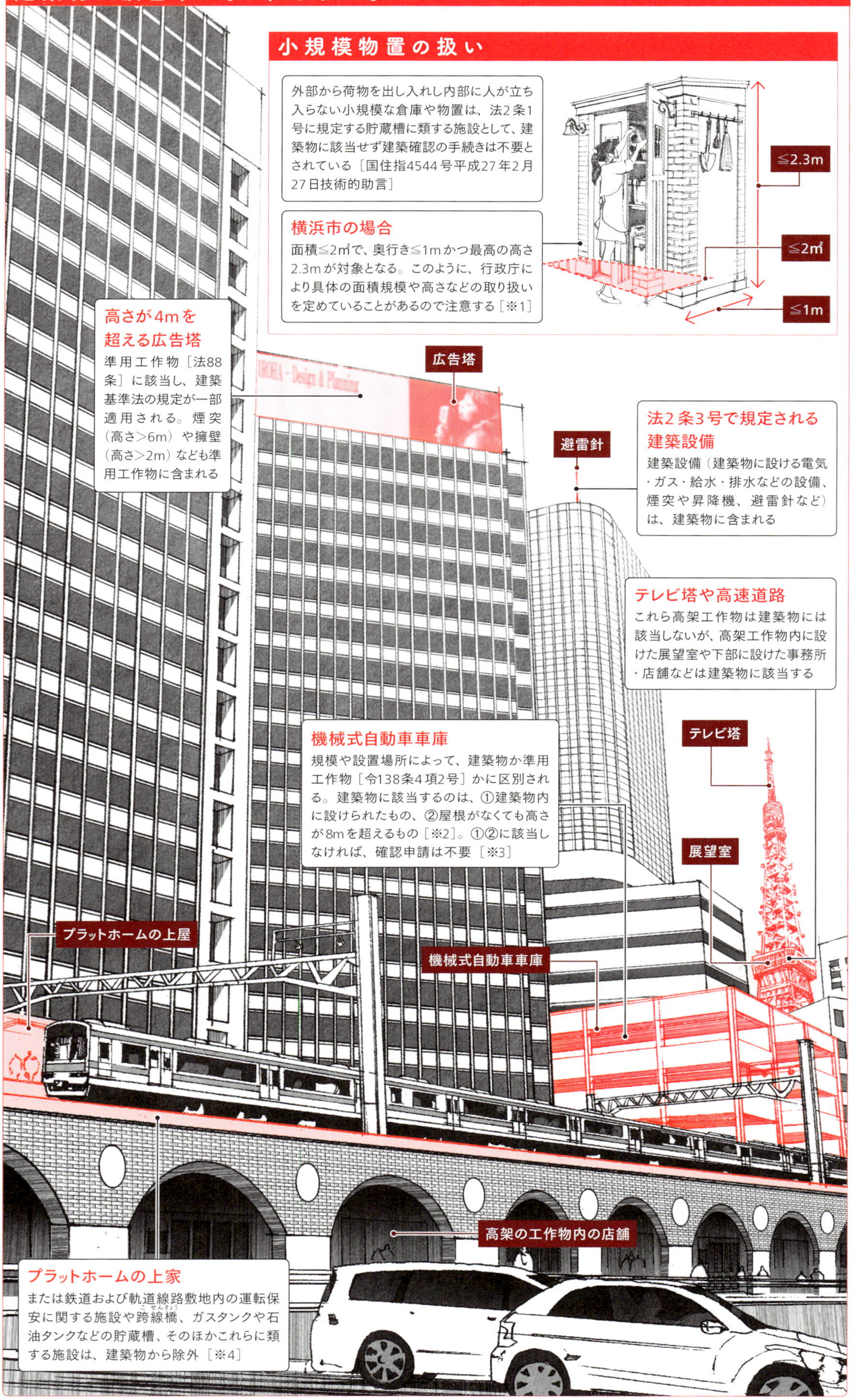

小規模物置の扱い

外部から荷物を出し入れし内部に人が立ち入らない小規模な倉庫や物置は、法2条1号に規定する貯蔵槽に類する施設として、建築物に該当せず建築確認の手続きは不要とされている［国住指4544号平成27年2月27日技術的助言］

横浜市の場合

面積≦2㎡で、奥行き≦1mかつ最高の高さ2.3mが対象となる。このように、行政庁により具体の面積規模や高さなどの取り扱いを定めていることがあるので注意する［※1］

高さが4mを超える広告塔

準用工作物［法88条］に該当し、建築基準法の規定が一部適用される。煙突（高さ>6m）や擁壁（高さ>2m）なども準用工作物に含まれる

法2条3号で規定される建築設備

建築設備（建築物に設ける電気・ガス・給水・排水などの設備、煙突や昇降機、避雷針など）は、建築物に含まれる

テレビ塔や高速道路

これら高架工作物は建築物には該当しないが、高架工作物内に設けた展望室や下部に設けた事務所・店舗などは建築物に該当する

機械式自動車車庫

規模や設置場所によって、建築物か準用工作物［令138条4項2号］かに区別される。建築物に該当するのは、①建築物内に設けられたもの、②屋根がなくても高さが8mを超えるもの［※2］。①②に該当しなければ、確認申請は不要［※3］

プラットホームの上家

または鉄道および軌道線路敷地内の運転保安に関する施設や跨線橋《こせんきょう》、ガスタンクや石油タンクなどの貯蔵槽、そのほかこれらに類する施設は、建築物から除外［※4］

ここを見る！

- 法2条1号～3号
- 法87条の2
- 法88条1項・2項
- 令128条の3
- 令138条

これを押さえる！

土地に定着する工作物で屋根・柱・壁のあるものは建築物に該当し、建築基準法が適用される。土地に定着していない船舶や鉄道車両でも、岸につないだまま、あるいは一定の場所に停めたままで、ホテルやレストランなどとして長期間使用する場合は、建築物とみなされる。

※1　愛知県の場合は、面積≦3㎡で、最高の高さ≦1.4mまたは奥行き≦1mかつ最高の高さ2.3m｜※2　屋根を有しない機械式自動車車庫で高さが8mを超えるものは、準用工作物ではなく建築物として取り扱う特定行政庁が多い｜※3　自走式自動車車庫は建築物に該当し、規模によらず内装制限を受ける［法35条の2、令128条の4、90頁参照］。また、住居系地域では建築制限があり、第1・2種低層住居専用地域では、単独車庫の建築が認められていない。建築物に付属する自動車車庫の場合でも、延べ面積は建築物の延べ面積の1／2以下かつ600㎡以下、階数は1以下とする｜※4　建築基準法以外の関係法で安全性が確保されるため

建築物に該当するその他の例

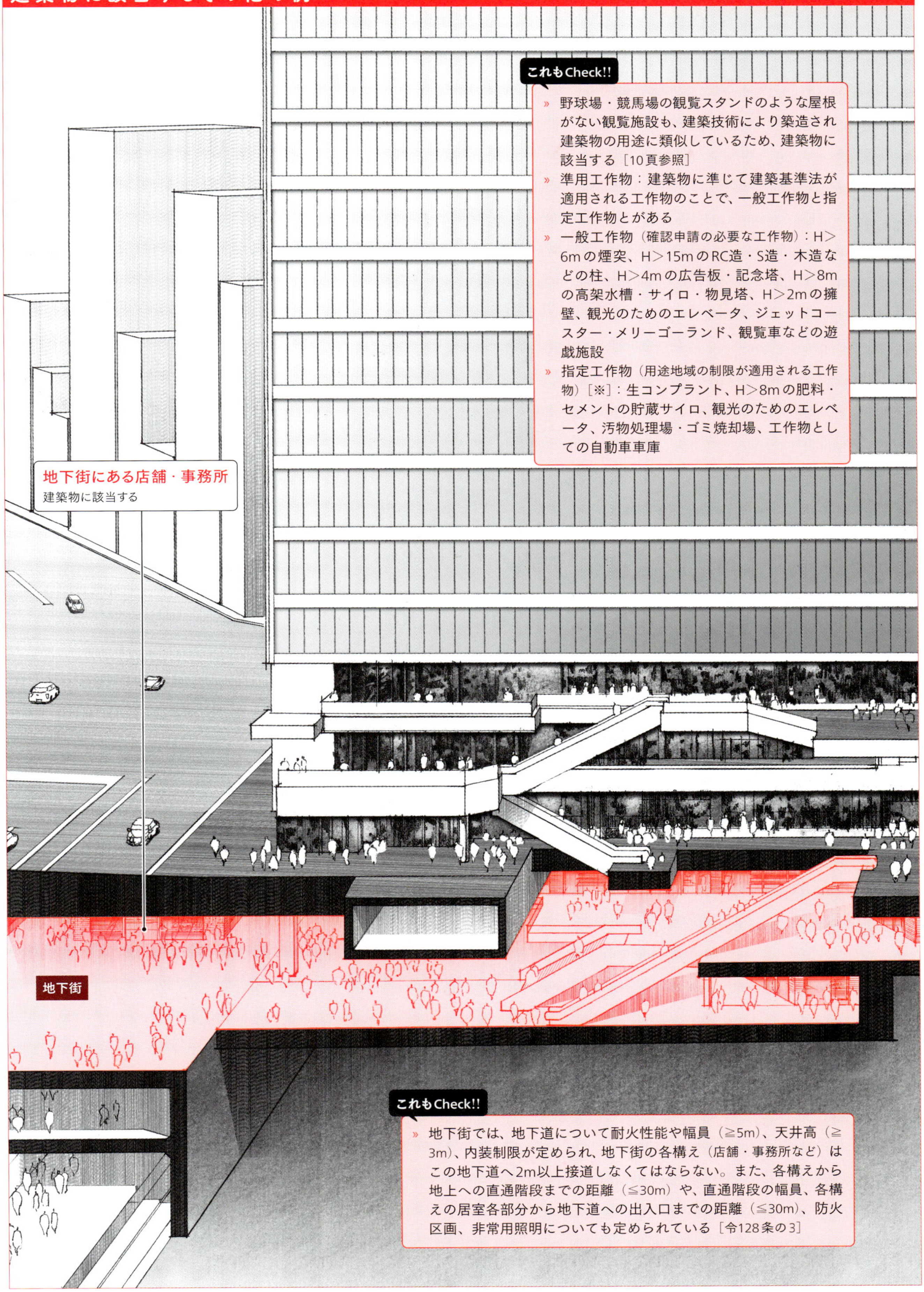

これもCheck!!

» 野球場・競馬場の観覧スタンドのような屋根がない観覧施設も、建築技術により築造され建築物の用途に類似しているため、建築物に該当する［10頁参照］

» 準用工作物：建築物に準じて建築基準法が適用される工作物のことで、一般工作物と指定工作物とがある

» 一般工作物（確認申請の必要な工作物）：H>6mの煙突、H>15mのRC造・S造・木造などの柱、H>4mの広告板・記念塔、H>8mの高架水槽・サイロ・物見塔、H>2mの擁壁、観光のためのエレベータ、ジェットコースター・メリーゴーランド、観覧車などの遊戯施設

» 指定工作物（用途地域の制限が適用される工作物）［※］：生コンプラント、H>8mの肥料・セメントの貯蔵サイロ、観光のためのエレベータ、汚物処理場・ゴミ焼却場、工作物としての自動車車庫

これもCheck!!

» 地下街では、地下道について耐火性能や幅員（≧5m）、天井高（≧3m）、内装制限が定められ、地下街の各構え（店舗・事務所など）はこの地下道へ2m以上接道しなくてはならない。また、各構えから地上への直通階段までの距離（≦30m）や、直通階段の幅員、各構えの居室各部分から地下道への出入口までの距離（≦30m）、防火区画、非常用照明についても定められている［令128条の3］

※ 令138条3項の用途地域内に築造する場合は、特定行政庁の許可と確認申請が必要となる

確認申請の必要な建築物は1〜3号に分類される

ここを見る！

- 法6条
- 法6条の4
- 法20条
- 法87条
- 法別表第1
- 令10条

これを押さえる！

確認申請の必要な建築物［※1］は1〜4号に分類されていたが、法改正により1〜3号の分類となる。1、2号は全国どこでも確認申請が必要。3号は都市計画区域外などでは確認申請が不要となる。また4号建築物に適用されていた確認の特例や、大規模修繕や模様替えの場合の確認申請免除は3号建築物のみへの適用となる。

1号建築物

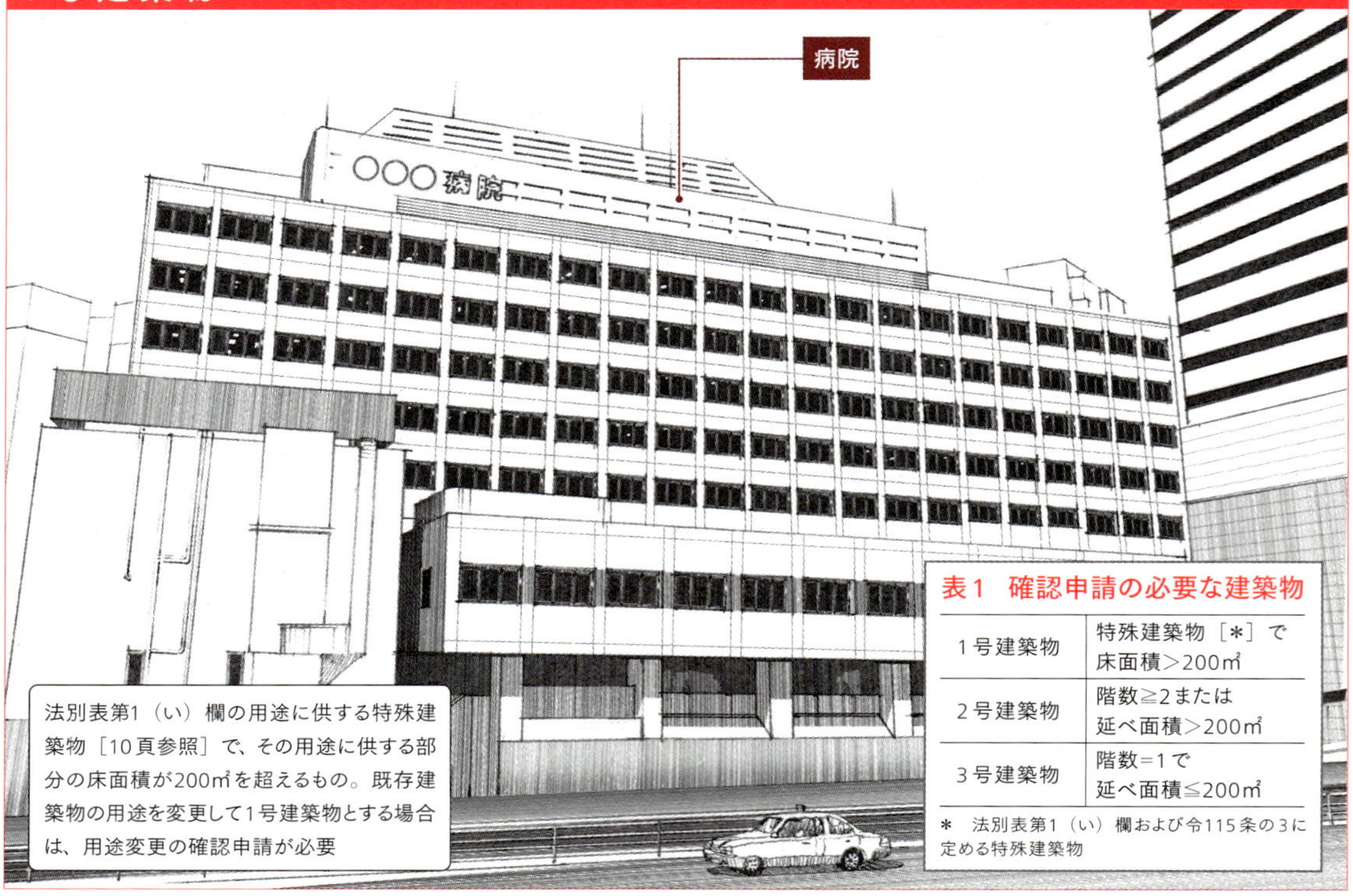
病院
○○○病院

法別表第1（い）欄の用途に供する特殊建築物［10頁参照］で、その用途に供する部分の床面積が200㎡を超えるもの。既存建築物の用途を変更して1号建築物とする場合は、用途変更の確認申請が必要

表1　確認申請の必要な建築物

1号建築物	特殊建築物［*］で床面積＞200㎡
2号建築物	階数≧2または延べ面積＞200㎡
3号建築物	階数＝1で延べ面積≦200㎡

*　法別表第1（い）欄および令115条の3に定める特殊建築物

3号建築物（旧4号建築物）

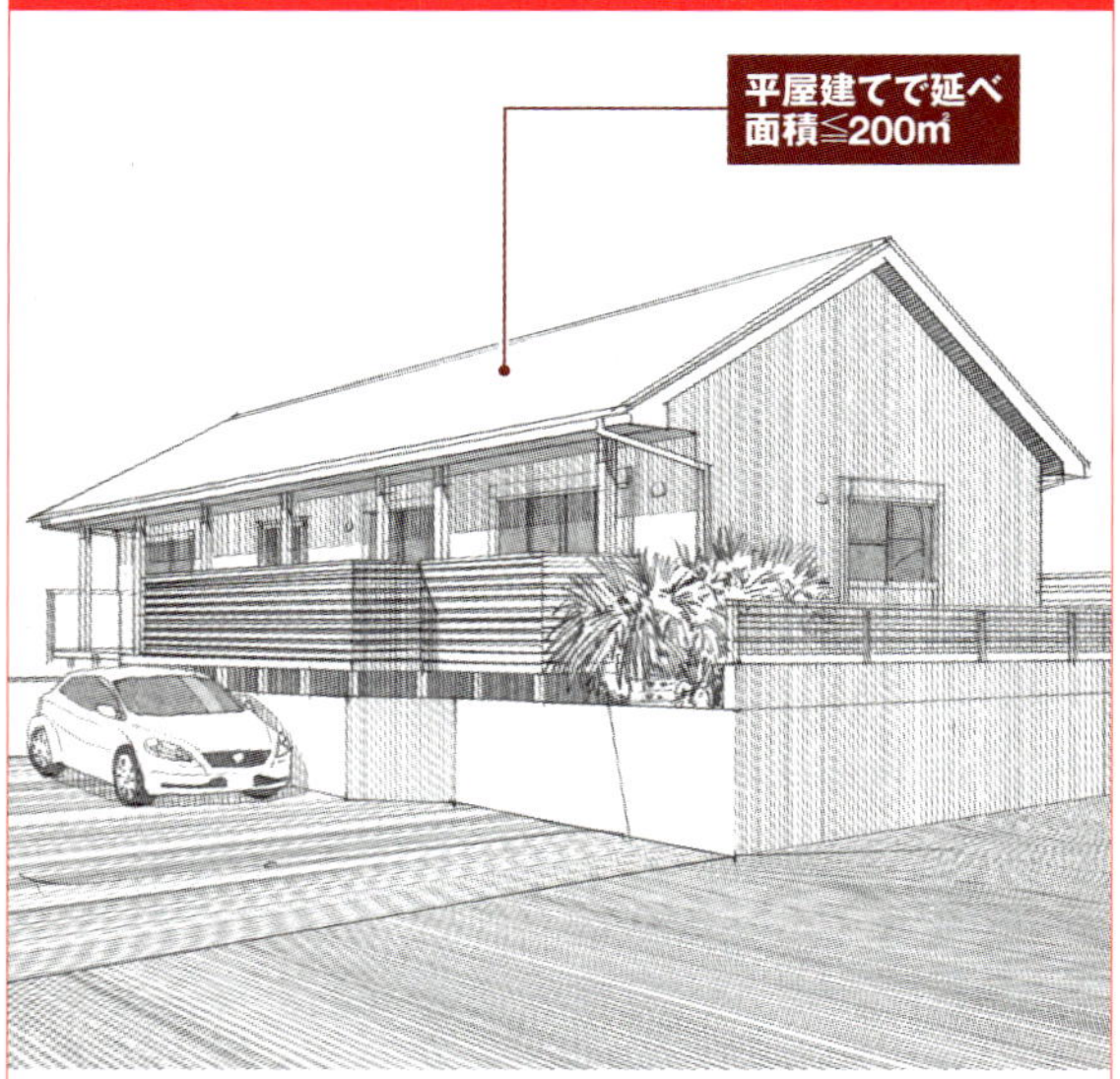
平屋建てで延べ面積≦200㎡

令和7年4月より、平屋建てで延べ面積≦200㎡は3号建築物に該当する。都市計画区域、準都市計画区域、準景観地区、知事指定区域内［※3］でのみ確認申請が必要。確認の特例が適用されるため、確認申請時に構造計算書や構造図の添付が不要となる。また大規模修繕や模様替の場合の確認申請が免除される

表2　確認の特例［法6条の4、令10条］

建築確認事務の簡素化や合理化のため、以下の建築物については、単体規定の多くの部分（令10条に定める規定）が審査対象から除外され、確認申請書にもこれらに関する設計図書を添付する必要がない。

①法68条の10第1項の認定型式に適合する建築材料を用いる建築物

②法68条の10第1項の認定型式に適合する建築物の部分を有する建築物

③法6条1項3号の建築物で建築士の設計によるもの

2号建築物（旧3号建築物）

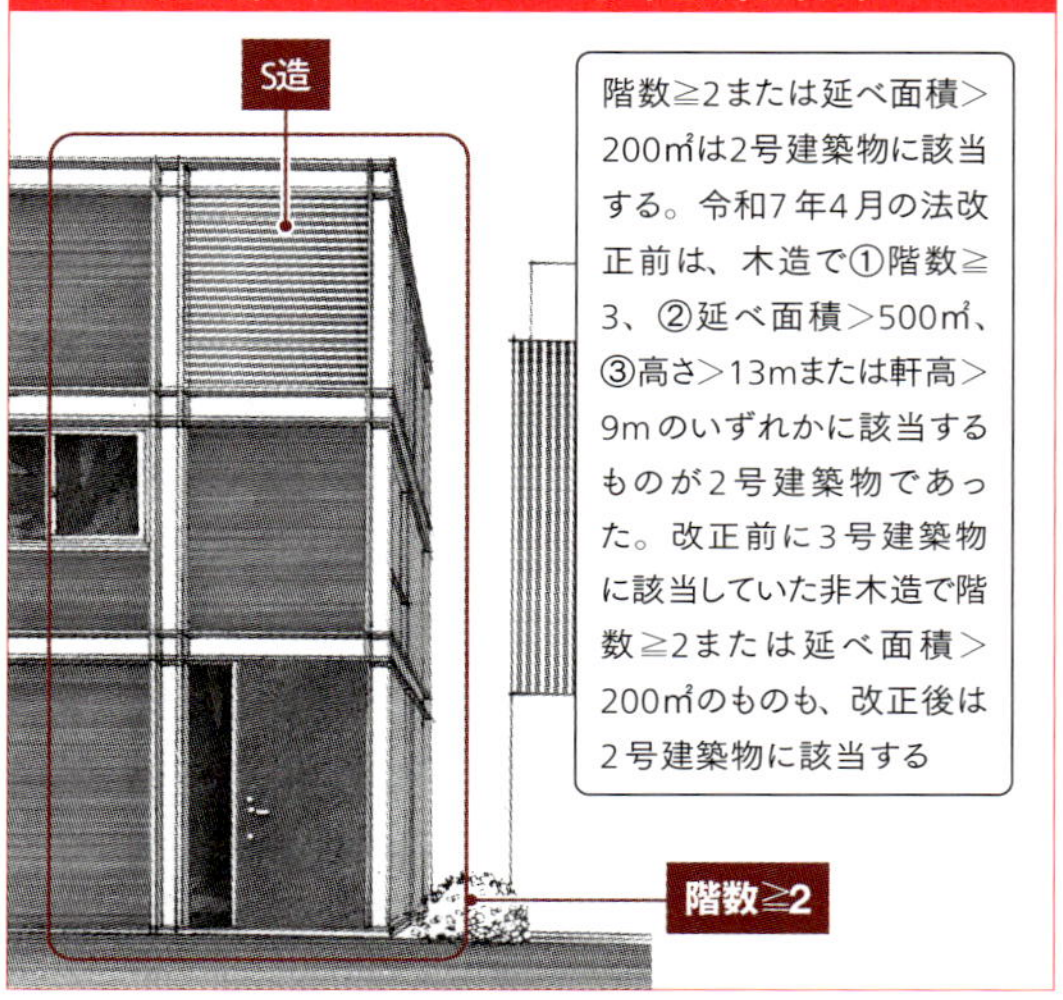
S造
階数≧2

階数≧2または延べ面積＞200㎡は2号建築物に該当する。令和7年4月の法改正前は、木造で①階数≧3、②延べ面積＞500㎡、③高さ＞13mまたは軒高＞9mのいずれかに該当するものが2号建築物であった。改正前に3号建築物に該当していた非木造で階数≧2または延べ面積＞200㎡のものも、改正後は2号建築物に該当する

2号建築物（旧4号建築物）

地上の階数＝2
木造

令和7年4月の法改正前は4号建築物該当していた木造2階建ての戸建住宅についても、2号建築物に該当する［※2］

※1　防火地域・準防火地域以外における10㎡以内の増築、改築、移転の確認申請は不要｜※2　法改正により、階数3以上または延べ面積が300㎡を超える木造建築物は構造計算が必要となった（改正前は階数≧3または延べ面積＞500㎡）｜※3　都市計画区域・準都市計画区域は、都道府県知事が都道府県都市計画審議会の意見を聴いて指定する区域を除く。準景観地区は、市町村長が指定する区域を除く。知事指定区域は、都道府県知事が関係市町村の意見を聴いて指定する区域

COLUMN

建築物が適法か否かを確認する 建築確認申請

表1　指定確認検査機関に確認申請を行う場合の手続きの流れ（指定確認検査機関が省エネ判定機関を併設している場合）

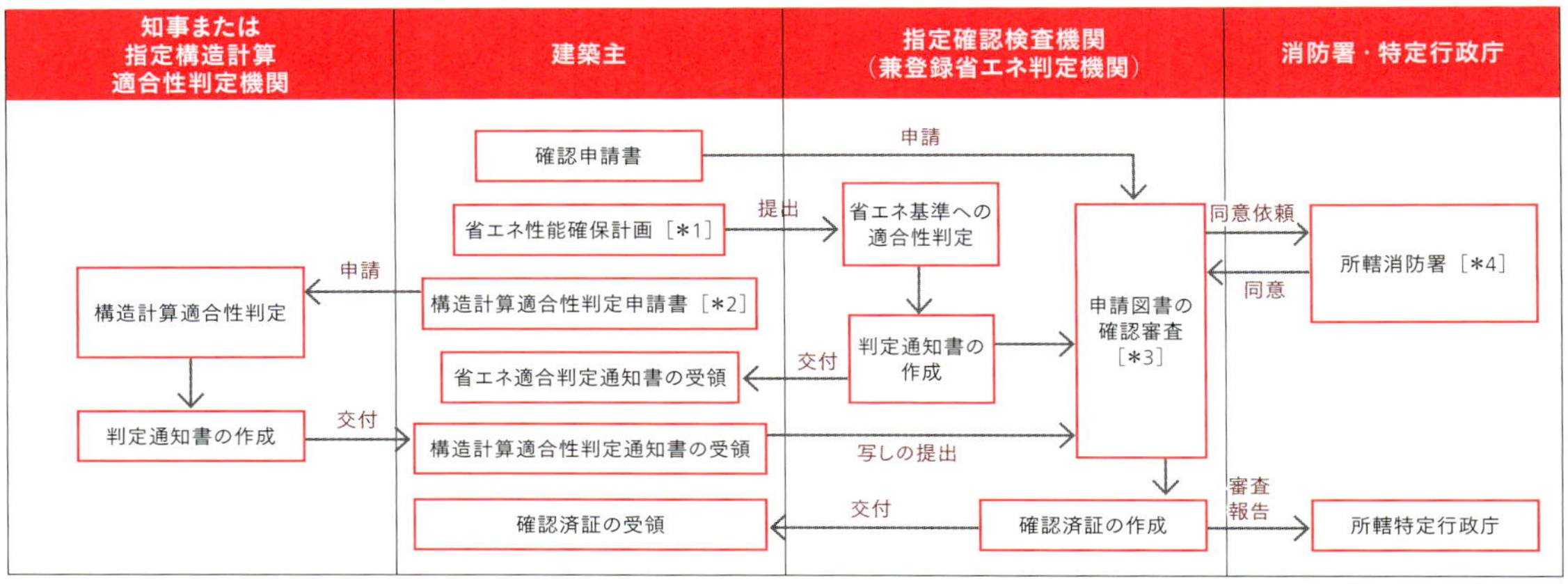

*1　省エネ適合性判定が必要な場合
*2　構造計算適合性判定が必要な場合
*3　建設地が東京都内の場合、民間機関は確認申請受付後に特定行政庁へ所定の道路敷地照会を建築計画概要書とともに郵送し、それに対する特定行政庁の文書回答の後でなければ確認済証を交付しない。また建設地が大阪府内の場合、申請者は窓口となる市町村など関係部署と事前調整を行って所定の調査報告書を作成しなければならず、民間機関はこの調査報告書の添付がなければ確認申請の受付を行わないなど、地域により手続きの流れが異なっている
*4　戸建住宅（兼用住宅を含む）以外の建築物や、防火地域、準防火地域内の建築物は、建設地を管轄する消防長または消防署長の同意が必要。同意後でなければ確認済証は交付されない

表2　構造計算適合性判定の必要な建築物（以下のいずれかに該当するもの）（令和7年4月法改正後）

構造・規模（高さ＞60mのものを除く）	①木造で高さ＞16mまたは階数≧4、②S造で地上4階建て以上のもの、③RC造、SRC造で高さ＞20mのもの、④政令、告示で定められたこれらに準ずる建築物
構造計算	許容応力度等計算［*］、保有水平耐力計算、限界耐力計算、または大臣認定プログラムを使用した構造計算を行ったもの

*　許容応力度等計算（ルート2）については、確認申請先がルート2審査対応機関であれば、構造計算適合性判定が不要

表3　省エネ適合性判定の必要な建築物（令和7年4月以降は原則としてすべての建築物が必要となる）［124頁参照］

①	非住宅部分の床面積が300㎡以上の建築物の新築
②	増改築で増改築部分の非住宅床面積が300㎡以上のもの

建築確認申請とは、違反建築物が建築されることを未然に防ぐため、建築物の設計完了時点で、建築主が建築主事［※1］または確認検査機関［※2］に設計図書を添えて確認申請し、建築計画が建築基準関係規定［※3］に適合しているか否かの確認を受ける制度。適合が確認されれば確認済証が交付され、この交付を受けた後でなければ着工できない。構造の法適合審査では、確認申請とは別に、建築物の構造・規模や行った構造計算方法により、知事または構造計算適合性判定機関［※4］による構造計算適合性判定が必要となる。また、省エネ基準の審査では、告示に定める仕様基準などにより省エネ基準を満たした場合を除いて、所管行政庁または省エネ判定機関［※5］による省エネ基準適合性判定も必要となる。これらの判定を受けた後でなければ確認済証は交付されない。確認検査機関の多くは省エネ判定機関を併設しているため、同一の機関に確認申請と省エネ適合性判定を依頼すると便利だ［表1］。ただし、構造計算適合性判定は同一の機関が確認と構造計算適合性判定を行うことが禁じられているため、確認検査機関に確認申請を行う場合は、そことは別の機関に構造計算適合性判定の依頼が必要だ。

※1　都道府県知事または市町村長が、建築確認や中間・完了検査を行わせるため、職員の中から任命した者。建築主事は、法律上はひとつの独立した行政機関であり、自ら行った建築確認や中間・完了検査の責任を負う｜※2　正式名称は指定確認検査機関。建築基準適合判定資格者から選任した確認検査員を置き、国土交通大臣、地方整備局長または知事から指定を受けて、建築主事と同様に建築確認、中間検査、完了検査を行う民間機関｜※3　建築確認審査の対象となる法令。建築基準法およびそれに基づく命令や条例のほか消防法や都市計画法など19の法令［令9条］｜※4　正式名称は指定構造計算適合性判定機関。構造計算適合性判定員を置き、国土交通省または都道府県知事から指定を受けた民間機関。特定行政庁の委任を受けて構造計算の法適合審査を行う｜※5　正式名称は登録建築物エネルギー消費性能判定機関。国土交通大臣または地方整備局長の登録を受けた民間機関。所管行政庁の委任を受けて省エネ基準適合性判定を行う

特殊建築物は7種類。防災上の構造基準が厳しい

ここを見る！

- 法2条2号
- 法51条
- 法別表第1
- 令19条1項
- 令115条の3
- 令130条の2の2

これを押さえる！

法2条2号に特殊建築物の定義が掲げられているが、より具体的には法別表第1と令115条の3に項別に整理されている。法別表第1には、用途・規模・階数により耐火建築物または準耐火建築物などにしなければならない特殊建築物が掲げられており、避難・防火・火災発生の危険回避などの観点から6つに分類されている。

観覧施設

避難上の問題が大きい施設

一時的に不特定多数の人が集中し、避難上の問題が大きい劇場、観覧場、集会場などは特殊建築物。法別表第1（1）項に掲げられている

野球スタンド

「観覧のための工作物」として建築物に含まれる

就寝用途や社会的弱者利用の施設

避難に時間がかかる施設

就寝用途や社会的弱者が利用するため、災害時の避難に時間がかかる病院や下宿、共同住宅、寄宿舎、児童福祉施設等［※1］などは特殊建築物。法別表第1（2）項に掲げられている

教育・文化・スポーツ施設

不特定多数の人が利用する施設

防災上の問題は比較的少ないが、一定の管理下に不特定多数の人が利用する学校（専修学校・各種学校含む）［※2］や体育館なども特殊建築物。法別表第1（3）項に掲げられている

学校や体育館のほか、博物館や美術館、図書館、ボーリング場、スキー場、スケート場、水泳場またはスポーツの練習場なども法別表第1（3）項の用途に類する特殊建築物

※1　児童福祉施設等とは、児童福祉施設、助産所、身体障害者社会参加支援施設（補装具製作施設および視聴覚障害者情報提供施設を除く）、保護施設（医療保護施設を除く）、婦人保護施設、老人福祉施設、有料老人ホーム、母子保健施設、障害者支援施設、地域活動支援センター、福祉ホームまたは障害福祉サービス事業（生活介護、自立訓練、就労移行支援または就労継続支援を行う事業に限る）の用途に供する施設のこと［令19条1号］

※2　幼稚園は学校に該当するが、保育所は学校ではなく児童福祉施設等に分類される

倉庫

可燃物対策が必要な施設
可燃物が大量に保管されやすく、可燃物対策が必要な倉庫も特殊建築物となる用途の1つ。法別表第1（5）項に掲げられている

商業施設

防災対策が必要な施設
商業・風俗的営業活動の場に不特定多数の人が集まるため、防災対策が必要な百貨店や展示場、ダンスホール、遊技場なども特殊建築物。法別表第1（4）項に掲げられている

公衆浴場や待合、料理店、飲食店または物品販売業を営む店舗［※3］も法別表第1（4）項の用途に類する特殊建築物［令115条の3］

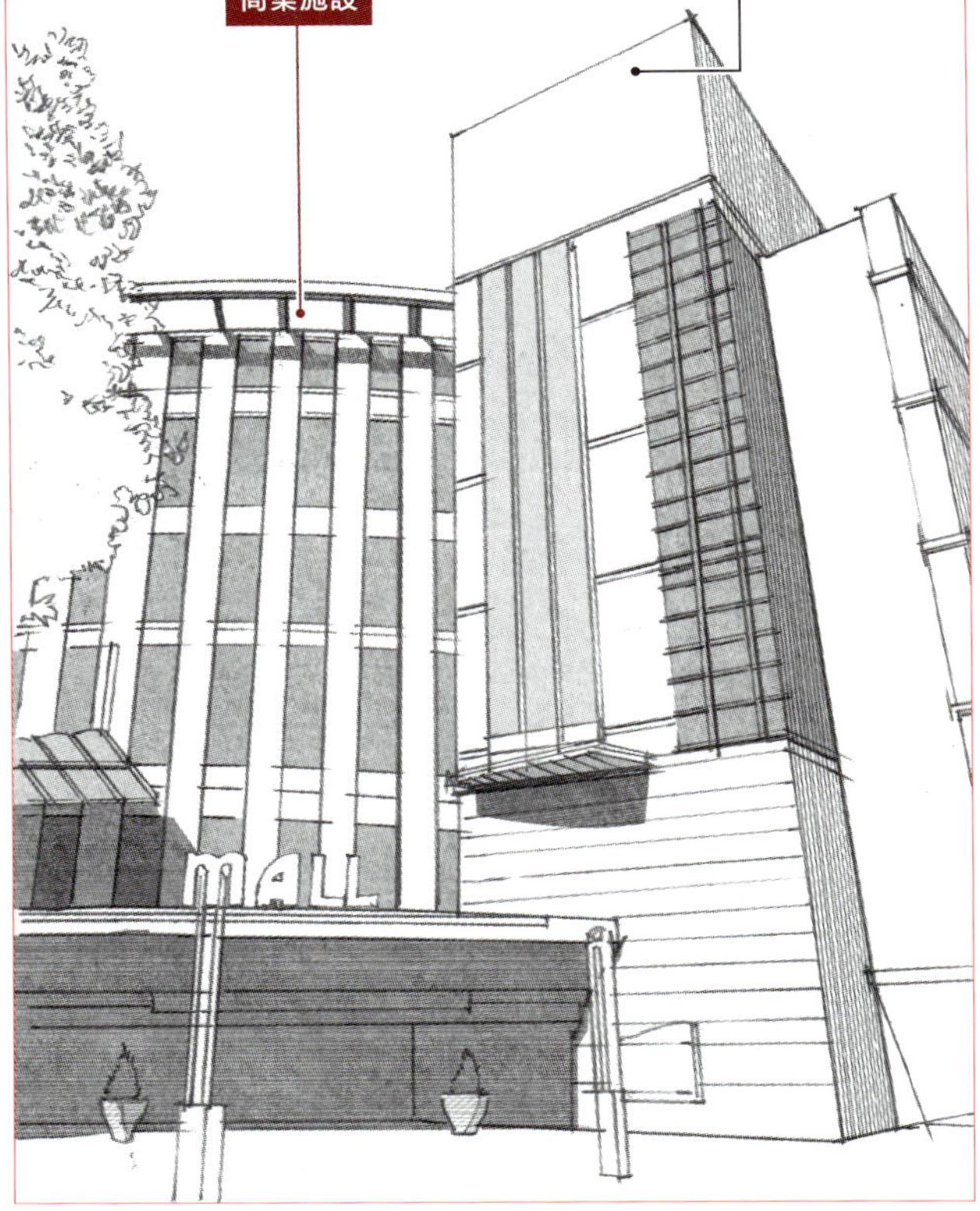

自動車車庫

自走式自動車車庫（機械的な設備を使わず、自動車を運転して出入りする駐車場）は建築物に該当する

防災上の配慮が必要な施設
出火の危険性が高く、防災上の配慮が重要な自動車車庫・自動車修理工場なども特殊建築物。法別表第1（6）項に掲げられている

映画スタジオやテレビスタジオも法別表第1（6）項の用途に類するものに該当する［令115条の3］

特殊建築物とならない事務所

戸建住宅は特殊建築物に該当しない。ほかに長屋、事務所、サービス業を営む店舗、神社、仏閣なども特殊建築物に該当しない

ごみ処理場

周囲の環境に与える影響が大きい施設
工場や危険物の貯蔵場、また、周囲の環境に与える影響が大きく、建築する位置を事前に都市計画で決定しなければならない施設であると畜場、火葬場、汚物処理場なども特殊建築物に該当する［※4、法51条、令130条の2の2］

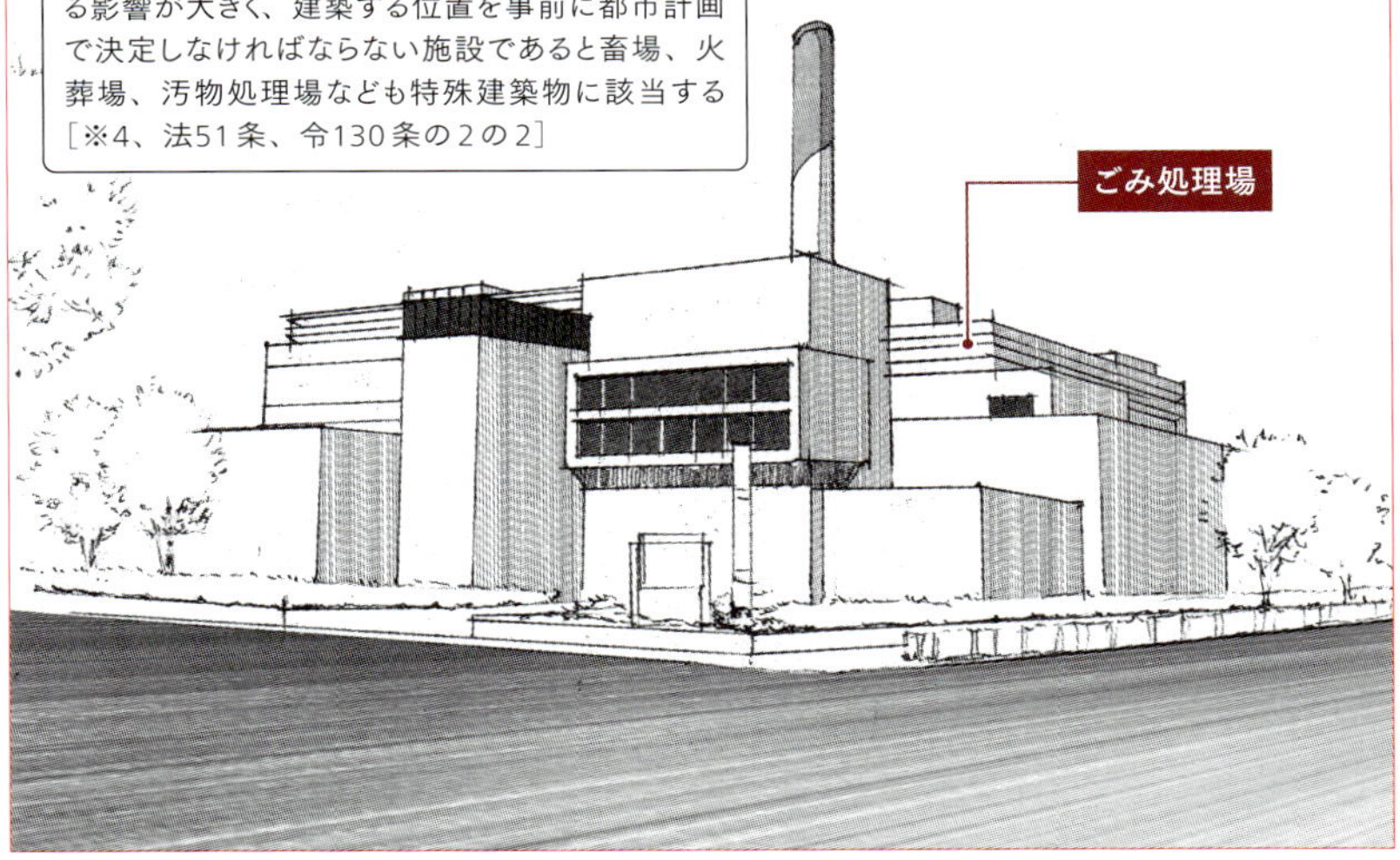

※3　床面積が10㎡以内のものを除く
※4　法別表第1には定められていない。法51条や令130条の2の2に、都市計画で位置を決定しなければ新築や増築をしてはいけない特殊建築物として定められている

用途

用語の定義／住宅の種類①

共同住宅と長屋の違いは共用部分の有無

共同住宅の例

共同住宅は、廊下や階段を共用する集合型の住宅

特殊建築物に該当し、3階以上の階に共同住宅の用途に供する階がある建物については、原則として耐火建築物とする必要がある［※2］

共用階段
共用廊下

二世帯住宅の例

二世帯住宅は、戸建住宅、長屋、共同住宅のいずれかに該当［※5］

玄関や階段、廊下のとり方によって、どの用途かが決まるので、規制の厳しさが異なる［※6］

《戸建住宅扱いとなる場合》

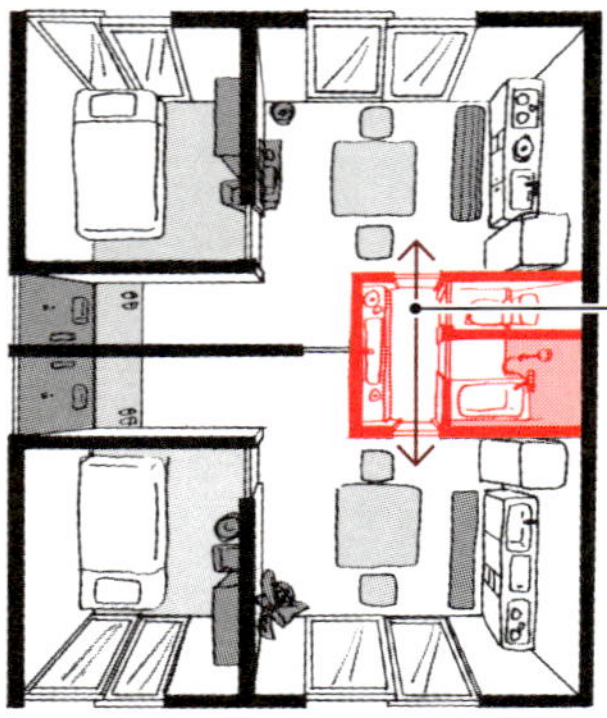

2住戸間を内部で相互に行き来できれば戸建住宅扱いとなり、界壁を設ける必要はない

《長屋扱いとなる場合》

世帯間が完全に分離し、共用の廊下や階段がない場合は長屋扱いとなり、世帯（住戸）間の壁を準耐火構造の界壁とする必要がある。また、玄関が道路に直接面していない場合は、敷地内通路［※7］を設ける必要がある

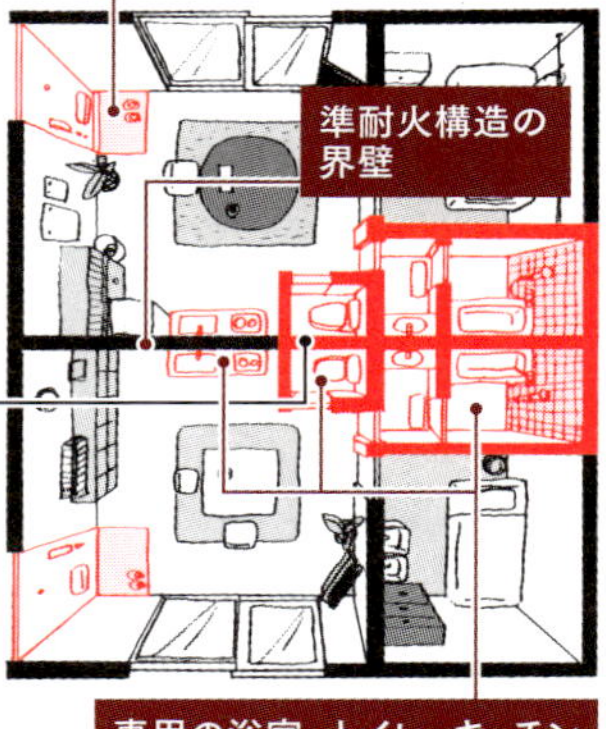

専用の玄関
準耐火構造の界壁
専用の浴室・トイレ・キッチン

長屋の例

長屋とは、廊下や階段を共用しない独立した住戸が集合したもの

住戸を分ける界壁［※3］が縦に通った棟割長屋と、住戸を垂直方向に重ね、界床［※4］で住戸どうしを区画した重層長屋がある。イラストは重層長屋

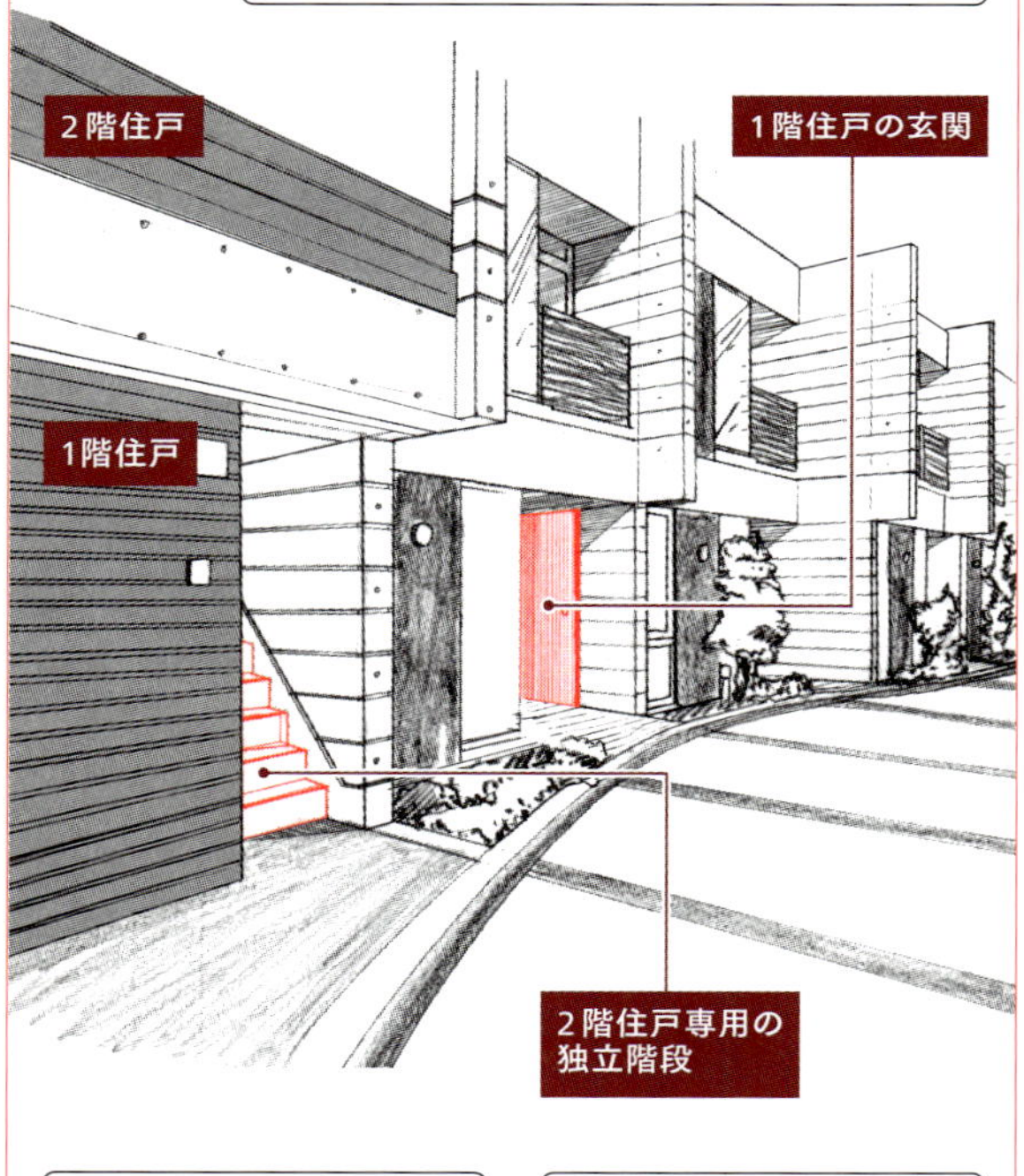

2階住戸
1階住戸の玄関
1階住戸
2階住戸専用の独立階段

特殊建築物には該当しないが、各住戸には地上から直接出入りできなくてはならない。重層長屋の場合は、上階へアクセスする各住戸専用の階段を設ける

地域によっては、路地状敷地（旗竿地）には共同住宅を建築できなくても、長屋なら建築可能とされることがある。しかし、長屋には条例の規制があるので注意が必要

ここを見る！

法30条
令22条の3
令114条
平27国交告255号

これを押さえる！

住宅についての定義は建築基準法上では定められていないが、総務省統計局の住宅土地統計調査での用語の定義を準用するのが一般的だ。その定義では、「専用の玄関」「専用の台所」「専用の便所」「一以上の居室」が住宅に必要な4要素とされている［※1］。

※1　建築基準法上は、浴室の有無は問わないが、フラット35では浴室は必須項目｜※2　地上3階建て共同住宅の場合、防火地域以外であれば1時間準耐火構造の準耐火建築物とすることができる［平27国交告255号、69頁参照］｜※3　界壁とは、共同住宅、長屋などの各戸どうしを区画している壁のこと。耐火性能、遮音性能の基準が定められている［法30条、令22条の3、令114条］｜※4　界床とは、重層長屋の住戸間の床のこと。建築基準法では「界壁」の規定はあるが「界床」の規定はない｜※5　各世帯が独立・分離していて、階段や廊下などに共用部分があれば、共同住宅扱いとなる｜※6　規制の厳しさは一般的に、戸建住宅＜長屋＜共同住宅｜※7　各地方公共団体の建築基準条例により、必要な幅員が定められている

COLUMN

住宅のタイプが複合する場合は法規上でどの用途に該当するか注意深く判断する

住宅のタイプが複合する建築物の場合、法規上、どの用途に該当するのか判断が難しくなる。基本的には、独立した生活を営める住戸の集合体は「長屋」または「共同住宅」となり、右頁の通り、共用の廊下や共用の階段があるかないかで「長屋」と「共同住宅」に分類される。そうはいっても、判断に迷う例を下に挙げた。

戸建住宅＋長屋の場合

戸建住宅 ＋ 長屋 ＝ 長屋

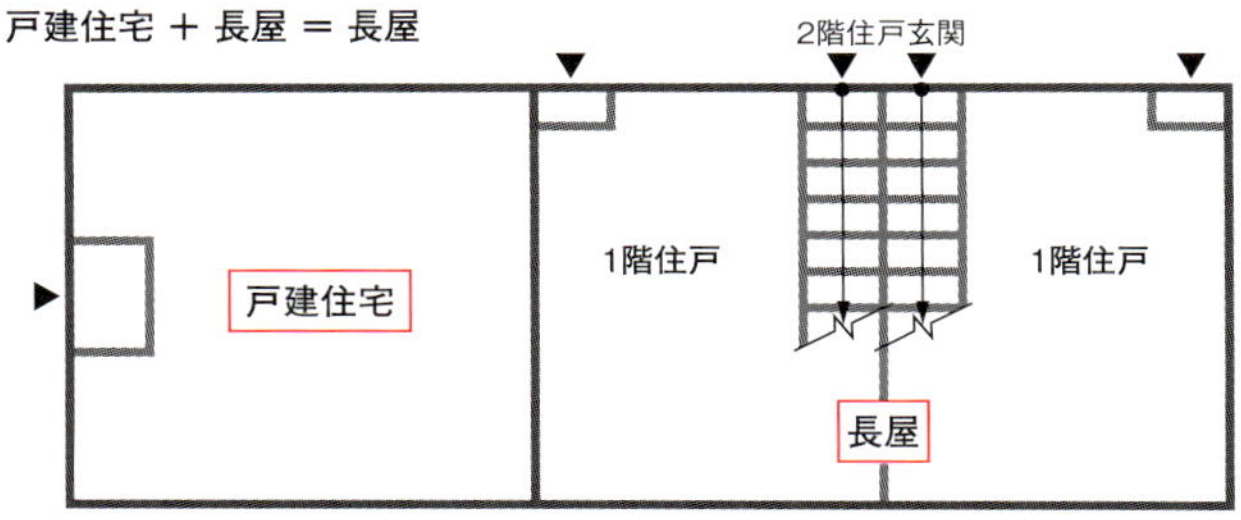

戸建住宅と長屋が複合した建築物の場合、共用部分のない独立した生活を営める住戸の集合体として「長屋」の扱いになる

戸建住宅＋共同住宅の場合

戸建住宅 ＋ 共同住宅 ＝ 長屋・共同住宅（複合用途建築物）

戸建住宅と共同住宅が複合した建築物の場合は「複合用途建築物」として戸建住宅（長屋部分）と共同住宅部分とにそれぞれ規制を受ける。ただし特定行政庁によっては全体として「共同住宅」の扱いとすることもある

長屋＋共同住宅の場合

長屋 ＋ 共同住宅 ＝ 長屋・共同住宅（複合用途建築物）

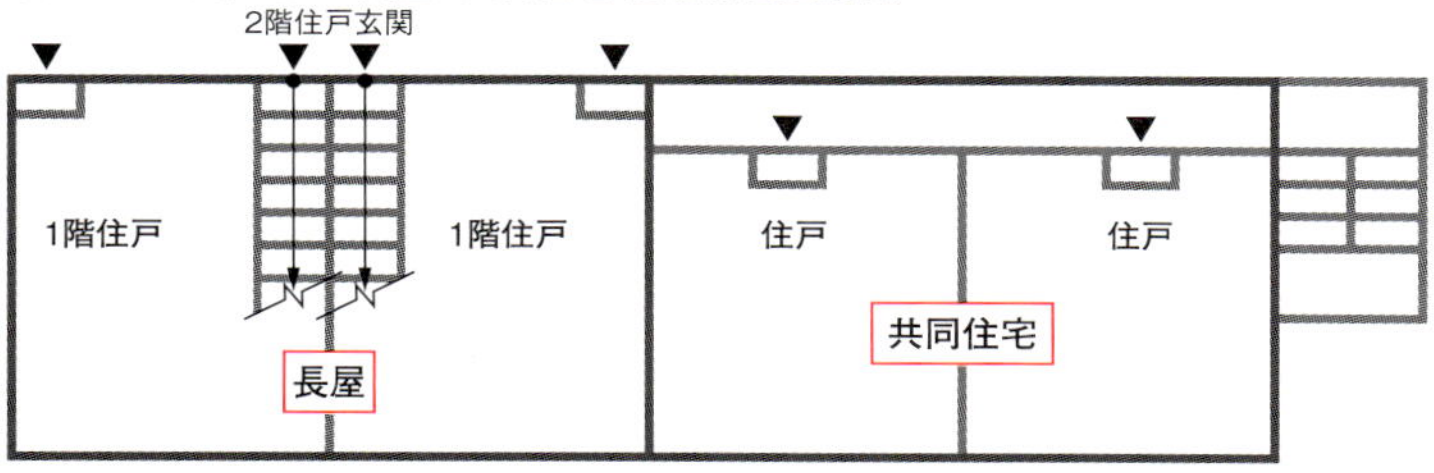

長屋と共同住宅が複合した建築物の場合、「複合用途建築物」の扱いになり長屋部分と共同住宅部分にそれぞれ規制がかかる

戸建住宅＋寄宿舎の場合

戸建住宅 ＋ 寄宿舎 ＝ 戸建住宅・寄宿舎（複合用途建築物）

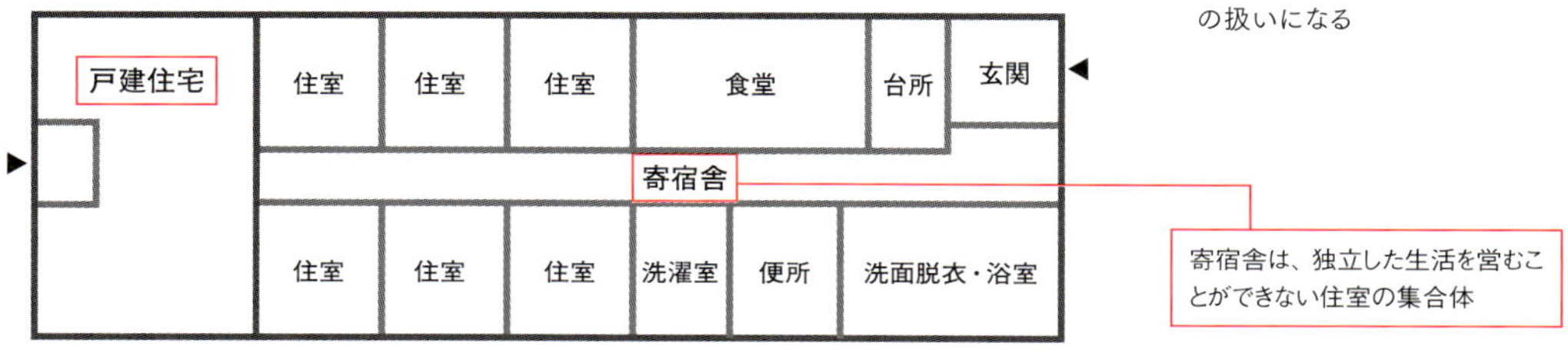

戸建住宅と寄宿舎が複合した建築物の場合、「複合用途建築物」の扱いになる

シェアハウスは「寄宿舎」に該当。防火上主要な間仕切壁が必要

ここを見る！

- 法28条
- 法36条
- 令19条3項
- 令20条
- 令20条の2
- 令114条

これを押さえる！

浴室・トイレ・キッチン・食堂などを複数の者が共用する単身者向け集合住宅のことをシェアハウスという。戸建住宅や共同住宅の一住戸をシェアハウスとしている建築物も存在するが、平成25年9月、技術的助言［※1］で、その用途は「寄宿舎」に該当すると示された。特殊建築物として、防火区画や避難、採光など、さまざまな規制を受ける。

シェアハウスの例

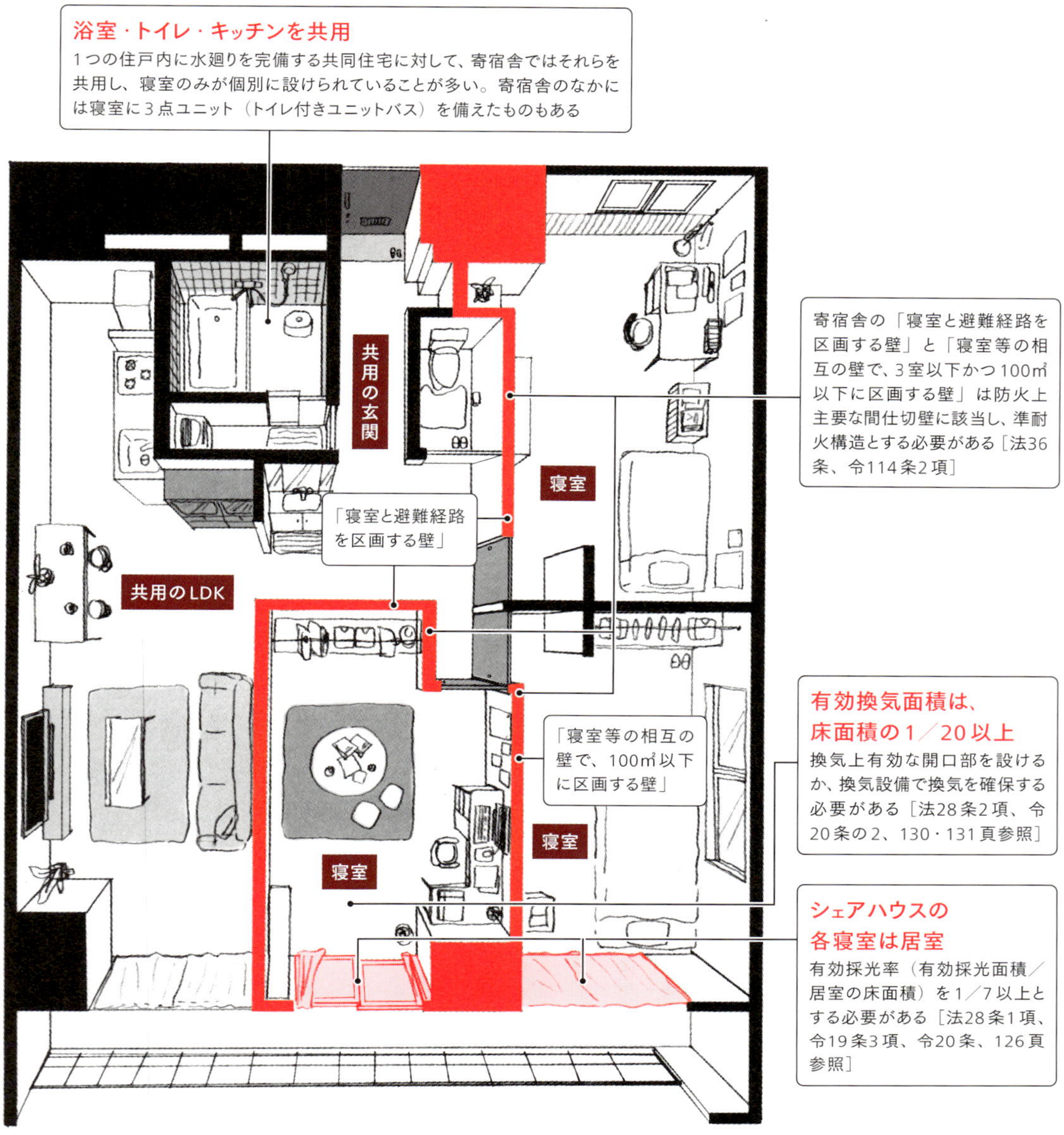
浴室・トイレ・キッチンを共用
1つの住戸内に水廻りを完備する共同住宅に対して、寄宿舎ではそれらを共用し、寝室のみが個別に設けられていることが多い。寄宿舎のなかには寝室に3点ユニット（トイレ付きユニットバス）を備えたものもある
共用の玄関
寝室
寄宿舎の「寝室と避難経路を区画する壁」と「寝室等の相互の壁で、3室以下かつ100㎡以下に区画する壁」は防火上主要な間仕切壁に該当し、準耐火構造とする必要がある［法36条、令114条2項］
「寝室と避難経路を区画する壁」
共用のLDK
有効換気面積は、床面積の1／20以上
換気上有効な開口部を設けるか、換気設備で換気を確保する必要がある［法28条2項、令20条の2、130・131頁参照］
「寝室等の相互の壁で、100㎡以下に区画する壁」
寝室
寝室
シェアハウスの各寝室は居室
有効採光率（有効採光面積／居室の床面積）を1／7以上とする必要がある［法28条1項、令19条3項、令20条、126頁参照］

防火上主要な間仕切壁の構造

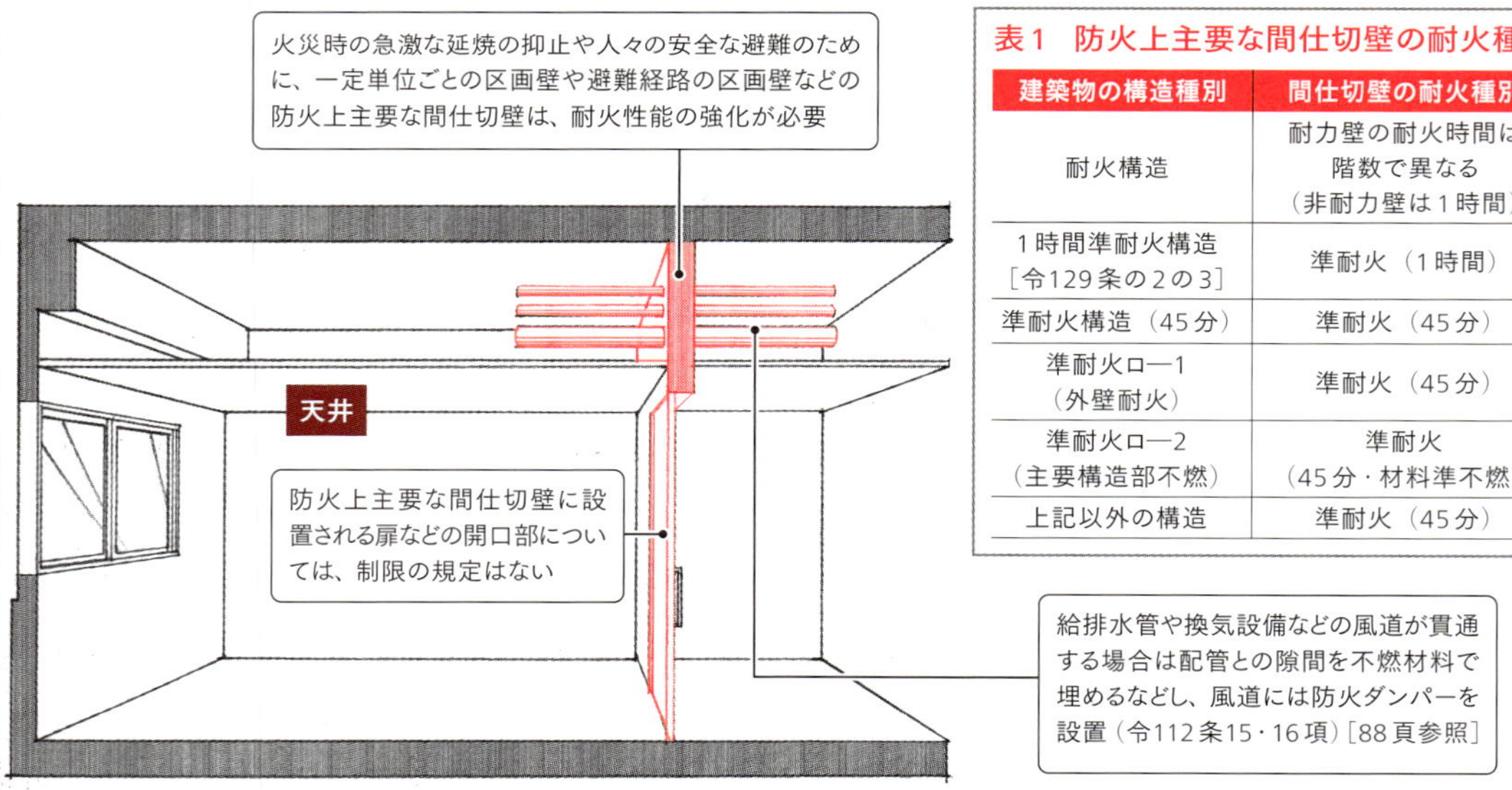
火災時の急激な延焼の抑止や人々の安全な避難のために、一定単位ごとの区画壁や避難経路の区画壁などの防火上主要な間仕切壁は、耐火性能の強化が必要
天井
防火上主要な間仕切壁に設置される扉などの開口部については、制限の規定はない
給排水管や換気設備などの風道が貫通する場合は配管との隙間を不燃材料で埋めるなどし、風道には防火ダンパーを設置（令112条15・16項）［88頁参照］

表1 防火上主要な間仕切壁の耐火種別

建築物の構造種別	間仕切壁の耐火種別
耐火構造	耐力壁の耐火時間は階数で異なる（非耐力壁は1時間）
1時間準耐火構造［令129条の2の3］	準耐火（1時間）
準耐火構造（45分）	準耐火（45分）
準耐火ロ—1（外壁耐火）	準耐火（45分）
準耐火ロ—2（主要構造部不燃）	準耐火（45分・材料準不燃）
上記以外の構造	準耐火（45分）

※1 タイトルは「多人数の居住がありながら防火関係の規定等の建築基準法違反の疑いのある建築物に関する対策の一層の推進について」。ここでいうシェアハウスとは、事業者（広告によって入居者を募集している者）が管理運営している建築物を指す。有志が1つの建築物で共同生活を営んでいるような形態は該当しない［平25国住指4877号第1（用途判断について）］

防火上主要な間仕切壁が必要な建物

《学校の例》

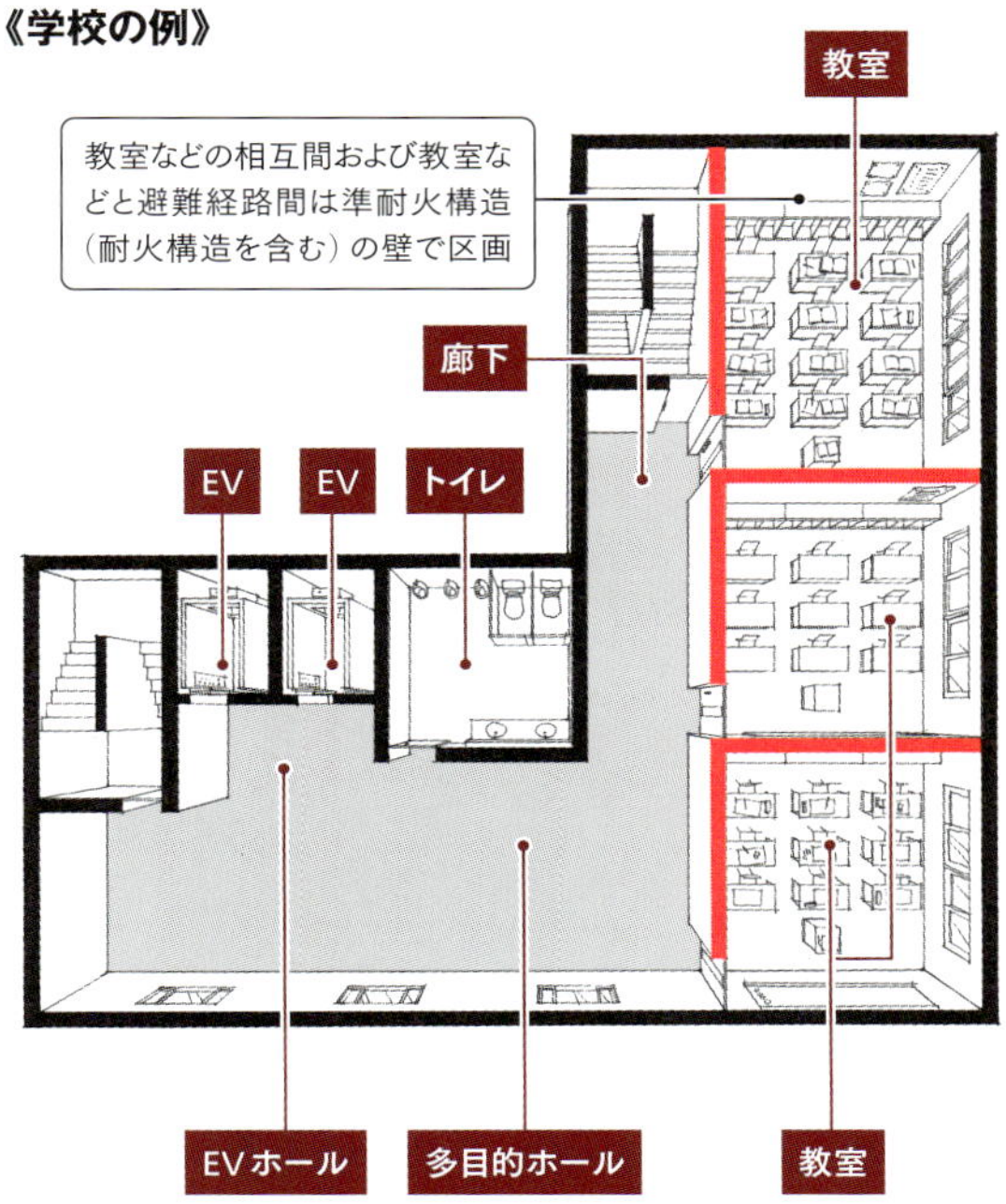

教室
教室などの相互間および教室などと避難経路間は準耐火構造（耐火構造を含む）の壁で区画
廊下
EV
EV
トイレ
EVホール
多目的ホール
教室

《病院の例》

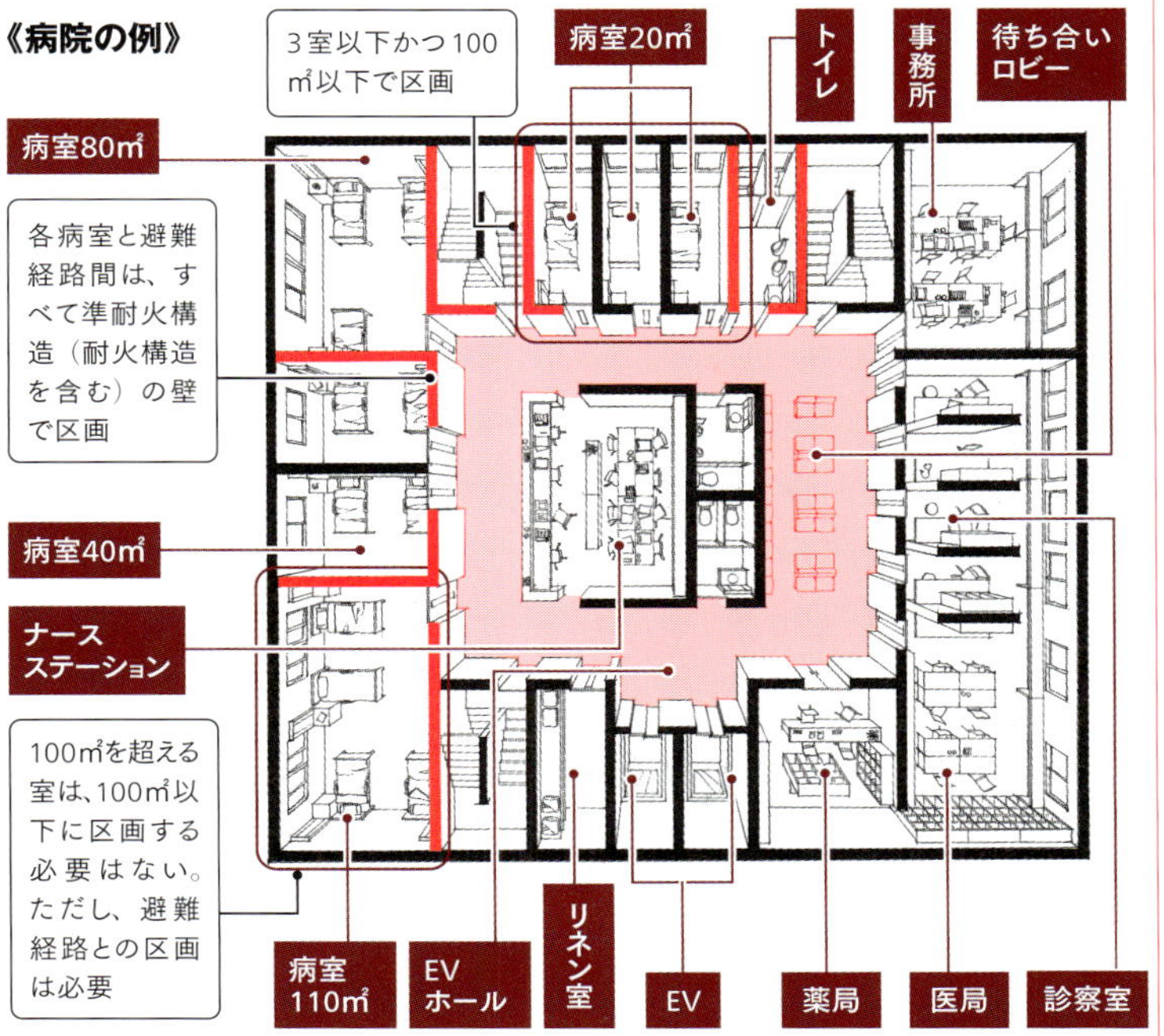

3室以下かつ100㎡以下で区画
病室20㎡
トイレ
事務所
待ち合いロビー
病室80㎡
各病室と避難経路間は、すべて準耐火構造（耐火構造を含む）の壁で区画
病室40㎡
ナースステーション
100㎡を超える室は、100㎡以下に区画する必要はない。ただし、避難経路との区画は必要
病室110㎡
EVホール
リネン室
EV
薬局
医局
診察室

《表2の建物内に火気使用室がある例》

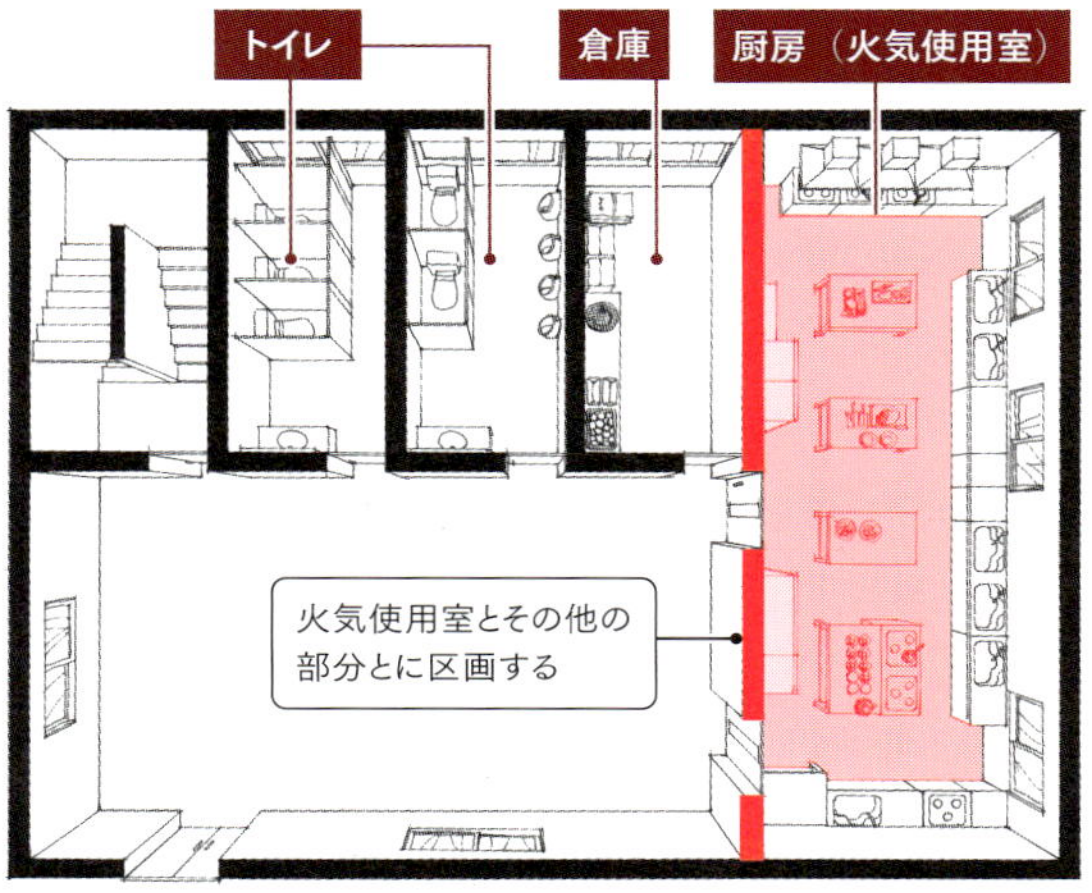

トイレ
倉庫
厨房（火気使用室）
火気使用室とその他の部分とに区画する

表2　防火上主要な間仕切壁の必要な建築物

建築物	防火上主要な間仕切壁となる部分
500㎡以下に面積区画が必要な建築物	・廊下や階段などの避難経路と居室や火災発生のおそれのある室などの部分とを区画する壁 ・火気使用室とその他の部分とを区画する壁
学校	・教室等相互を区画する壁 ・教室等と避難経路とを区画する壁 ・火気使用室とその他の部分とを区画する壁
病院、診療所、児童福祉施設等、ホテル、旅館、寄宿舎	・病室、就寝室などの相互間の壁で3室以下かつ100㎡以下に区画する壁 ・病室、就寝室などと避難経路とを区画する壁 ・火気使用室とその他の部分とを区画する壁
マーケット	・店舗相互間の壁のうち重要なもの ・火気使用室とその他の部分とを区画する壁

防火上主要な間仕切壁は免除や緩和措置がある

防火上主要な間仕切り壁は、小屋裏・天井裏まで達するようにする必要があるが、天井を強化天井としたものは天井まででよい。また、200㎡以下の階［※2］でスプリンクラー設備を設けたものや告示［※3］で定める防火上支障のないものは防火上主要な間仕切り壁の設置が免除される

強化天井

強化天井とするには、次の①～⑥の仕様とする必要がある［※4］

①材料

石膏含有率≧95%、ガラス繊維含有率≧0.4%、ひる石含有率≧2.5%を満たす強化石膏ボード2枚以上張り（厚さの合計36㎜以上）とする

天井までとした防火上主要な間仕切壁

天井を強化天井としているので、屋根裏まで達するよう設ける必要はない

②防火被覆の取り合いや目地

裏面に当て木等を設けるなど火炎の侵入防止措置をとる

③換気風道の貫通箇所

防火ダンパー（令112条16項の特定防火設備）を設置する

④給水管、配電管等の貫通箇所

隙間をロックウール等の不燃材料で埋め、貫通部分から1m以内を不燃材料とする

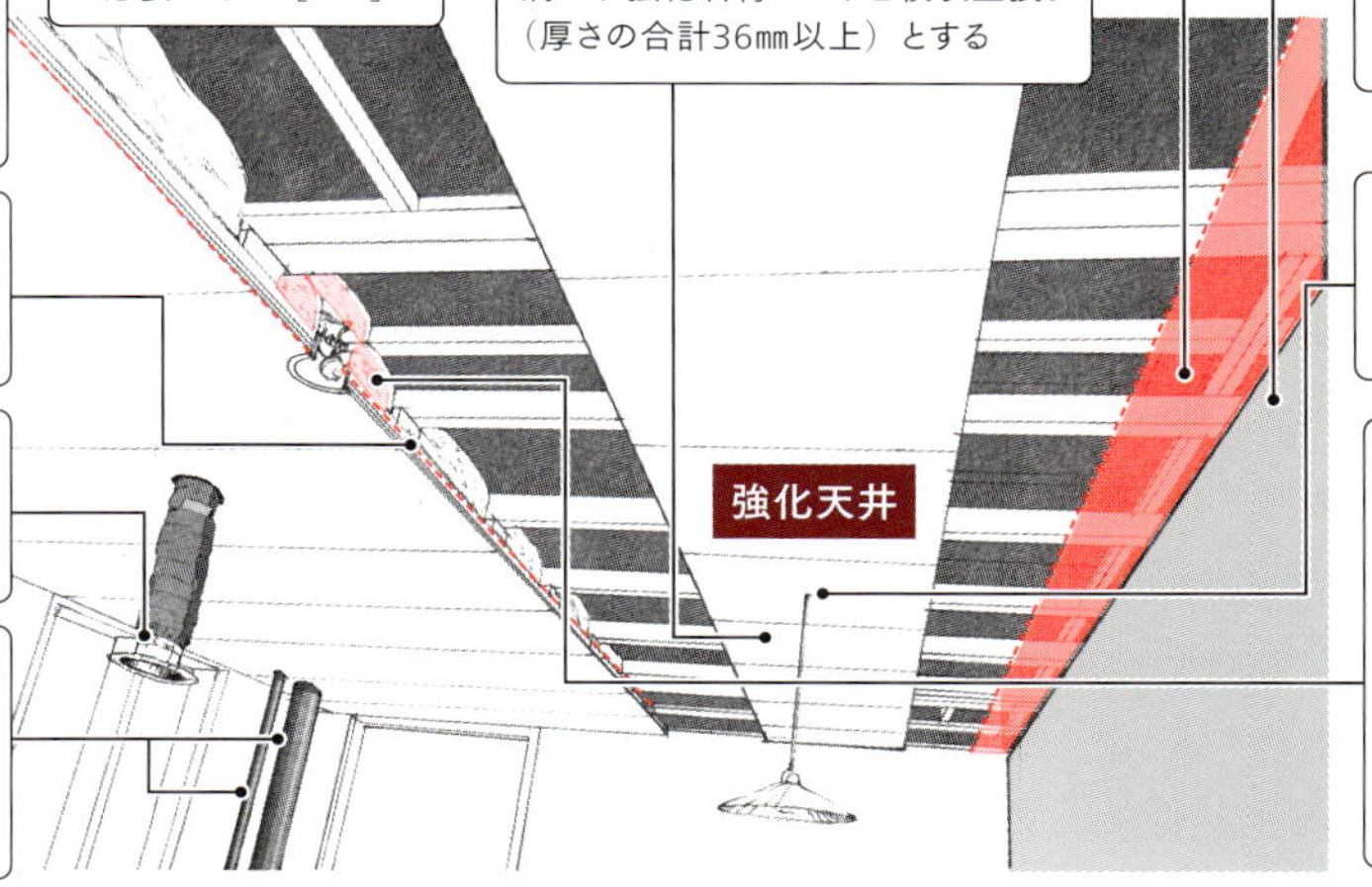

強化天井

⑤照明器具の配線の貫通箇所

隙間を不燃性の材料で埋める

⑥ダウンライト等の設置個所

開口面積が100㎠以下の場合は、厚さ50㎜以上の不燃性断熱材（ロックウール≧密度40kg／㎥、グラスウール≧密度24kg／㎥）などで防火被覆する

※2　床面積≦200㎡ごとに準耐火構造の壁・法2条9号ロの防火設備で区画されている部分も含む
※3　平26国交告860号
※4　①～④については平28国交告694号に、⑤⑥については技術的助言に記載されている

国土は都市計画法で都市計画区域と都市計画区域外に分けられる

都市計画区域外
都市計画区域外
国土の72.9%を占める。ここでは建築基準法の集団規定が適用されないが、地方公共団体は、条例で敷地と道路との関係、容積率、建蔽率、建築物の高さ、日影規制などを定めることができる。平屋建てで200㎡以下の建築物（3号建築物）[8頁参照] は確認申請が不要。一定の規模以上の開発行為は、開発許可制度の適用を受ける
準都市計画区域
都市計画区域
国土の27.1%を占める。都市として整備、開発、保全する必要がある区域を市町村の中心市街地を含めて都道府県が指定する。都市計画の決定、道路・公園・下水道などの都市施設の整備、区画整理や再開発などの市街地開発事業などを行うことができ、また、用途地域をはじめとした地域地区［※1］を定めることができる
準都市計画区域
都市計画期域外に定められる区域。用途の混在や、散発的な都市的土地利用を防止するため都道府県が定める。国土の0.2%を占め、用途地域などを定めることができる
都市計画区域
市街化調整区域（白地地域）
市街化調整区域
市街化を抑制すべき区域で、国土の10%を占める。原則として建築不可で、建築が必要な場合は都道府県知事の開発許可や建築許可を受けなければならない。ただし農家住宅や公益施設など、許可なしで建築できるものもある

これもCheck!!

» 建築基準法による建築物の制限は、集団規定と単体規定に大別される。集団規定は、都市計画や周辺環境に悪影響を与えないために、接道、用途、形態などを集団的に規制するもの。都市計画区域、準都市計画区域内の建築物が規制対象となる。対して単体規定は、個々の建築物の安全性を確保するため、構造、防火、避難、設備などを規制するもの。規模や用途によって制限内容が異なるが、区域によらず、すべての建築物に適用される

ここを見る！

法91条
令136条の2の9

これを押さえる！

国土は、総合的かつ計画的に利用するため、国土利用計画法により土地利用基本計画が定められる。このうち一体の都市として総合的に整備、開発、保全する必要がある区域は、都市計画法により都市計画区域に定められる。都市計画区域内は市街化区域と市街化調整区域に区分することができ、市街化区域には用途地域が定められる。

※1　防火地域、準防火地域、高度地区、景観地区など31種類の地域地区がある

都市計画による建築制限

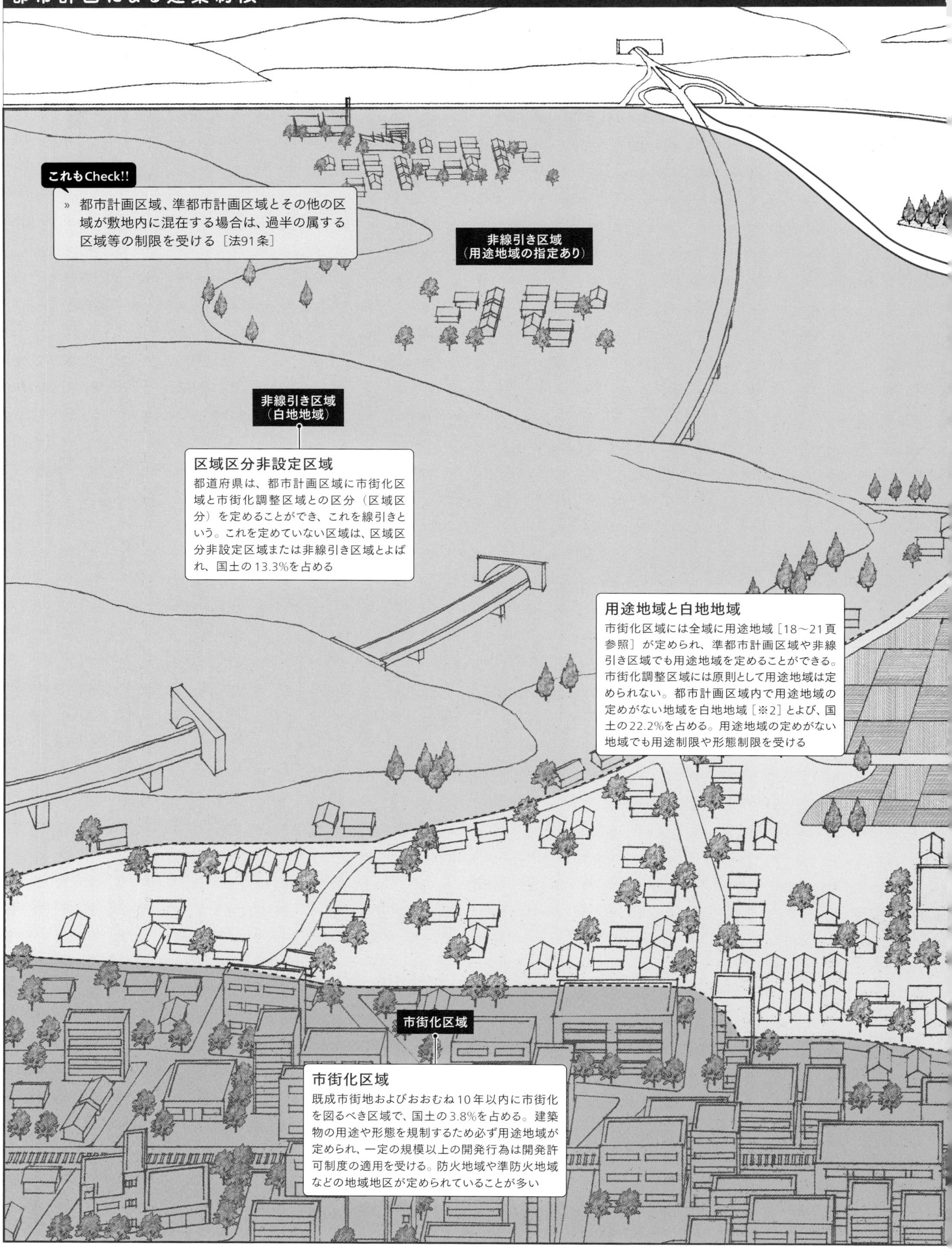

これもCheck!!

» 都市計画区域、準都市計画区域とその他の区域が敷地内に混在する場合は、過半の属する区域等の制限を受ける［法91条］

区域区分非設定区域

都道府県は、都市計画区域に市街化区域と市街化調整区域との区分（区域区分）を定めることができ、これを線引きという。これを定めていない区域は、区域区分非設定区域または非線引き区域とよばれ、国土の13.3%を占める

用途地域と白地地域

市街化区域には全域に用途地域［18～21頁参照］が定められ、準都市計画区域や非線引き区域でも用途地域を定めることができる。市街化調整区域には原則として用途地域は定められない。都市計画区域内で用途地域の定めがない地域を白地地域［※2］とよび、国土の22.2%を占める。用途地域の定めがない地域でも用途制限や形態制限を受ける

市街化区域

既成市街地およびおおむね10年以内に市街化を図るべき区域で、国土の3.8%を占める。建築物の用途や形態を規制するため必ず用途地域が定められ、一定の規模以上の開発行為は開発許可制度の適用を受ける。防火地域や準防火地域などの地域地区が定められていることが多い

※2 公共団体の作成する都市計画図では用途地域ごとに着色されているが、用途地域の定めがない地域は着色されていないことが「白地」の由来

用途　用途地域②

用途地域は主に住居系・商業系・工業系の3種類

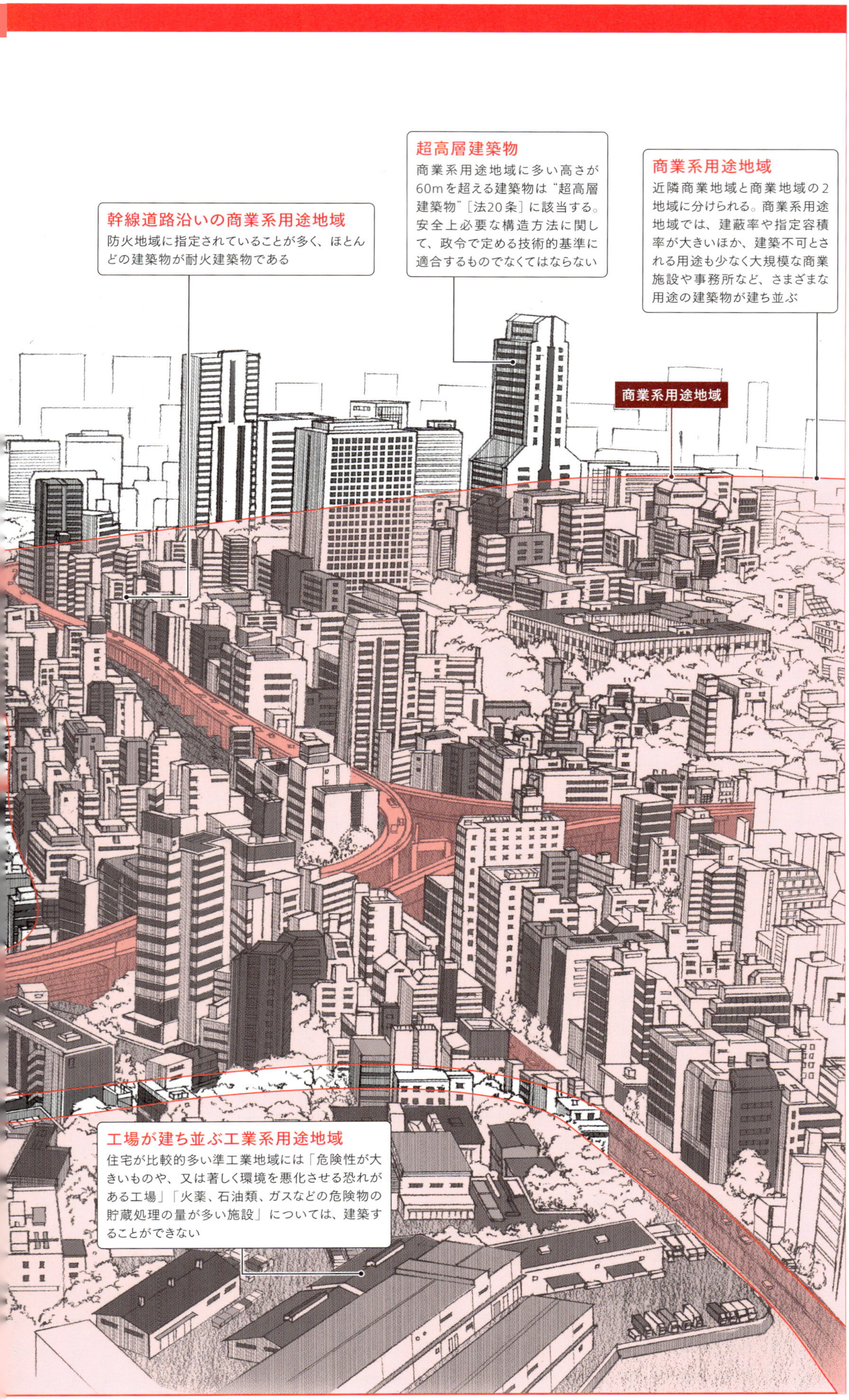

超高層建築物
商業系用途地域に多い高さが60mを超える建築物は“超高層建築物”［法20条］に該当する。安全上必要な構造方法に関して、政令で定める技術的基準に適合するものでなくてはならない
商業系用途地域
近隣商業地域と商業地域の2地域に分けられる。商業系用途地域では、建蔽率や指定容積率が大きいほか、建築不可とされる用途も少なく大規模な商業施設や事務所など、さまざまな用途の建築物が建ち並ぶ
幹線道路沿いの商業系用途地域
防火地域に指定されていることが多く、ほとんどの建築物が耐火建築物である
商業系用途地域
工場が建ち並ぶ工業系用途地域
住宅が比較的多い準工業地域には「危険性が大きいものや、又は著しく環境を悪化させる恐れがある工場」「火薬、石油類、ガスなどの危険物の貯蔵処理の量が多い施設」については、建築することができない

ここを見る！

法48条
法別表第2

これを押さえる！

用途地域は、都市計画法に基づく地域地区のひとつ。市街地の用途を適正に配分するために定められる。住居系8地域、商業系2地域、工業系3地域、無指定地域の計14地域に分類され、それぞれの地域に応じた建築物の用途制限、容積率、建蔽率、斜線制限、絶対高さ制限、日影規制などの集団規定［16頁参照］が定められる。

建築できる用途が定められている用途地域

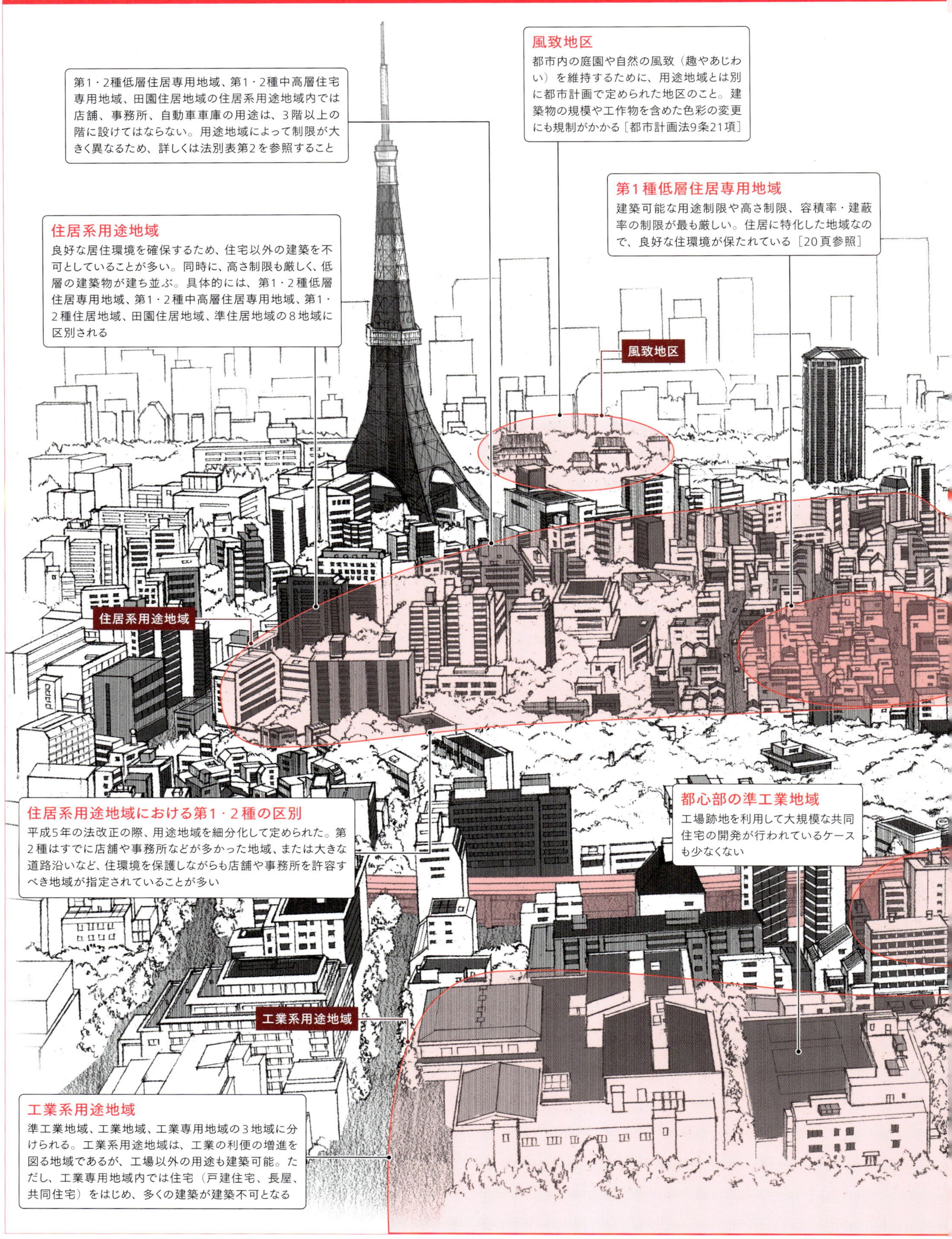

第1・2種低層住居専用地域、第1・2種中高層住宅専用地域、田園住居地域の住居系用途地域内では店舗、事務所、自動車車庫の用途は、3階以上の階に設けてはならない。用途地域によって制限が大きく異なるため、詳しくは法別表第2を参照すること

風致地区

都市内の庭園や自然の風致（趣やあじわい）を維持するために、用途地域とは別に都市計画で定められた地区のこと。建築物の規模や工作物を含めた色彩の変更にも規制がかかる［都市計画法9条21項］

住居系用途地域

良好な居住環境を確保するため、住宅以外の建築を不可としていることが多い。同時に、高さ制限も厳しく、低層の建築物が建ち並ぶ。具体的には、第1・2種低層住居専用地域、第1・2種中高層住居専用地域、第1・2種住居地域、田園住居地域、準住居地域の8地域に区別される

第1種低層住居専用地域

建築可能な用途制限や高さ制限、容積率・建蔽率の制限が最も厳しい。住居に特化した地域なので、良好な住環境が保たれている［20頁参照］

住居系用途地域における第1・2種の区別

平成5年の法改正の際、用途地域を細分化して定められた。第2種はすでに店舗や事務所などが多かった地域、または大きな道路沿いなど、住環境を保護しながらも店舗や事務所を許容すべき地域が指定されていることが多い

都心部の準工業地域

工場跡地を利用して大規模な共同住宅の開発が行われているケースも少なくない

工業系用途地域

準工業地域、工業地域、工業専用地域の3地域に分けられる。工業系用途地域は、工業の利便の増進を図る地域であるが、工場以外の用途も建築可能。ただし、工業専用地域内では住宅（戸建住宅、長屋、共同住宅）をはじめ、多くの建築が建築不可となる

住居系地域から商業系地域になるにつれて用途制限は緩やかに

ここを見る！

法48条
法別表第2
令130条の3〜9の5

これを押さえる！

用途地域では、建築可能な用途・規模が制限される。第1種低層住居専用地域から第1種中高層住居専用地域までと田園住居地域は「建築できる用途」が定められており、厳しい制限で住宅地の環境を最優先に守る。第2種中高層住居専用地域からは「建築できない用途」が定められている。

第1種低層住居専用地域

低層住宅の専用地域

1〜3階までの戸建住宅や、共同住宅、寄宿舎のほか、小・中・高校、図書館、保育所、老人ホーム、診療所などは建築可能。店舗は兼用住宅でのみ可能で、日常生活に不可欠なものに限られる［※1・2］

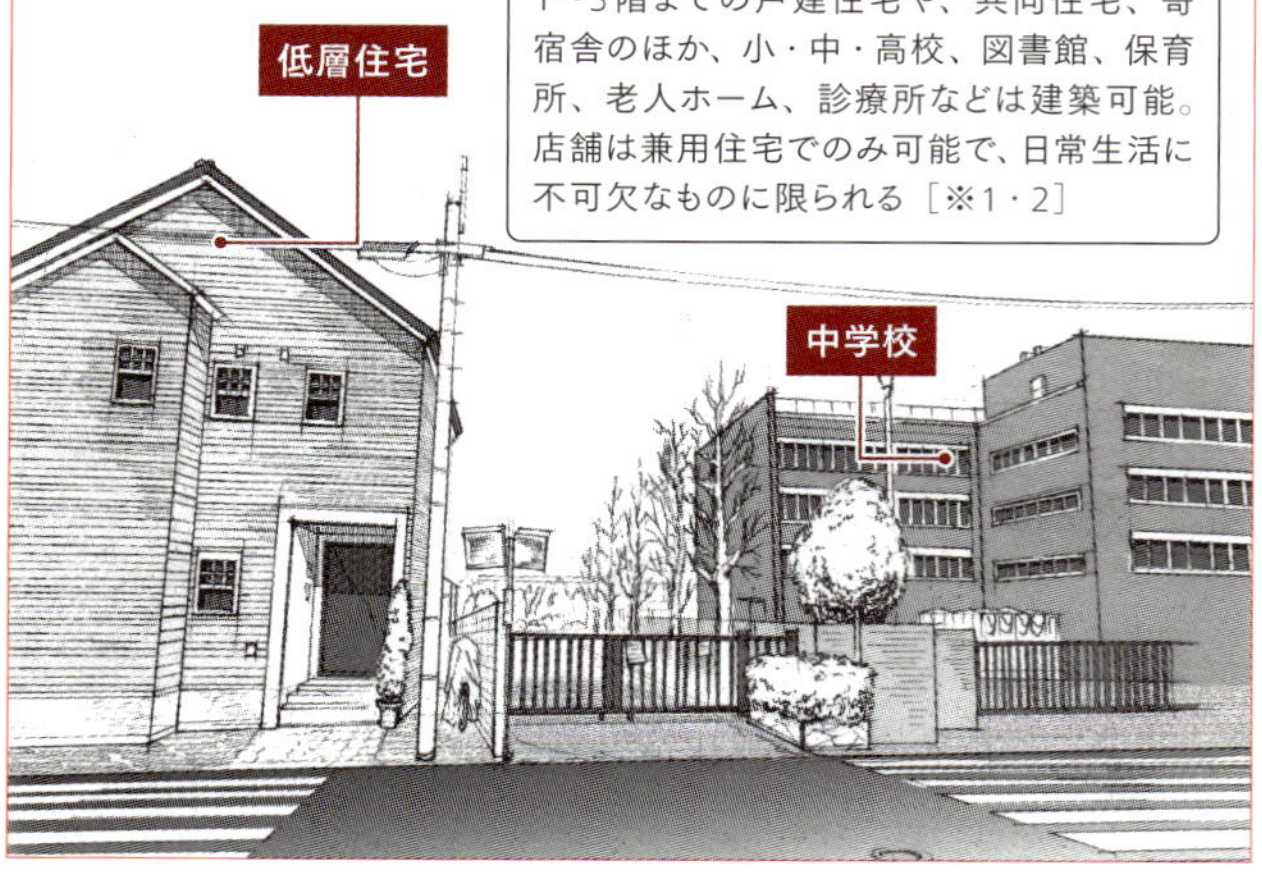

第2種低層住居専用地域

小規模な店舗はOK

低層住宅の専用地域である。コンビニエンスストアなどの日用品販売店、レストランなどは、2階以下で150㎡以内なら建築可能［※2・3］

第1種中高層住居専用地域

4階以上のマンションも可能

良好な住居の環境を有する中高層住宅地の形成を図る地域。4階建て以上のマンションも建築可能［※4］

第2種中高層住居専用地域

必要な利便施設はOK

主に中高層住宅の環境を守る地域。店舗は2階以下、かつ床面積1,500㎡以内であれば建築可能［※5］

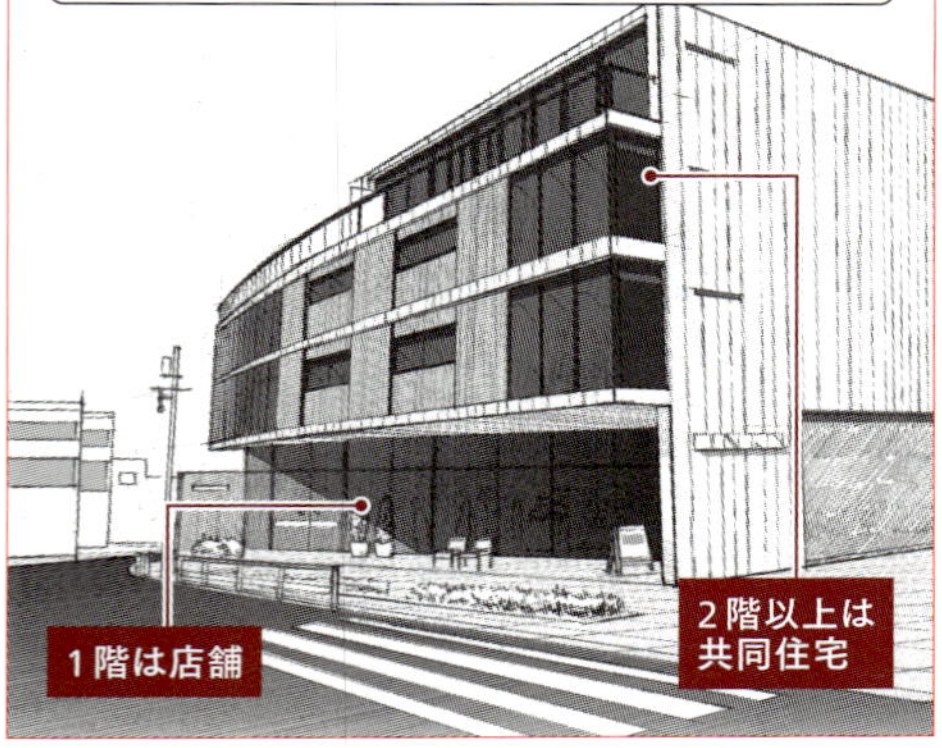

第1種住居地域

大規模な店舗、事務所の立地を制限

住宅地のための地域。オフィスビルや商業施設も建築可能だが、床面積3,000㎡超の大規模施設は建築不可。床面積3,000㎡以内であればホテル、ボーリング場、ゴルフ練習場なども建築可能［令130条の7の2］

第2種住居地域

住居と店舗、事務所などの併存を図る

ぱちんこ屋、カラオケボックスなどが建築可能［令130条の8、令130条の8の2第1項］

田園住居地域

農業と調和した住居環境の保護が目的

田園住居地域内の制限は第2種低層住居専用地域と同等だが、床面積が500㎡以下、2階以下の農産物の販売店や農家レストランなども建築可能

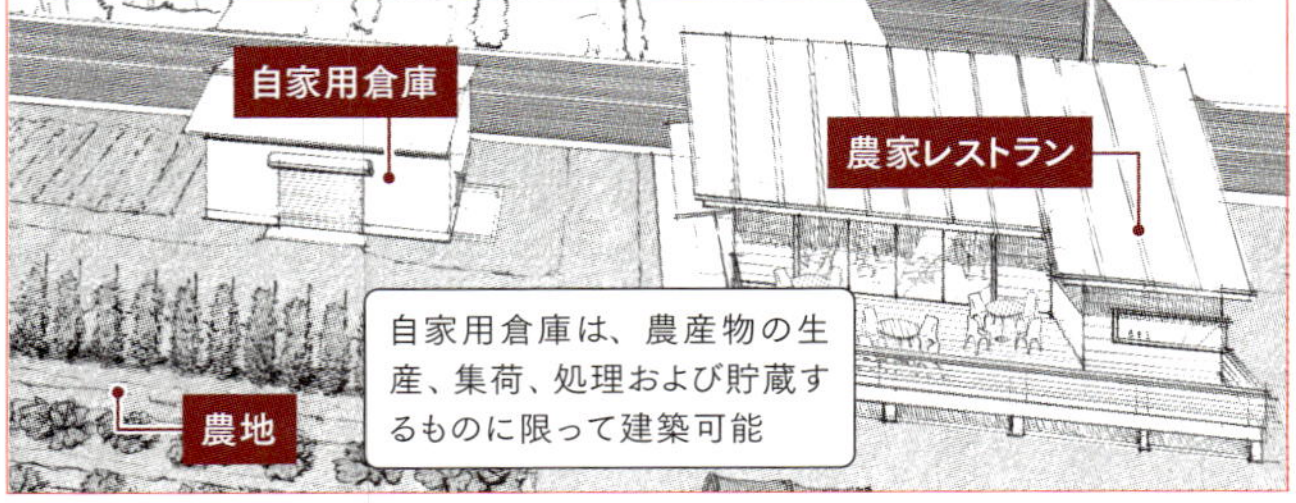

自家用倉庫は、農産物の生産、集荷、処理および貯蔵するものに限って建築可能

※1 店舗や事務所などを兼用する住宅の場合は、住宅以外の用途に供する部分の床面積≦50㎡、かつ床面積＜住宅部分の面積とする［令130条の3］｜※2 コンビニエンスストアや調剤薬局は、規則に定める住環境悪化防止措置を講じれば、特定行政庁の許可を受け200㎡まで建築可能［法48条16項、規則10条の4の3］｜※3 美容院、学習塾なども建築可能。ただし2階以下で床面積150㎡以内に限られる［令130条の5の2］｜※4 大学、病院も可。店舗なら2階以下で、床面積500㎡以内のスーパー、物品販売店、銀行の支店などが建築可能［令130条の5の3］

商業地域

都心・副都心の商業地
もしくは中心都市の中心商業地。地域の核としての店舗・事務所・娯楽施設などの集積を図る。近隣商業地域と同様、店舗・飲食店であれば面積の制限なく建築可能なほか、大規模な映画館やキャバレー、風俗店などが建築可能［※7］

準住居地域

幹線道路の沿道などで、自動車関連施設などと住宅が調和して立地する地域。小規模の劇場・映画館、倉庫、一定の自動車修理工場などが建築可能［※6］

近隣商業地域

商店街、鉄道駅周辺
もしくは郊外の小規模商業地など、近隣住民に対する日用品の販売を主とする店舗などの立地を図る地域。店舗、飲食店であれば面積の制限なく建築可能

準工業地域

主として環境の悪化をもたらすおそれのない工業の利便を増進する地域
学校や病院、キャバレー、ナイトクラブ、ディスコなども建築可能［※8］

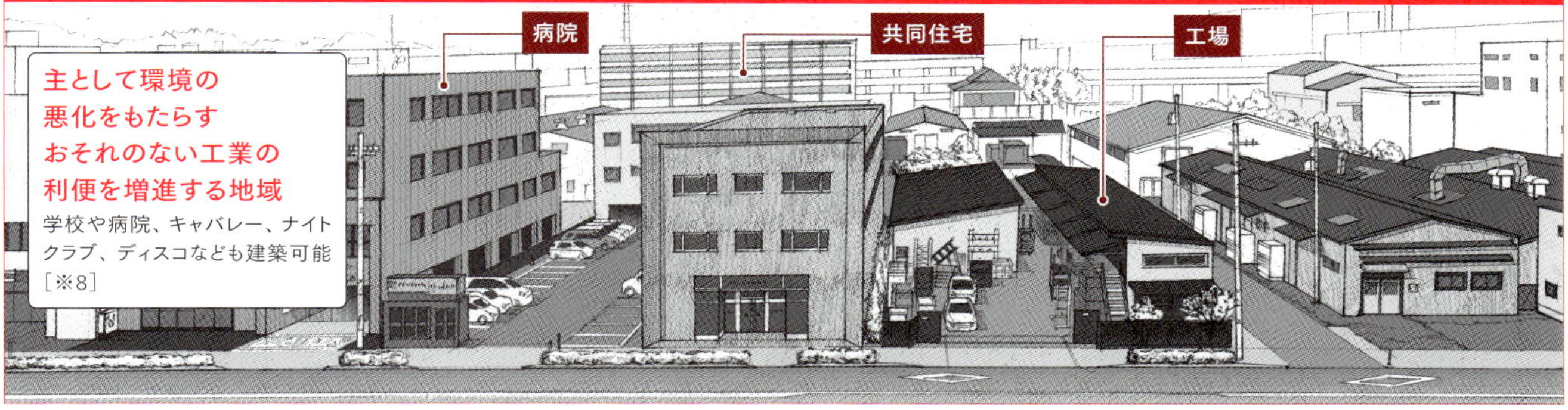

工業専用地域

住宅などの混在を排除・防止し、工業に特化した土地利用を図る地域。コンビナートのような大規模な工場が集積する。住宅は建築不可

工業地域

工業の利便の増進を図る地域
住宅は建築可能だが、学校や病院、床面積10,000㎡超の店舗は建築不可。保育所は学校ではなく児童福祉施設等に該当し、すべての用途地域で規模無制限で建築可能

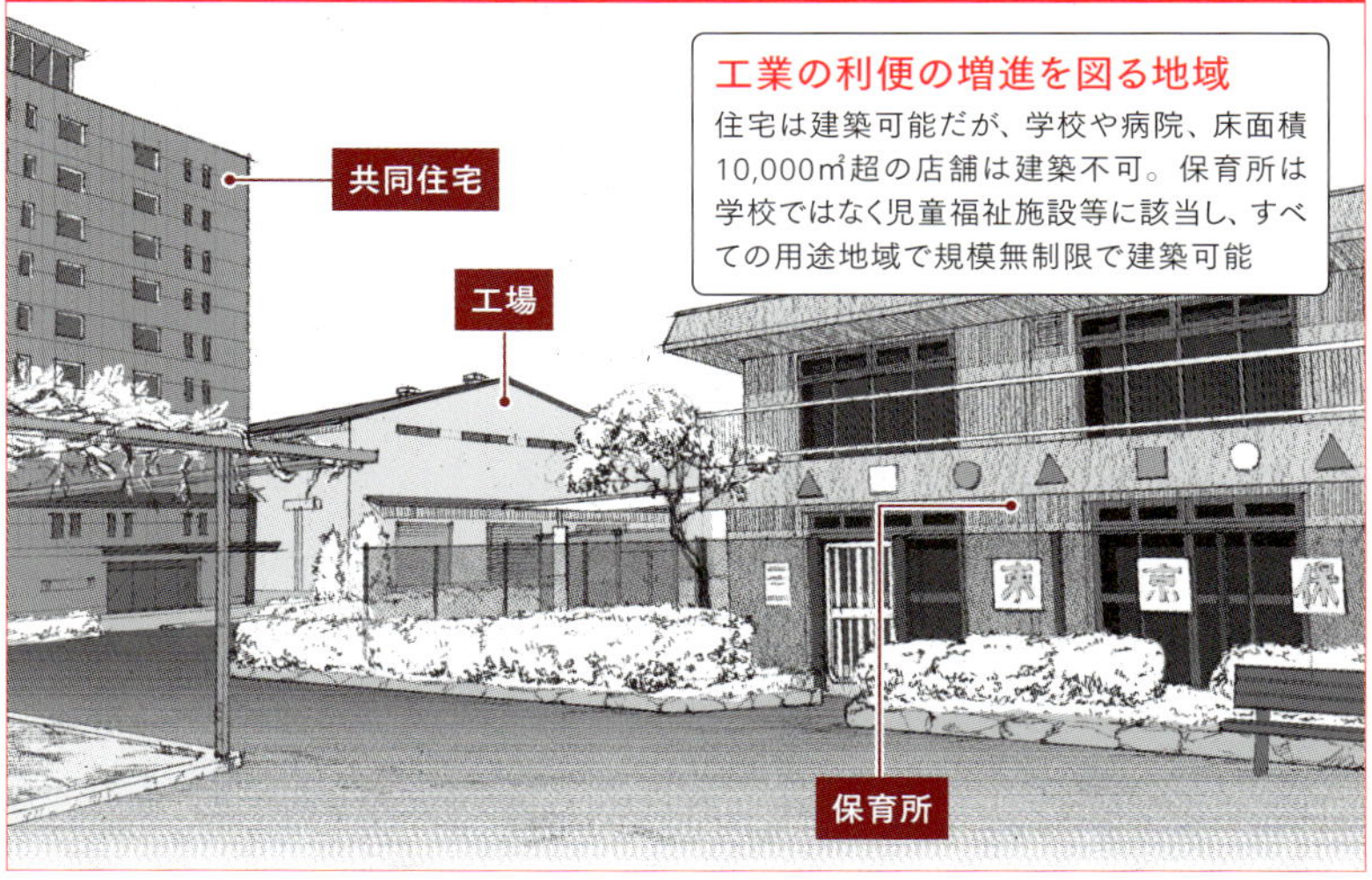

※5　ゴルフ練習場やバッティング練習場など周辺環境の悪化をもたらす用途は建築不可［令130条の6、令130条の6の2］｜※6　劇場、映画館、演芸場または観覧場のうち、客席部分の床面積が200㎡未満であれば建築可能。自動車修理工場は、作業場の床面積150㎡以内であれば建築可能｜※7　個室付浴場に係る公衆浴場、ヌードスタジオ、ラブホテル等は、商業地域のみで建築可能｜※8　石綿含有製品の製造工場等、個室付浴場その他これに類する建築物の建築は不可。準工業地域には建築可能な病院、学校、劇場、映画館、演芸場、観覧場（床面積10,000㎡超の特定大規模建築物を除く）、キャバレー、風俗店、ナイトクラブ等は、工業地域、工業専用地域には建築不可である

PART 2

道　路

建築物にとって道路は
日照・採光・通風の確保、災害時の避難スペース、
消防や救急の活動用地などさまざまな役割をもつ。
そのため、建築物は建築基準法に定める道路へ
接道することが求められ
道路内への建築制限が課せられている。
建築する際は、現地での境界確認や道路幅員の実測のほか
行政庁での道路情報の確認など十分な事前調査が必要だ。
特殊建築物や大規模な建築物は
条例で必要な道路幅員や接道長さについて
規制が強化されていることが多いので注意しよう。

道路 道路の種類

道路幅員は4m以上が原則。4m未満でも「道路」となり得る

ここを見る！

- 法42条
- 法43条ただし書き
- 法68条の7第1項

これを押さえる！

特定行政庁に保存されている指定道路図によると、建築基準法上の道路は9種類［※1］ある。原則、地下にあるもの以外で、幅員4m以上のものを指す。そのほか、地方の気候風土の特殊性や土地の状況によっては、幅員を6m以上とする場合もある［※2］。

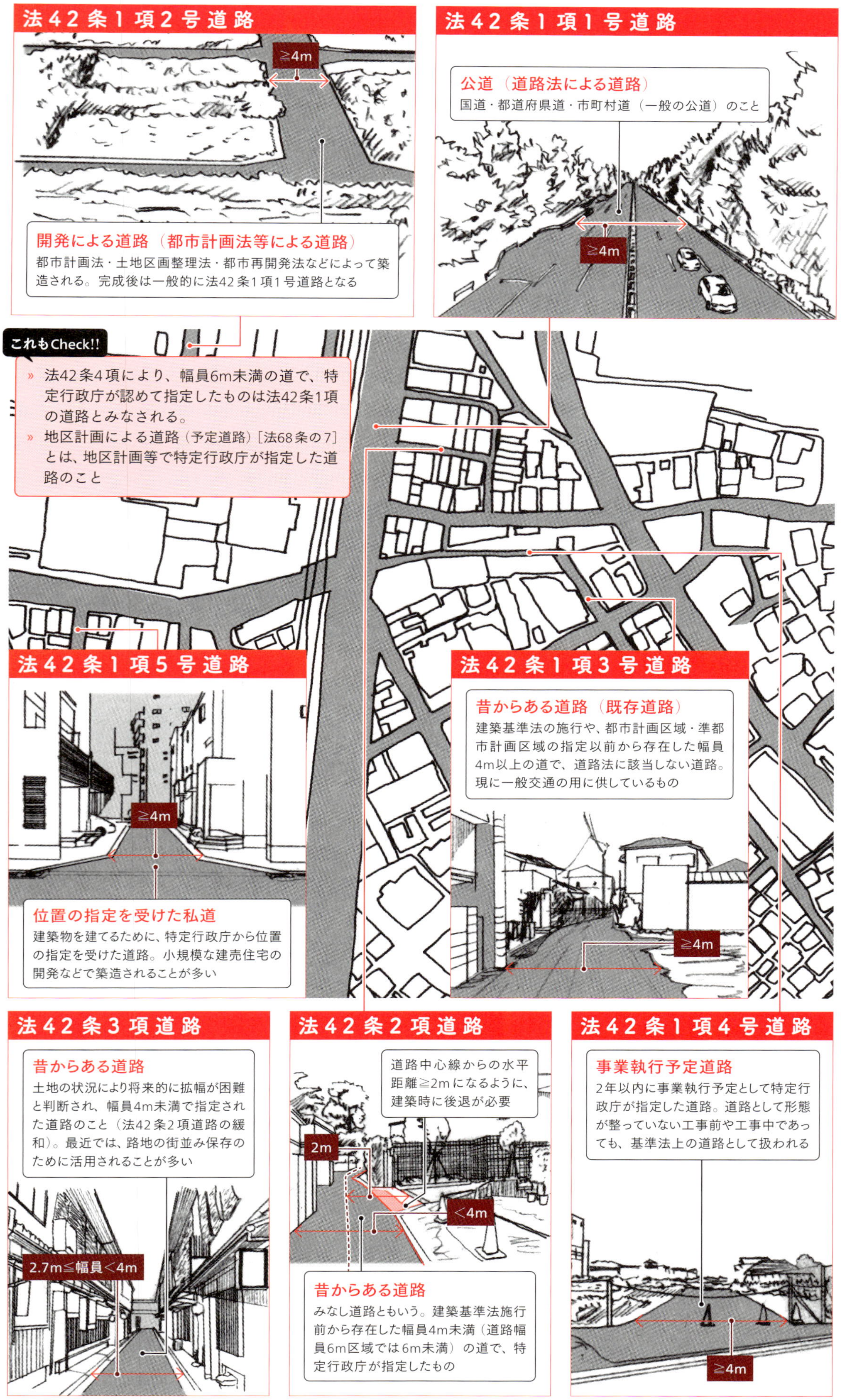

法42条1項2号道路
≧4m
開発による道路（都市計画法等による道路）
都市計画法・土地区画整理法・都市再開発法などによって築造される。完成後は一般的に法42条1項1号道路となる
法42条1項1号道路
公道（道路法による道路）
国道・都道府県道・市町村道（一般の公道）のこと
≧4m
これもCheck!!
» 法42条4項により、幅員6m未満の道で、特定行政庁が認めて指定したものは法42条1項の道路とみなされる。
» 地区計画による道路（予定道路）［法68条の7］とは、地区計画等で特定行政庁が指定した道路のこと
法42条1項5号道路
≧4m
位置の指定を受けた私道
建築物を建てるために、特定行政庁から位置の指定を受けた道路。小規模な建売住宅の開発などで築造されることが多い
法42条1項3号道路
昔からある道路（既存道路）
建築基準法の施行や、都市計画区域・準都市計画区域の指定以前から存在した幅員4m以上の道で、道路法に該当しない道路。現に一般交通の用に供しているもの
≧4m
法42条3項道路
昔からある道路
土地の状況により将来的に拡幅が困難と判断され、幅員4m未満で指定された道路のこと（法42条2項道路の緩和）。最近では、路地の街並み保存のために活用されることが多い
2.7m≦幅員＜4m
法42条2項道路
道路中心線からの水平距離≧2mになるように、建築時に後退が必要
2m
＜4m
昔からある道路
みなし道路ともいう。建築基準法施行前から存在した幅員4m未満（道路幅員6m区域では6m未満）の道で、特定行政庁が指定したもの
法42条1項4号道路
事業執行予定道路
2年以内に事業執行予定として特定行政庁が指定した道路。道路として形態が整っていない工事前や工事中であっても、基準法上の道路として扱われる
≧4m

※1 法42条1項～4項道路の8種類のほか、地区計画等の予定道路を含む。なお、実務上は1項1号～5号、2項の6種類に分類されることが多い
※2 特定行政庁が必要と認め、都市計画審議会の議を経て指定した区域内の場合

表　道路の幅員

凡例　L：道路幅員、M：元の道路幅員、A：特定行政庁が指定する水平距離
-・-・-：道路中心線、――：道路境界線、------：元の道路境界線

法区分	概要	特定行政庁が道路幅員を6mに指定した区域	
		区域外	区域内
法42条1項1号	道路法による道路（高速自動車国道・一般国道・都道府県道・市町村道）	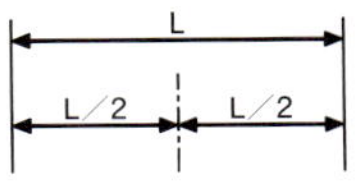 L ≧ 4m	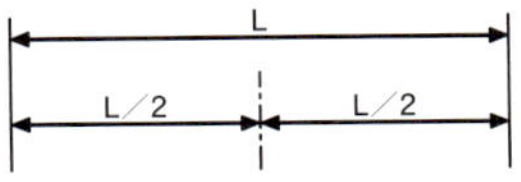 L ≧ 6m
法42条1項2号	都市計画法などの開発による道路		
法42条1項3号	法3章の規定が適用される際に、すでに存在していた道で幅員4m以上のもの（道路法による道路を除く）		
法42条1項4号	都市計画法などの開発により2年以内に事業が執行される予定のもので、特定行政庁が指定したもの		
法42条1項5号	都市計画法などによらないで築造する道で、特定行政庁から位置の指定を受けたもの		
法42条2項	建築基準法の3章の規定が適用される際に、すでに建築物が建ち並んでいた幅員4m未満の道で、特定行政庁が指定したもの。水平距離Aの線を道路境界線とみなす	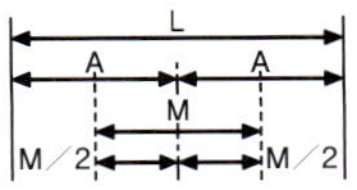 L ＝ 4m A=2m 4m ＞ M ≧ 1.8m 片側が川、線路敷き、崖などの場合 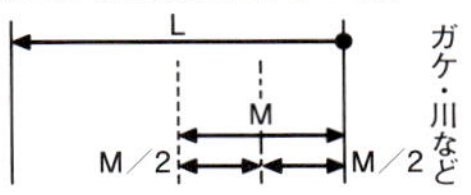 L ＝ 4m 4m ＞ M ≧ 1.8m	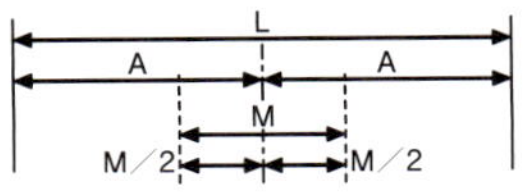 L ＝ 6m A ＝ 3m 6m ＞ M ≧ 1.8m 片側が川、線路敷き、崖などの場合 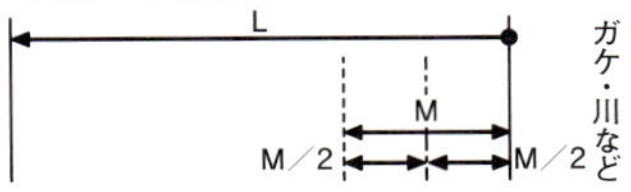 L ＝ 6m 6m ＞ M ≧ 1.8m
法42条3項	法42条2項道路で、土地の状況によりやむを得ず特定行政庁が水平距離Aを2m未満1.35m以上の範囲で定めたもの（幅員6m指定区域では、Aは3m未満1.35m以上）	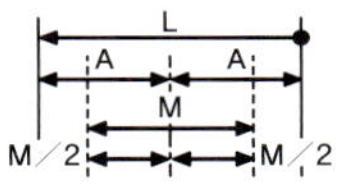 4m ＞ L ≧ 2.7m 2m ＞ A ≧ 1.35m 4m ＞ M ≧ 1.8m	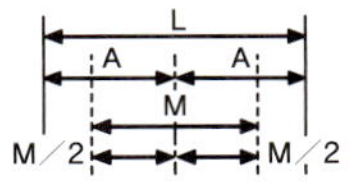 6m ＞ L ≧ 2.7m 3m ＞ A ≧ 1.35m 6m ＞ M ≧ 1.8m
法42条4項1号	幅員6m指定区域内の4m以上6m未満の道で避難・通行に支障が無いとして特定行政庁が認めて指定したもの		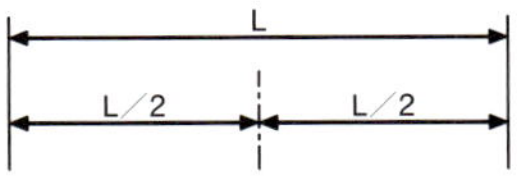 6m ＞ L ≧ 4m
法42条4項2号	幅員6m指定区域内の4m以上6m未満の道のうち地区計画等に即して築造される道で特定行政庁が認めて指定したもの		
法42条4項3号	幅員6m指定区域内の6m未満の道路のうち、幅員6m区域が指定された際、すでに道路とされていた道で特定行政庁が認めて指定したもの。4m未満でも指定される		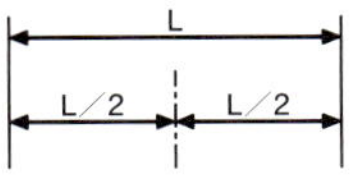 6m ＞ L
法42条5項	4項3号の補足説明 4項3号道路は、幅員6m区域を指定した際に道路境界線とみなされていた線を道路境界線とする		
法42条6項	建築審査会の同意が必要な場合 ①幅員1.8m未満の道路を2項道路に指定する場合 ②3項道路の水平距離を別に定める場合		

道路幅員は縁石・歩道を含むが法敷は含まない

道路幅員の算定方法

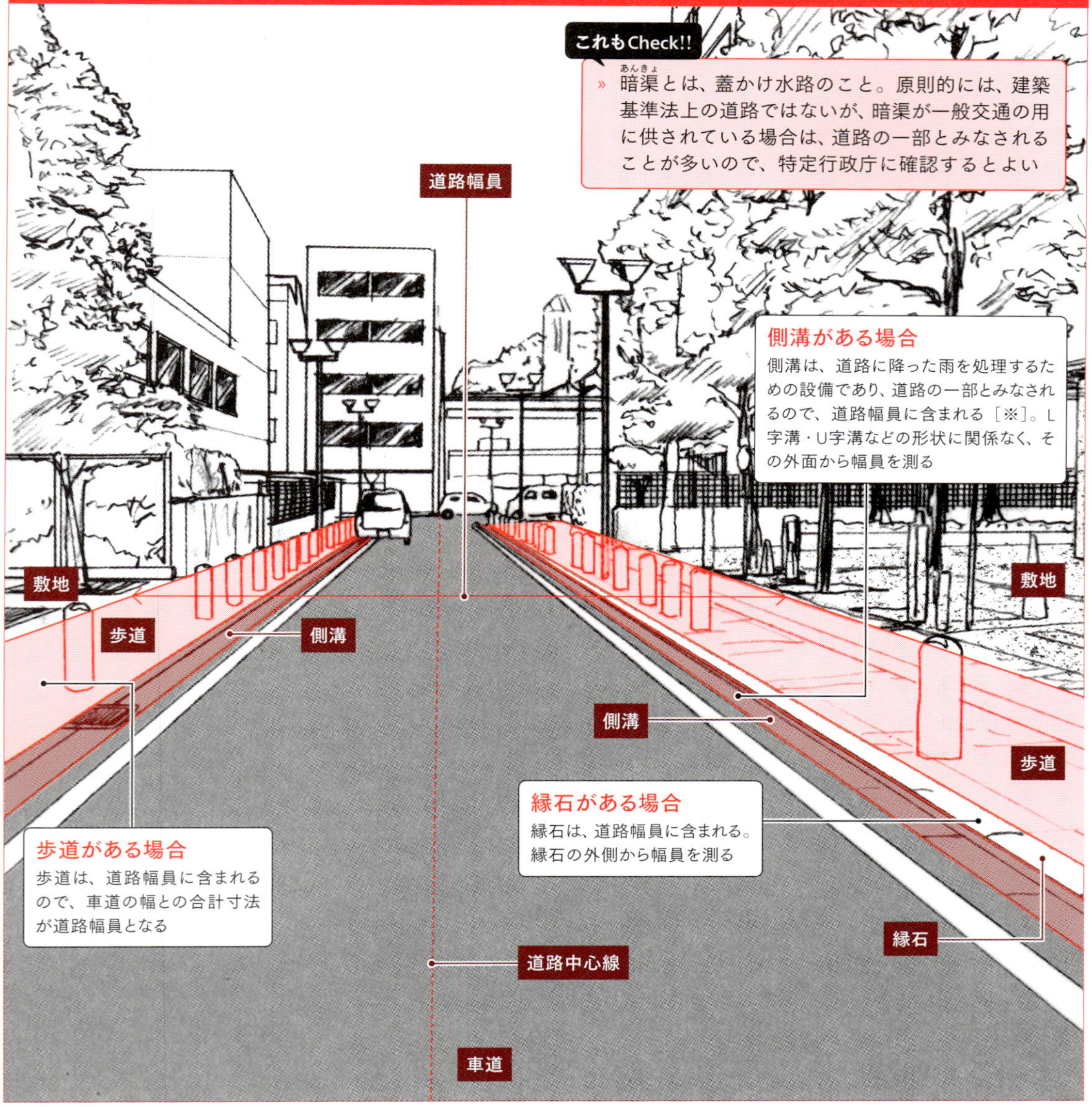
これもCheck!!
» 暗渠《あんきょ》とは、蓋かけ水路のこと。原則的には、建築基準法上の道路ではないが、暗渠が一般交通の用に供されている場合は、道路の一部とみなされることが多いので、特定行政庁に確認するとよい
道路幅員
側溝がある場合
側溝は、道路に降った雨を処理するための設備であり、道路の一部とみなされるので、道路幅員に含まれる［※］。L字溝・U字溝などの形状に関係なく、その外面から幅員を測る
敷地
歩道
側溝
敷地
側溝
歩道
縁石がある場合
縁石は、道路幅員に含まれる。縁石の外側から幅員を測る
歩道がある場合
歩道は、道路幅員に含まれるので、車道の幅との合計寸法が道路幅員となる
縁石
道路中心線
車道

法敷《のりじき》がある場合の道路幅員

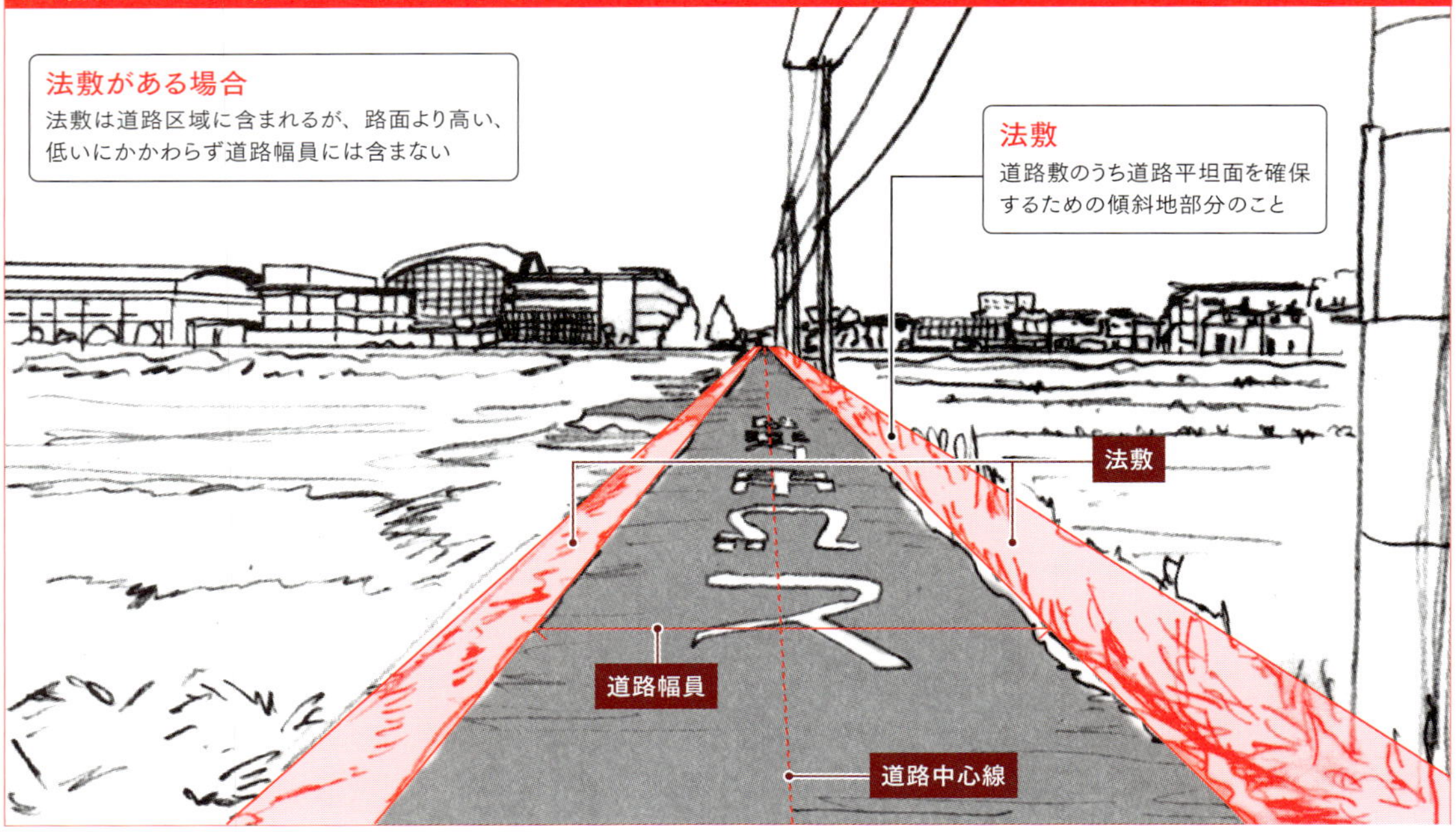
法敷がある場合
法敷は道路区域に含まれるが、路面より高い、低いにかかわらず道路幅員には含まない
法敷
道路敷のうち道路平坦面を確保するための傾斜地部分のこと
法敷
道路幅員
道路中心線

※ 側溝に蓋がなく、実際には車両の通行が不可能な場合も道路の一部とみなされる

これを押さえる!

道路幅員とは、道路中心線に直交する水平距離で測る道路幅の最小寸法のこと。建蔽率［36・37頁参照］や容積率［38～42頁参照］、高さ制限［50～65頁参照］など、建築物の広さや高さを決める根幹にかかわるので、建築する際には特定行政庁に必ず確認するとともに、現地調査を行い、正確な道路幅員を把握する。

COLUMN

前面道路とは、建築物の敷地が2m以上接する道路のこと

前面道路が2以上ある場合は、その幅員の最大のものをいう。前面道路の幅員が12m未満の場合は、その敷地の容積率は幅員に定められた係数［※］を乗じた数値以下としなければならない。下の例のような敷地では、それぞれAが容積率算定のための前面道路の幅員となる。

不整形敷地や2以上の道路が接している場合

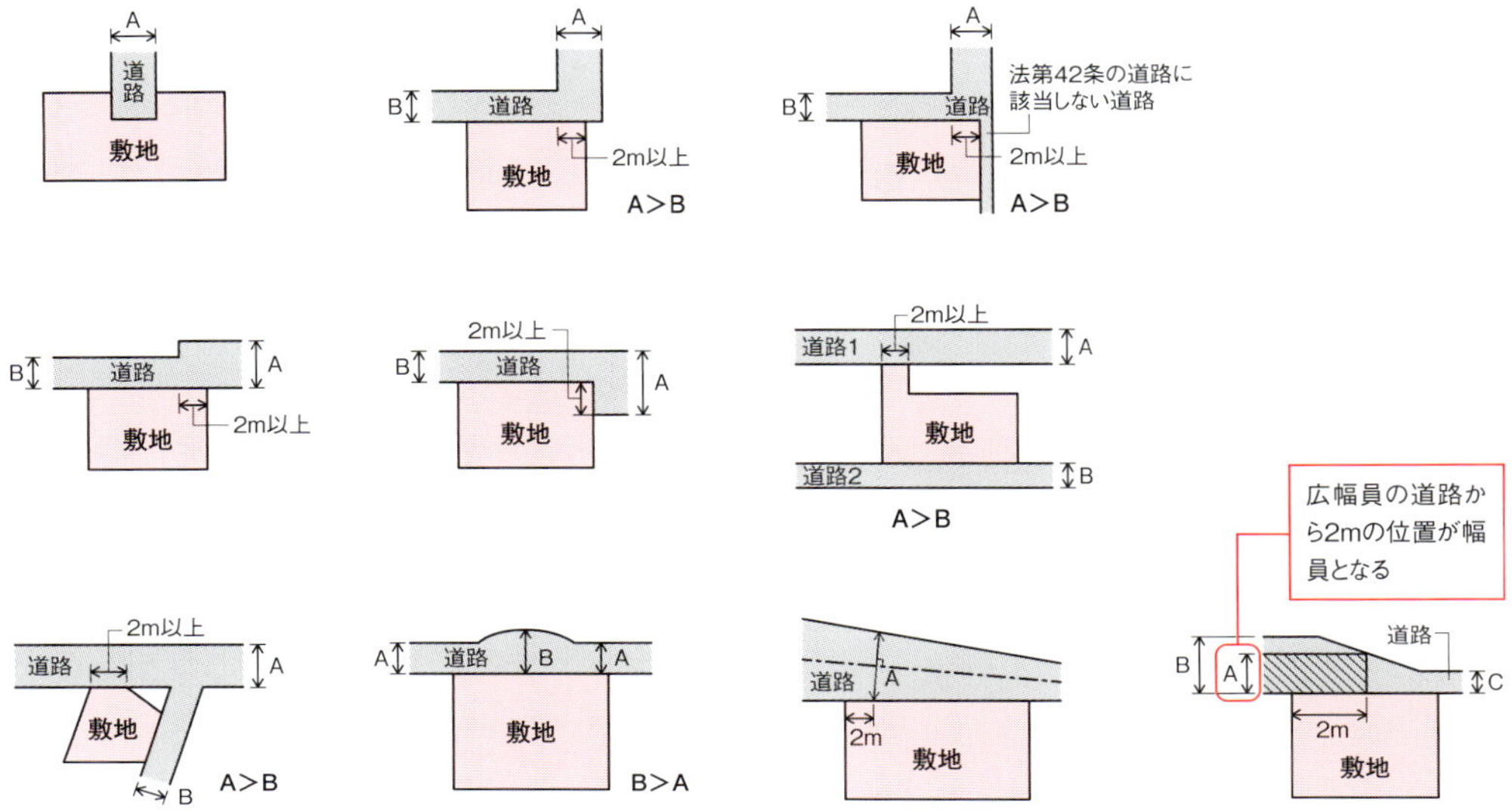

A
道路
敷地
A
B
道路
2m以上
敷地
A>B
A
B
道路
法第42条の道路に
該当しない道路
2m以上
敷地
A>B
B
道路
A
2m以上
敷地
2m以上
B
道路
A
敷地
2m以上
道路1
A
敷地
道路2
B
A>B
広幅員の道路から2mの位置が幅員となる
2m以上
道路
A
敷地
B
A>B
A
道路
B
A
敷地
B>A
道路
A
2m
敷地
道路
B
A
C
2m
敷地

高架道路などに面する場合

❶ 線路敷などと立体的に交差する場合

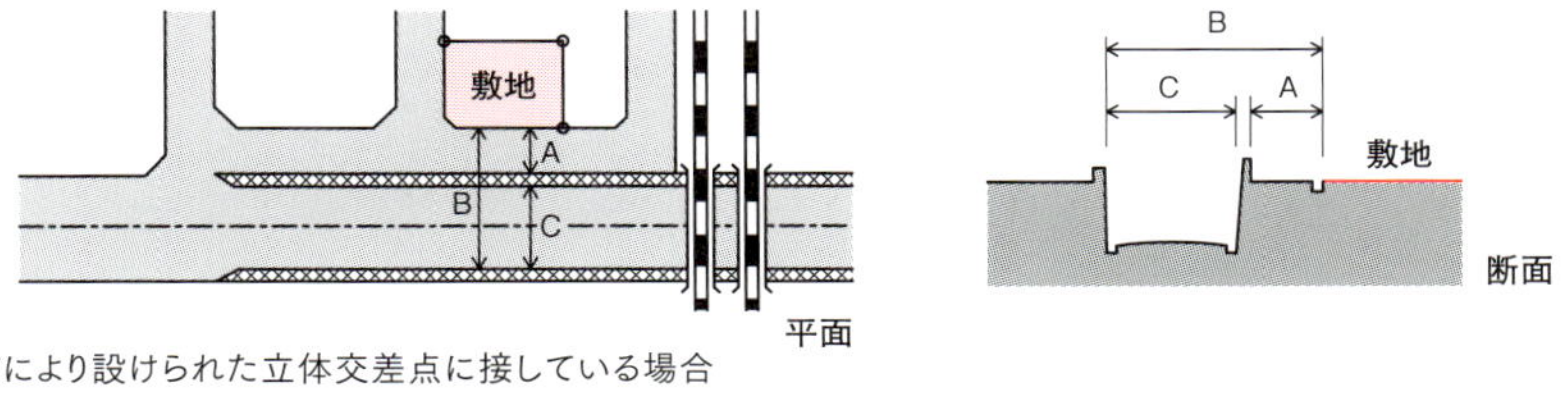

敷地
A
B
C
平面
B
C
A
敷地
断面

❷ 本線の交通量増加などにより設けられた立体交差点に接している場合

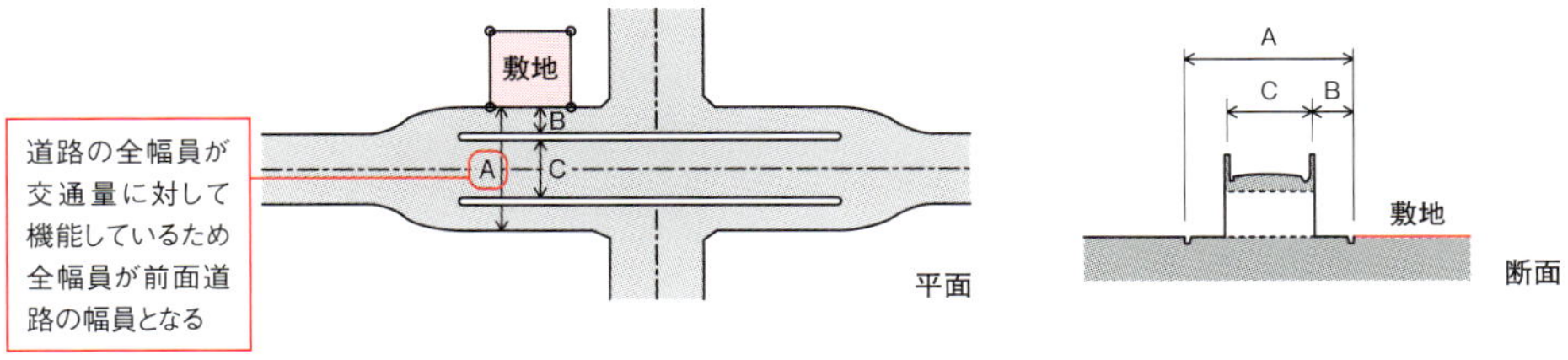

道路の全幅員が交通量に対して機能しているため全幅員が前面道路の幅員となる
敷地
B
A
C
平面
A
C
B
敷地
断面

❸ 片側通行形式の道路が並行している場合

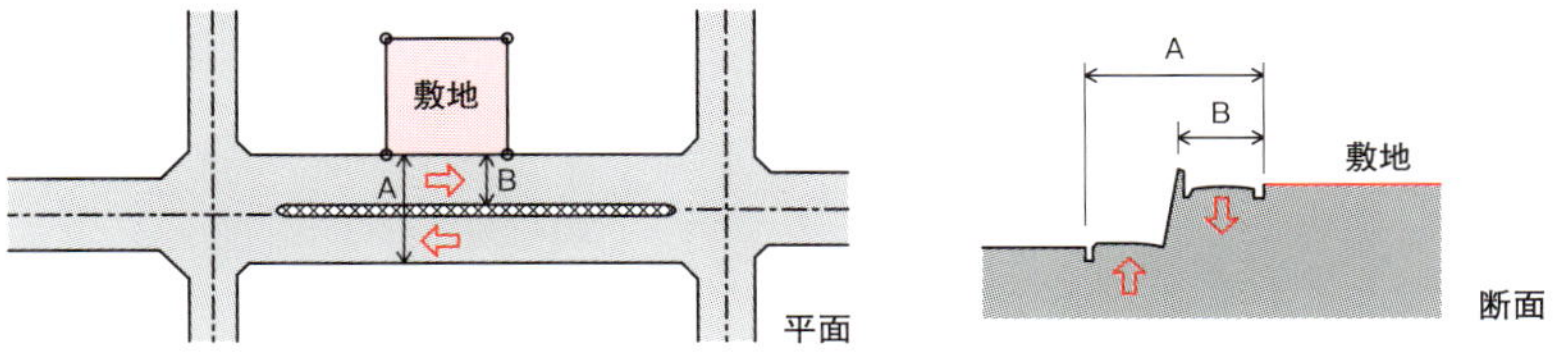

敷地
A
B
平面
A
B
敷地
断面

※ 住居系の用途地域では0.4、それ以外の用途地域では0.6

建築物の敷地は道路に2m以上接していなければならない

ここを見る！

法43条
規則10条の3

これを押さえる！

建築物の敷地は、法42条に定める道路に2m以上接していなければならず、これを満たさない敷地には原則として建築物の建築が認められない［法43条1項］。これを接道義務という。接道の対象となる道路には高速道路や自動車専用道など自動車のみの交通の用に供する道路は含まない。

敷地の接道義務

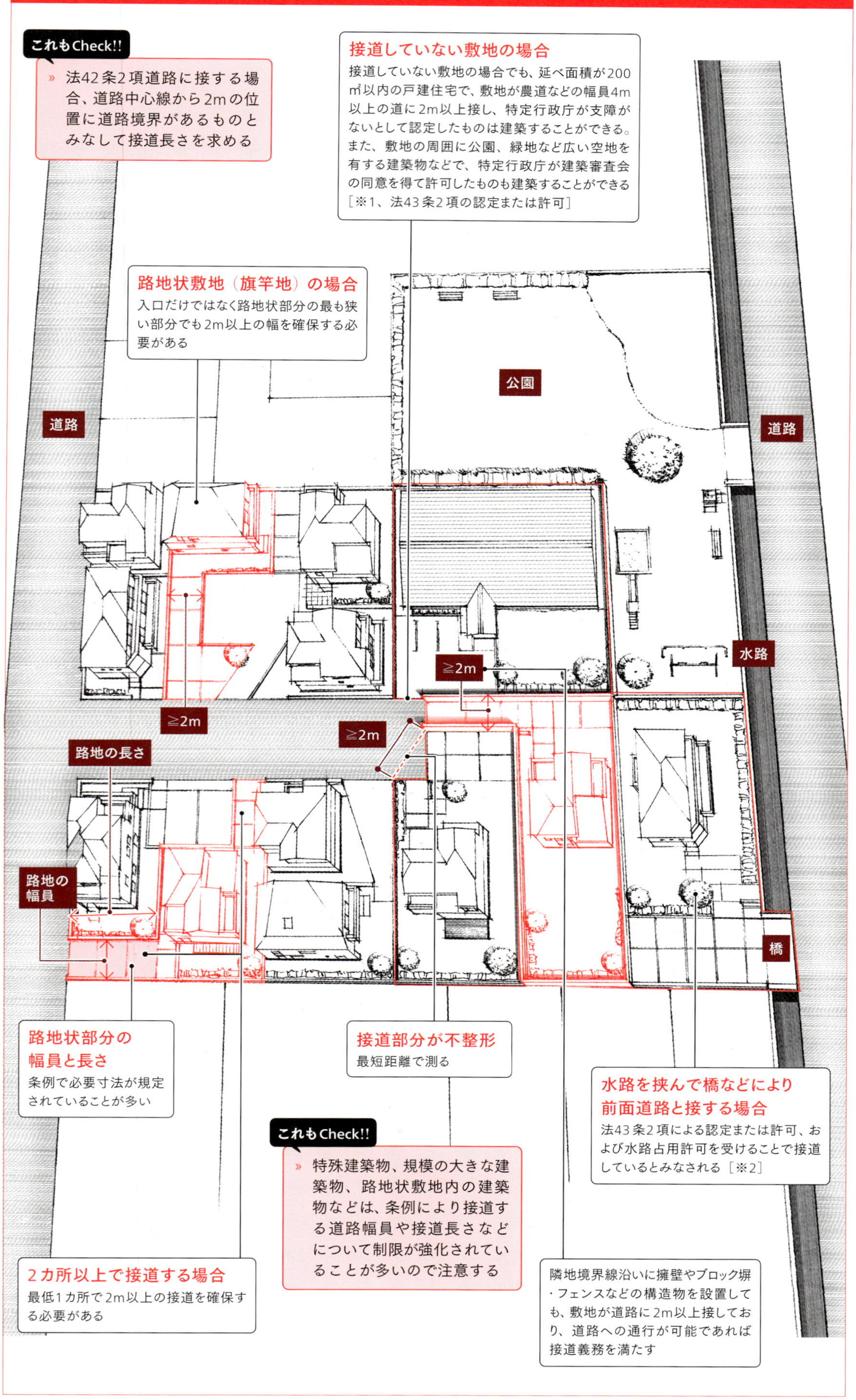

これもCheck!!
» 法42条2項道路に接する場合、道路中心線から2mの位置に道路境界があるものとみなして接道長さを求める
接道していない敷地の場合
接道していない敷地の場合でも、延べ面積が200㎡以内の戸建住宅で、敷地が農道などの幅員4m以上の道に2m以上接し、特定行政庁が支障がないとして認定したものは建築することができる。また、敷地の周囲に公園、緑地など広い空地を有する建築物などで、特定行政庁が建築審査会の同意を得て許可したものも建築することができる［※1、法43条2項の認定または許可］
路地状敷地（旗竿地）の場合
入口だけではなく路地状部分の最も狭い部分でも2m以上の幅を確保する必要がある
公園
道路
道路
水路
≧2m
≧2m
≧2m
路地の長さ
路地の幅員
橋
路地状部分の幅員と長さ
条例で必要寸法が規定されていることが多い
接道部分が不整形
最短距離で測る
水路を挟んで橋などにより前面道路と接する場合
法43条2項による認定または許可、および水路占用許可を受けることで接道しているとみなされる［※2］
これもCheck!!
» 特殊建築物、規模の大きな建築物、路地状敷地内の建築物などは、条例により接道する道路幅員や接道長さなどについて制限が強化されていることが多いので注意する
2カ所以上で接道する場合
最低1カ所で2m以上の接道を確保する必要がある
隣地境界線沿いに擁壁やブロック塀・フェンスなどの構造物を設置しても、敷地が道路に2m以上接しており、道路への通行が可能であれば接道義務を満たす

※1　2mの接道義務は、非常時の避難、消防活動の確保が目的。将来にわたって安定的に利用することができる道路に準ずる空地に接していれば、接道義務の目的が果たされることになるため、特定行政庁が支障がないと認めた場合は接道義務が免除される
※2　敷地と前面道路の間に暗渠がある場合、水路占用許可を受けていれば接道しているものとみなし、法43条2項の認定や許可は不要とする特定行政庁もある

がけ地に接した路地状敷地の場合

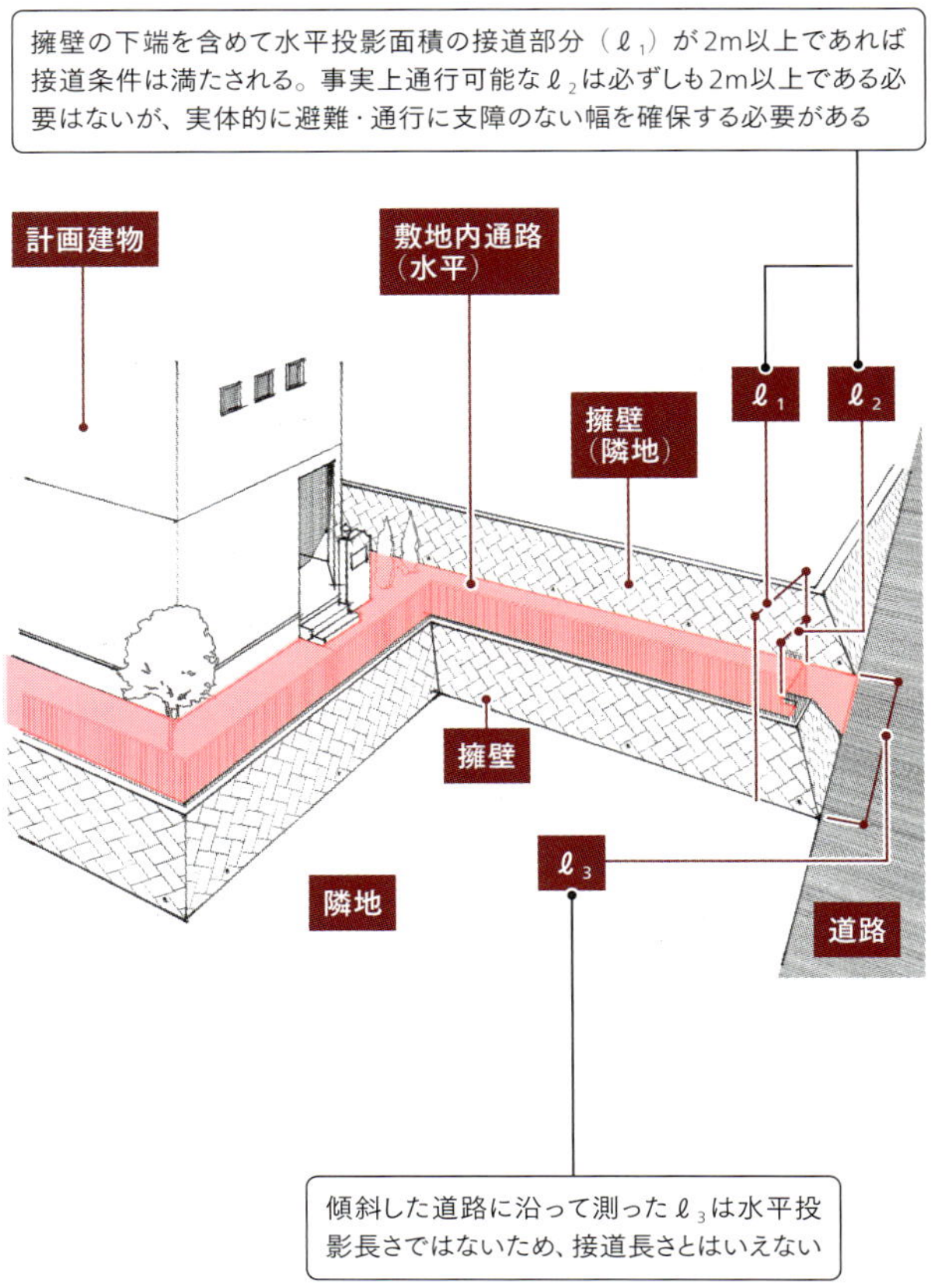
擁壁の下端を含めて水平投影面積の接道部分（ℓ_1）が2m以上であれば接道条件は満たされる。事実上通行可能なℓ_2は必ずしも2m以上である必要はないが、実体的に避難・通行に支障のない幅を確保する必要がある
計画建物
敷地内通路（水平）
擁壁（隣地）
ℓ_1
ℓ_2
擁壁
隣地
ℓ_3
道路
傾斜した道路に沿って測ったℓ_3は水平投影長さではないため、接道長さとはいえない

法42条2項道路に接道する場合

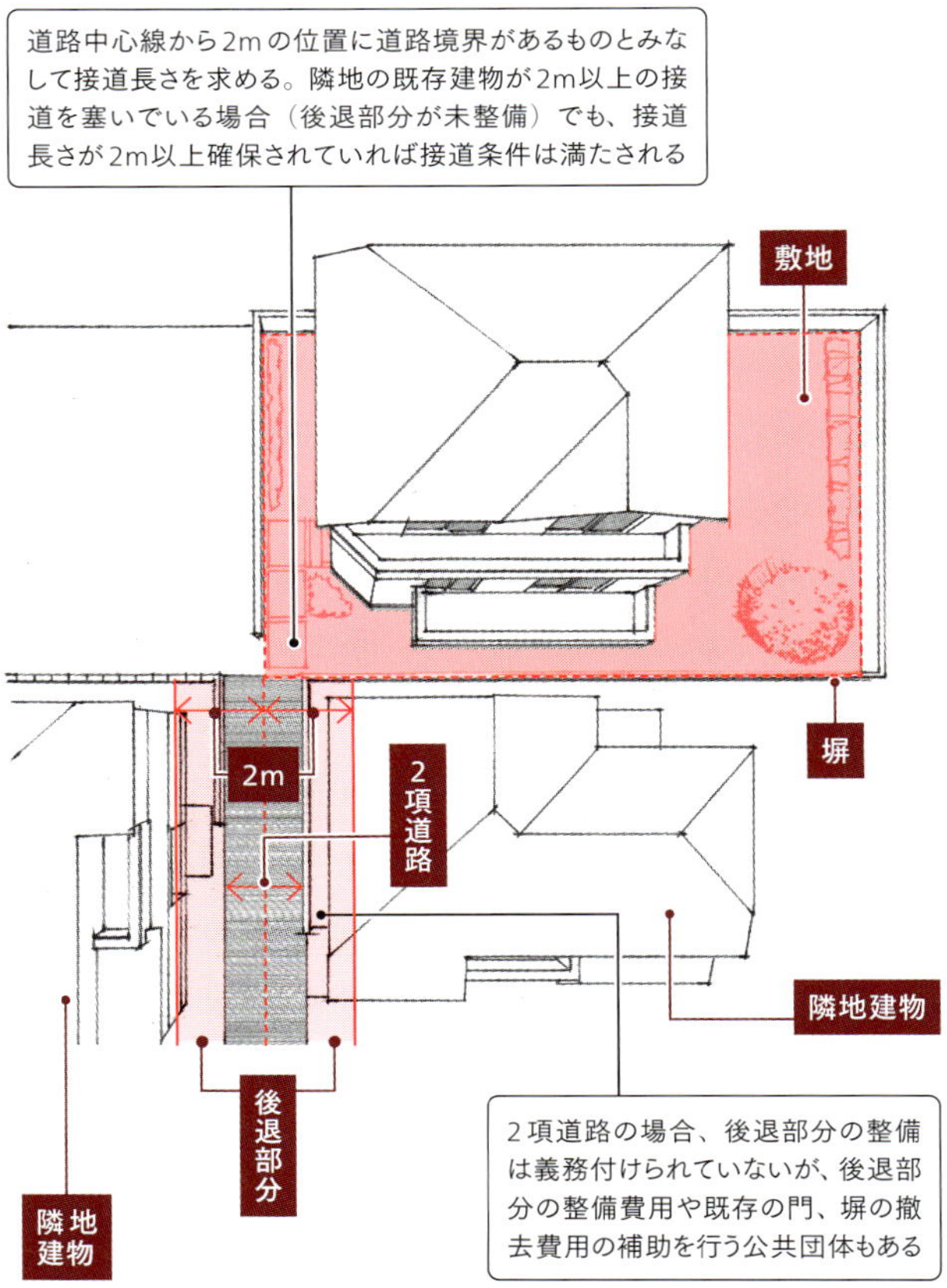
道路中心線から2mの位置に道路境界があるものとみなして接道長さを求める。隣地の既存建物が2m以上の接道を塞いでいる場合（後退部分が未整備）でも、接道長さが2m以上確保されていれば接道条件は満たされる
敷地
塀
2m
2項道路
隣地建物
後退部分
隣地建物
2項道路の場合、後退部分の整備は義務付けられていないが、後退部分の整備費用や既存の門、塀の撤去費用の補助を行う公共団体もある

道路が敷地よりも低い場合

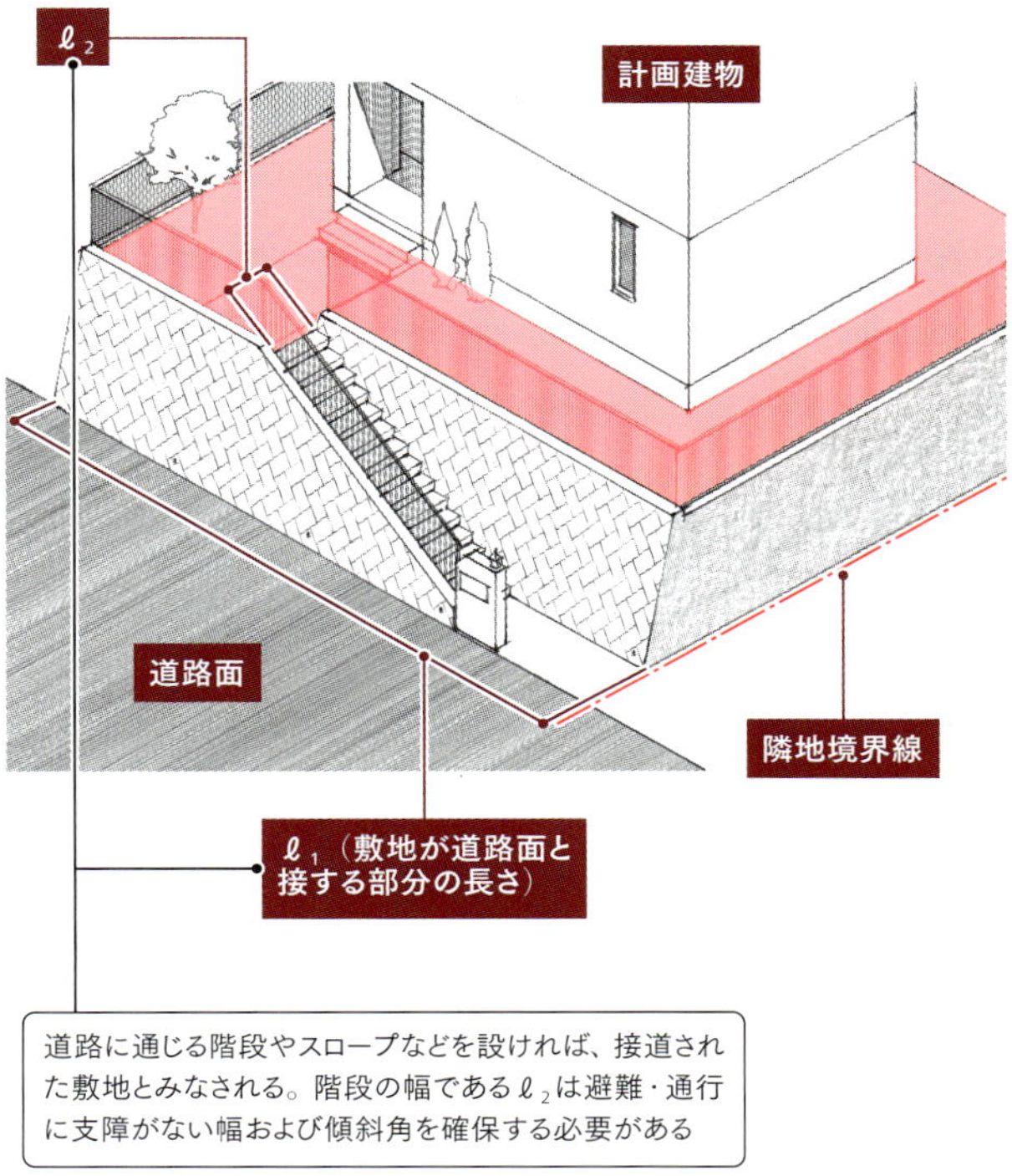
ℓ_2
計画建物
道路面
隣地境界線
ℓ_1（敷地が道路面と接する部分の長さ）
道路に通じる階段やスロープなどを設ければ、接道された敷地とみなされる。階段の幅であるℓ_2は避難・通行に支障がない幅および傾斜角を確保する必要がある

道路が敷地より高い場合

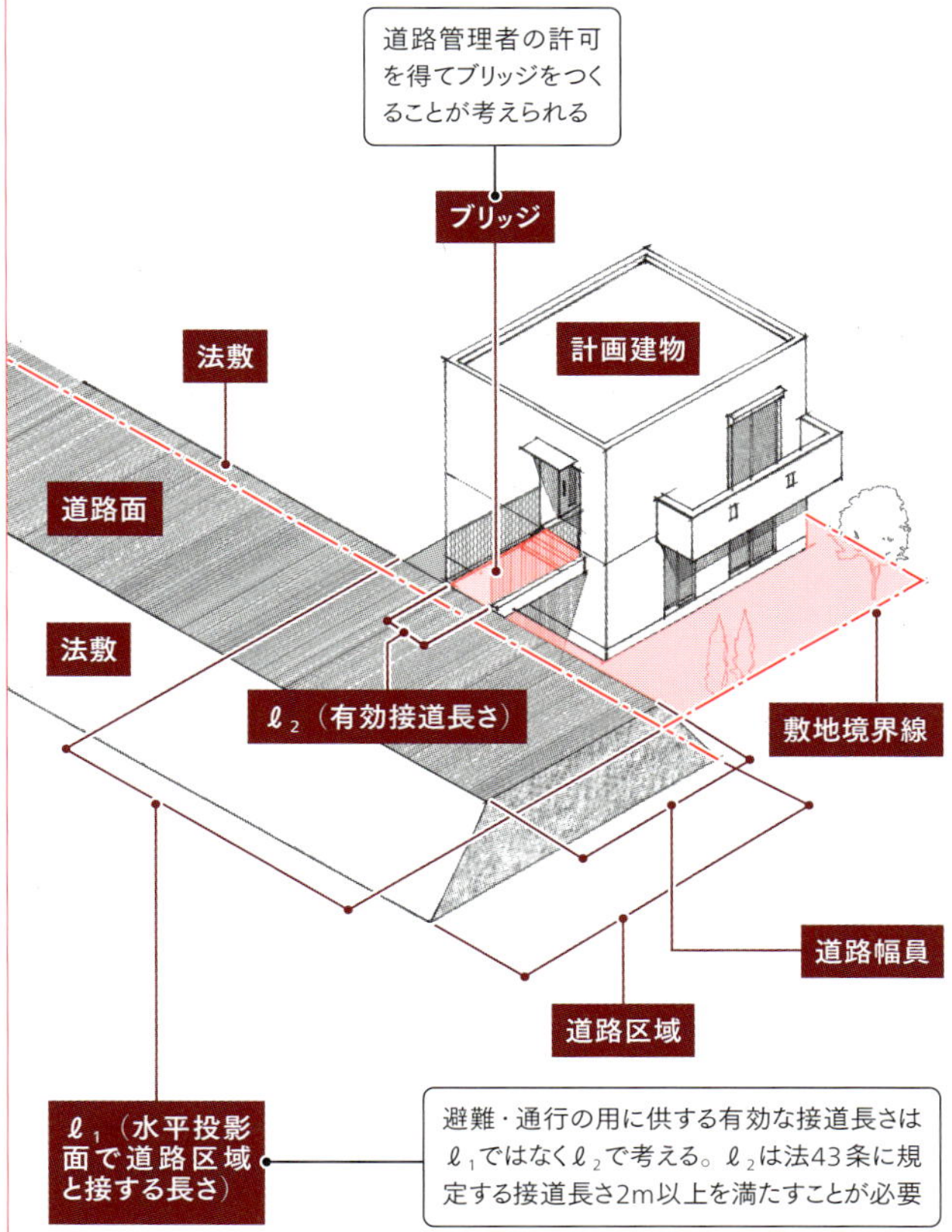
道路管理者の許可を得てブリッジをつくることが考えられる
ブリッジ
法敷
計画建物
道路面
法敷
ℓ_2（有効接道長さ）
敷地境界線
道路幅員
道路区域
ℓ_1（水平投影面で道路区域と接する長さ）
避難・通行の用に供する有効な接道長さはℓ_1ではなくℓ_2で考える。ℓ_2は法43条に規定する接道長さ2m以上を満たすことが必要

道路　建築制限

「道路内の建築は不可」が原則。扉の開閉による道路内侵入もNG

ここを見る！

法44条

令145条

これを押さえる！

建築物にとって道路は、人や車の通行以外にも、日照・通風・採光の確保、災害時の避難スペース、消防や救急の活動用地、などさまざまな機能を担っている。そのため、それらを阻害する建築行為は、原則として認められない［法44条］。

道路内に建築不可のもの

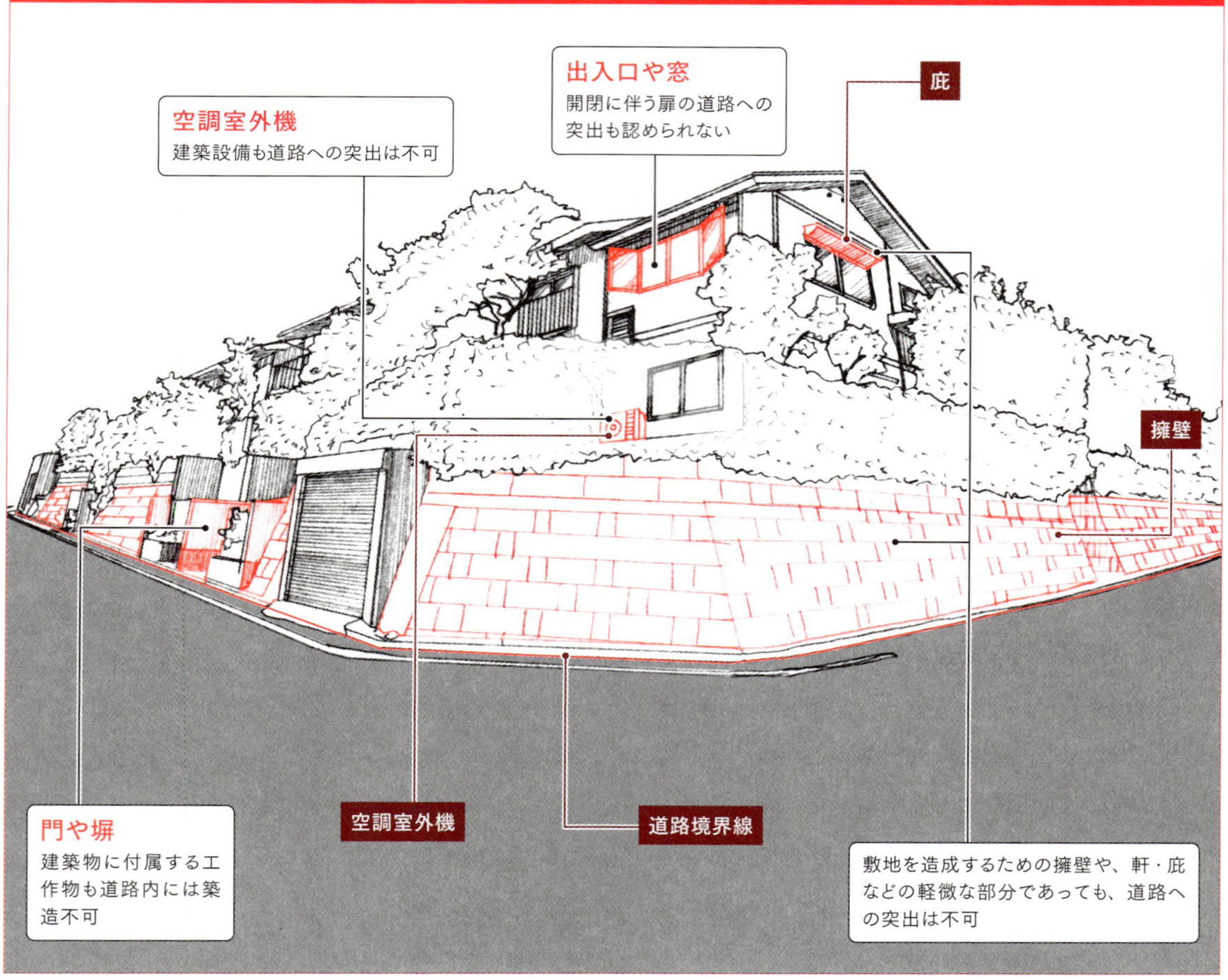

空調室外機
建築設備も道路への突出は不可
出入口や窓
開閉に伴う扉の道路への突出も認められない
庇
擁壁
門や塀
建築物に付属する工作物も道路内には築造不可
空調室外機
道路境界線
敷地を造成するための擁壁や、軒・庇などの軽微な部分であっても、道路への突出は不可

道路内に建築可のもの

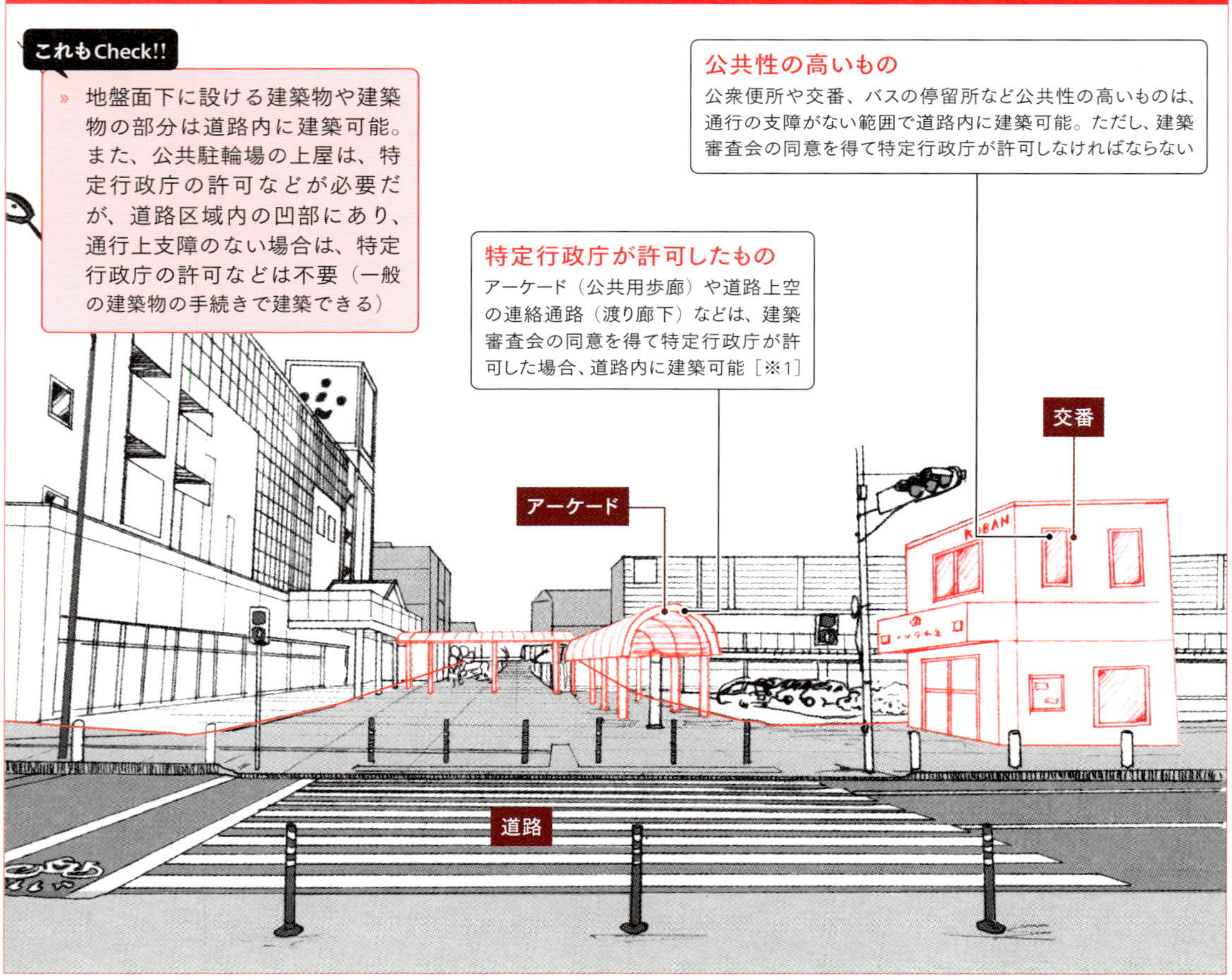

これもCheck!!
» 地盤面下に設ける建築物や建築物の部分は道路内に建築可能。また、公共駐輪場の上屋は、特定行政庁の許可などが必要だが、道路区域内の凹部にあり、通行上支障のない場合は、特定行政庁の許可などは不要（一般の建築物の手続きで建築できる）
公共性の高いもの
公衆便所や交番、バスの停留所など公共性の高いものは、通行の支障がない範囲で道路内に建築可能。ただし、建築審査会の同意を得て特定行政庁が許可しなければならない
特定行政庁が許可したもの
アーケード（公共用歩廊）や道路上空の連絡通路（渡り廊下）などは、建築審査会の同意を得て特定行政庁が許可した場合、道路内に建築可能［※1］
交番
アーケード
道路

※1　道路上空の渡り廊下は、主要構造部が耐火構造または不燃材料で造られた建築物に設けられたもので、①学校・病院・老人ホームなどの生徒・患者・老人等の通行の危険を防止するもの、②建築物の5階以上の階に設けられ避難施設として必要なもの、③多人数の通行や道路交通の緩和に寄与するもの、のいずれかに該当するものでなければならない［令145条2項］

道路占用許可があれば道路内侵入可のもの

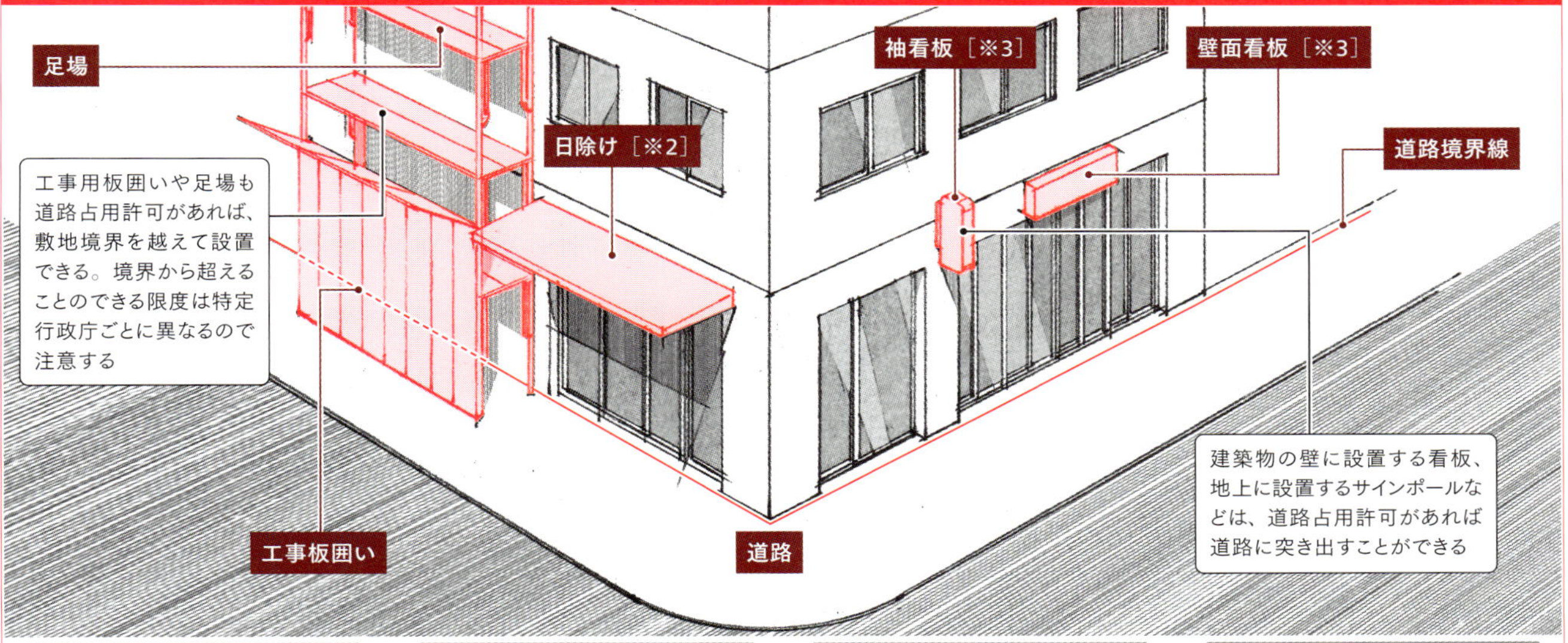
足場
工事用板囲いや足場も道路占用許可があれば、敷地境界を越えて設置できる。境界から超えることのできる限度は特定行政庁ごとに異なるので注意する
日除け［※2］
袖看板［※3］
壁面看板［※3］
道路境界線
建築物の壁に設置する看板、地上に設置するサインポールなどは、道路占用許可があれば道路に突き出すことができる
工事板囲い
道路

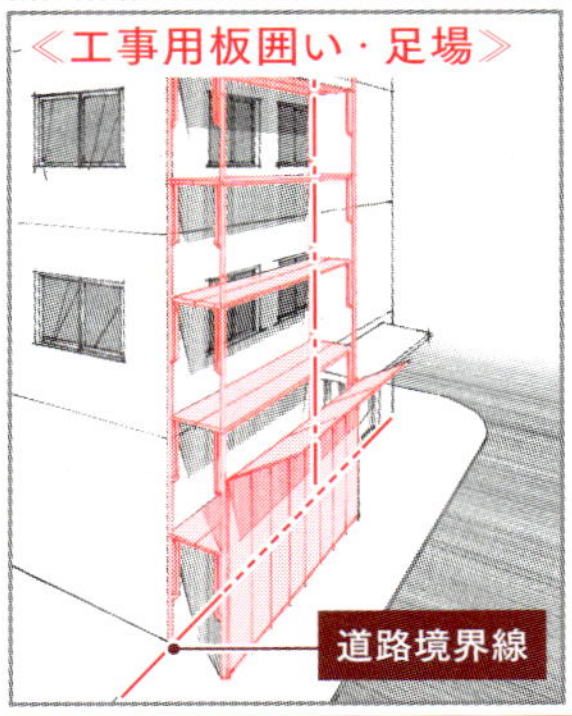
≪工事用板囲い・足場≫
道路境界線

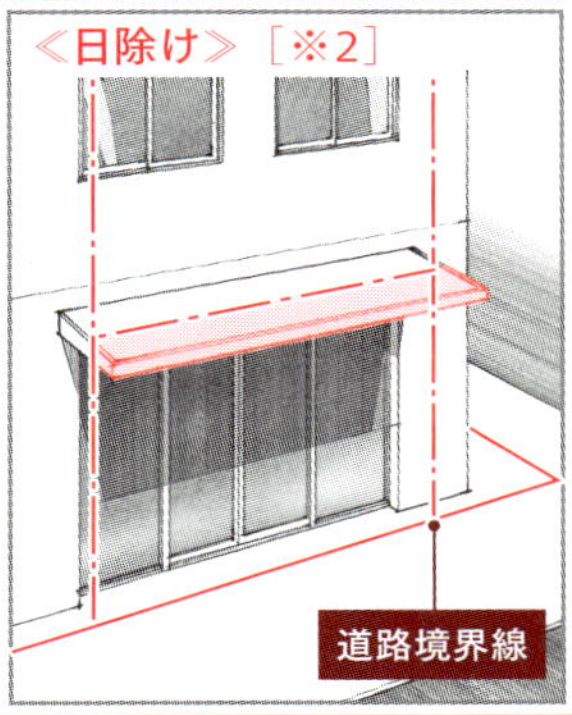
≪日除け≫［※2］
道路境界線

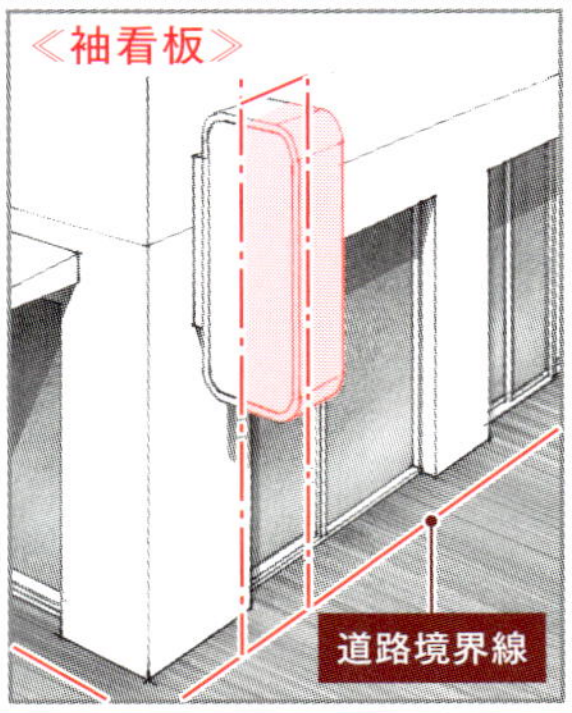
≪袖看板≫
道路境界線

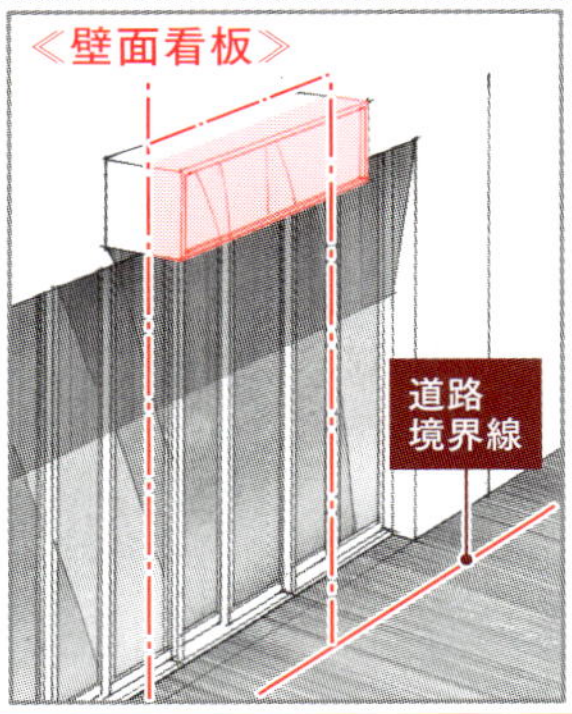
≪壁面看板≫
道路境界線

2項道路後退部分に既存外構等がある場合

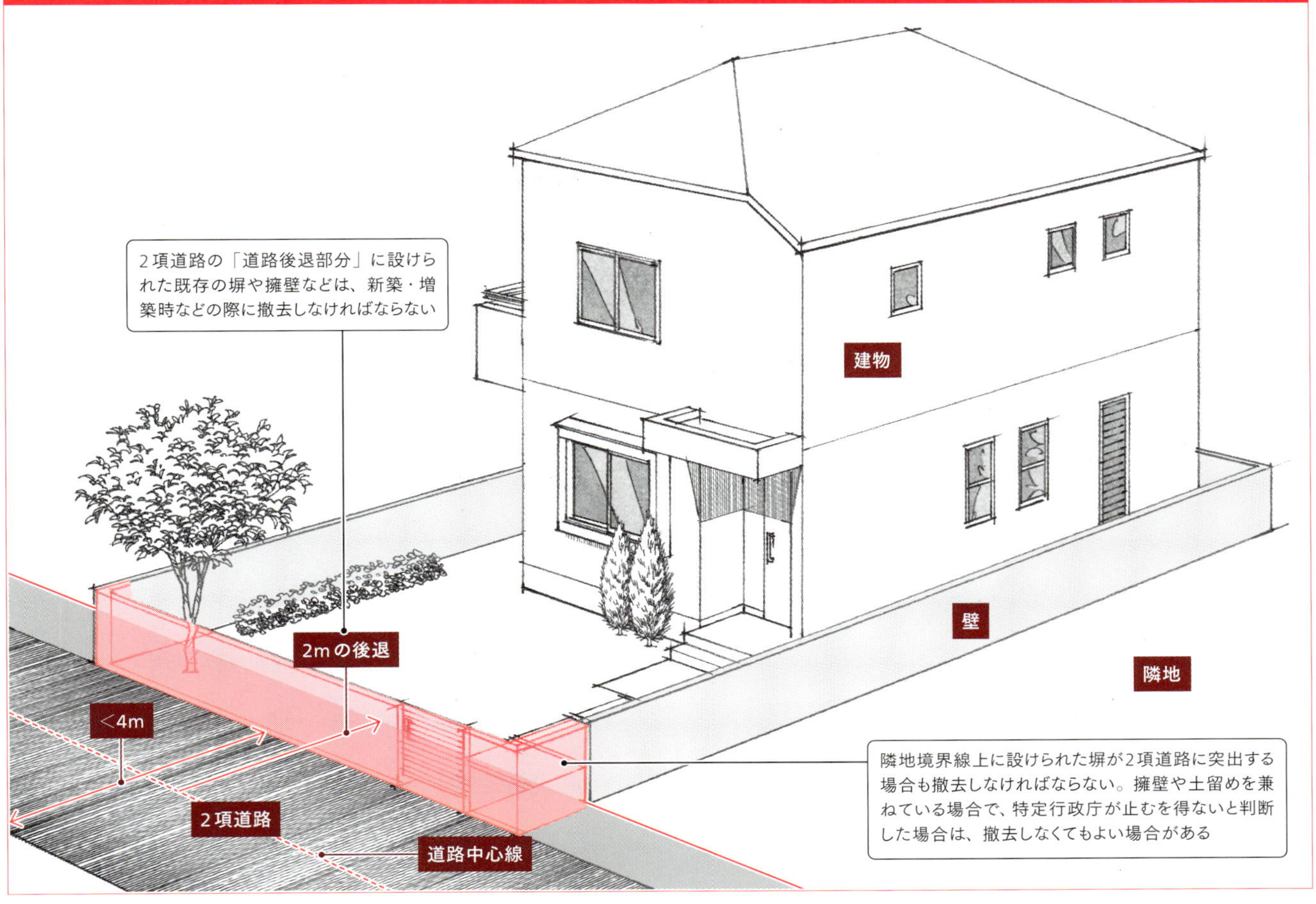
2項道路の「道路後退部分」に設けられた既存の塀や擁壁などは、新築・増築時などの際に撤去しなければならない
建物
壁
隣地
2mの後退
<4m
2項道路
道路中心線
隣地境界線上に設けられた塀が2項道路に突出する場合も撤去しなければならない。擁壁や土留めを兼ねている場合で、特定行政庁が止むを得ないと判断した場合は、撤去しなくてもよい場合がある

※2　可動式のものでないと認めないとする公共団体もある
※3　道路占用許可以外に屋外広告物条例に基づく許可が必要。道路への出寸法や看板の設置高さなどの制限を受ける

PART 3

建蔽率・容積率

建蔽率制限は、街全体の衛生や防災のため
建築物の敷地内に一定の空地を確保するもので
用途地域に応じて最高限度が定められている。

容積率制限は、建築物の密度を規制し
道路・公園・上下水道などの
インフラの供給・処理能力とのバランスを保つことで
市街地環境の悪化を防止するもの。
用途地域に応じて最高限度が定められるほか
敷地が接する道路幅員によっても制限される。

それぞれ、敷地などの条件によっては緩和されることもあるので
しっかり内容を押さえておこう。

用途上可分な建築物は1つの敷地内に建てられない

ここを見る！

法86条
令1条1号

これを押さえる！

1つの敷地に2つ以上の建築物が認められるのは、用途上不可分の建築物の場合のみ。用途上可分な複数の建築物がある場合は、建築物ごとに敷地を分割する。その場合、それぞれが接道、道路斜線、建蔽率、容積率などの制限を受けることになる。

用途上可分の例（戸建住宅と戸建住宅）

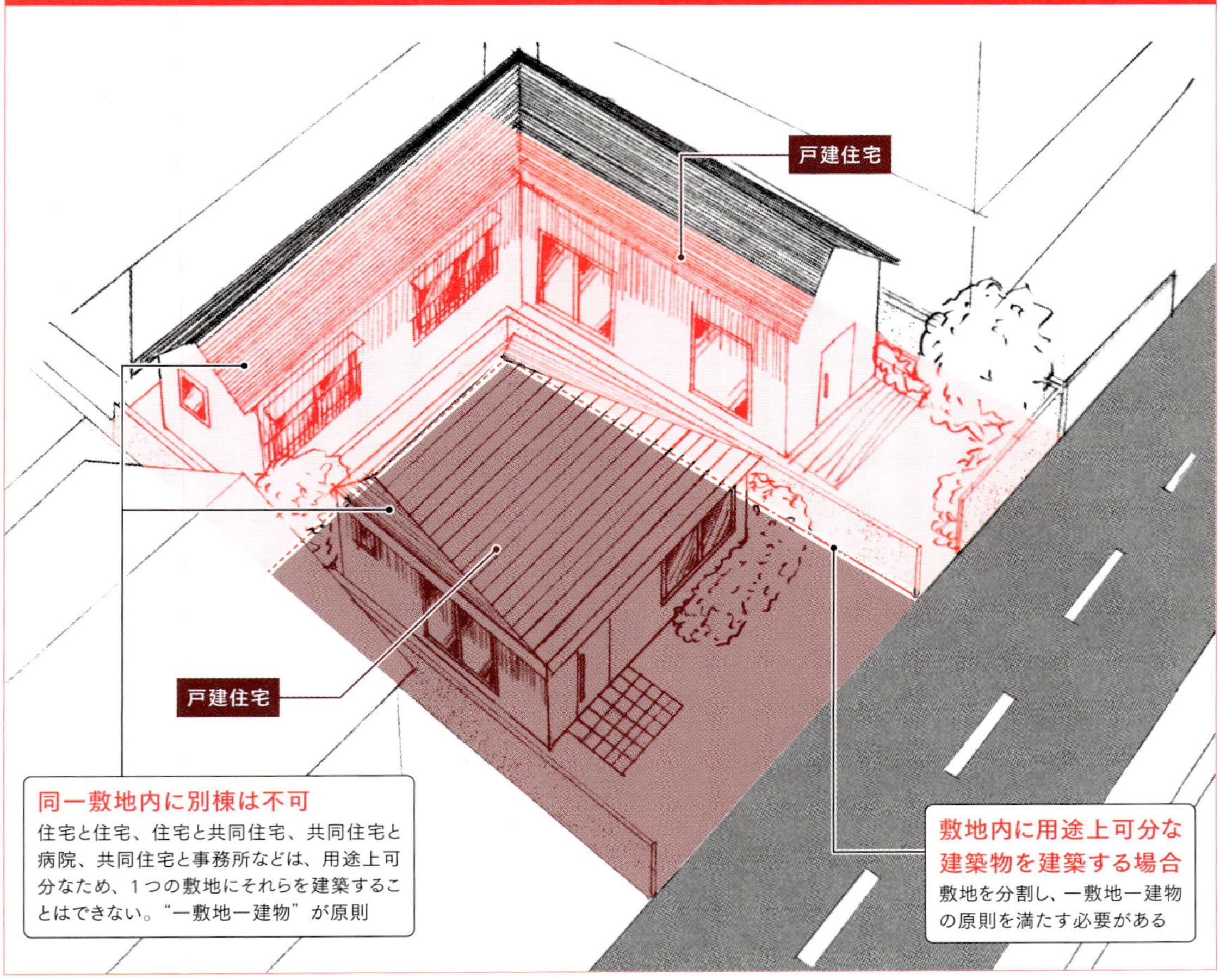
戸建住宅
戸建住宅
同一敷地内に別棟は不可
住宅と住宅、住宅と共同住宅、共同住宅と病院、共同住宅と事務所などは、用途上可分なため、1つの敷地にそれらを建築することはできない。“一敷地一建物”が原則
敷地内に用途上可分な建築物を建築する場合
敷地を分割し、一敷地一建物の原則を満たす必要がある

例外となるケース（一団地認定を受けた場合）

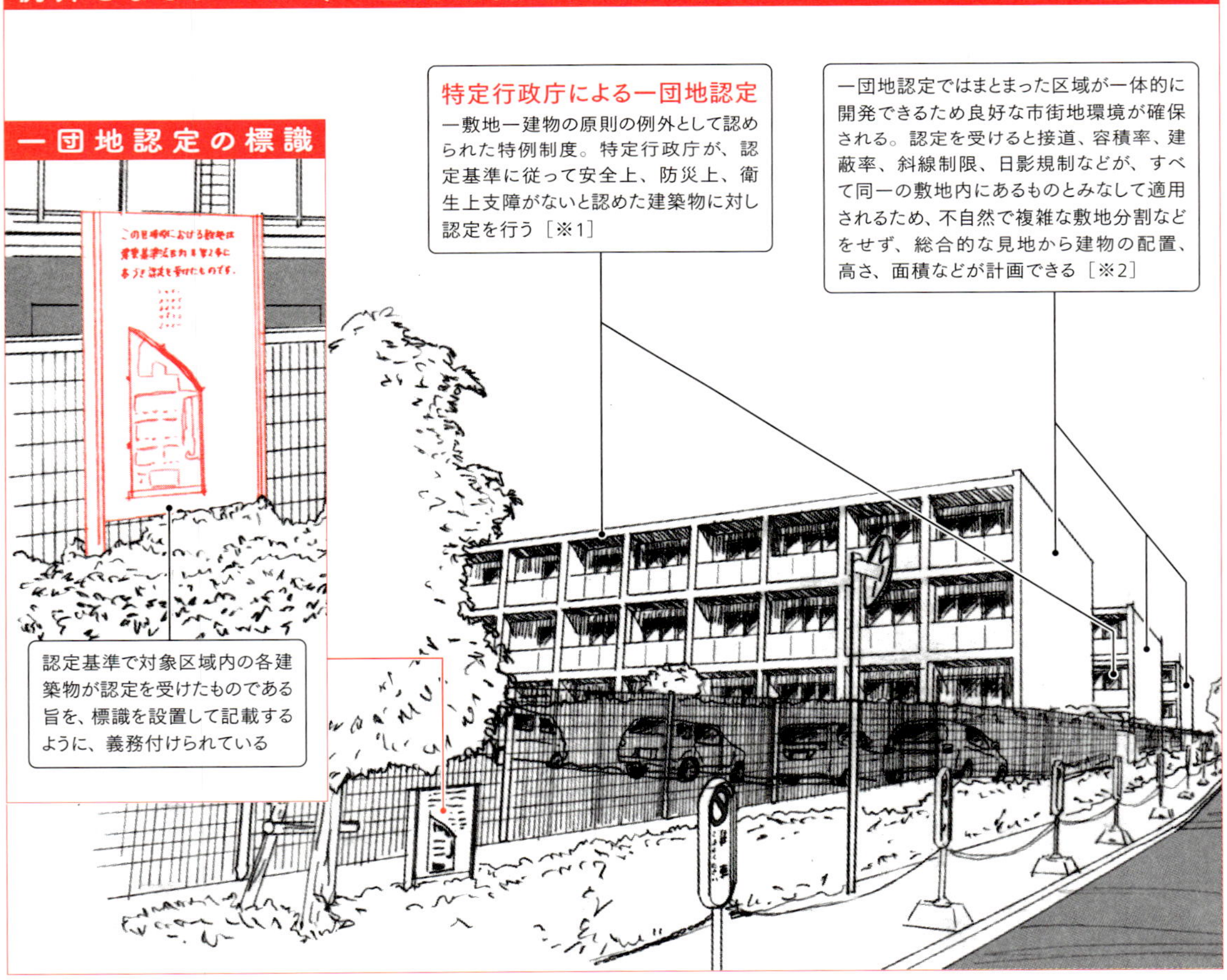
一団地認定の標識
特定行政庁による一団地認定
一敷地一建物の原則の例外として認められた特例制度。特定行政庁が、認定基準に従って安全上、防災上、衛生上支障がないと認めた建築物に対し認定を行う［※1］
一団地認定ではまとまった区域が一体的に開発できるため良好な市街地環境が確保される。認定を受けると接道、容積率、建蔽率、斜線制限、日影規制などが、すべて同一の敷地内にあるものとみなして適用されるため、不自然で複雑な敷地分割などをせず、総合的な見地から建物の配置、高さ、面積などが計画できる［※2］
認定基準で対象区域内の各建築物が認定を受けたものである旨を、標識を設置して記載するように、義務付けられている

※1　令和5年の法改正で大規模の修繕・模様替も対象となり、既存建築物の断熱改修、防火改修、耐震改修などを行う場合も制度を活用できることとなった
※2　避難経路や採光など、緩和のない条項もあるので注意

用途上不可分なら1つの敷地内に複数の建築物が建築可能

ここを見る！

令1条1号

これを押さえる！

同一敷地内に2棟以上あり、棟ごとに敷地分割すると、それぞれの建築物が用途上の機能を果たさない場合、用途上不可分の関係にあるとみなされる。用途上不可分の関係にあるとみなされた複数の建築物は、1つの敷地内に建築が可能である。

戸建住宅と離れ・物置は用途上不可分

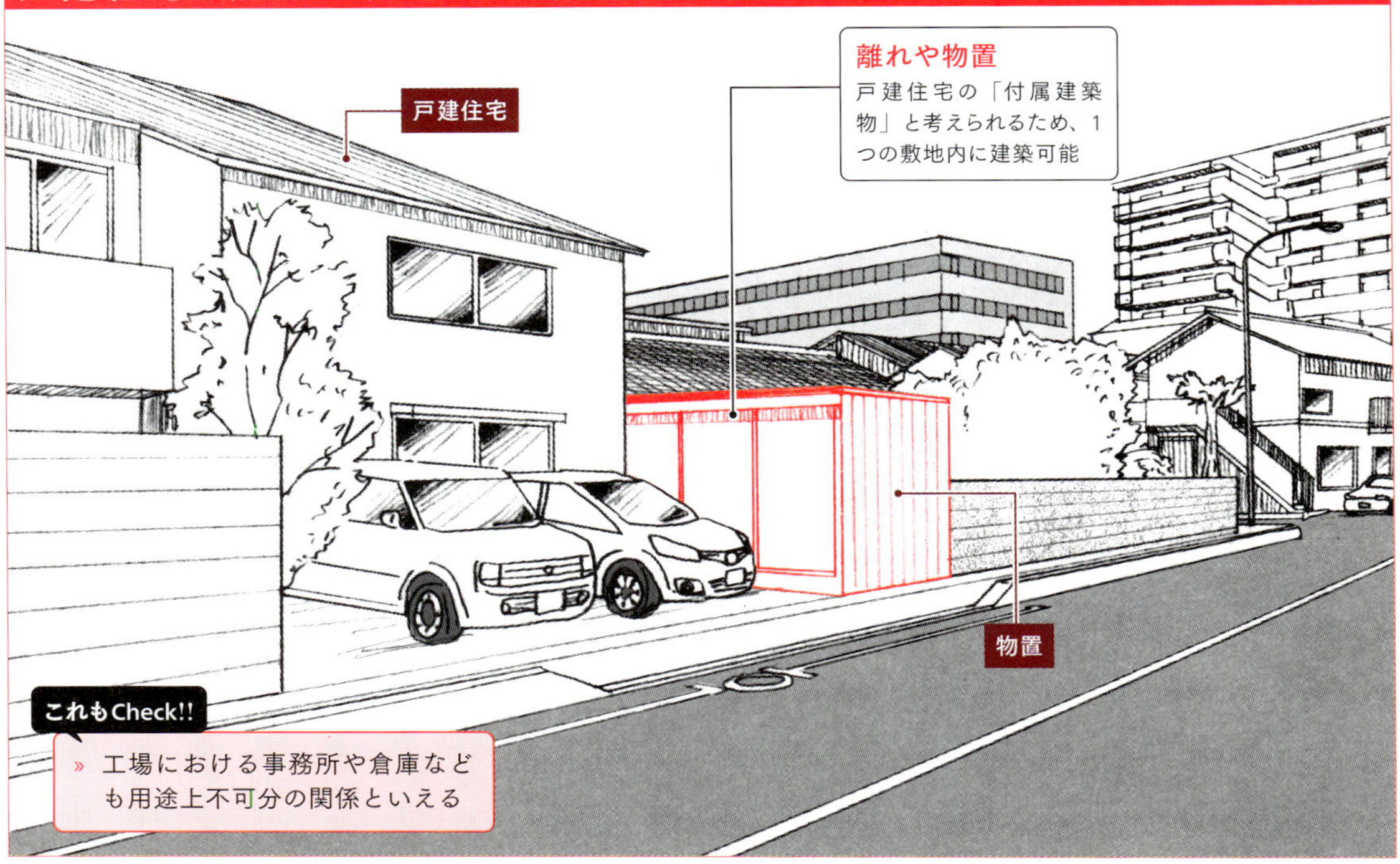
戸建住宅
離れや物置
戸建住宅の「付属建築物」と考えられるため、1つの敷地内に建築可能
物置
これもCheck!!
» 工場における事務所や倉庫なども用途上不可分の関係といえる

校舎と体育館は用途上不可分

校舎、実習棟、体育館、図書館などは、一体となって学校として機能するので、用途上不可分の関係といえる
体育館
校舎

共同住宅と自転車置き場は用途上不可分

共同住宅
自転車置き場
共同住宅に付属する自転車置き場
付属車庫・自転車置き場と共同住宅は用途上不可分の関係

一団の土地とみなされない場合

敷地が道路で分断されている場合
一団地認定を受けない限り、一団の土地とはみなされず、用途上不可分の関連施設を建築する場合でも、敷地ごとに接道条件や容積率、道路斜線などの制限を受ける［※］
校舎A
校舎B

病院と看護師の寄宿舎など用途上不可分の関係とみなされない例

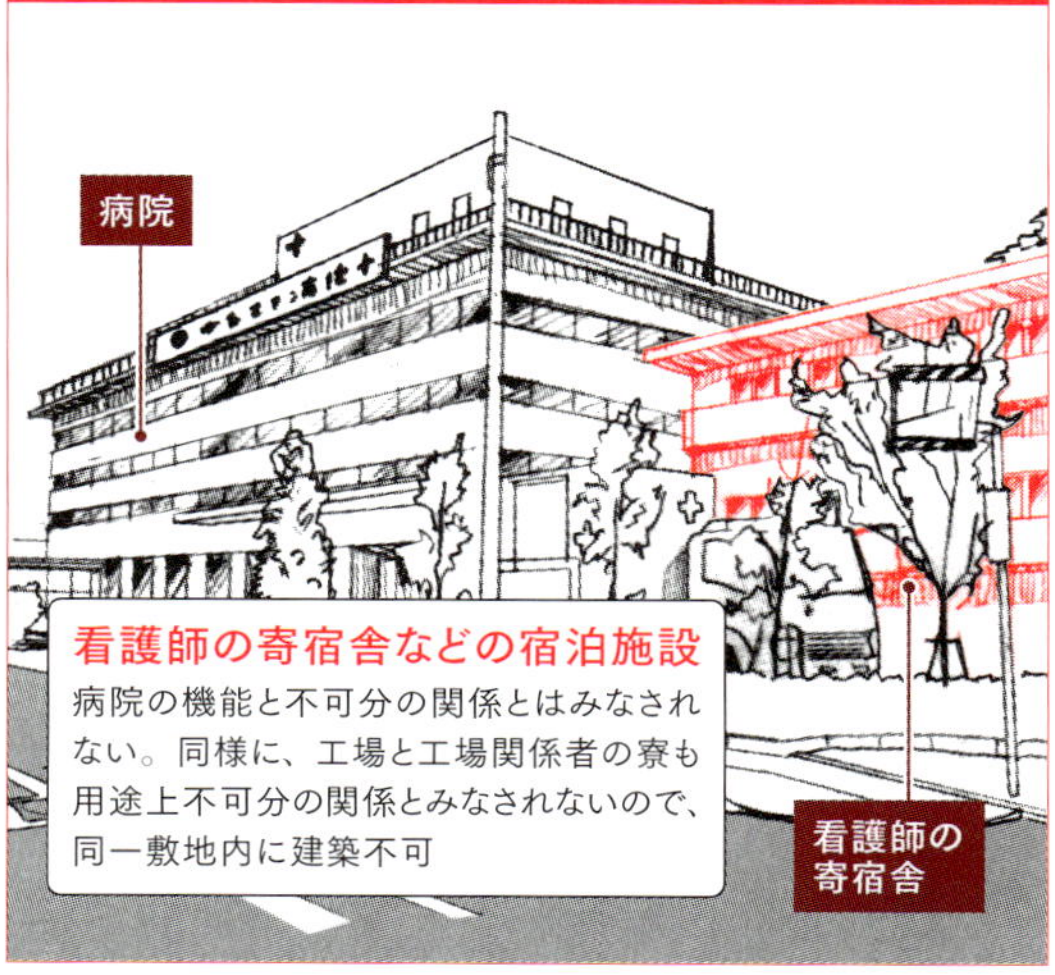
病院
看護師の寄宿舎などの宿泊施設
病院の機能と不可分の関係とはみなされない。同様に、工場と工場関係者の寮も用途上不可分の関係とみなされないので、同一敷地内に建築不可
看護師の寄宿舎

※　水路で分断された土地を、橋や暗渠などにより連絡し、相互の土地の一体的利用を十分に確保できる場合で、法43条ただし書きの許可や、水路占用許可を受ければ、「一団の土地」とみなされる場合もある

建蔽率は建築物が敷地を覆っている割合

建蔽率の基本

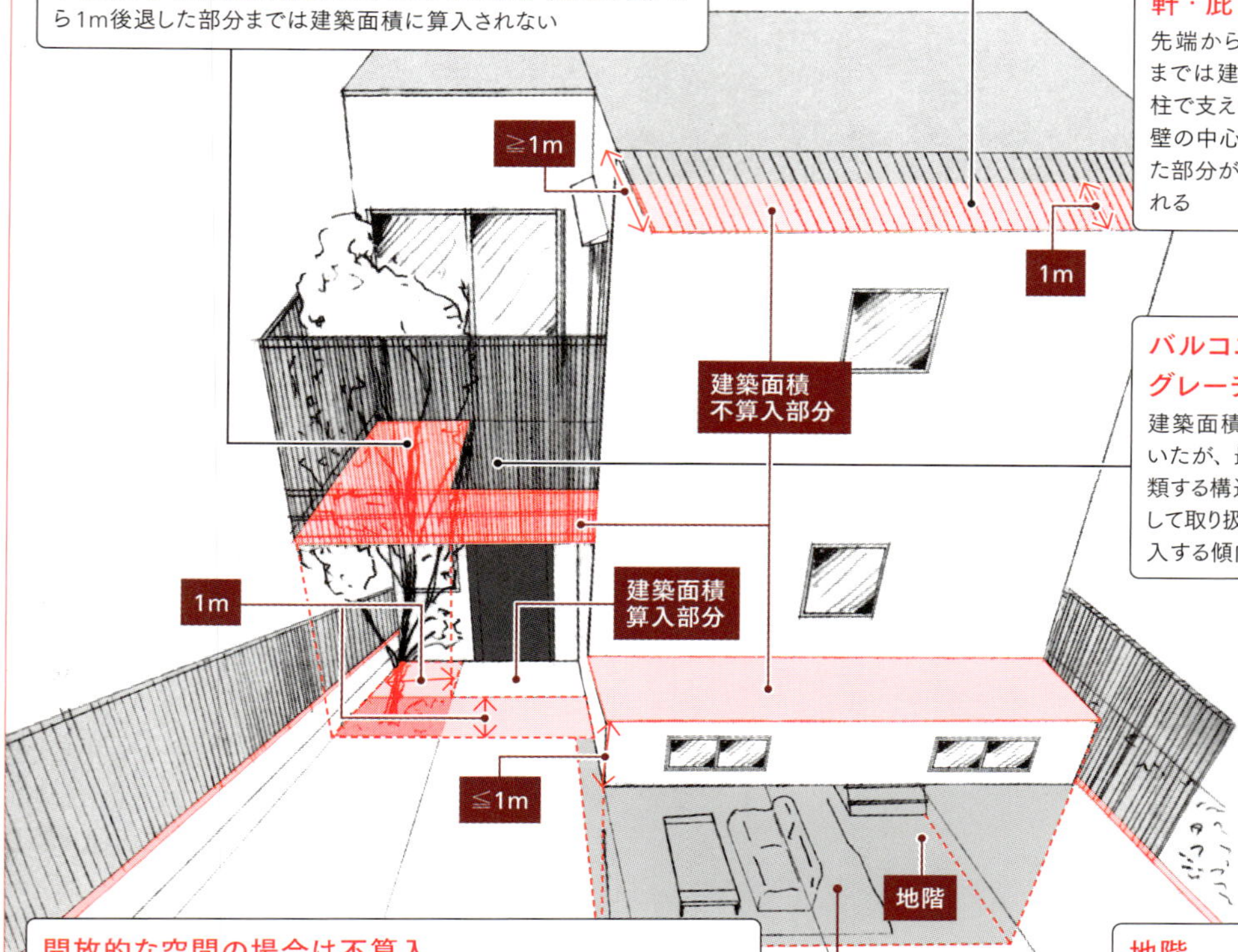

片持ちで跳ね出されたバルコニーやベランダ

片持ちで跳ね出されたバルコニーやベランダ、外廊下で、外壁の中心線から1m以上突き出した場合は、その先端（仕上げ面）から1m後退した部分までは建築面積に算入されない

外壁の中心線から1m以上突き出した軒・庇

先端から1m後退した部分までは建築面積に不算入。柱で支えられた庇などは、外壁の中心線と柱心で囲われた部分が建築面積に算入される

バルコニーの床がグレーチングやスノコ

建築面積に不算入とされていたが、最近では「屋根に類する構造」［法2条1号］として取り扱い、建築面積に算入する傾向にある［※2］

地階

地盤面上1m以下にある部分は建築面積に算入されない

開放的な空間の場合は不算入

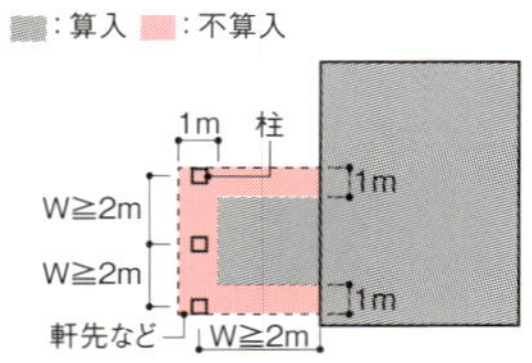

以下の①～④の要件を満たす部分は、高い開放性を有する構造のものとして先端から1mまでの部分が建築面積に算入されない。①外壁を有しない部分が連続して4m以上。②柱の間隔（W）が2m以上。③天井の高さが2.1m以上。④地階を除く階数が1

これもCheck!!

» 建蔽率40％とは、敷地の40％が建物で覆われているということ。法文中では4／10と表現される

建蔽率が異なる用途地域に敷地がまたがる場合

都道府県は都市計画により、用途地域ごとの建蔽率の最高限度を定めている。敷地が建蔽率の異なる地域にまたがる場合は、加重平均（右の囲みを参照）により、その敷地の建蔽率の限度を算出する

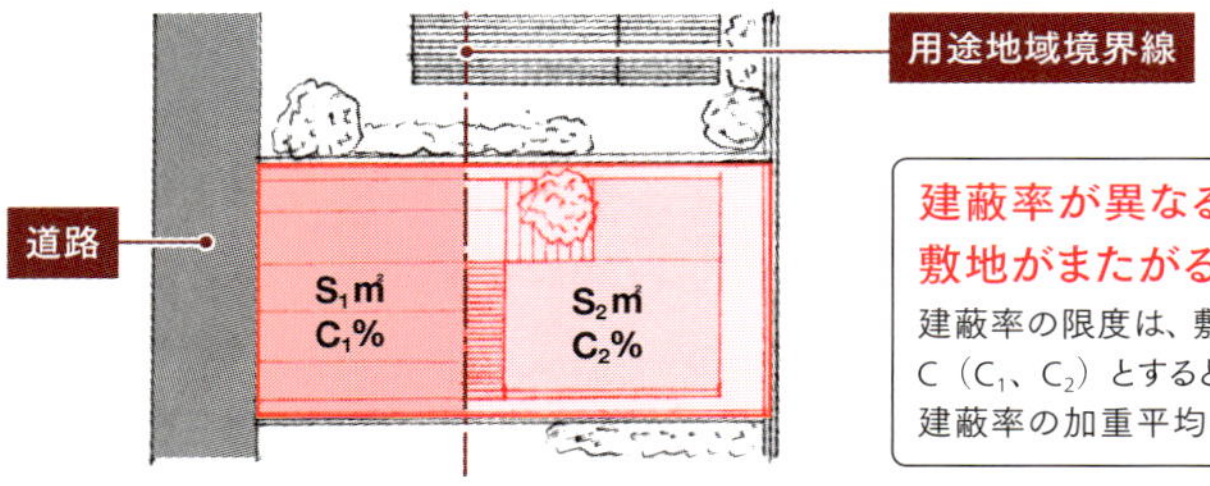

建蔽率が異なる用途地域に敷地がまたがる場合

建蔽率の限度は、敷地面積をS（S_1、S_2）、建蔽率をC（C_1、C_2）とすると、次の式で算出できる。
建蔽率の加重平均＝（$S_1 \times C_1 + S_2 \times C_2$）／（$S_1 + S_2$）

工場または倉庫の庇に関する特例

特例軒は先端から5mまで不算入

工場や倉庫の貨物の積卸しなどのための庇部分で、その先端と敷地境界線との間に有効な空地が確保されたものは「特例軒等」として、軒の先端から5mまで建蔽率算定用の建築面積に算入されない

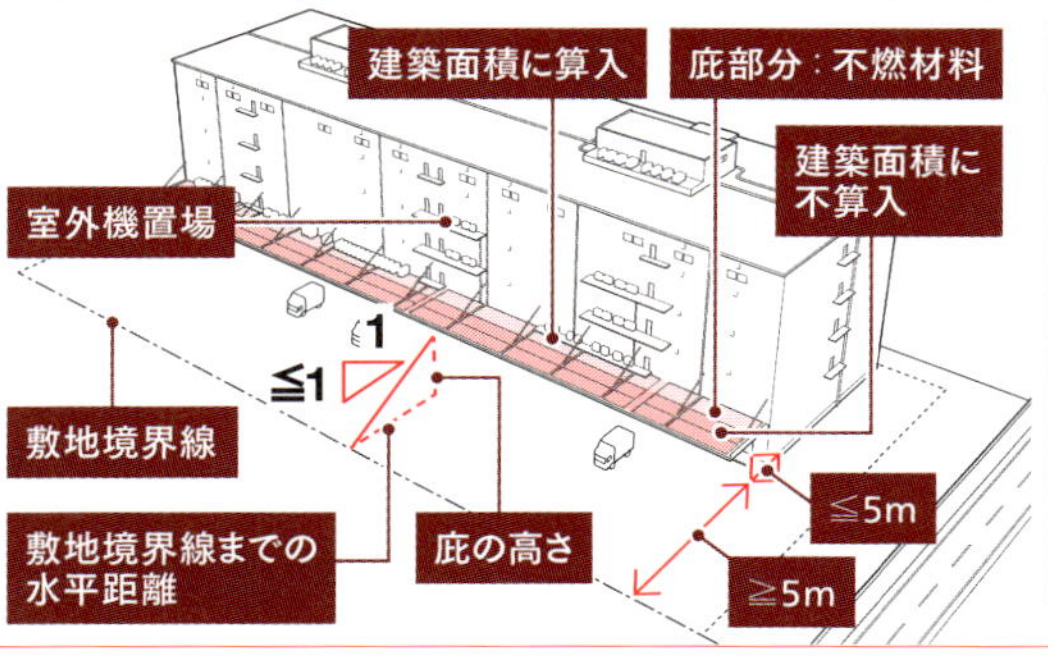

適用の条件

- 庇の各部の高さは、庇の突き出た方向の敷地境界線までの水平距離以下とする
- 庇の先端は敷地境界線から5m以上離隔が必要
- 庇上部に上階を設けないこと。ただし非常用進入口、室外機置場などは可能
- 不算入となる庇の合計面積は、当該敷地の建築可能面積（敷地面積×当該敷地の建蔽率）の10％以下とする
- 庇の全部が不燃材料で造られていること

ここを見る！

- 法53条
- 令2条1項2号
- 平5建告1437号
- 令5国交告143号

これを押さえる！

建蔽率は、建築物を水平投影したときに、敷地に落ちる影の敷地面積に対する割合。建築面積［※1］÷敷地面積で算出する。建蔽率の制限は、敷地内に一定割合以上の空地を確保することで、日照や通風などの環境を良好に保つとともに、防火や避難などの安全性を確保することを目的としている。

※1　建築面積とは、外壁や柱の中心線で囲まれた部分の水平投影面積のこと
※2　グレーチングやスノコは、雨露を防ぐという屋根の基本機能を有していないことから、庇などとは異なる扱いをしていたが、最近では建築面積算定上、「屋根に類する構造」［法2条1号］として取り扱い、建築面積に算入する特定行政庁が増えている。このため、事前に確認する必要がある

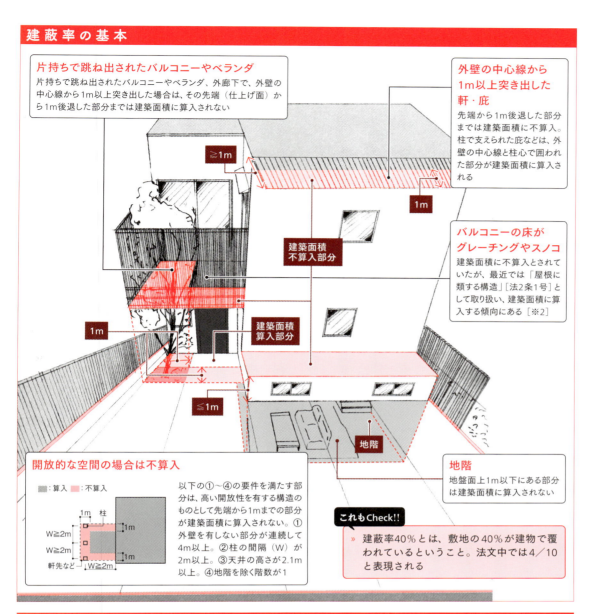

建蔽率は角地・防火地域内の耐火建築物などでそれぞれ10%加算

ここを見る！

法53条

これを押さえる！

建蔽率の制限は、建築物が①敷地が特定行政庁の指定した角地にある場合や公園に接する場合、②防火地域内の耐火建築物等や準防火地域内の耐火建築物等・準耐火建築物等の場合［69頁参照］は、防火や避難の安全性が高くなるため、それぞれ制限される建蔽率が10%加算され、どちらにも該当すると20%加算される。

角地の場合の建蔽率の緩和

延焼防止・準延焼防止建築物でも10%加算される

防火地域内では耐火建築物のほかこれと同等以上の延焼防止性能を有する延焼防止建築物［69頁参照］も10%加算される。また準防火地域内では耐火建築物、準耐火建築物またはこれと同等以上の延焼防止性能を有する準延焼防止建築物［69頁参照］も10%加算される

建蔽率が80%以外に指定されている地域で、かつ防火地域内にある耐火建築物なので、建蔽率が10%加算されている［表］

特定行政庁が指定した角地

特定行政庁が指定した角地または公園・広場に接するなどこれに準ずる敷地は、建蔽率が10%加算される［表］

建蔽率の制限が除外される例（交番）

次の①②には、建蔽率の制限が適用されない。①巡査派出所や公衆便所、公共用歩廊などの建築物、②公園、広場、道路、川などの内にある建築物で特定行政庁が許可したもの

これもCheck!!

- 建蔽率は用途地域の区分により、法で示された複数の数値から選択して都市計画により定められるが、商業地域のみ一律に80%と定められる［表］
- 建蔽率が80%の地域で、かつ防火地域内であれば、耐火建築物および延焼防止建築物には建蔽率の制限が適用されず、100%で建築可能になる［表］
- 建築物が防火地域の内外にわたる場合、その敷地内のすべての建築物が耐火建築物であれば、すべて防火地域内にあるとみなされ、建蔽率の10%加算や前記の建蔽率制限免除が適用される（準防火地域の場合も同様）
- 壁面線の指定があり、特定行政庁が許可した建築物の建蔽率は、その許可の範囲内で緩和される

表　建蔽率の緩和

<table>
<tr><th rowspan="2">種別</th><th rowspan="2">適用要件</th><th colspan="14">用途地域</th></tr>
<tr><th>1低</th><th>2低</th><th>1中</th><th>2中</th><th>田住</th><th>1住</th><th>2住</th><th>準住</th><th>近商</th><th>商業</th><th>準工</th><th>工業</th><th>工専</th><th>無指定</th></tr>
<tr><td>原則</td><td>①一般の敷地</td><td colspan="5">30
40
50
60</td><td colspan="3">50
60
80</td><td>60
80</td><td>80</td><td>50
60
80</td><td>50
60</td><td>30
40
50
60</td><td>30
40
50
60
70［*1］</td></tr>
<tr><td rowspan="4">緩和</td><td>②角地等［*2］</td><td colspan="5">+10</td><td colspan="3">+10</td><td>+10</td><td>+10</td><td>+10</td><td>+10</td><td>+10</td><td>+10</td></tr>
<tr><td>③防火地域内の耐火建築物・延焼防止建築物、または準防火地域内の耐火建築物・延焼防止建築物・準耐火建築物・準延焼防止建築物</td><td colspan="5">+10</td><td colspan="3">+10</td><td>+10</td><td>—</td><td>+10</td><td>+10</td><td>+10</td><td>+10</td></tr>
<tr><td>④上記②・③の両方に該当する場合</td><td colspan="5">+20</td><td colspan="3">+20</td><td>+20</td><td>—</td><td>+20</td><td>+20</td><td>+20</td><td>+20</td></tr>
<tr><td>指定建蔽率80%で、防火地域内の耐火建築物</td><td colspan="5">—</td><td colspan="3">制限なし（100）</td><td>制限なし（100）</td><td>制限なし（100）</td><td>制限なし（100）</td><td>—</td><td>—</td><td>—</td></tr>
</table>

*1　特定行政庁が都市計画審議会の議を経て指定する数値

*2　角地または角地に準ずる敷地で特定行政庁が指定するものの内にある建築物（各特定行政庁の角地指定基準に適合するもの）

容積率は敷地面積に対する延べ面積の割合

容積率の基本

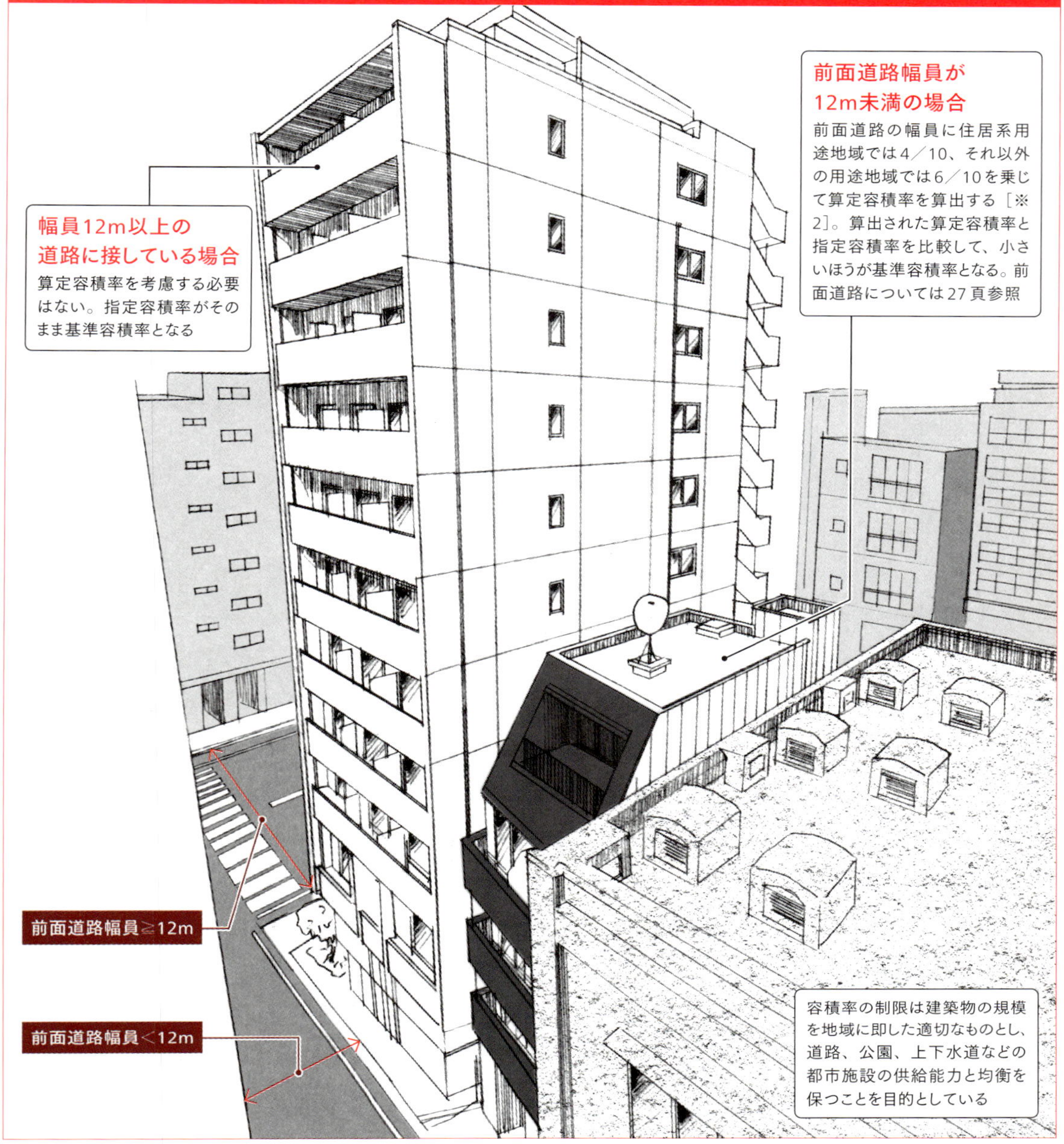

幅員12m以上の道路に接している場合
算定容積率を考慮する必要はない。指定容積率がそのまま基準容積率となる
前面道路幅員が12m未満の場合
前面道路の幅員に住居系用途地域では4／10、それ以外の用途地域では6／10を乗じて算定容積率を算出する［※2］。算出された算定容積率と指定容積率を比較して、小さいほうが基準容積率となる。前面道路については27頁参照
前面道路幅員≧12m
前面道路幅員＜12m
容積率の制限は建築物の規模を地域に即した適切なものとし、道路、公園、上下水道などの都市施設の供給能力と均衡を保つことを目的としている

用途地域によって異なる指定容積率

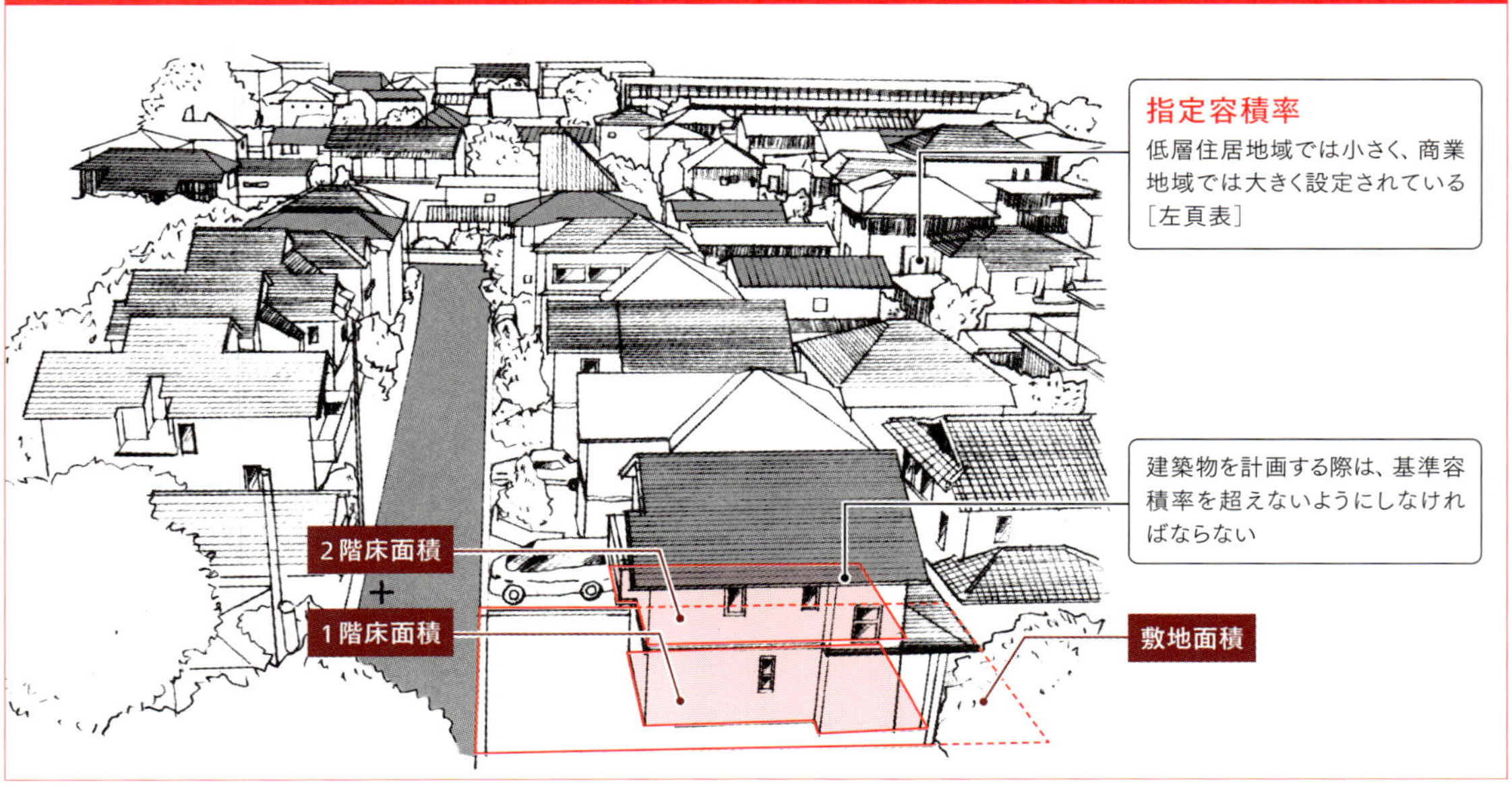

指定容積率
低層住居地域では小さく、商業地域では大きく設定されている［左頁表］
建築物を計画する際は、基準容積率を超えないようにしなければならない
2階床面積
＋
1階床面積
敷地面積

ここを見る！

法52条
令2条1項4号

これを押さえる！

容積率とは敷地面積に対する延べ面積［※1］の割合のこと。延べ面積÷敷地面積で算定する。建築物の容積率は、用途地域ごとに定められた「指定容積率」以下とし、前面道路が12m未満の場合は、道路幅員による「算定容積率」を算定し、指定容積率と算定容積率のうち小さい方の容積率以下としなければならない。

※1　延べ面積とは、建築物における床面積の合計のこと
※2　用途地域無指定の場合は6／10を乗じる。前面道路の幅員が一定でない場合は、一般的に幅員が最大となる部分から2m離れた部分の幅員を、前面道路幅員として算出する［27頁参照］。角地など前面道路が2以上ある場合は、2mの接道義務を満たす道路のうち最大幅員のものを前面道路幅員とする

敷地が指定容積率の異なる用途地域にまたがる場合

《道路幅員≧12mの場合》

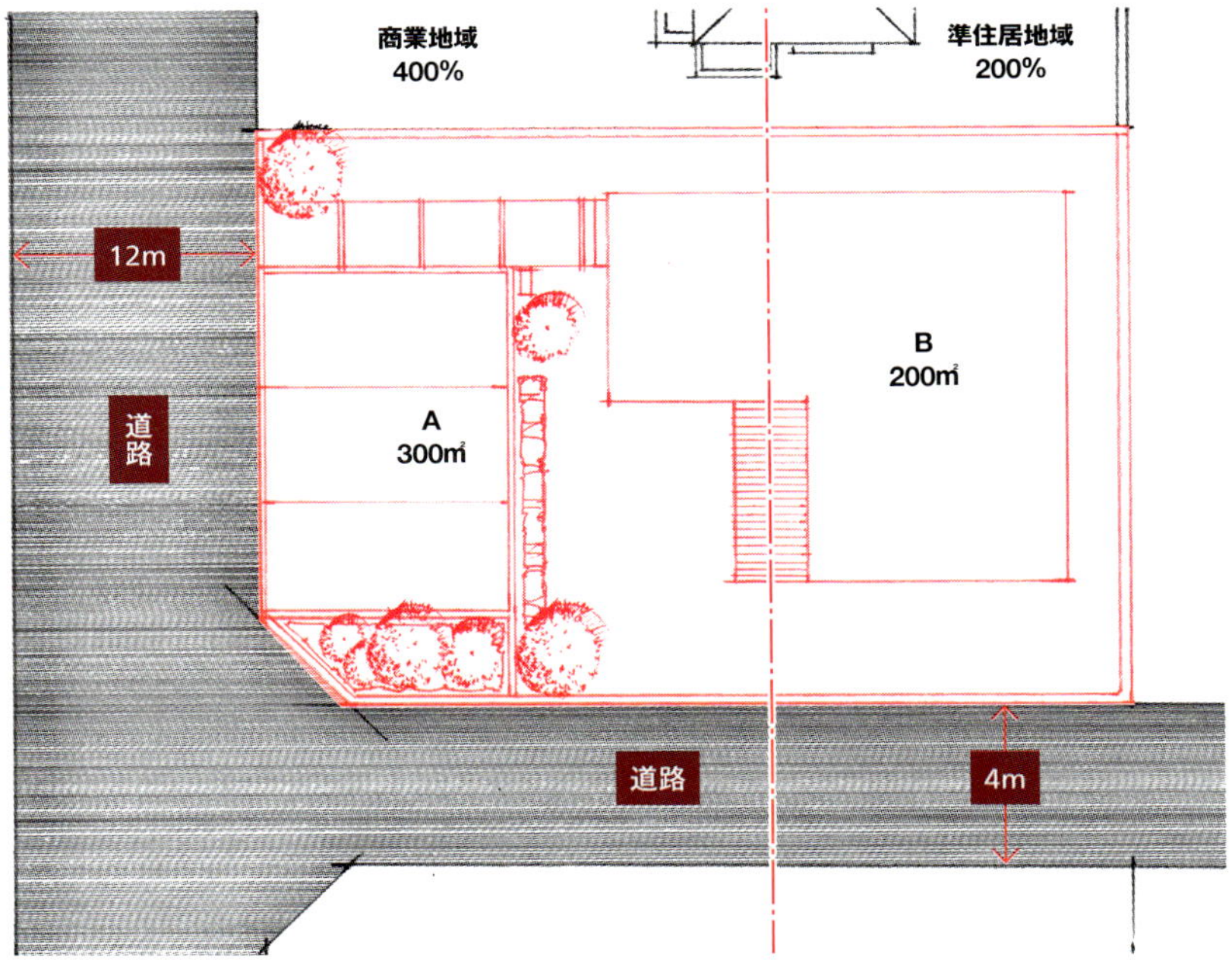

敷地が容積率の異なる地域にまたがる場合

加重平均により、その敷地の容積率の限度を算出する。この場合、前面道路は敷地全体で考え、広い道路幅員を採用する

前面道路幅員が12m以上なので、敷地の各部分の容積率は指定容積率を採用する。
A部分：400%
B部分：200%

敷地全体に対する容積率の限度（基準容積率）は、

$$\frac{300㎡\times400\%+200㎡\times200\%}{300㎡+200㎡}=320\%$$

《道路幅員＜12mの場合》

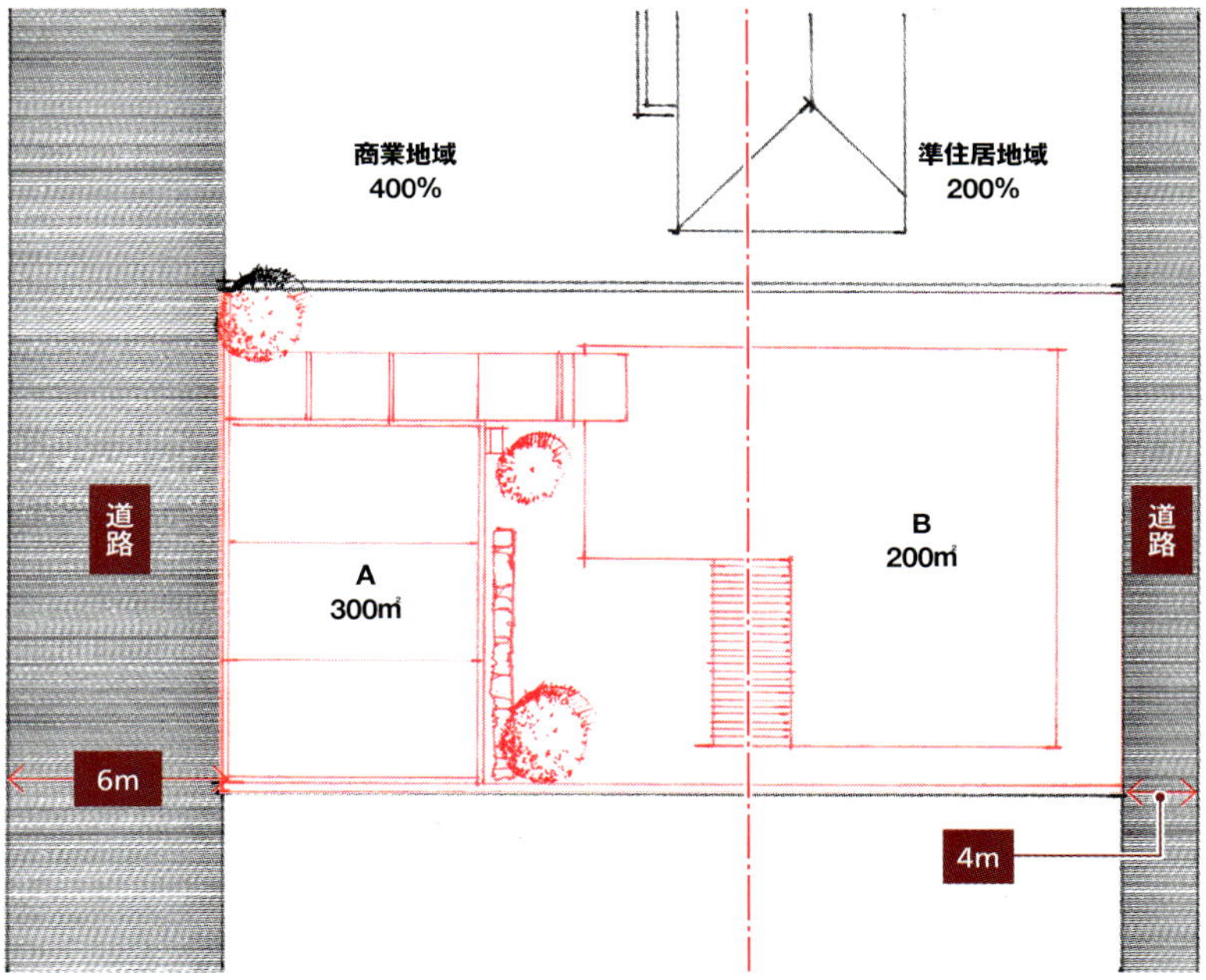

前面道路幅員が12m未満なので、制限が異なる敷地の各部分において前面道路幅員による算定容積率と指定容積率を比較し、数値の小さいほうの容積率を採用する。
A部分：6m×0.6＝360%＜400%　∴360%を採用
B部分：6m×0.4＝240%＞200%　∴200%を採用
敷地全体に対する容積率の限度（基準容積率）は、

$$\frac{300㎡\times360\%+200㎡\times200\%}{300㎡+200㎡}=296\%$$

注　B部分の接している道路は4m道路のみだが、敷地全体の前面道路幅員は6mなので、B部分も6m道路を前面道路として算定する

表　容積率の制限

適用要件	用途地域													
	1低	2低	田住	1中	2中	1住	2住	準住	近商	準工	商業	工業	工専	無指定
①指定容積率 右の各数値メニューから 用途地域ごとに選択して 都市計画で定められる（%）		50 60 80 100 150 200					100 150 200 300 400 500				200 300 400 500 600 700 800 900 1,100 1,100 1,200 1,300	100 150 200 300 400		50 80 100 200 300 400 [＊]
②算定容積率 前面道路幅員に応じた数値（前面道路幅員＜12mの場合）（×100）（%）		前面道路の最大幅員（m）×0.4				前面道路の最大幅員（m）×0.4 （ただし、特定行政庁指定区域内では前面道路の最大幅員×0.6）						前面道路幅員の最大幅員（m）×0.6 （ただし、特定行政庁指定区域内では前面道路の最大幅員×0.4または×0.8）		

＊　上の数値のうち、特定行政庁が土地利用の状況などを考慮し、当該区域を区分して定める

容積率の算定では延べ面積に不算入になる部分がある

ここを見る！

法52条
令2条1項4号
令2条3項

これを押さえる！

容積率算定では、自動車車庫や駐輪場は建築物に付属するものであるか否かを問わず、敷地内の建築物の床面積合計の1／5を限度に延べ面積に不算入となる。共同住宅や老人ホーム等［42頁参照］の地階部分は、建築物の床面積合計の1／3を限度に延べ面積に不算入となり、共用の廊下や階段部分はすべて延べ面積に不算入となる。

自動車車庫や自転車置き場

自動車車庫や自転車置き場の用途に供する部分は、敷地内にある建築物の床面積の合計の1／5を限度［※1］に容積率算定の延べ面積から除外する

これもCheck!!

» 以下の建築物の部分はカッコ内の割合を限度として、自動車車庫などと同様に不算入となる。①防災備蓄倉庫（1／50）、②蓄電池設置部分（1／50）、③自家発電設備設置部分（1／100）、④貯水槽設置部分（1／100）、宅配ボックス設置部分（1／100）［左頁参照］

自動車車庫

共同住宅や老人ホームの共用部分

共同住宅や老人ホームの共用部分［※4］は、容積率算定の延べ面積から除外する

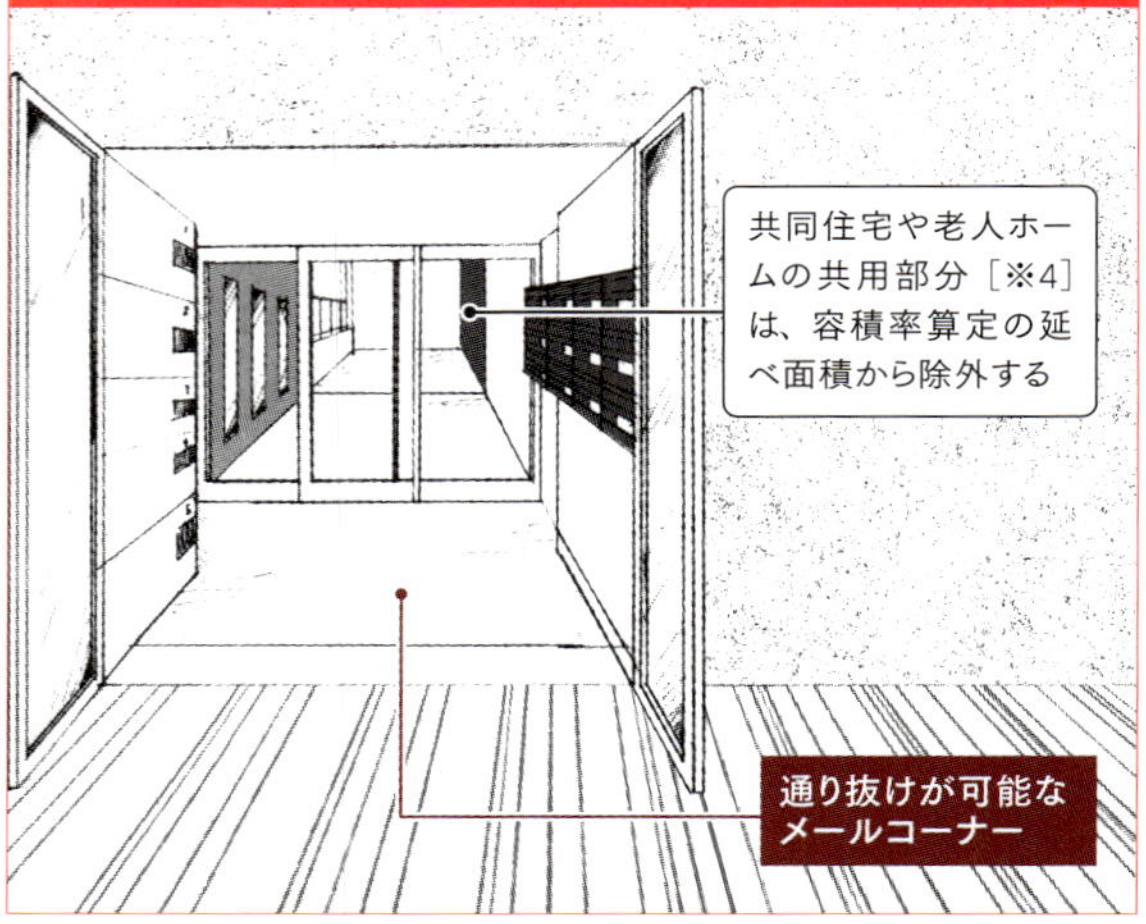
通り抜けが可能なメールコーナー

住宅・老人ホーム等の地階部分

地階［※2］にある住宅・老人ホーム等［※3］の用途に供する部分は、その用途の床面積合計の1／3を限度として、容積率算定の延べ面積から除外する

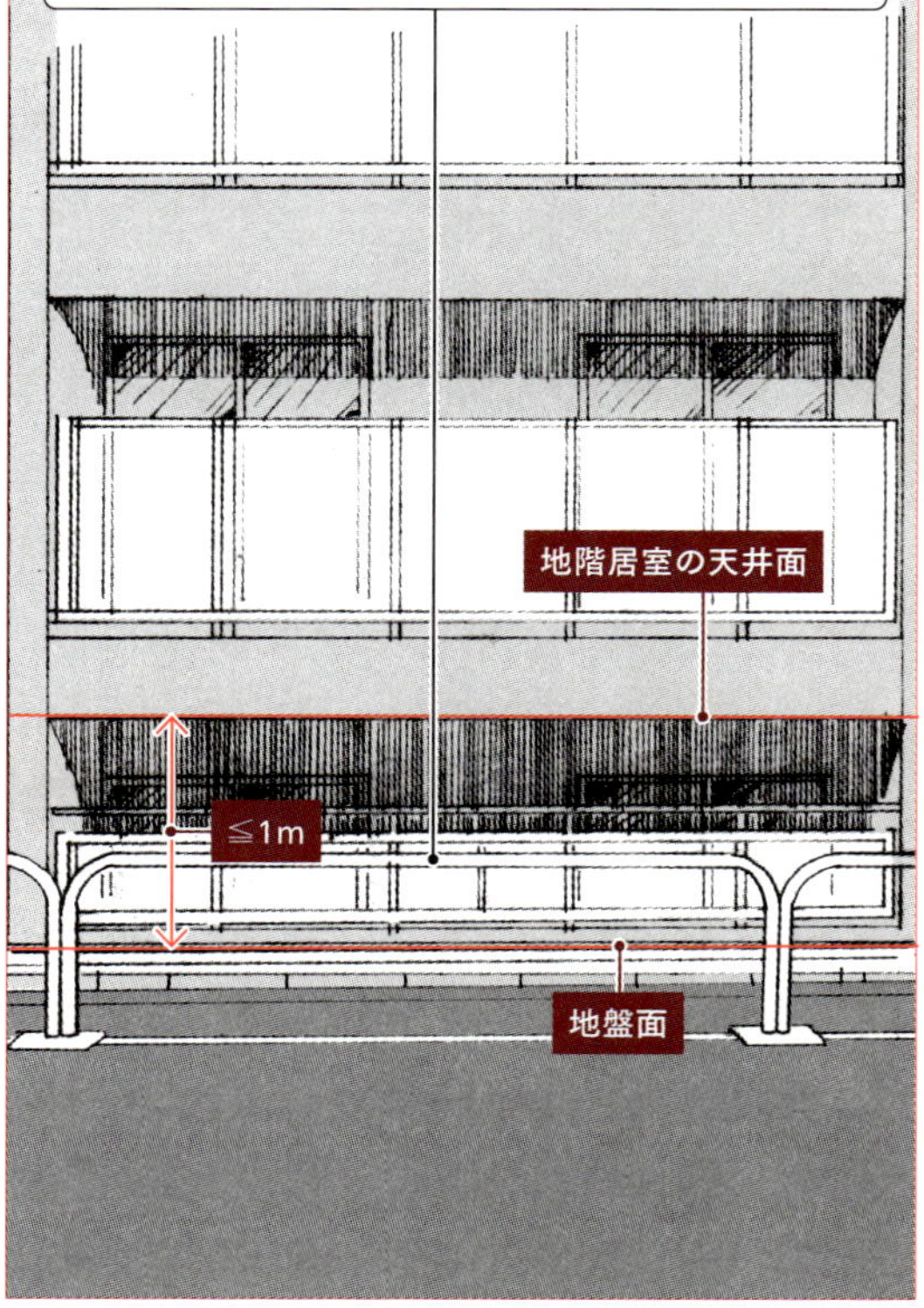
地階居室の天井面
≦1m
地盤面

表1　容積率算定対象床面積から除外する部分

除外する部分	不算入の上限
自動車車庫、自転車置き場（車路を含む）	床面積合計の1／5
共同住宅・老人ホームの共用廊下・階段など［※4］	限度なし
住宅（戸建住宅・長屋・共同住宅）と老人ホームの地階部分	床面積合計からエレベータの昇降路と共同住宅・老人ホームの共用廊下・階段を除いた面積の1／3

※1　1／5を超えている場合は、1／5までを延べ面積に不算入として計算するということ
※2　地階（床が地盤面下にある階で、床から地盤面までの高さが天井高の1／3以上のものをいう）で、その天井が地盤面から1m以内にあるものが対象
※3　専用住宅、長屋、共同住宅、老人ホーム等。兼用住宅の場合は住宅部分のみ対象
※4　共用階段、共用廊下（エントランスホール、エレベータホール、メール・宅配ボックス設置部分などを含む）をいう。集会所、トランクルーム、住戸前の専用ポーチ、ソファーや家具が置かれたロビーなどは共用部分だが延べ面積に算入する

表2　その他の容積率率算定の延べ面積に不算入となる部分

	対象施設と概要	不算入の上限
エレベータの昇降路	ホームエレベータ、寝台用エレベータ、自動車運搬用エレベータなど、建築基準法に定められたエレベータが対象［※5］ 昇降路のみが対象。乗降ロビーや機械室は含まない 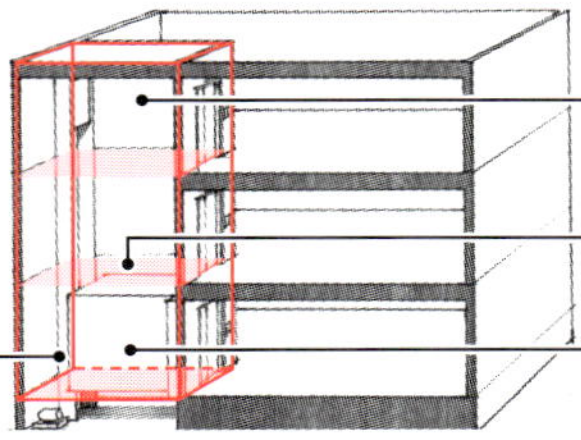 エレベータの昇降路 容積率不算入とする部分 エレベータのかご	限度なし
防災設備	**防災備蓄倉庫** 非常用食料・応急救助物資などを備蓄するための防災専用の倉庫 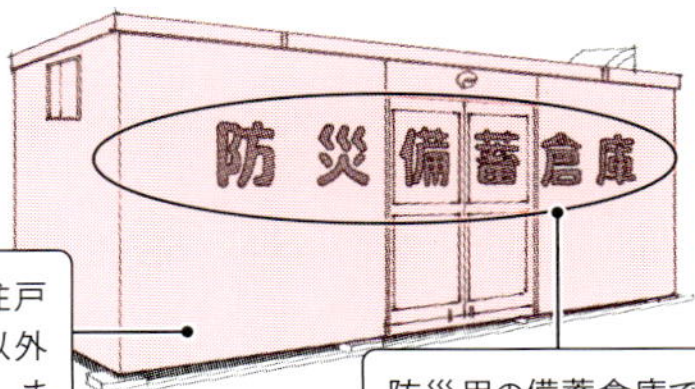 共同住宅・長屋においては、各住戸ごとに設けてもよいが、備蓄倉庫以外の用途で使用することはできない。また、壁で囲まれていることが条件 防災用の備蓄倉庫である旨を表示する **蓄電池** 定置型の蓄電池とその蓄電池機能をまっとうするために必要な付加設備 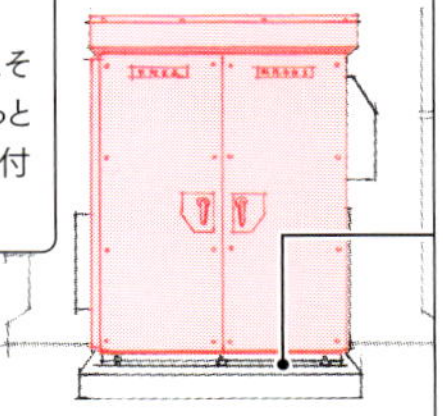 床に据え付けるものが対象。屋内に設置する場合にも適用可能。プラグインハイブリッド車など据え付けられていないものは対象外	1／50
	自家発電設備 同一敷地の建築物において電気を消費することを目的として発電する設備 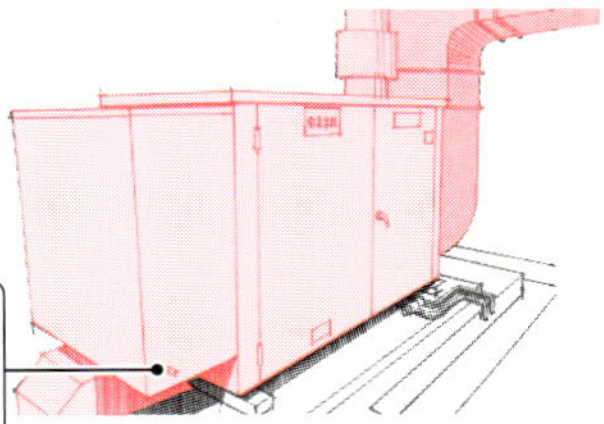 自家用に電気を供給し過剰分を売電するものや、必要な機器、燃料についても対象 **貯水槽** 水を蓄える槽であり、内部に人が入ることのない構造を有するもの 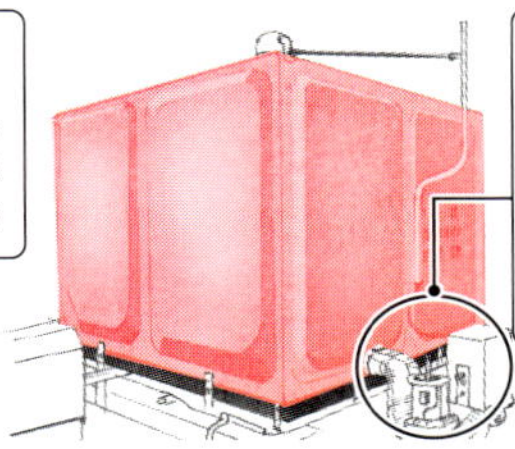 水の用途は問わない。ポンプは対象外。また、屋内プールや浴槽も対象外	1／100
宅配ボックス	①建築基準法による緩和措置（以下の図の宅配ボックス［※6］は延べ面積の1／100まで容積対象床面積に含まない） 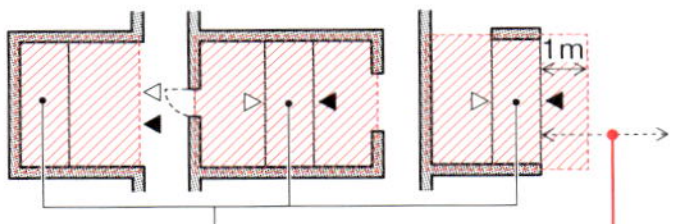 ▨：延べ床面積の1／100まで容積率の対象床面積から除外 凡例 △：配達する物品の預け入れ方向 ▲：配達された物品の取り出し方向 ②技術的助言による緩和措置（共同住宅や老人ホーム等に設ける宅配ボックスやメールボックスで、以下の図の場合は共用廊下として扱う） 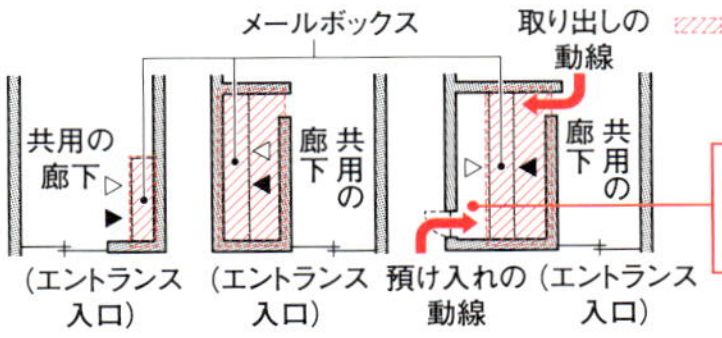 ▨：共有廊下部分として容積率の対象床面積から除外 宅配ボックスの設置部分は延べ面積の1／100を限度に容積率対象床面積から除外される。また共同住宅や老人ホーム等に設けられた宅配ボックスや郵便受けは共用廊下部分として容積率対象床面積から除外される 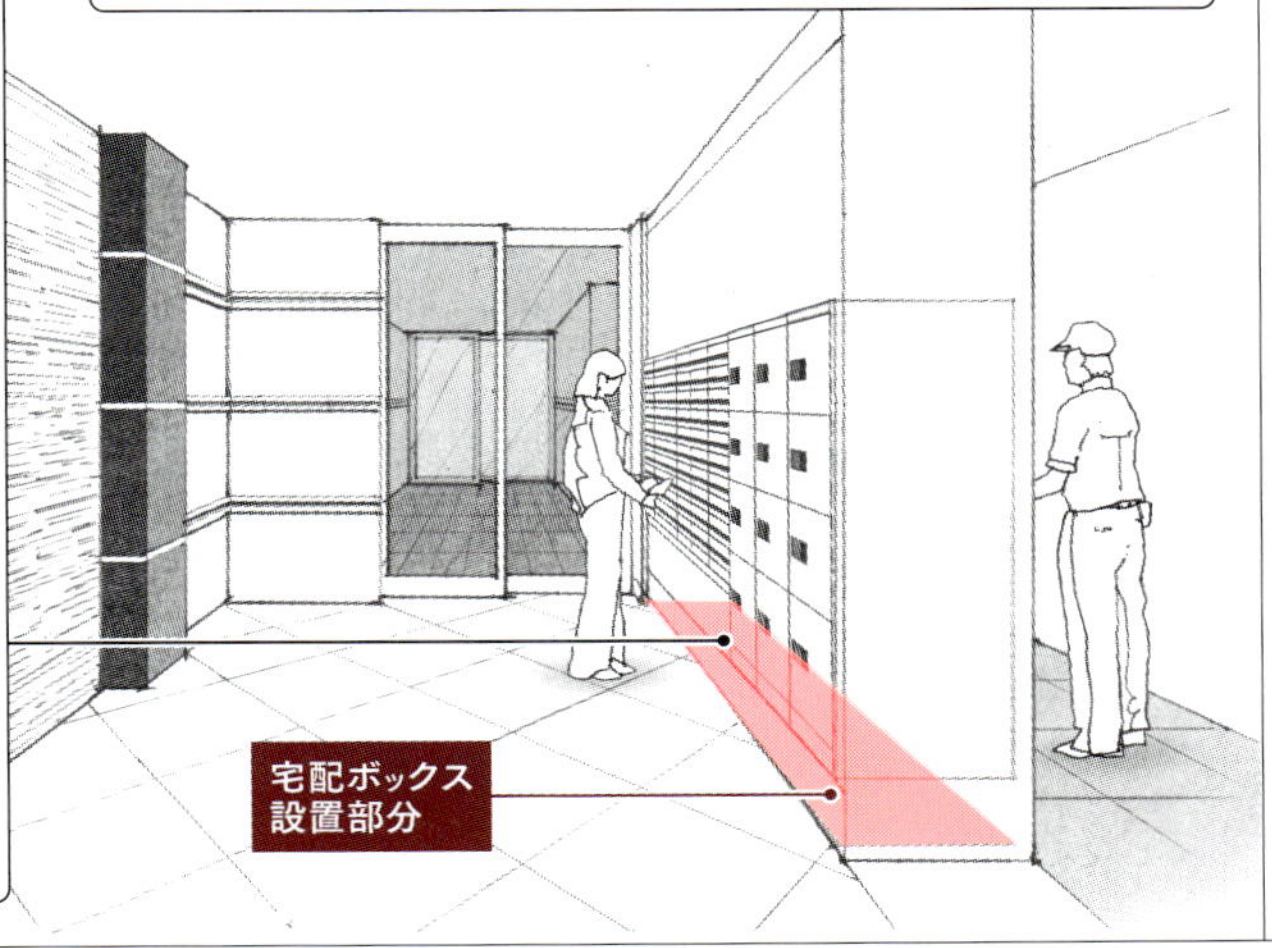 	1／100

防災設備の延べ面積不算入部分

《「専用室」である場合》

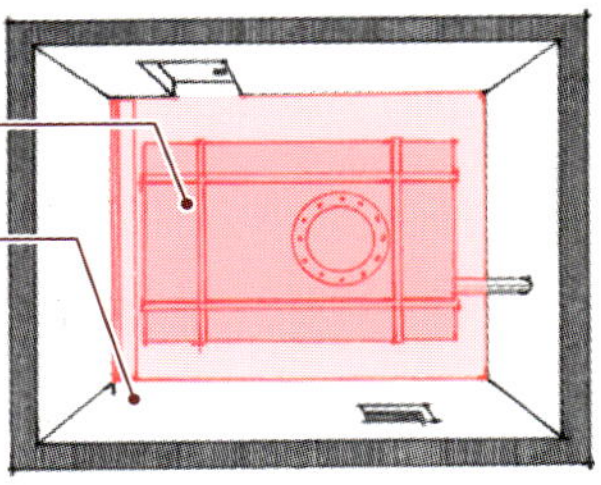

対象室すべてに適用される。ただし、蓄電池、自家発電設備、貯水槽を設置する場合は、保守点検に必要となるスペース以外の部分を含まないこと

《「専用室」となっていない場合》

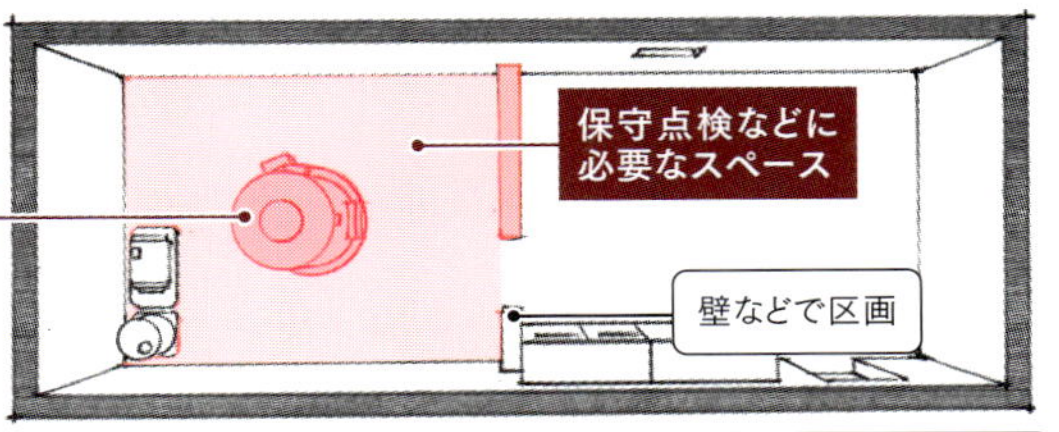

蓄電池、自家発電設備、貯水槽設置の場合は、専用室でなくてもよい。設備を設けるために必要となる範囲は、ほかの部分と明確に区画することにより着色部分について延べ面積に不算入となる

※5　福祉施設で使用される段差解消機や工場・倉庫で使用される垂直搬送機などは建築基準法に定められていないエレベータのため対象外
※6　メールボックスと構造的に一体となったものも含む

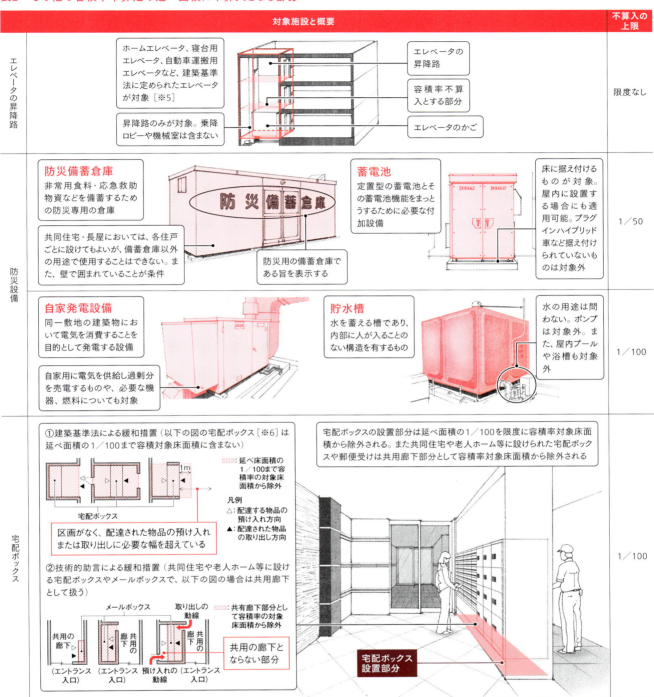

COLUMN

共同住宅や老人ホーム等の共用部分の特例は土地の有効利用と高齢化社会に対応するため

図1 「共用の廊下・階段等」の例

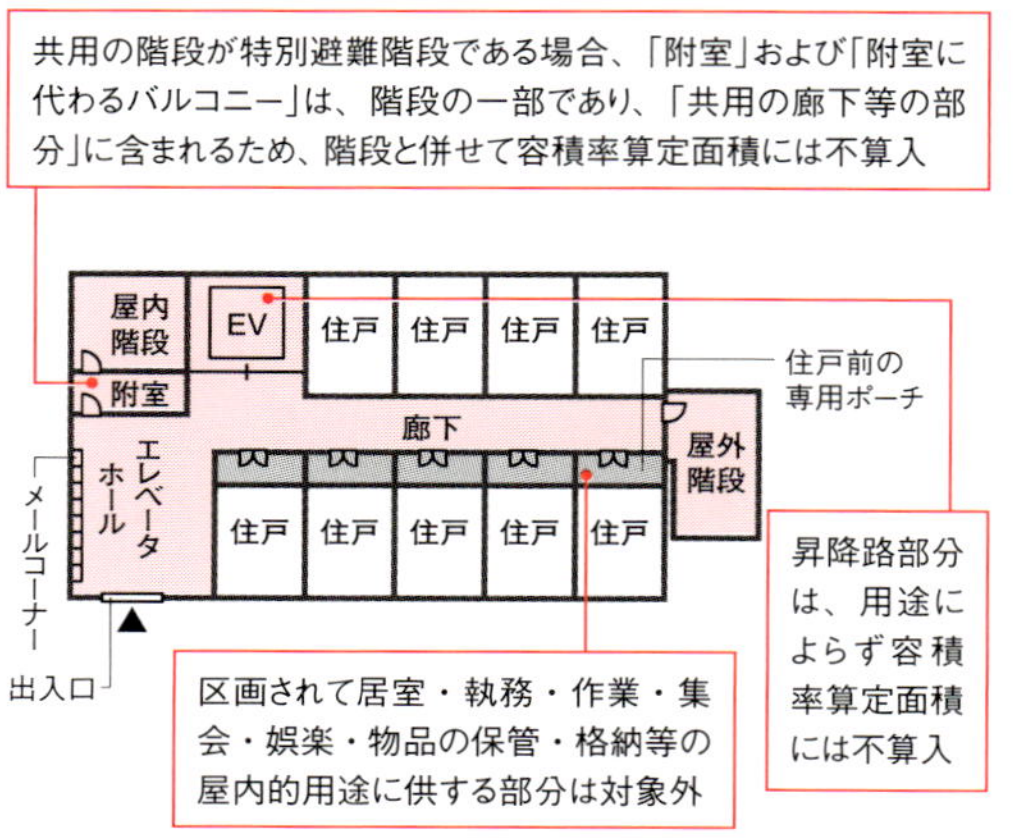

共用の階段が特別避難階段である場合、「附室」および「附室に代わるバルコニー」は、階段の一部であり、「共用の廊下等の部分」に含まれるため、階段と併せて容積率算定面積には不算入
屋内階段
附室
EV
住戸
住戸前の専用ポーチ
廊下
屋外階段
エレベータホール
メールコーナー
出入口
昇降路部分は、用途によらず容積率算定面積には不算入
区画されて居室・執務・作業・集会・娯楽・物品の保管・格納等の屋内的用途に供する部分は対象外

図2 複合用途のある共同住宅の「共用の廊下・階段等」の按分算出の例

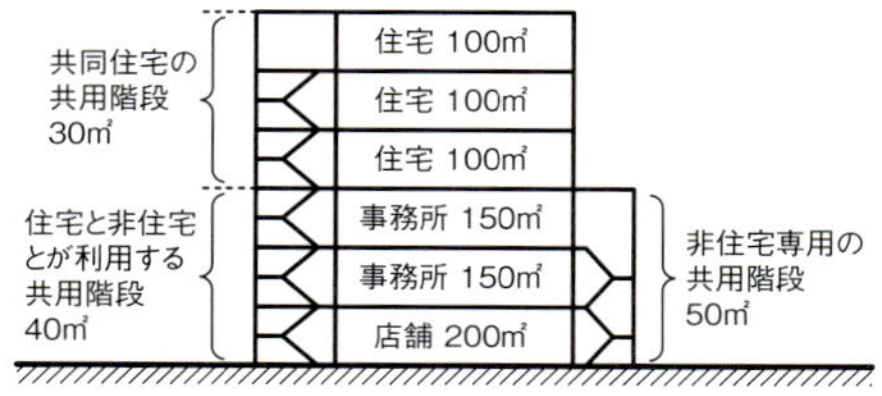

共同住宅の共用階段30㎡
住宅と非住宅とが利用する共用階段40㎡
住宅 100㎡
住宅 100㎡
住宅 100㎡
事務所 150㎡
事務所 150㎡
店舗 200㎡
非住宅専用の共用階段50㎡

上図のような場合は、按分比により容積率不算入となる共用階段の床面積を算定する

$$按分比 = \frac{100+100+100+30}{(100+100+100+30)+(150+150+200+50)} = 0.375$$

40㎡×按分比0.375=15㎡
したがって、この建築物の容積率算定の延べ面積に不算入となる共用階段の面積は全部で30㎡+15㎡=45㎡となる。老人ホーム等の場合も同様

図3 共同住宅の場合のエアコンの室外機置場の取り扱い

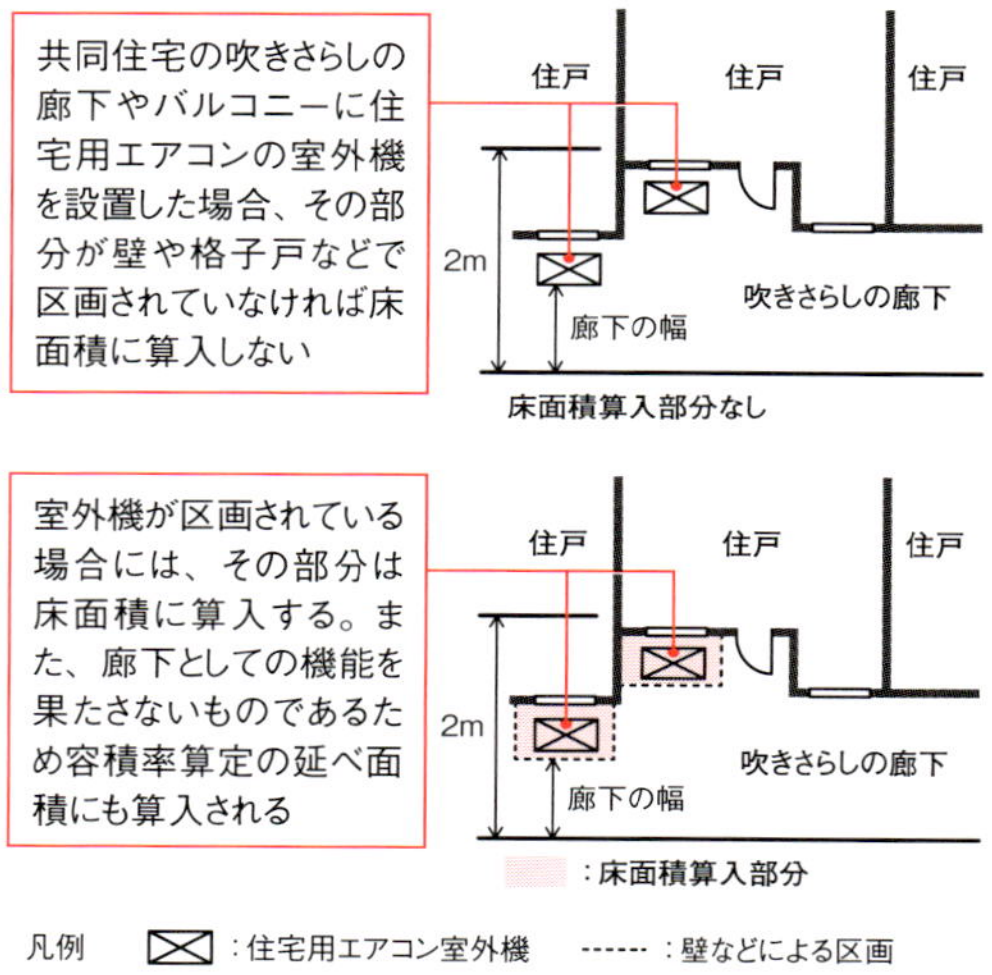

共同住宅の吹きさらしの廊下やバルコニーに住宅用エアコンの室外機を設置した場合、その部分が壁や格子戸などで区画されていなければ床面積に算入しない
住戸
2m
廊下の幅
吹きさらしの廊下
床面積算入部分なし
室外機が区画されている場合には、その部分は床面積に算入する。また、廊下としての機能を果たさないものであるため容積率算定の延べ面積にも算入される
:床面積算入部分
凡例 :住宅用エアコン室外機 :壁などによる区画

図4 アルコーブ部分の取り扱い

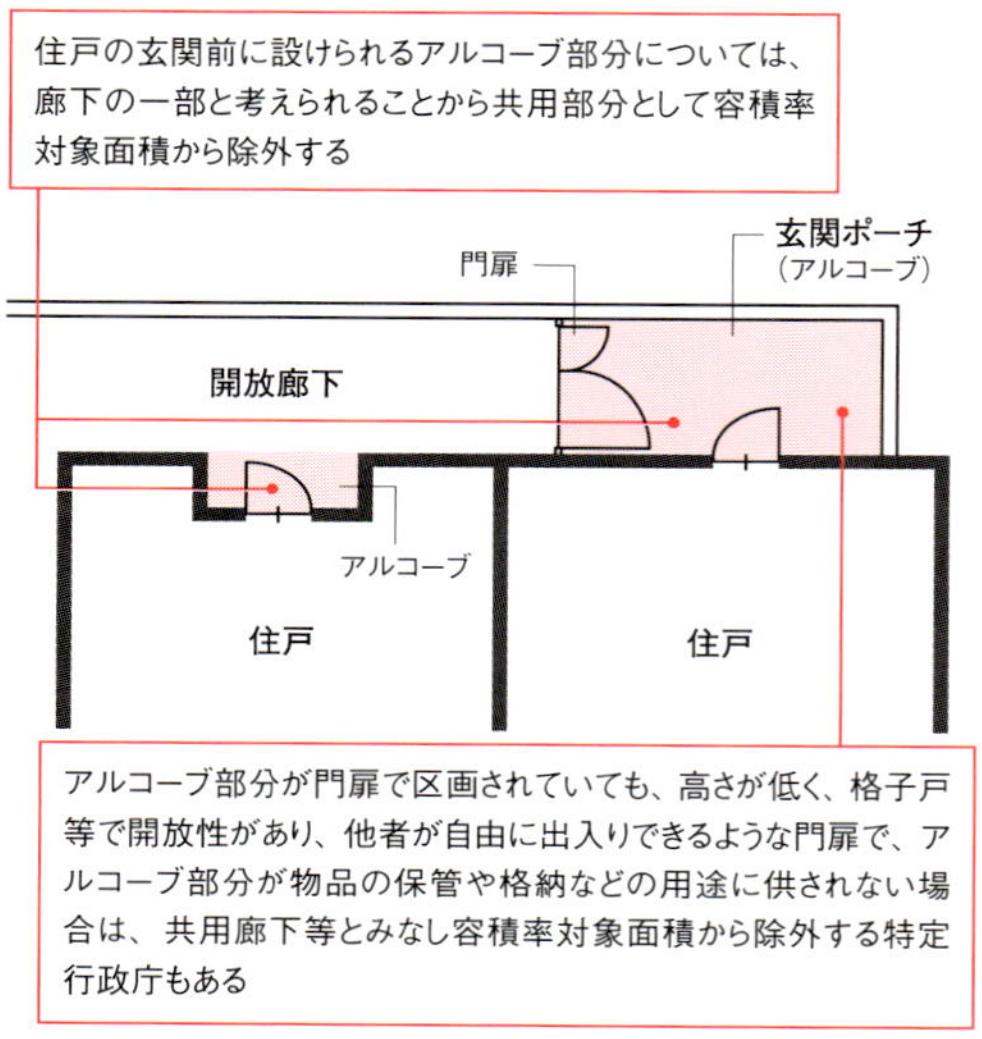

住戸の玄関前に設けられるアルコーブ部分については、廊下の一部と考えられることから共用部分として容積率対象面積から除外する
門扉
玄関ポーチ（アルコーブ）
開放廊下
アルコーブ
住戸
アルコーブ部分が門扉で区画されていても、高さが低く、格子戸等で開放性があり、他者が自由に出入りできるような門扉で、アルコーブ部分が物品の保管や格納などの用途に供されない場合は、共用廊下等とみなし容積率対象面積から除外する特定行政庁もある

土地の有効利用と高齢化に対応した共用部分の充実のため、共同住宅や老人ホーム等［※］では共用部分を容積率算定の延べ面積から除外する特例が適用される。共用部分には、共用の廊下や階段、エントランスホールやエレベータホール、特別避難階段の附室などが含まれる［図1］。このほか、エントランスホールなどと一体で利用するメールコーナーや宅配ボックス［41頁参照］、階段に代わる傾斜路、屋上へ通ずる廊下階段、付属する車庫・倉庫・機械室などへ通ずる廊下・階段も対象である。ただし、集会所、トランクルーム、ソファーなどの家具を置いたロビーなどは共用部分だが特例対象とはならない。

共同住宅や老人ホーム等とそれ以外の用途が混在する建築物で、そのどちらもが共用部分を使用する場合は、共同住宅や老人ホーム等とそれ以外の用途との床面積比で共用部分の面積を按分し、特例対象となる住宅や老人ホーム等の共用面積を算出する［図2］。また、共同住宅の吹きさらしの廊下に設けた住宅用エアコンの室外機置場やアルコーブ部分の取り扱いは、それらの状況や建設地の特定行政庁により異なるので、予め特定行政庁か指定確認検査機関に相談するとよい［図3・4］。

※ 養護老人ホーム、特別養護老人ホーム、軽費老人ホーム、グループホーム（認知症対応型共同生活介護事業や共同生活援助事業を行う住居）、有料老人ホーム、福祉ホーム、ケアホーム（共同生活介護事業を行う住居）、障害者支援施設、母子生活支援施設、児童養護施設、障害児入所施設、児童自立支援施設、乳児院、自立援助ホーム・ファミリーホーム（児童自立生活援助事業を行う住居）、婦人保護施設、救護施設、更正施設、宿所提供施設。ただし介護老人保健施設、療養病床など建築基準法上病院・診療所と取り扱うものは対象としない

幅員15m以上の特定道路近くでは容積率が割増しになる

ここを見る！

法52条8項、9項
令135条の14
令135条の18

これを押さえる！

道路幅員による容積率の違いが、一体感のある街並み形成を妨げることのないよう、「みなし道路幅員による容積率緩和」の措置がある。前面道路の幅員が6m以上12m未満の場合、特定道路（幅員が15m以上）から敷地までの距離に応じて、政令で定める方法で算出した数値を前面道路の幅員に加算し、算定容積率を算出できる。

特定道路が敷地近くにある場合の容積率の緩和

これもCheck!!

» 敷地が2カ所以上で接道している場合、特定道路に最も近い接道部分で考える。また、2m未満での接道部分は接道しているとみなされないので注意する［28頁参照］

前面道路に加算する数値（Wa）

前面道路の幅員をWr、特定道路から敷地までの距離をLとして、次の式で算出できる

Wa=（12−Wr）×（70−L）／70

緩和後の算定容積率

（Wr+Wa）×（6／10または4／10）で求められる

特定道路から敷地までの距離の終点の位置

敷地の前面道路境界線の特定道路側（特定道路に最も近い位置）から、道路中心線に垂線を下ろして求める

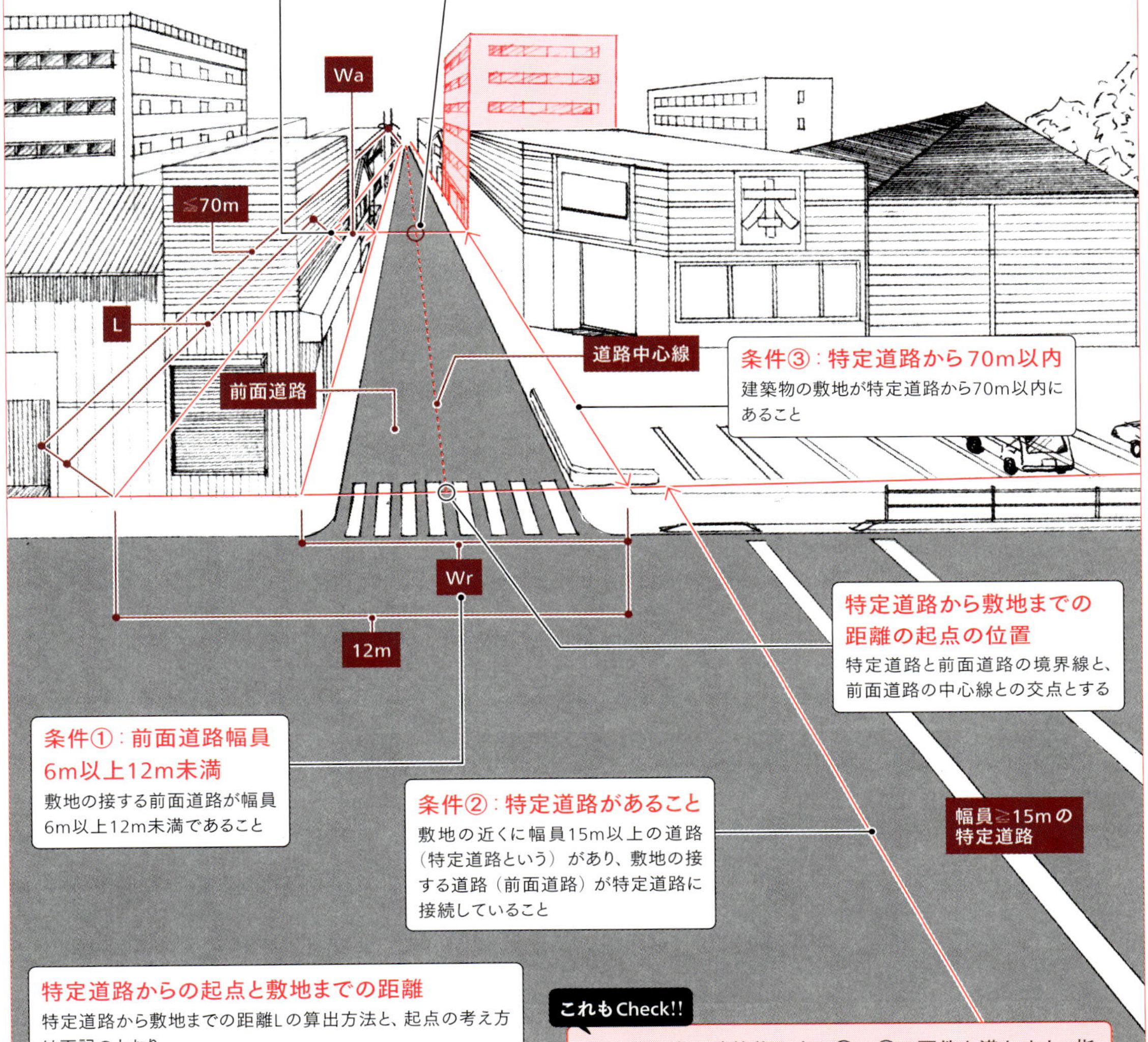

条件③：特定道路から70m以内

建築物の敷地が特定道路から70m以内にあること

特定道路から敷地までの距離の起点の位置

特定道路と前面道路の境界線と、前面道路の中心線との交点とする

条件①：前面道路幅員6m以上12m未満

敷地の接する前面道路が幅員6m以上12m未満であること

条件②：特定道路があること

敷地の近くに幅員15m以上の道路（特定道路という）があり、敷地の接する道路（前面道路）が特定道路に接続していること

特定道路からの起点と敷地までの距離

特定道路から敷地までの距離Lの算出方法と、起点の考え方は下記のとおり

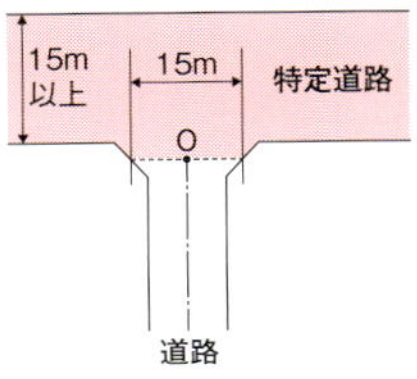

起点Oは幅が15mある位置

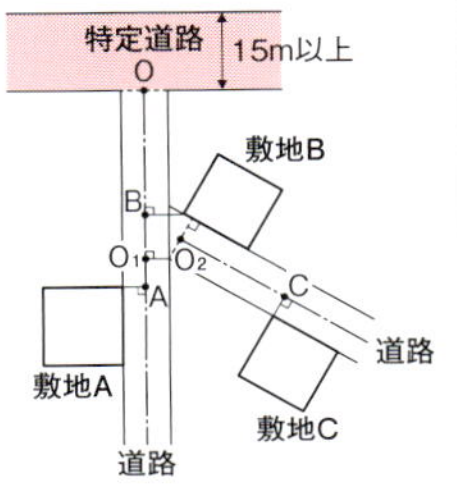

特定道路からの距離：L
敷地A：L=$\overline{OA}$
敷地B：L=$\overline{OB}$
敷地C：L=$\overline{OO_1}+\overline{O_2C}$

これもCheck!!

» 住宅を含む建築物で次の①～③の要件を満たすと、指定容積率は以下の式で算定された値となる。このため建築物がすべて住宅の場合は、指定容積率は1.5倍に緩和される

①敷地が1・2種住居、準住居、近隣商業、商業地域内のいずれか
②敷地面積が一定規模以上［※1］
③敷地内に一定規模以上の空地［※2］があること

$$Vr=\frac{3Vc}{3-R}$$

Vr：緩和後の①の区域の指定容積率
Vc：①の区域の指定容積率
R：住宅率（住宅部分の床面積／建築物の延べ面積）

※1　第1・2種住居、準住居、準工業では2,000㎡以上、近隣商業・商業では1,000㎡以上。条例で敷地規模が定められている場合はその面積
※2　建蔽率に応じて定められた数値を敷地面積に乗じた空地面積以上とし、そのうち1／2以上は道路に接して設けられていること

PART 4

高さ制限

土地によっては建築物の高さにかかる制約もある。
それによって、良好な住宅地の形成を目的としたり
（低層住居専用地域内の絶対高さ制限）
日照・採光・通風のため道路上空に
開放空間を確保したり（道路斜線制限）
住宅地での北側家屋の日照・採光を
確保したり（北側斜線）している。
斜線制限については天空率の適用により
制限が免除される特例もある。
さまざまな制約を緩和・特例とともにしっかり把握しよう。

地盤面の高低差が3mを超えると地盤面が2つ以上になる

ここを見る！

令2条2項

これを押さえる！

建築物の高さは、原則として地盤面（建築物が周囲の地面と接する位置の平均の高さの水平面）から算定する。ピロティなどで上階が下階より張り出している場合は、上階の建築物の部分を地表面に投影し、投影された外壁またはこれに代わる柱の中心線を結んだ位置を、建築物が周囲の地面と接する位置とみなし、地盤面を算定する。

地盤面の算定方法

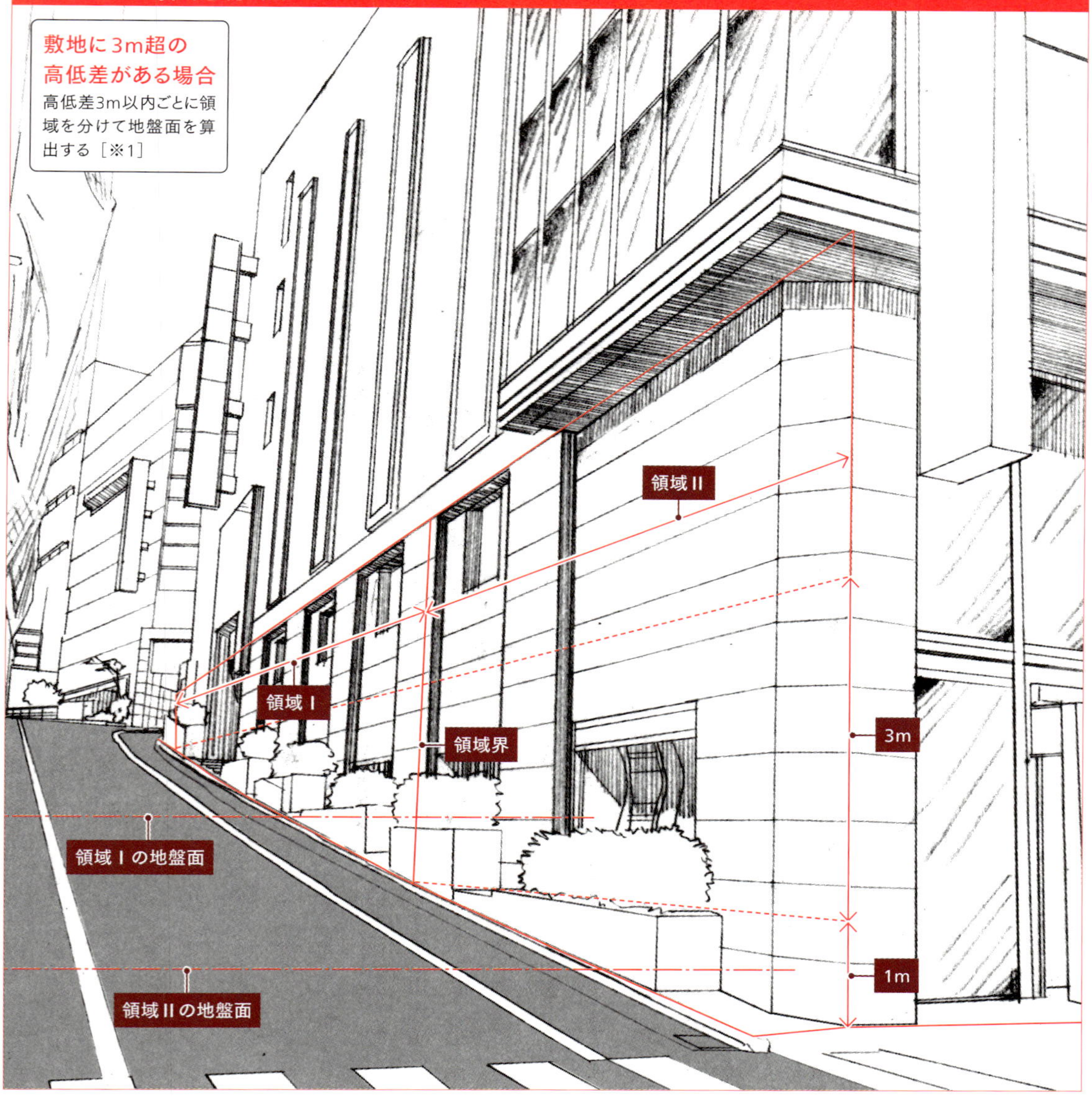
敷地に3m超の
高低差がある場合
高低差3m以内ごとに領域を分けて地盤面を算出する［※1］
領域Ⅱ
領域Ⅰ
領域界
3m
1m
領域Ⅰの地盤面
領域Ⅱの地盤面

地階の判定方法

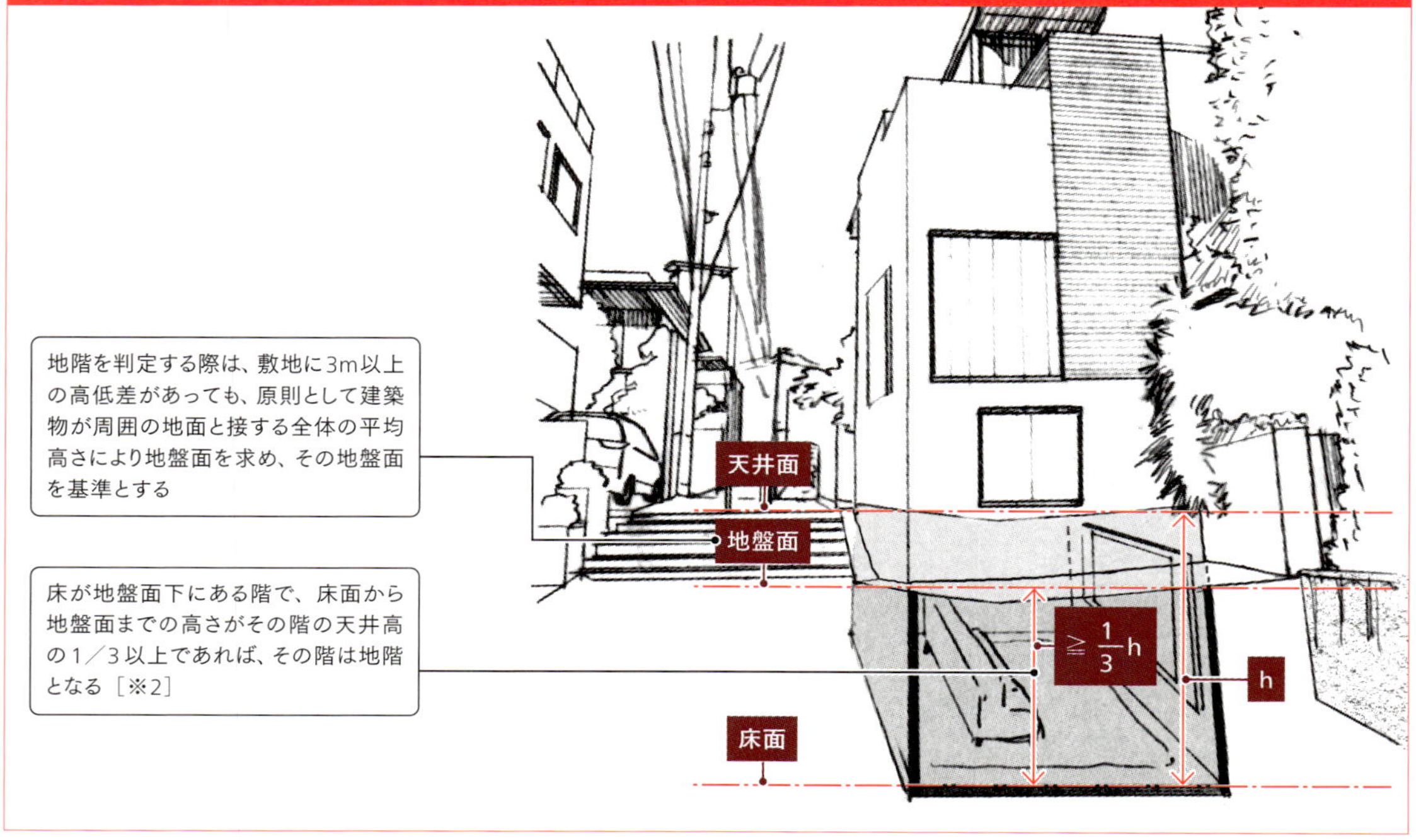
地階を判定する際は、敷地に3m以上の高低差があっても、原則として建築物が周囲の地面と接する全体の平均高さにより地盤面を求め、その地盤面を基準とする
床が地盤面下にある階で、床面から地盤面までの高さがその階の天井高の1／3以上であれば、その階は地階となる［※2］
天井面
地盤面
≧ 1/3 h
h
床面

※1　3mを測定開始する点は、上からでも下からでもよい。各起算点から3m以内ごとに領域を設定し、領域ごとに地盤面を算定する。なお、日影規制の検討では、地盤面を領域分けせず、敷地全体の平均地盤面で算出するので注意を要する

※2　地盤面下にある階とは、当該床の周長の過半が地盤面よりも低い位置にある場合とする特定行政庁もあるので、事前に確認が必要。斜面地のマンションなどでは、法の規定どおりだとその階の大部分が地盤より突出した階でも地階と判定される場合があるため、特定行政庁によっては条件を付加している

COLUMN

建築基準法上では「地盤面」と「平均地盤面」が使い分けられているので注意する

建築物の高さは、原則として地盤面から算定する［右頁参照］。このため敷地に建築物がない場合は、地盤面は存在しない。また複数の建築物がある場合は、高さをそれぞれの地盤面から算定するため、敷地に複数の地盤面が存在することとなる。建築物が周囲の地面と接する位置に3mを超える高低差がある場合は、3mごとに領域分けをして地盤面を算定する。この場合は、一の建築物に複数の地盤面が存在することとなる。日影規制［64頁参照］の測定水平面や日影図作成時の建築物は、高さを平均地盤面から算定する。この平均地盤面とは、3m超えの高低差があっても3m以内ごとに区分することなく単純に平均したものをいう。なお、敷地全体の地面の高さを平均したものは平均地表面という。

地盤面の算定

建築物の周囲が接する地面に高低差がある場合、その高さの平均が地盤面となる

❶投影図

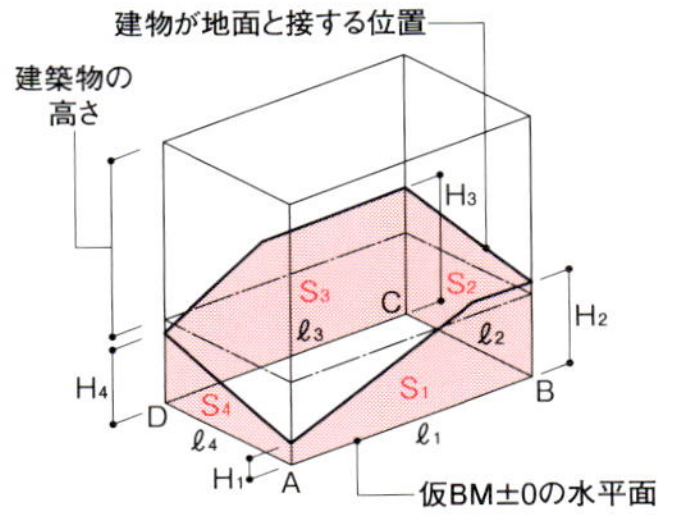

建物が地面と接する位置
建築物の高さ
H3
S3
C
S2
ℓ3
ℓ2
H2
H4
S4
S1
B
D
ℓ4
ℓ1
H1
A
仮BM±0の水平面

外壁が地面と接するのは、実際の外壁面ではなく、延べ面積と同様に外壁の中心線の位置とするのが一般的。ただし、実際の外壁面としても間違いではない

❷展開図

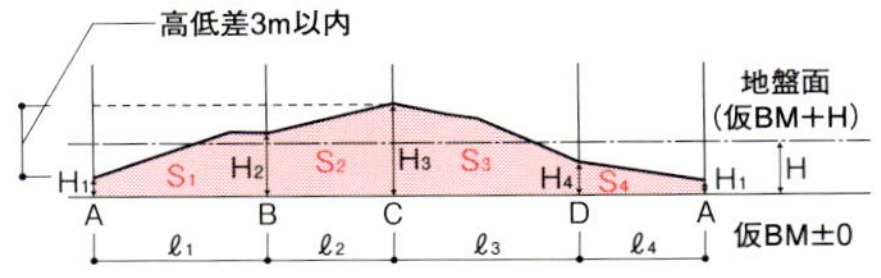

高低差3m以内
地盤面
(仮BM+H)
H1
H2
S1
S2
H3
S3
H4
S4
H1
H
A
B
C
D
A
ℓ1
ℓ2
ℓ3
ℓ4
仮BM±0

$$H = \frac{S_1 + S_2 + S_3 + S_4}{\ell_1 + \ell_2 + \ell_3 + \ell_4}$$

H：地盤面の仮BM±0からの高さ
S_1～S_4：建築物がそれぞれの面において地面と接する位置と仮GL±0によって囲まれた部分の面積
ℓ_1～ℓ_4：建築物のそれぞれの面の水平長さ

地階を判定する場合の「地盤面」

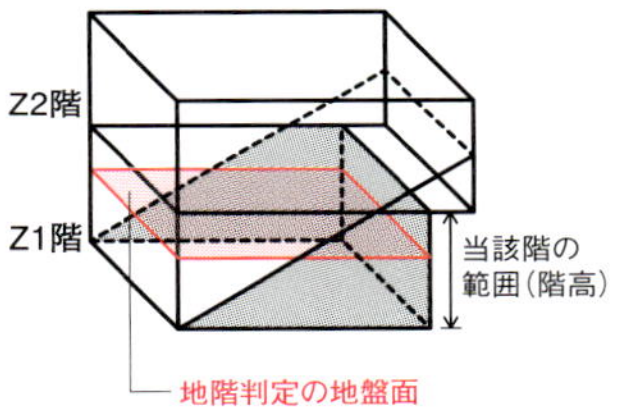

Z2階
Z1階
当該階の範囲（階高）
地階判定の地盤面

地階の判定では、地盤面の高低差が3mを超える場合でも領域分けをしないで地階に該当するか否かを検討する。①、②に当てはまる階が地階となる［令1条2号］

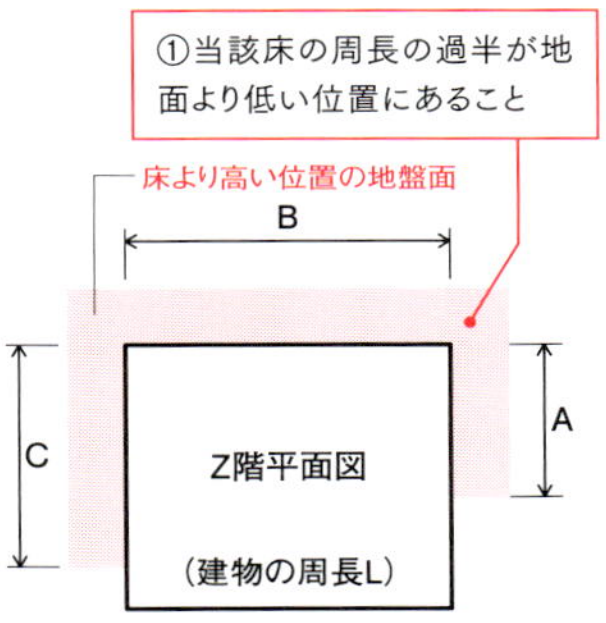

①当該床の周長の過半が地面より低い位置にあること
床より高い位置の地盤面
B
C
A
Z階平面図
（建物の周長L）

A+B+C ＞ 1／2L

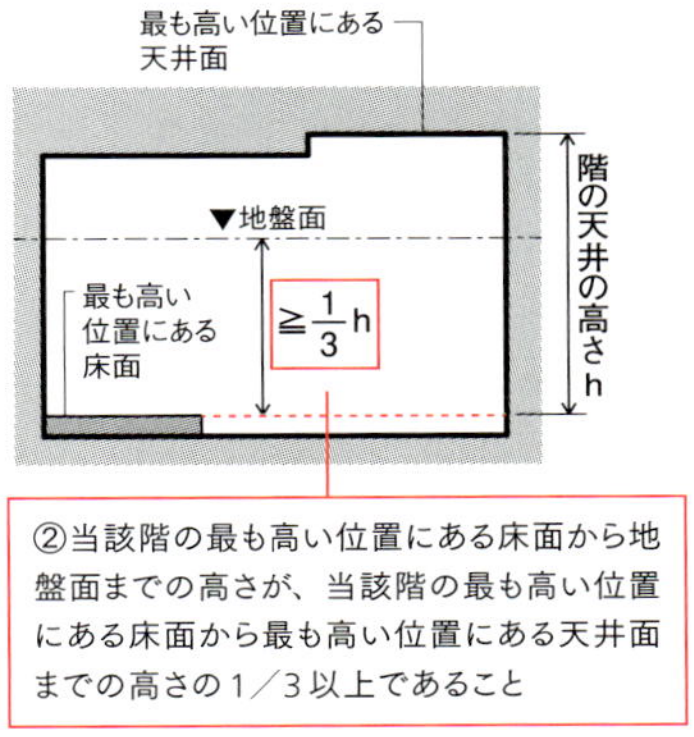

最も高い位置にある天井面
▼地盤面
最も高い位置にある床面
≧1/3h
階の天井の高さh
②当該階の最も高い位置にある床面から地盤面までの高さが、当該階の最も高い位置にある床面から最も高い位置にある天井面までの高さの1／3以上であること

建物の高さを算定する場合の「地盤面」

建物の高さは、建築物を高低差3m以内ごとに領域分けして、領域ごとに算定する［令2条2項］。日影規制を受ける建築物となるか否かの判断はこの地盤面で検討する

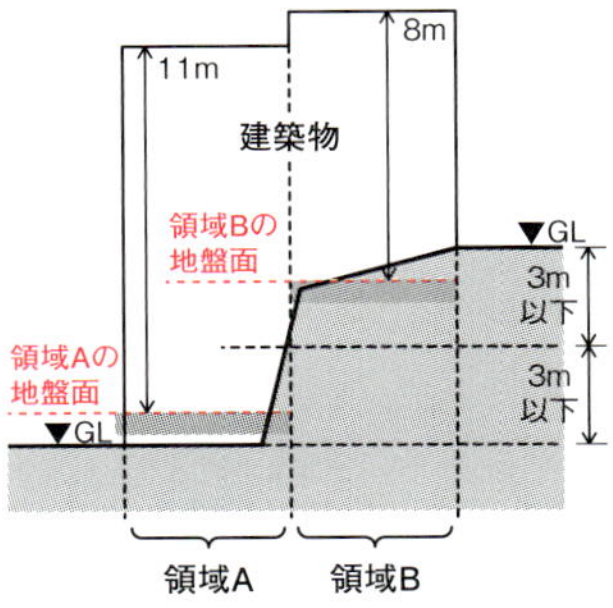

11m
8m
建築物
領域Bの地盤面
▼GL
3m以下
3m以下
領域Aの地盤面
▼GL
領域A
領域B

日影図を作成する際の「平均地盤面」

日影規制を受ける場合は、敷地内に複数の建築物があっても、一の建築物とみなして、1つの平均地盤面で算定する［法別表第4］。日影図は複数棟あっても、1つの建築物として作成する

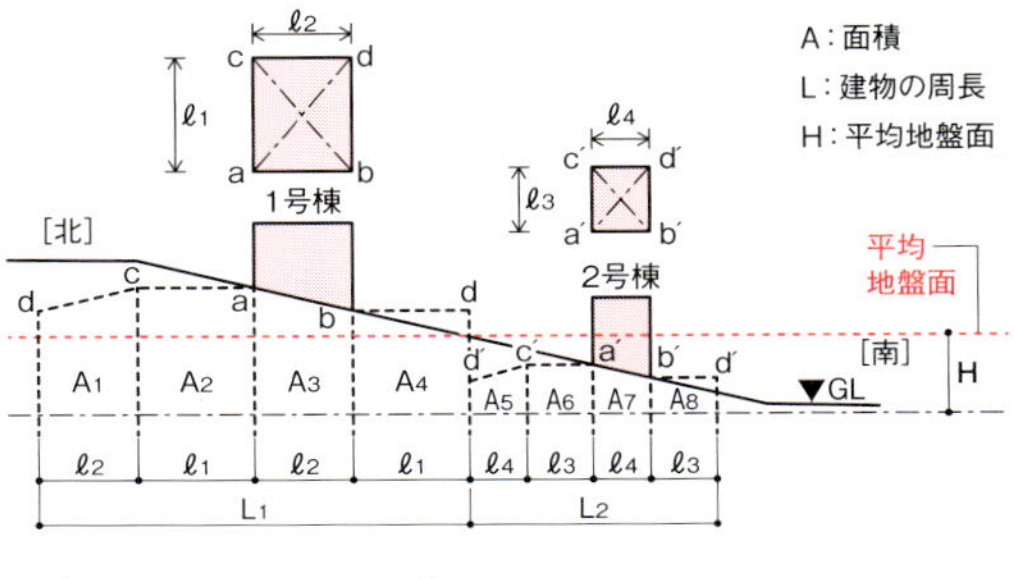

A：面積
L：建物の周長
H：平均地盤面
ℓ2
c
d
ℓ1
a
b
1号棟
ℓ4
c'
d'
ℓ3
a'
b'
2号棟
［北］
平均地盤面
［南］
H
▼GL
A1
A2
A3
A4
A5
A6
A7
A8
ℓ2
ℓ1
ℓ2
ℓ1
ℓ4
ℓ3
ℓ4
ℓ3
L1
L2

$$\left(\frac{A_1+A_2+\cdots+A_7+A_8}{L_1+L_2}\right) = H$$

高さ制限

高さの算定／高さに不算入となるもの

屋上部分は条件によっては建築物の高さに算入しない

ここを見る！

令2条1項6号

これを押さえる！

昇降機塔など［※1］の屋上部分については、その水平投影面積が建築面積の1／8以下であれば、道路斜線［50～55頁参照］・隣地斜線［56・57頁参照］においては高さ12ｍ［※2］まで、建築物の高さに不算入となる。北側斜線［59・60頁参照］の場合は、前述の条件を満たしていても、高さに算入されるので注意が必要。

建築物の高さに算入・不算入になるものの例

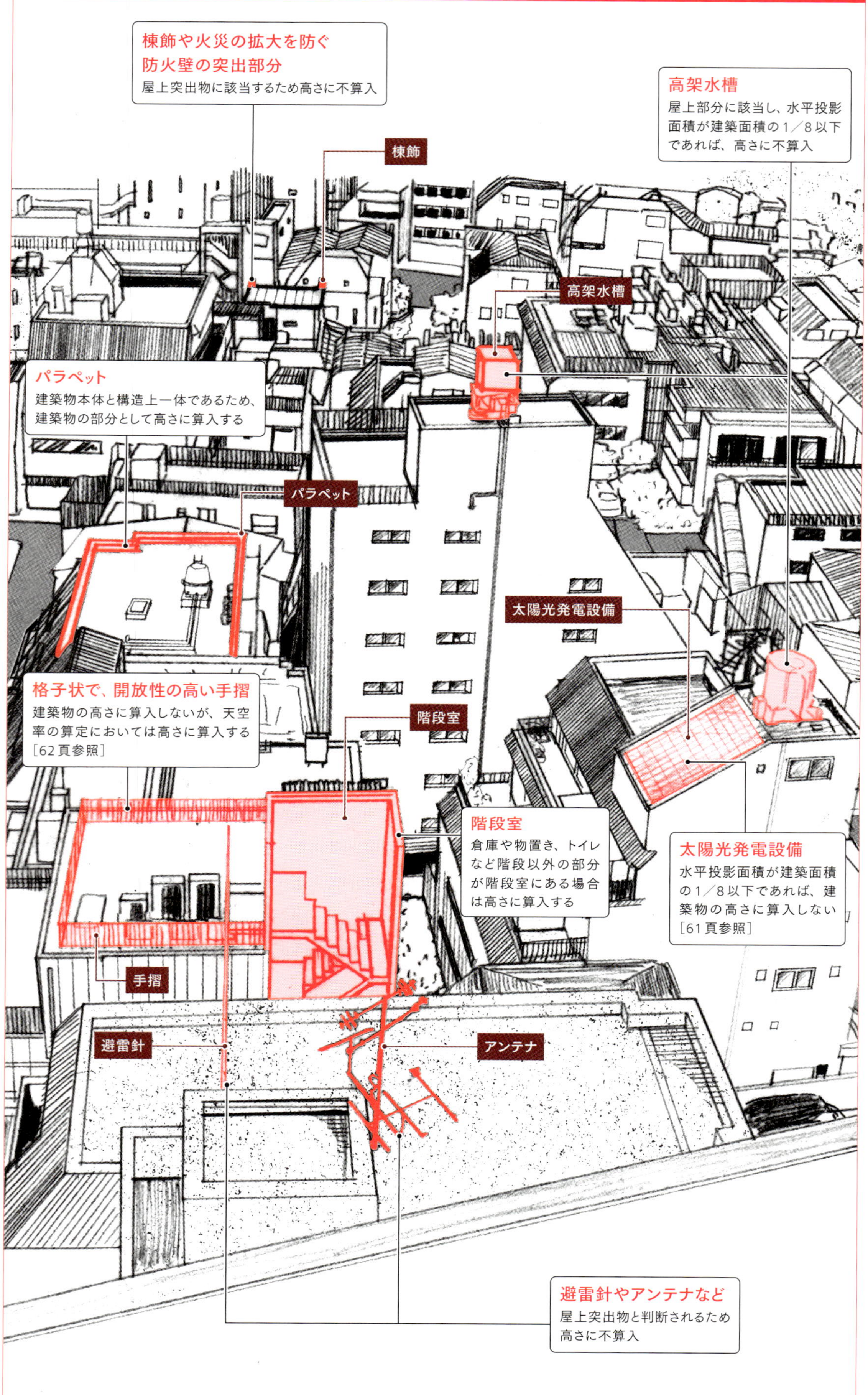

棟飾や火災の拡大を防ぐ防火壁の突出部分
屋上突出物に該当するため高さに不算入
棟飾
高架水槽
屋上部分に該当し、水平投影面積が建築面積の1／8以下であれば、高さに不算入
高架水槽
パラペット
建築物本体と構造上一体であるため、建築物の部分として高さに算入する
パラペット
太陽光発電設備
格子状で、開放性の高い手摺
建築物の高さに算入しないが、天空率の算定においては高さに算入する［62頁参照］
階段室
階段室
倉庫や物置き、トイレなど階段以外の部分が階段室にある場合は高さに算入する
太陽光発電設備
水平投影面積が建築面積の1／8以下であれば、建築物の高さに算入しない［61頁参照］
手摺
避雷針
アンテナ
避雷針やアンテナなど
屋上突出物と判断されるため高さに不算入

※1　昇降機塔のほか、屋上にある階段室、装飾塔、物見塔、屋窓（小さな三角屋根につけられるドーマー窓）なども該当する
※2　絶対高さ制限地域内の建築物や、日影規制における建築物の高さの算定などでは5m

屋上突出物の例

棟飾、防火壁の屋上突出部などのように、建築物の屋上に部分的に設置され、かつ屋内的空間を有しないものを屋上突出物という。屋上突出物は建築物の高さに算入しない

《建築物の躯体の軽微な突出部》

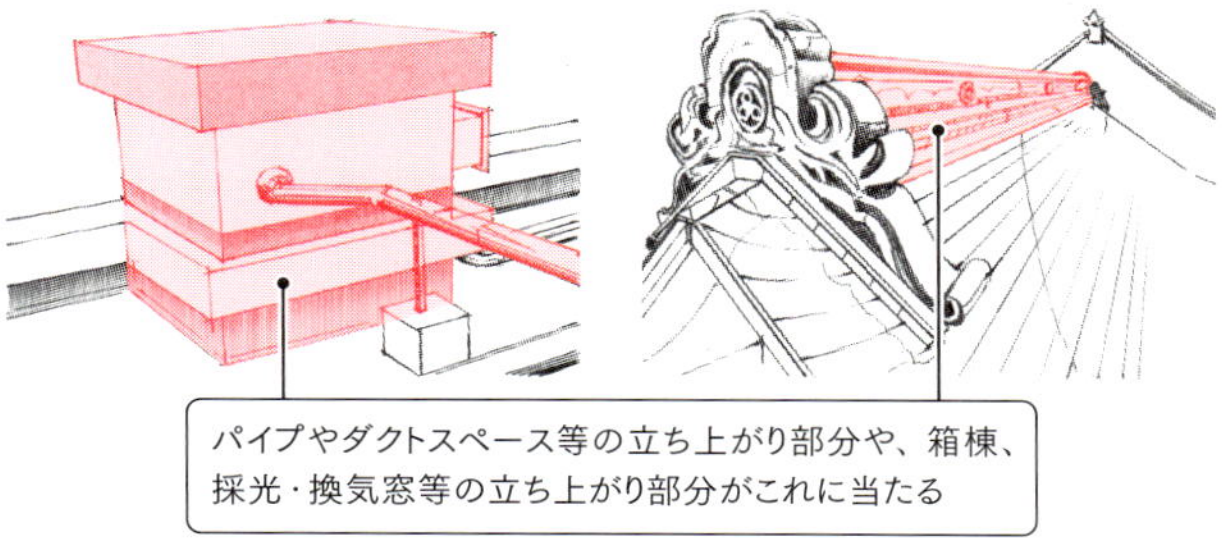
パイプやダクトスペース等の立ち上がり部分や、箱棟、採光・換気窓等の立ち上がり部分がこれに当たる

《部分的かつ小規模な外装等》

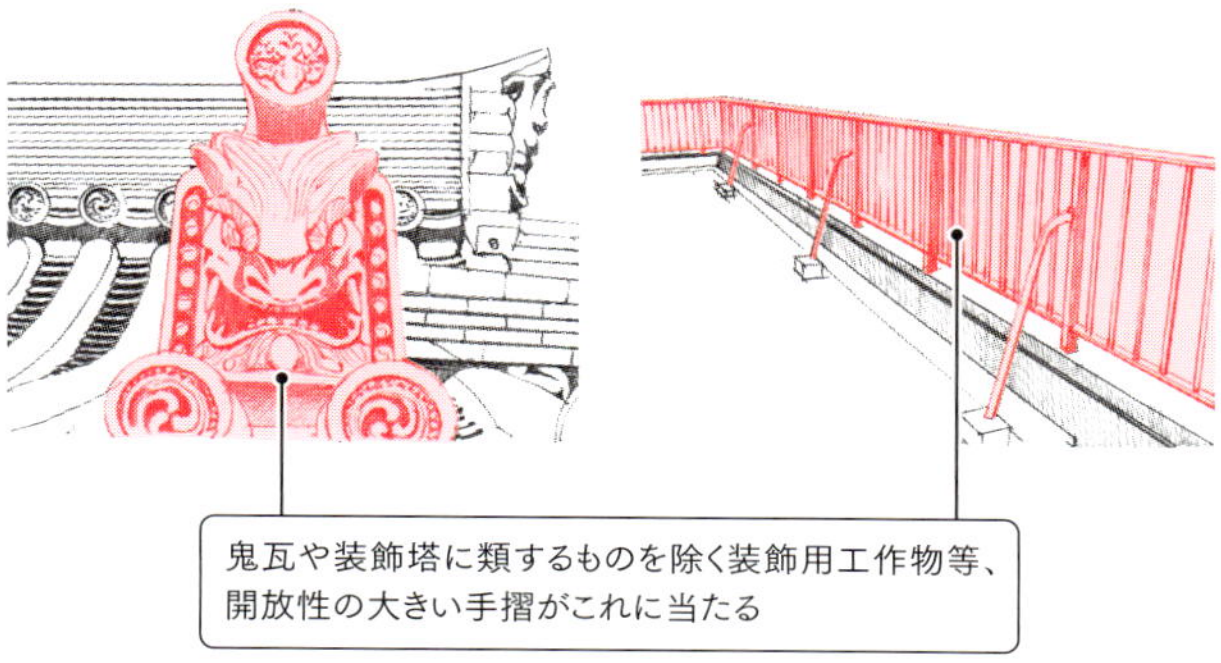
鬼瓦や装飾塔に類するものを除く装飾用工作物等、開放性の大きい手摺がこれに当たる

《部分的かつ小規模な建築設備》

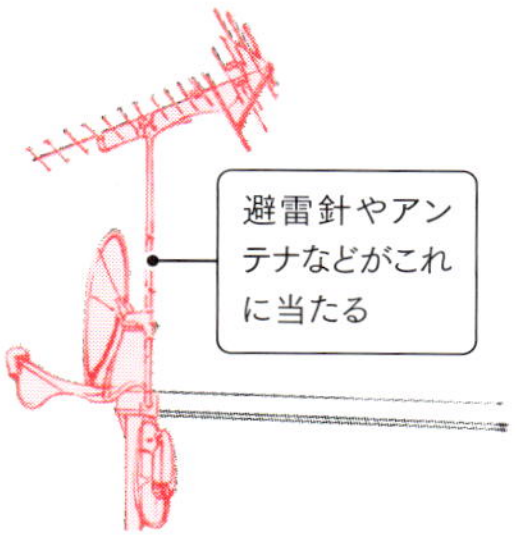
避雷針やアンテナなどがこれに当たる

《建築物と一体的な煙突》

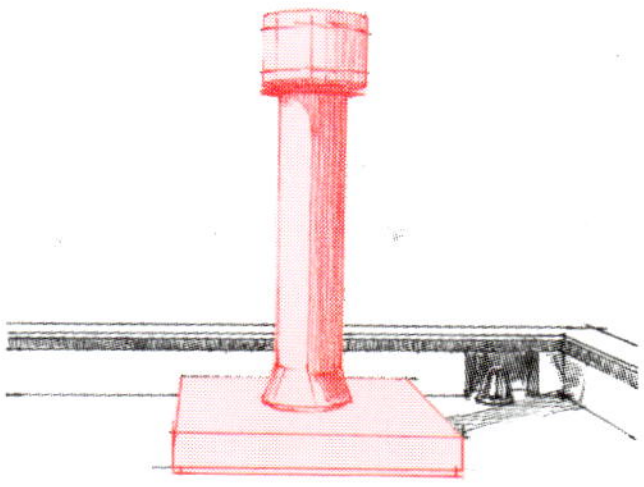

屋上部分の例

階段室、昇降機塔、装飾塔、物見塔、屋窓などのように、建築物と構造上一体的で、その用途・機能・構造上、屋上に設けられるものを屋上部分という。屋上部分は、水平投影面積の合計が建築物の建築面積の1／8以内であれば、高さ12m（絶対高さ制限と日影規制では5m）まで建築物の高さに算入しない

《昇降機の乗降ロビー》

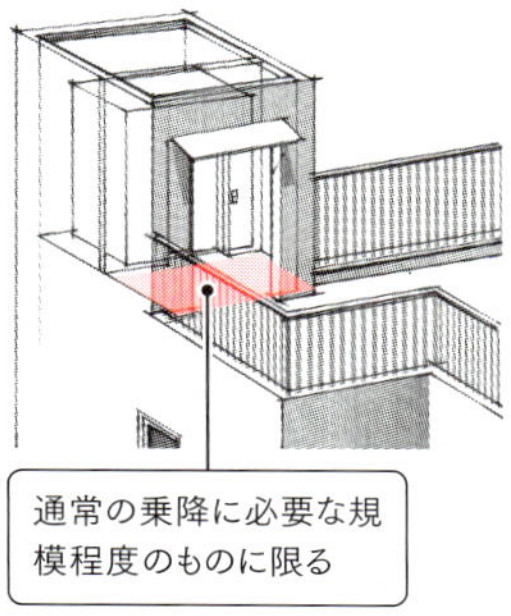
通常の乗降に必要な規模程度のものに限る

《時計塔、教会の塔状部分》

《高架水槽》

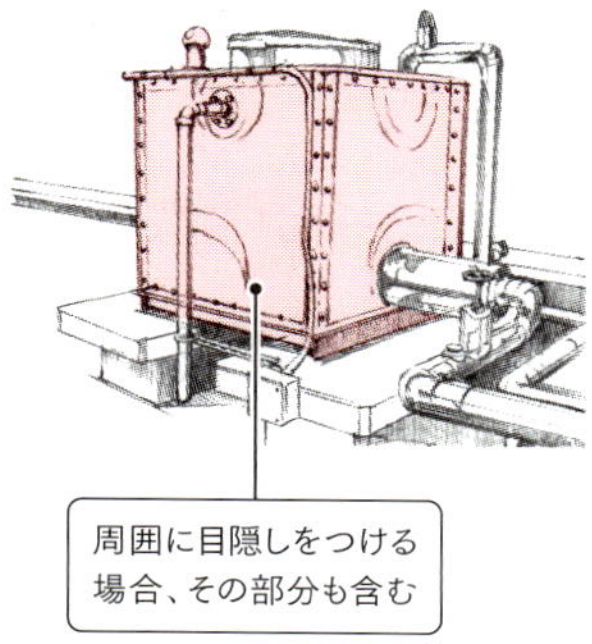
周囲に目隠しをつける場合、その部分も含む

《キュービクル等の電気設備機器》

周囲に目隠しをつける場合、その部分も含む

《クーリングタワー等の空調設備機器》

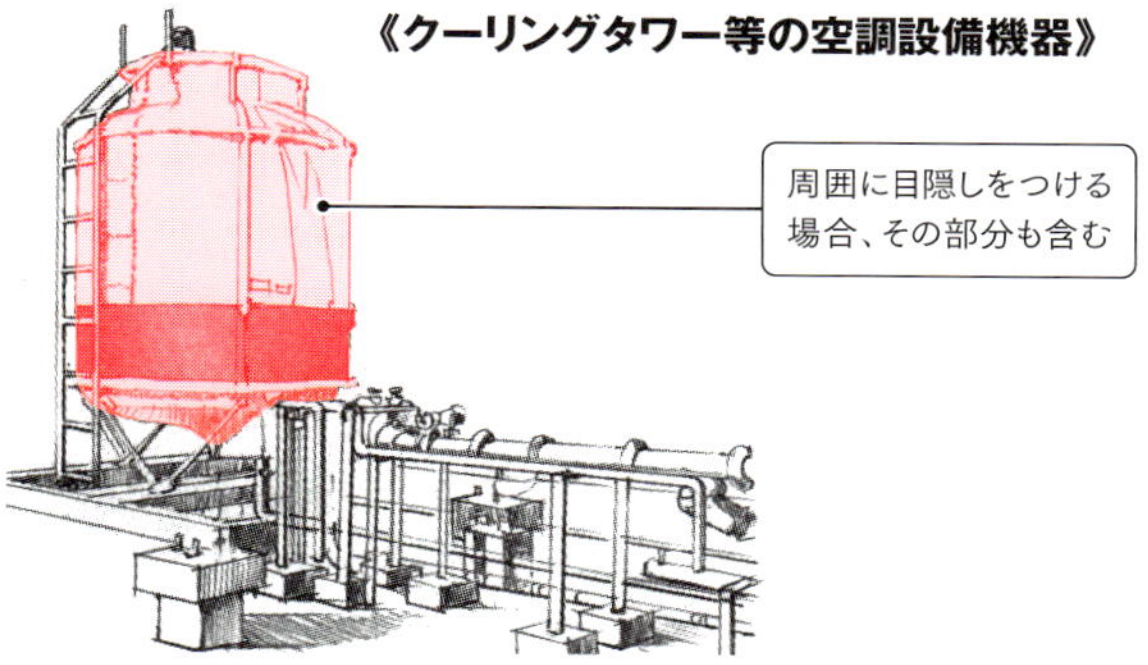
周囲に目隠しをつける場合、その部分も含む

屋上面が複数存在する場合

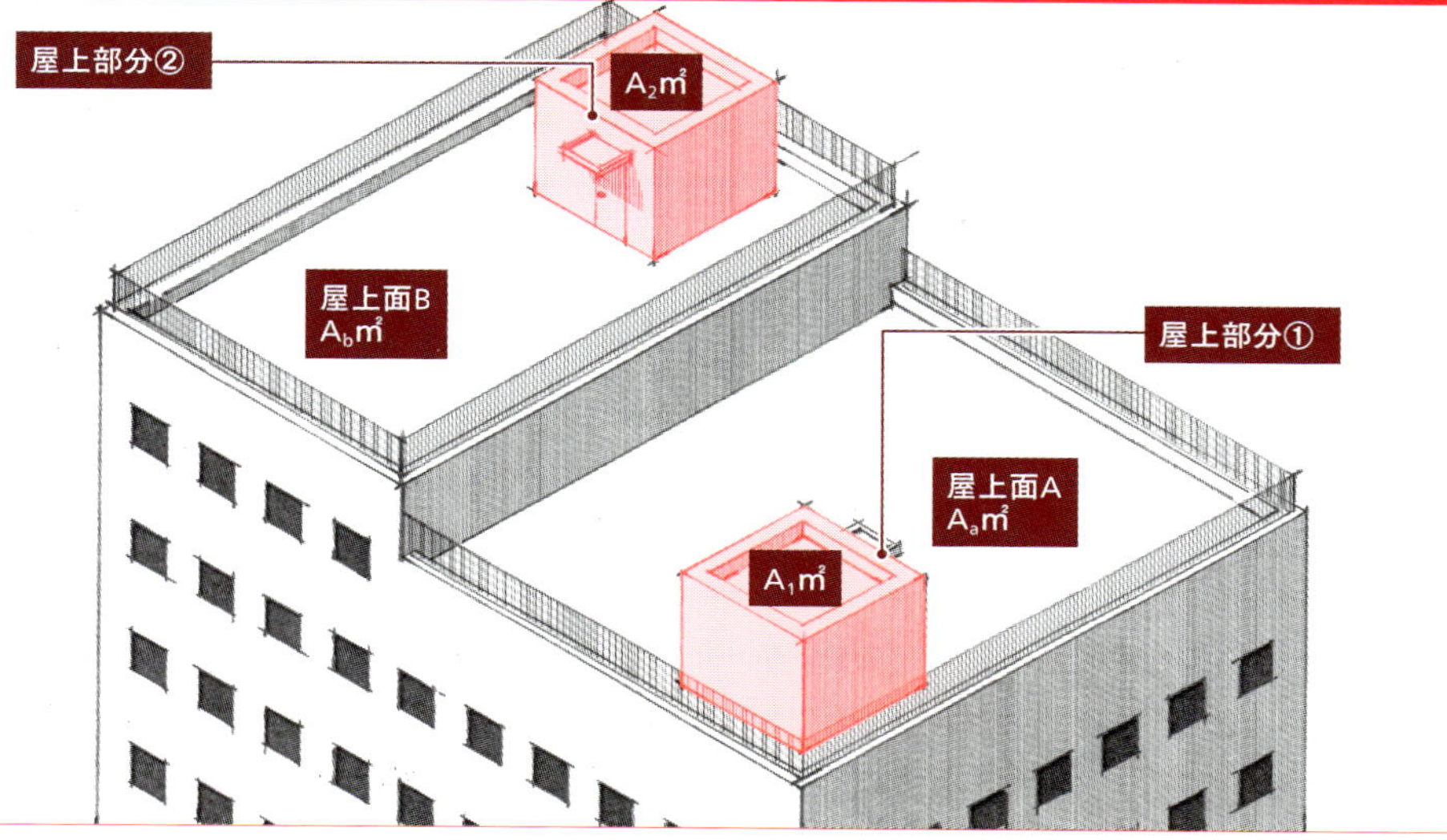
屋上部分②
A_2㎡
屋上面B
A_b㎡
屋上部分①
屋上面A
A_a㎡
A_1㎡

一の建築物において屋上面が複数存在する場合

屋上面ごとに判断するのではなく、屋上部分の水平投影面積の合計と全体の建築面積との比較により判断する

左図の場合、屋上面の建築面積をA_a、A_b、屋上部分の水平投影面積をA_1、A_2とすると、
$A_1+A_2 \leqq (A_a+A_b)/8$の場合、建築物の高さに不算入、
$A_1+A_2 > (A_a+A_b)/8$の場合、建築物の高さに算入となる

道路斜線は前面道路の反対側境界線から伸ばす

ここを見る！

法56条

法別表第3

令2条1項6号

これを押さえる！

道路斜線制限は、道路周辺の日照、採光、通風などを確保するため、建築物の前面道路の中心からの高さ（ほかの高さ制限では地盤面からの高さ）を、前面道路の反対側の境界線から伸びてくる一定勾配の斜線の内側に収まるように制限するもの。制限は前面道路の反対側の境界線から一定の水平距離（適用距離）の範囲内に限定される。

道路斜線制限の基本

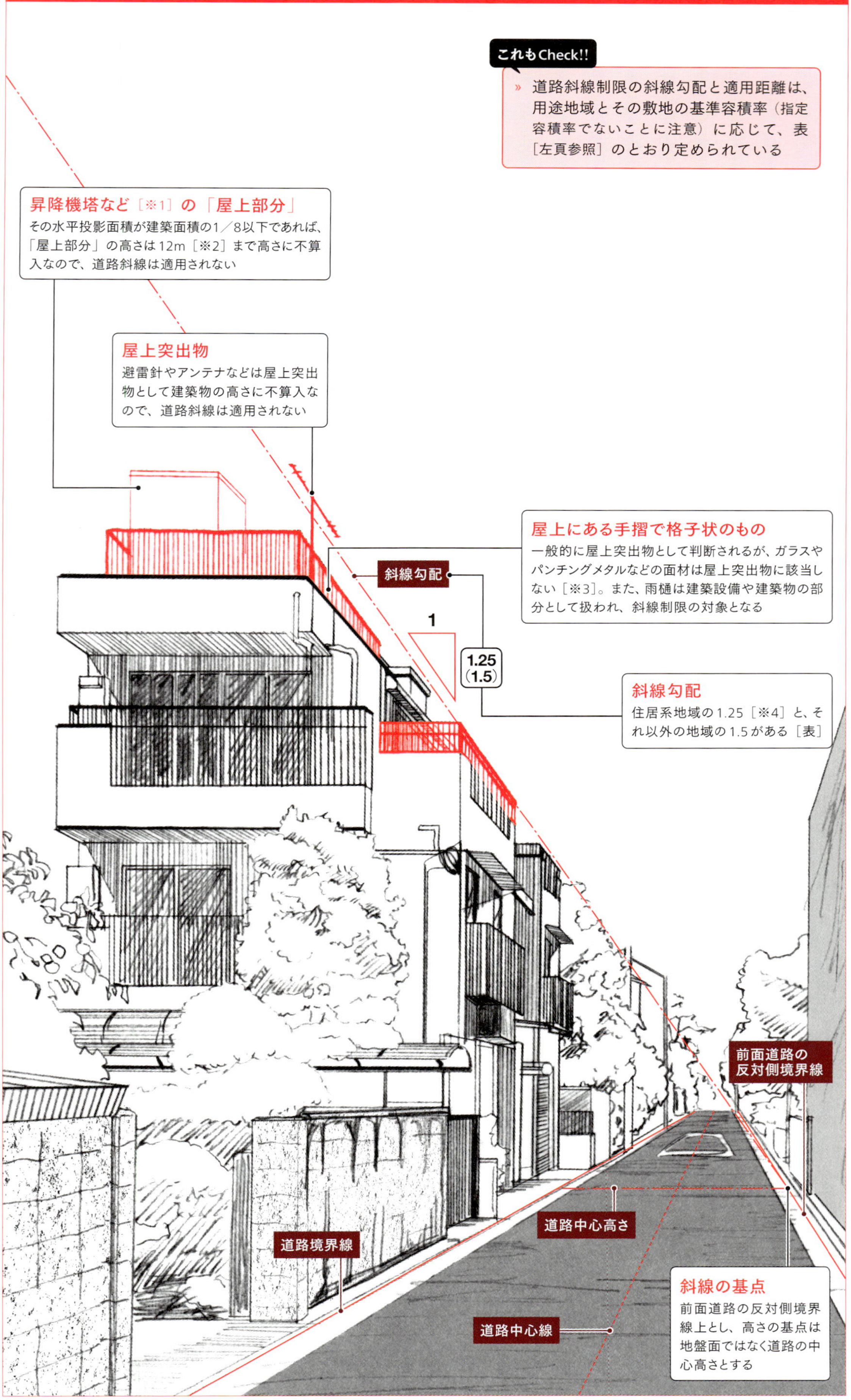
これもCheck!!
» 道路斜線制限の斜線勾配と適用距離は、用途地域とその敷地の基準容積率（指定容積率でないことに注意）に応じて、表［左頁参照］のとおり定められている
昇降機塔など［※1］の「屋上部分」
その水平投影面積が建築面積の1／8以下であれば、「屋上部分」の高さは12m［※2］まで高さに不算入なので、道路斜線は適用されない
屋上突出物
避雷針やアンテナなどは屋上突出物として建築物の高さに不算入なので、道路斜線は適用されない
屋上にある手摺で格子状のもの
一般的に屋上突出物として判断されるが、ガラスやパンチングメタルなどの面材は屋上突出物に該当しない［※3］。また、雨樋は建築設備や建築物の部分として扱われ、斜線制限の対象となる
斜線勾配
1
1.25
（1.5）
斜線勾配
住居系地域の1.25［※4］と、それ以外の地域の1.5がある［表］
前面道路の反対側境界線
道路中心高さ
道路境界線
道路中心線
斜線の基点
前面道路の反対側境界線上とし、高さの基点は地盤面ではなく道路の中心高さとする

※1　昇降機塔のほか、屋上にある階段室、装飾塔、物見塔、屋窓なども道路斜線の緩和対象である｜※2　絶対高さ制限地域内の建築物や、日影規制における建築物の高さの算定などでは5m｜※3　判断が異なることがあるため、指定確認検査機関や特定行政庁に事前に取扱いを相談するとよい｜※4　第1・2種中高層住居専用地域、第1・2種住居地域、準住居地域内で、前面道路幅員12m以上のとき、前面道路の反対側境界線からの水平距離が前面道路幅員の1.25倍以上の区域では、斜線勾配は1.5となる［法56条3項・4項］

表　道路斜線制限の適用距離と勾配［法別表第3］

用途地域	基準容積率（V）［38頁参照］	適用距離	勾配
第1・2種低層住居専用地域 第1・2種中高層住居専用地域 第1・2種住居地域 準住居地域 田園住居地域	V≦200	20m	1.25
	200＜V≦300	25（20）m［＊1］	
	300＜V≦400	30（25）m［＊1］	1.25（1.5）［＊1］
	400＜V	35（30）m［＊1］	
近隣商業地域 商業地域	V≦400	20m	1.5
	400＜V≦600	25m	
	600＜V≦800	30m	
	800＜V≦1,000	35m	
	1,000＜V≦1,100	40m	
	1,100＜V≦1,200	45m	
	1,200＜V	50m	
準工業地域 工業地域 工業専用地域	V≦200	20m	
	200＜V≦300	25m	
	300＜V≦400	30m	
	400＜V	35m	
高層住居誘導地区内で、 住居部分≧2／3×延べ面積	—	35m	1.5
用途地域の指定のない区域	V≦200	20m	1.25または1.5［＊2］
	200＜V≦300	25m	
	300＜V	30m	

＊1　カッコ内は、第1・2種中高層住居専用地域（指定容積率≧400の地域に限る）、第1・2種住居地域、準住居地域のうち、特定行政庁が都市計画審議会の議を経て指定する区域内の数値
＊2　特定行政庁が都市計画審議会の議を経て定める

建築物の高さに算入しない「屋上以外の階の突出物」

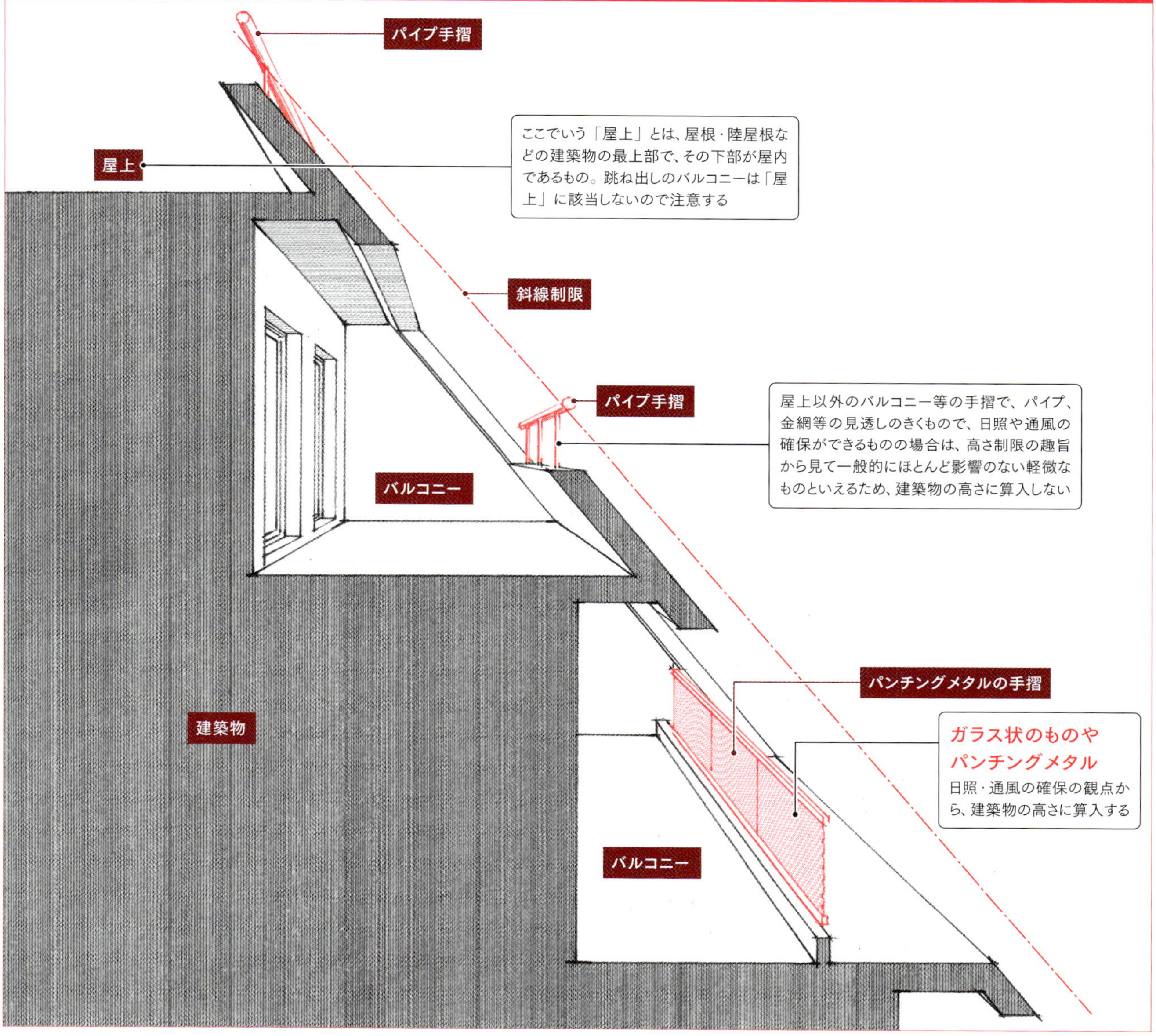

パイプ手摺
屋上
ここでいう「屋上」とは、屋根・陸屋根などの建築物の最上部で、その下部が屋内であるもの。跳ね出しのバルコニーは「屋上」に該当しないので注意する
斜線制限
パイプ手摺
屋上以外のバルコニー等の手摺で、パイプ、金網等の見透しのきくもので、日照や通風の確保ができるものの場合は、高さ制限の趣旨から見て一般的にほとんど影響のない軽微なものといえるため、建築物の高さに算入しない
バルコニー
パンチングメタルの手摺
ガラス状のものや
パンチングメタル
日照・通風の確保の観点から、建築物の高さに算入する
建築物
バルコニー

前面道路からセットバックすると道路斜線が緩和される

ここを見る！

法56条2項
令130条の12

これを押さえる！

建築物が道路境界線から後退（セットバック）して空地を設けた場合は、前面道路の反対側の境界線も後退距離に相当する距離だけ外側に移動したものとみなして、道路斜線制限が適用される。セットバックした空地部分には原則として建築できないが、小規模な物置、ポーチ、門・塀などで条件を満たしたものは建築できる。

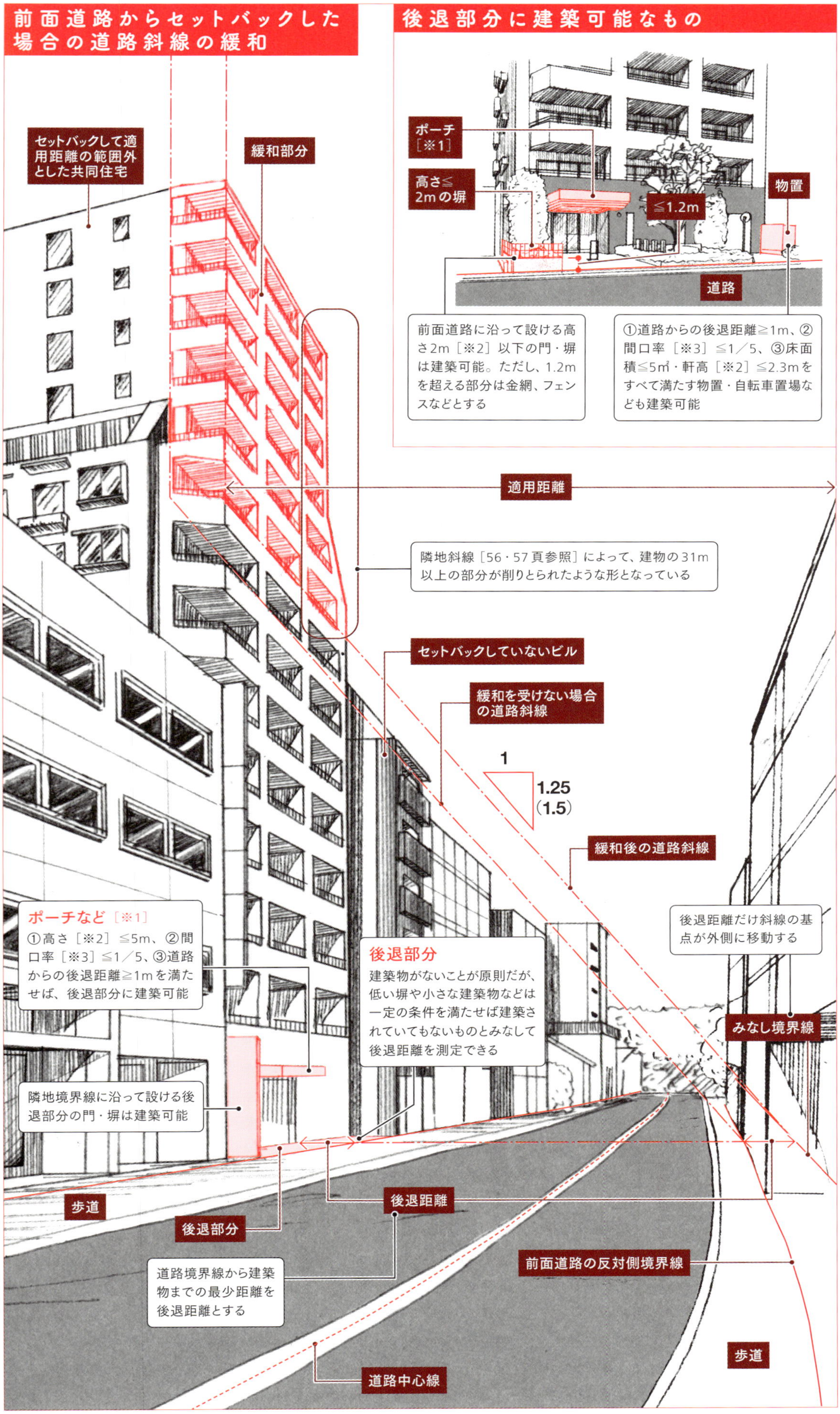
前面道路からセットバックした場合の道路斜線の緩和
後退部分に建築可能なもの
ポーチ［※1］
高さ≦2mの塀
≦1.2m
物置
道路
前面道路に沿って設ける高さ2m［※2］以下の門・塀は建築可能。ただし、1.2mを超える部分は金網、フェンスなどとする
①道路からの後退距離≧1m、②間口率［※3］≦1／5、③床面積≦5㎡・軒高［※2］≦2.3mをすべて満たす物置・自転車置場なども建築可能
セットバックして適用距離の範囲外とした共同住宅
緩和部分
適用距離
隣地斜線［56・57頁参照］によって、建物の31m以上の部分が削りとられたような形となっている
セットバックしていないビル
緩和を受けない場合の道路斜線
1
1.25
（1.5）
緩和後の道路斜線
後退距離だけ斜線の基点が外側に移動する
ポーチなど［※1］
①高さ［※2］≦5m、②間口率［※3］≦1／5、③道路からの後退距離≧1mを満たせば、後退部分に建築可能
後退部分
建築物がないことが原則だが、低い塀や小さな建築物などは一定の条件を満たせば建築されていてもないものとみなして後退距離を測定できる
みなし境界線
隣地境界線に沿って設ける後退部分の門・塀は建築可能
歩道
後退部分
後退距離
道路境界線から建築物までの最少距離を後退距離とする
前面道路の反対側境界線
歩道
道路中心線

※1　ポーチに類するものとしては、玄関に設けられるもので、壁で囲われていないものが該当する。玄関ではなく、普通の窓に設けられる庇はポーチに類するものに該当しない
※2　道路中心からの高さ
※3　物置・ポーチなどの前面道路に面する長さAを、敷地の接道長さLで除した数値。A／L≦1／5になることが条件

敷地地盤面が道路より1m以上高いと道路斜線は緩和

敷地地盤面と道路に高低差がある場合の道路斜線制限の緩和

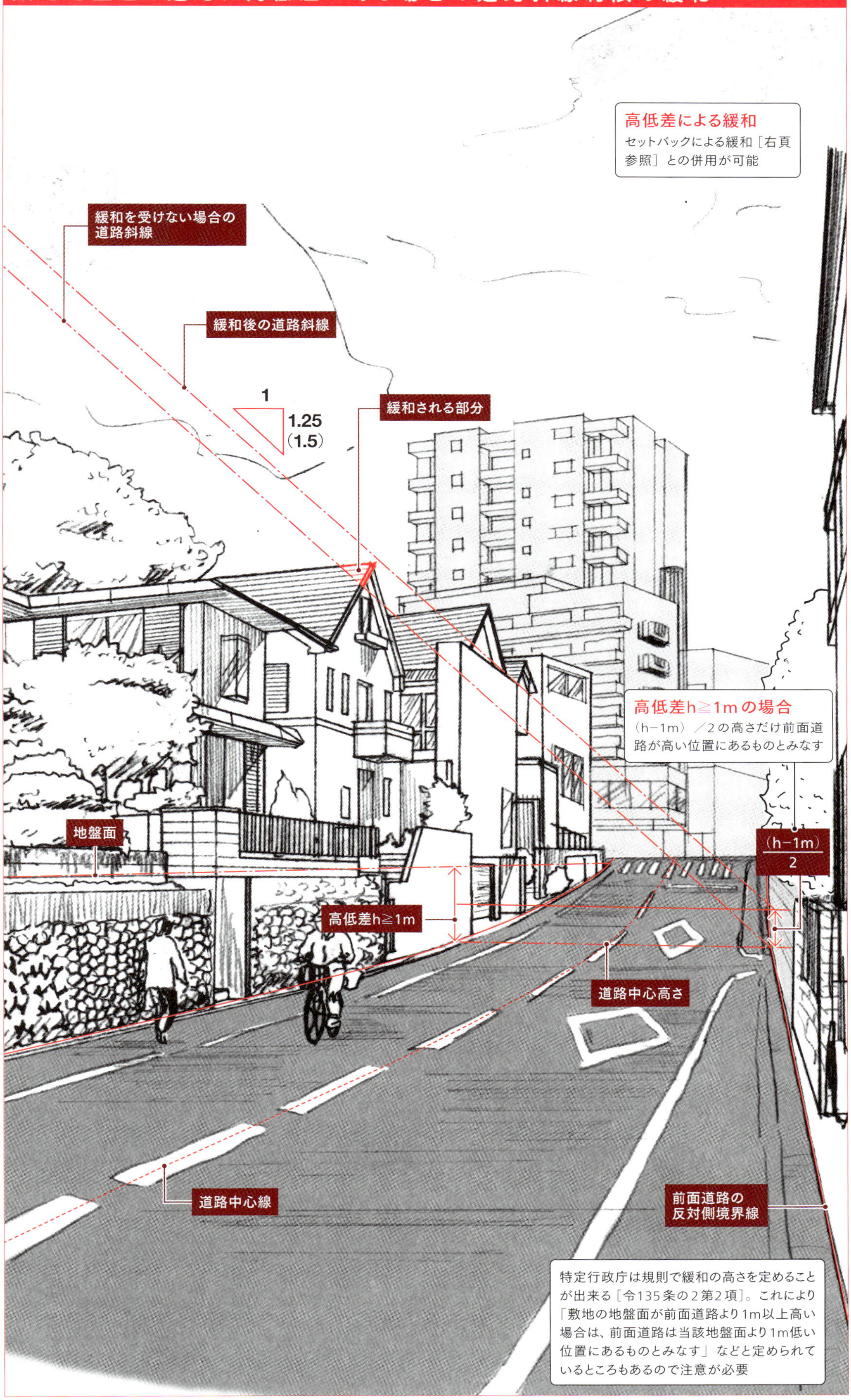
高低差による緩和
セットバックによる緩和［右頁参照］との併用が可能
緩和を受けない場合の道路斜線
緩和後の道路斜線
1
1.25
（1.5）
緩和される部分
高低差h≧1mの場合
（h−1m）／2の高さだけ前面道路が高い位置にあるものとみなす
地盤面
（h−1m）
2
高低差h≧1m
道路中心高さ
道路中心線
前面道路の反対側境界線
特定行政庁は規則で緩和の高さを定めることが出来る［令135条の2第2項］。これにより「敷地の地盤面が前面道路より1m以上高い場合は、前面道路は当該地盤面より1m低い位置にあるものとみなす」などと定められているところもあるので注意が必要

ここを見る！

令135条の2

これを押さえる！

敷地の地盤面が前面道路より1m以上高い場合は、道路は、その地盤面と道路の中心高さとの高低差から1m引いた値の1／2だけ高い位置にあるものとみなして、道路斜線制限が適用される。ただし、地形の特殊性により、特定行政庁が規則で前面道路とみなす位置の高さを、別に定めていることがあるので確認が必要。

高さ制限　道路斜線④

道路斜線で公園等の空地があると前面道路幅員が広いとみなせる

水路がある場合の道路斜線制限の緩和

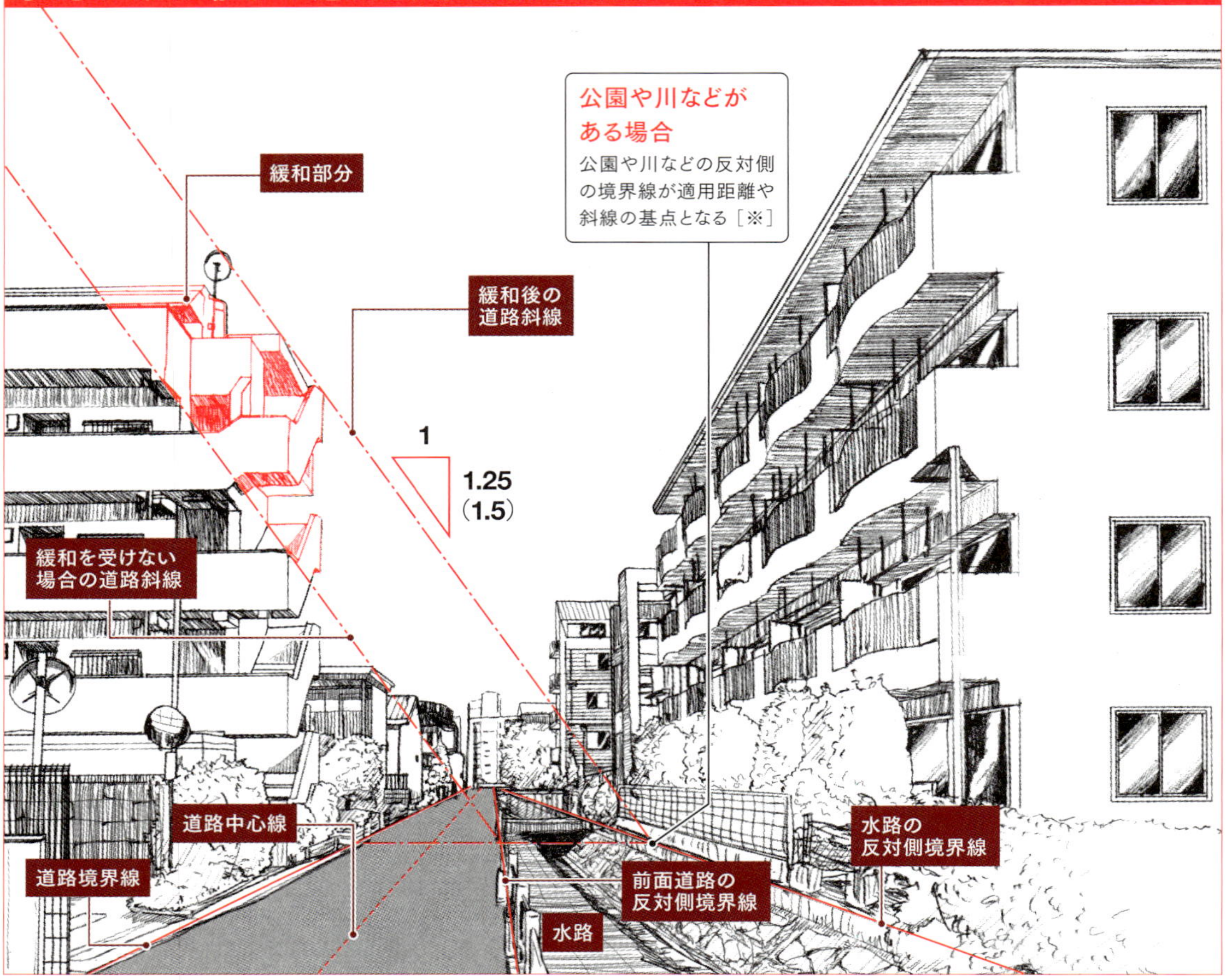

公園がある場合の道路斜線制限の緩和

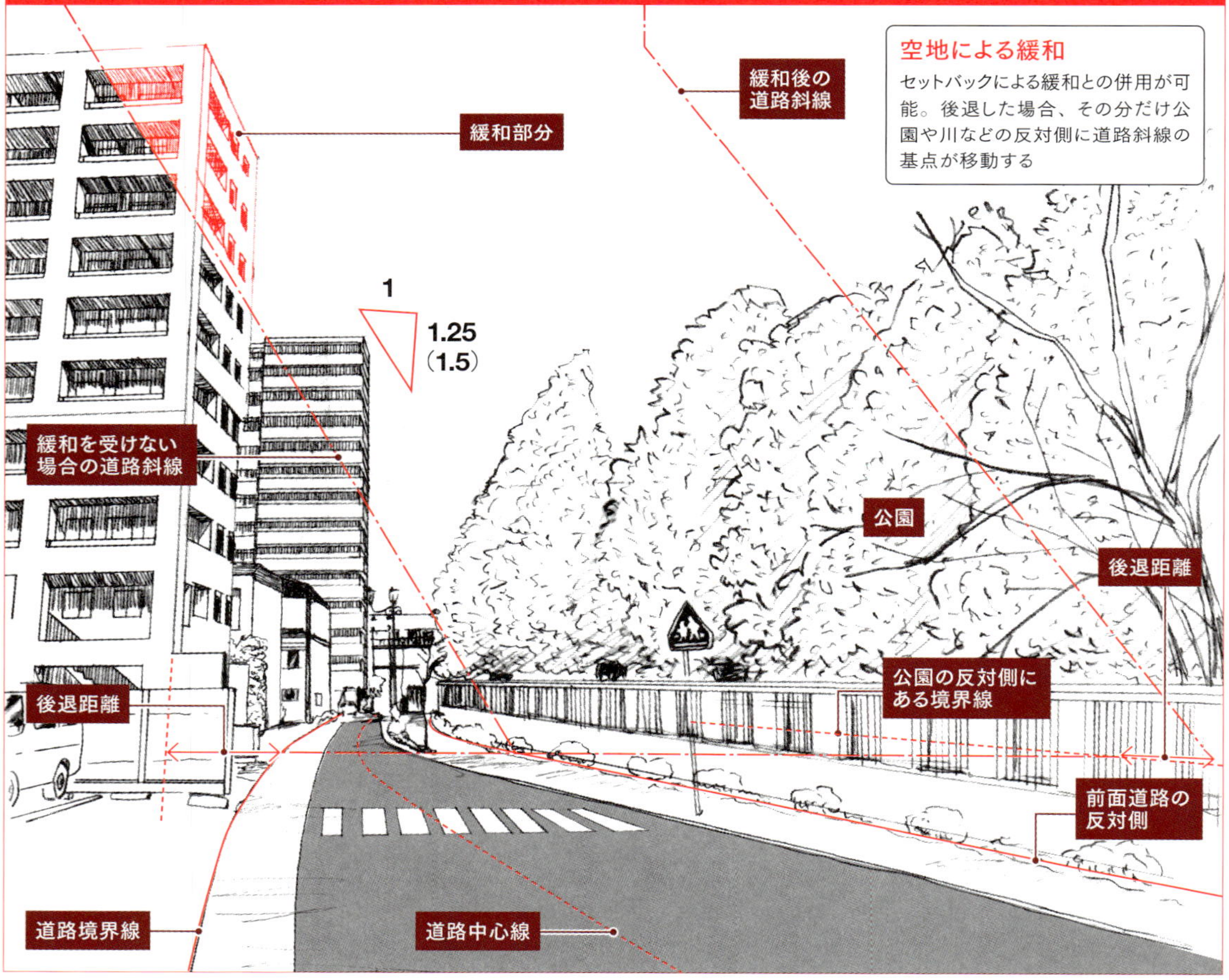

ここを見る！

法56条6項
令134条

これを押さえる！

前面道路を越えた向こう側に公園や広場、水面などがある場合、前面道路の幅員は、公園等を含めた長さとみなすことができる。これは、公園等の空地があることで「良好な住環境の確保」という道路斜線による目的をすでにある程度満たしていると考えられるからである。

※　隣地斜線では、公園・広場・河川などの幅の1／2だけ外側が境界線となる［57頁参照］。北側斜線では、河川については同様に緩和されるが、公園・広場については緩和されない［60頁参照］

2以上の道路に面する場合、狭い道路の斜線は緩やかに

2以上の道路がある場合の道路斜線制限の緩和

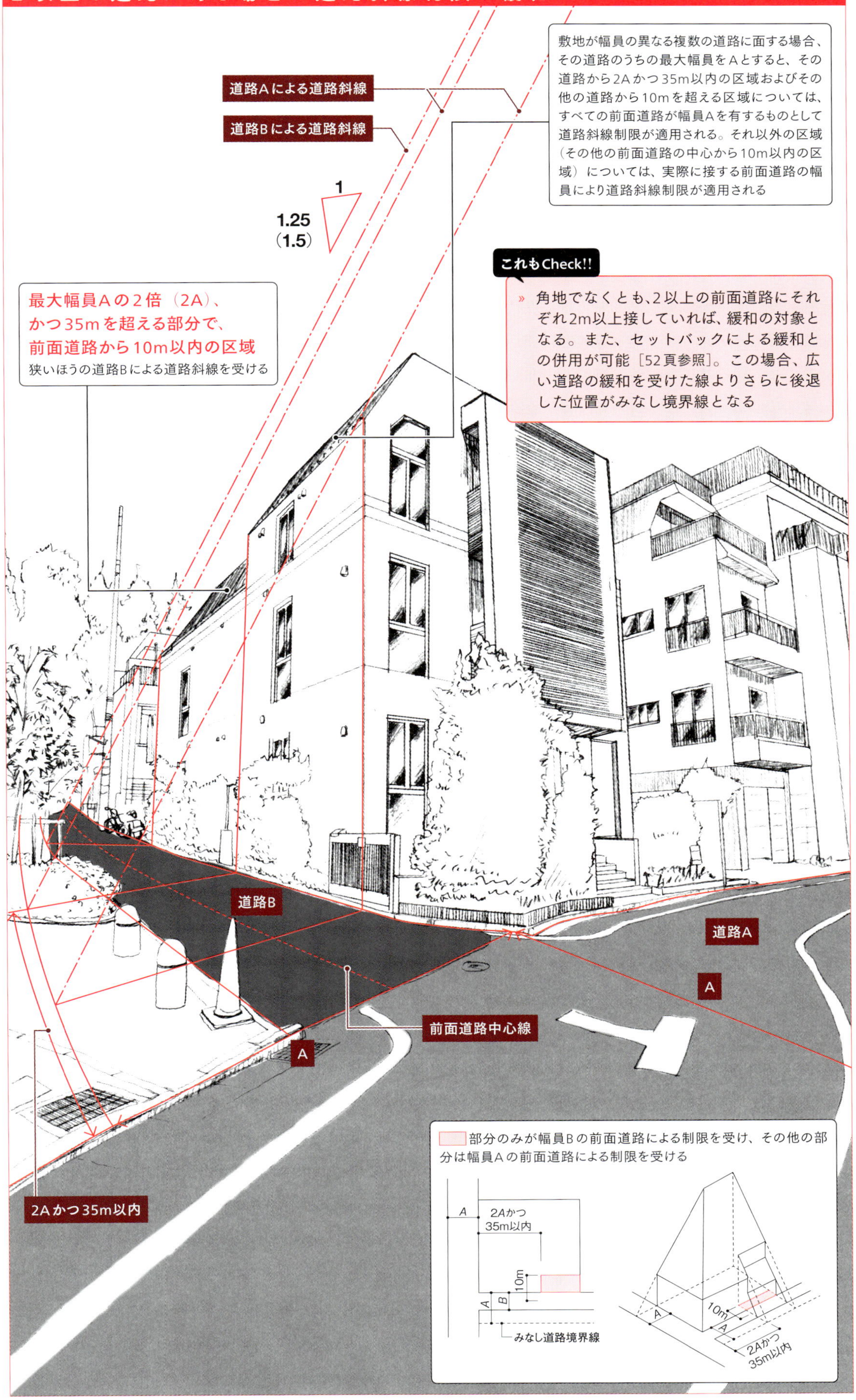
道路Aによる道路斜線
道路Bによる道路斜線
1
1.25
(1.5)
道路B
道路A
A
前面道路中心線
A
2Aかつ35m以内
A
2Aかつ
35m以内
10m
A
B
みなし道路境界線
10m
A
A
2Aかつ
35m以内

敷地が幅員の異なる複数の道路に面する場合、その道路のうちの最大幅員をAとすると、その道路から2Aかつ35m以内の区域およびその他の道路から10mを超える区域については、すべての前面道路が幅員Aを有するものとして道路斜線制限が適用される。それ以外の区域（その他の前面道路の中心から10m以内の区域）については、実際に接する前面道路の幅員により道路斜線制限が適用される

最大幅員Aの2倍（2A）、かつ35mを超える部分で、前面道路から10m以内の区域
狭いほうの道路Bによる道路斜線を受ける

これもCheck!!

» 角地でなくとも、2以上の前面道路にそれぞれ2m以上接していれば、緩和の対象となる。また、セットバックによる緩和との併用が可能［52頁参照］。この場合、広い道路の緩和を受けた線よりさらに後退した位置がみなし境界線となる

部分のみが幅員Bの前面道路による制限を受け、その他の部分は幅員Aの前面道路による制限を受ける

ここを見る！

法56条6項
令132条

これを押さえる！

2以上の道路に面している場合、それぞれの道路に対して制限を受ける。ただし、狭い道路からの道路斜線により建築物の形状や街区の景観が崩れることを避けるための緩和措置がある。一定の範囲内で狭いほうの道路を最大幅員の道路と同じ幅員があるとみなす。

高さ制限　隣地斜線①

地盤面から20mまたは31m以上の部分は隣地斜線の制限を受ける

隣地斜線制限の基本

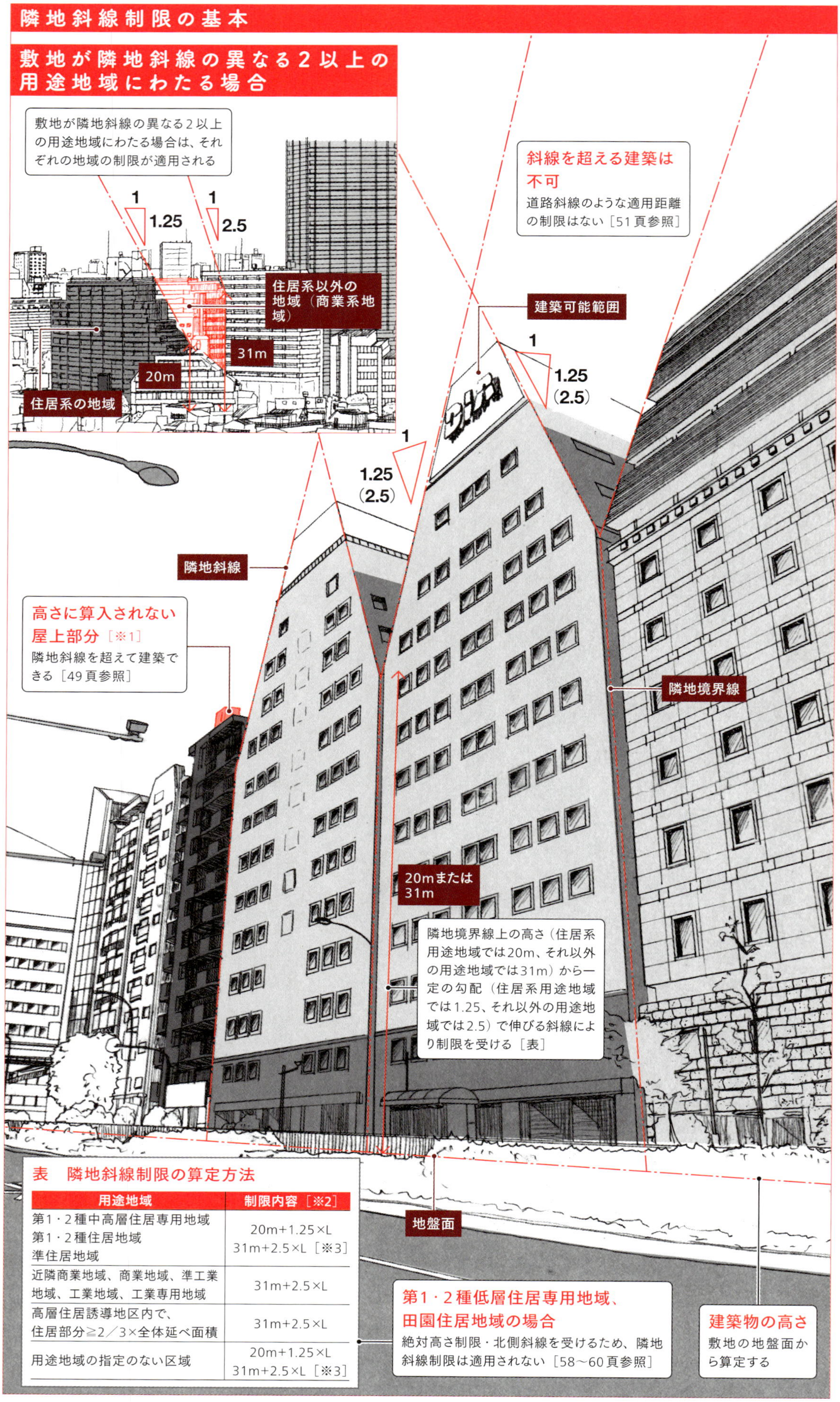

敷地が隣地斜線の異なる2以上の用途地域にわたる場合
敷地が隣地斜線の異なる2以上の用途地域にわたる場合は、それぞれの地域の制限が適用される
1
1.25
1
2.5
住居系以外の地域（商業系地域）
31m
20m
住居系の地域
斜線を超える建築は不可
道路斜線のような適用距離の制限はない［51頁参照］
建築可能範囲
1
1.25
(2.5)
1
1.25
(2.5)
隣地斜線
高さに算入されない屋上部分［※1］
隣地斜線を超えて建築できる［49頁参照］
隣地境界線
20mまたは31m
隣地境界線上の高さ（住居系用途地域では20m、それ以外の用途地域では31m）から一定の勾配（住居系用途地域では1.25、それ以外の用途地域では2.5）で伸びる斜線により制限を受ける［表］
地盤面
第1・2種低層住居専用地域、田園住居地域の場合
絶対高さ制限・北側斜線を受けるため、隣地斜線制限は適用されない［58〜60頁参照］
建築物の高さ
敷地の地盤面から算定する

表　隣地斜線制限の算定方法

用途地域	制限内容［※2］
第1・2種中高層住居専用地域 第1・2種住居地域 準住居地域	20m+1.25×L 31m+2.5×L［※3］
近隣商業地域、商業地域、準工業地域、工業地域、工業専用地域	31m+2.5×L
高層住居誘導地区内で、住居部分≧2／3×全体延べ面積	31m+2.5×L
用途地域の指定のない区域	20m+1.25×L 31m+2.5×L［※3］

ここを見る！

- 法56条1項2号
- 法56条5項
- 令2条1項6号
- 令2条2項

これを押さえる！

隣地斜線制限は、高い建築物が建つことによる隣地の採光や通風の悪化を防ぐための高さ制限で、建築物の高さを隣地境界線上の20mまたは31mの高さを起点として、敷地側に伸びてくる1.25または1.5の勾配の斜線の内側に収まるように制限するもの。道路斜線のような制限を限定する適用距離は定められていない。

※1　階段室や昇降機塔、装飾塔、物見塔、屋窓、その他これらに類する屋上部分で、その水平投影面積が建築面積の1／8以下のものは、最上部から12m（絶対高さ制限では5m）までの部分は建築物の高さに算入しない
※2　Lは、建築物の当該部分から隣地境界線までの水平距離
※3　特定行政庁が都市計画審議会の議を経て指定した場合

隣地斜線にも高低差や公園、セットバックによる緩和あり

ここを見る！

法56条1項2号
令135条の3

これを押さえる！

隣地斜線制限にも、道路斜線制限と同様に敷地条件による緩和（①敷地と隣地に高低差がある場合、②敷地が公園等に隣接する場合）や、建築物のセットバックによる緩和がある。ただし、道路斜線制限とは緩和の内容が多少異なるため注意が必要。

敷地と隣地に高低差がある場合の隣地斜線制限の緩和

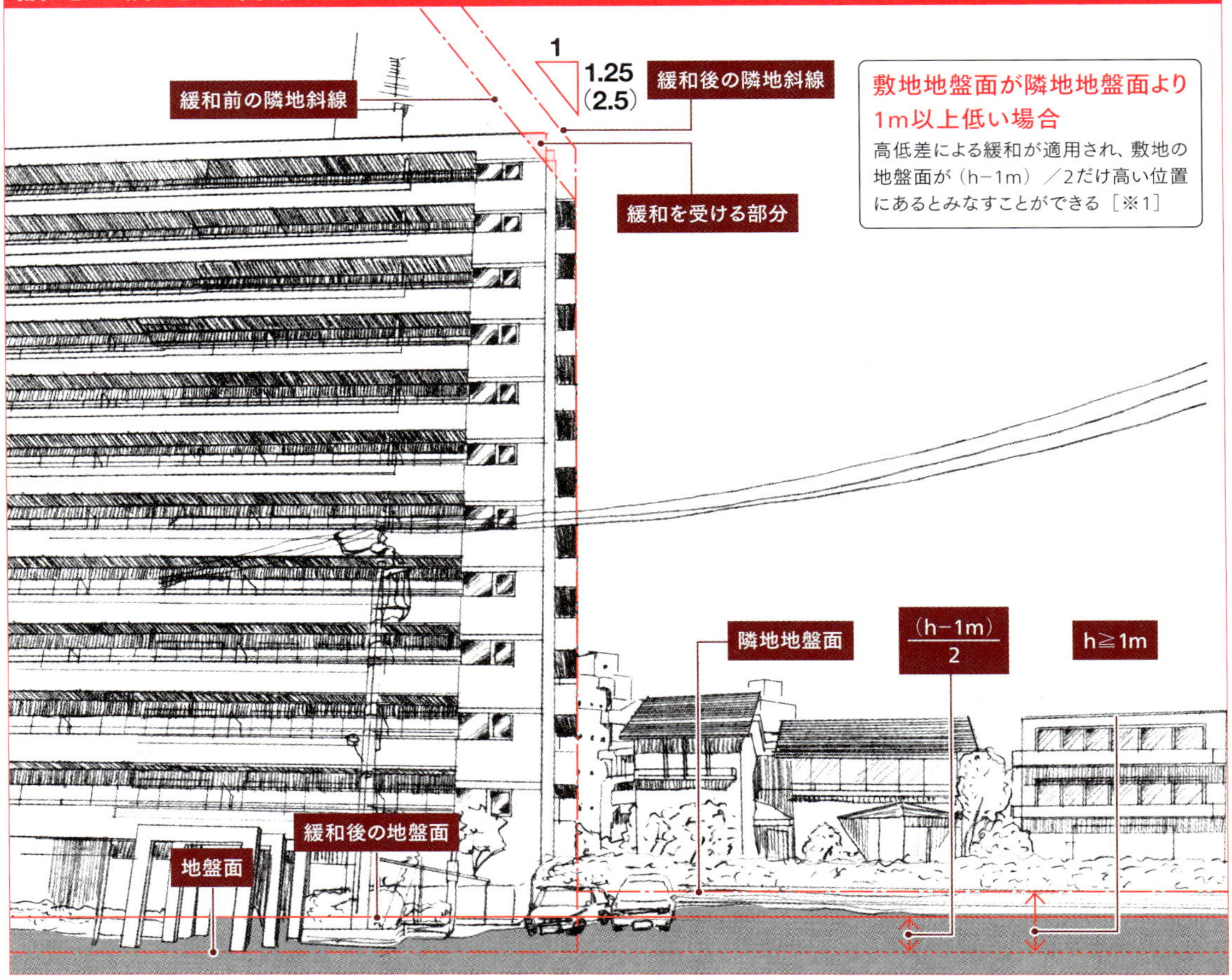
緩和前の隣地斜線
1
1.25
(2.5)
緩和後の隣地斜線
緩和を受ける部分
敷地地盤面が隣地地盤面より1m以上低い場合
高低差による緩和が適用され、敷地の地盤面が（h−1m）／2だけ高い位置にあるとみなすことができる［※1］
隣地地盤面
(h−1m)/2
h≧1m
緩和後の地盤面
地盤面

敷地が水路に接する場合の隣地斜線制限の緩和

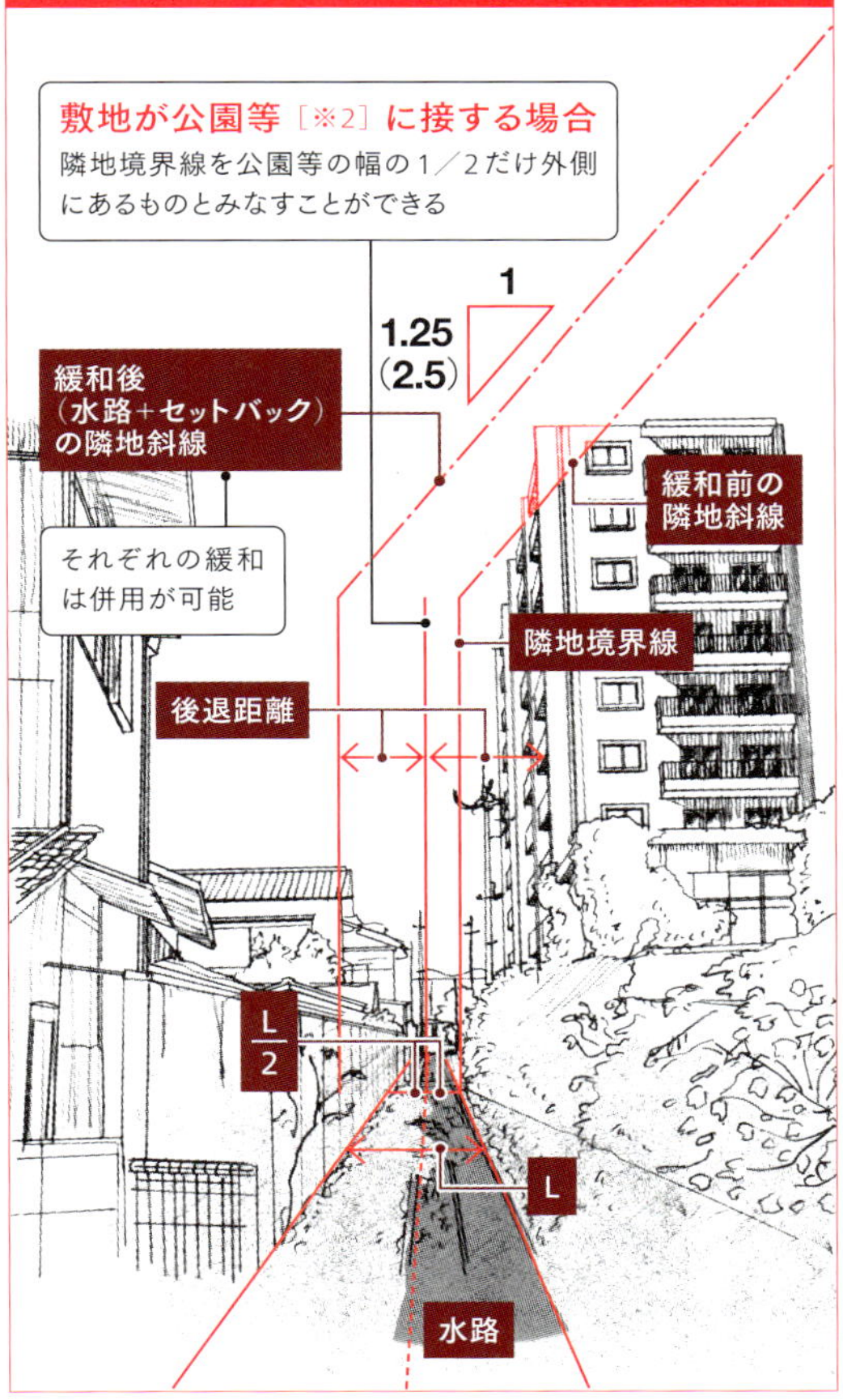
敷地が公園等［※2］に接する場合
隣地境界線を公園等の幅の1／2だけ外側にあるものとみなすことができる
1
1.25
(2.5)
緩和後
（水路＋セットバック）
の隣地斜線
緩和前の
隣地斜線
それぞれの緩和
は併用が可能
隣地境界線
後退距離
L/2
L
水路

セットバックしている場合の隣地斜線制限の緩和

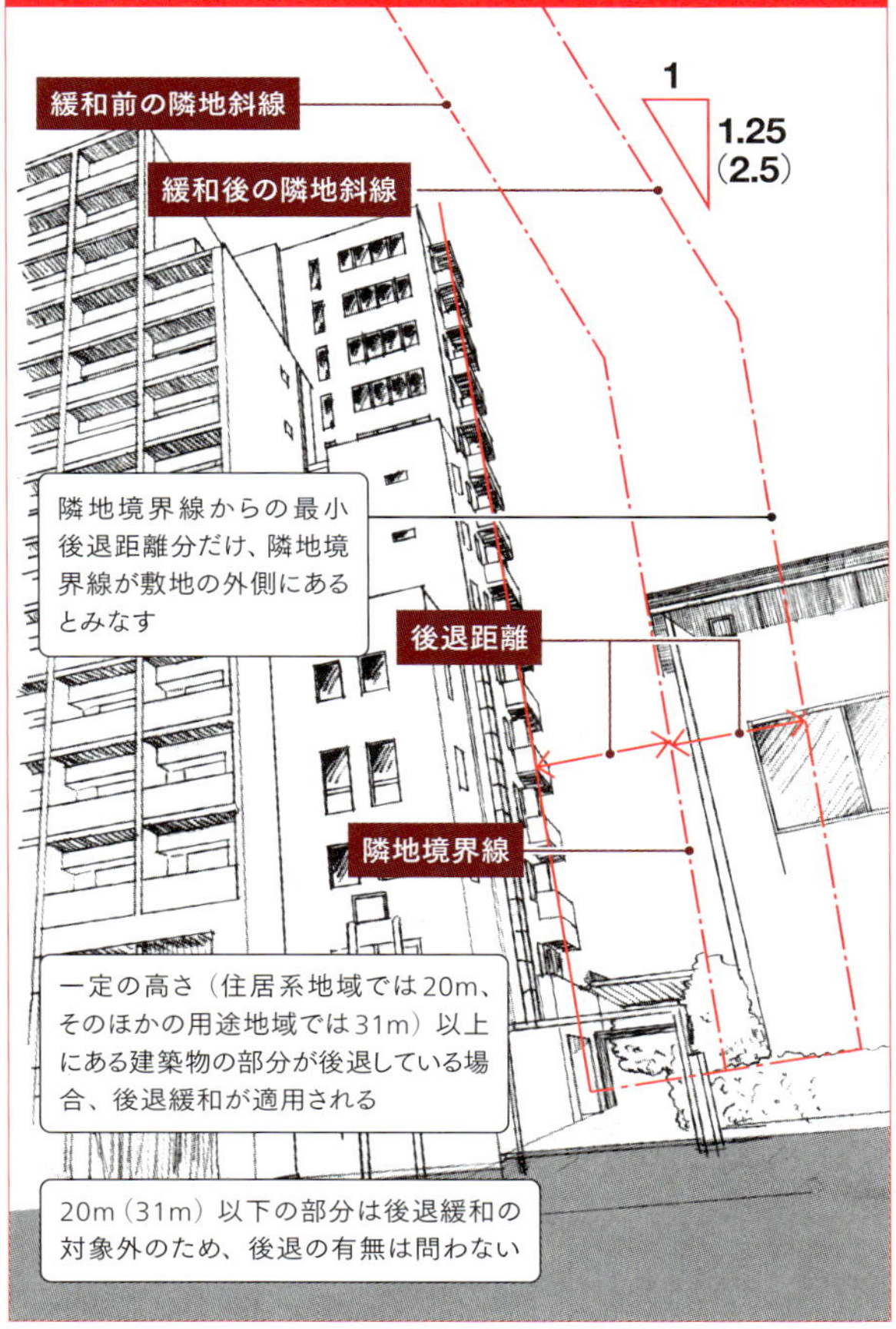
緩和前の隣地斜線
1
1.25
(2.5)
緩和後の隣地斜線
隣地境界線からの最小後退距離分だけ、隣地境界線が敷地の外側にあるとみなす
後退距離
隣地境界線
一定の高さ（住居系地域では20m、そのほかの用途地域では31m）以上にある建築物の部分が後退している場合、後退緩和が適用される
20m（31m）以下の部分は後退緩和の対象外のため、後退の有無は問わない

※1　道路斜線制限の場合と同様に、地形の特殊性により、特定行政庁が規制で緩和する地盤面の高さを定めていることがあるので注意する
※2　公園のほかに、広場、水面（水路、川）、その他これらに類するものが緩和対象に該当する

低層住居専用地域内では絶対高さ制限がかかることも

ここを見る！

- 法55条
- 令2条1項6号
- 令130条の10
- 昭59住街発35号

これを押さえる！

絶対高さ制限とは、建築物の高さを一定の高さに制限するもので、市街地建築物法の時代からある古い制限。現在の建築基準法では低層住宅の住環境を保護するための制限として、第1・2種低層住居専用地域や田園住居地域内の建築物の高さを、10mまたは12mのうち都市計画で定められた高さ以下に規制するものとなっている。

絶対高さ制限の基本

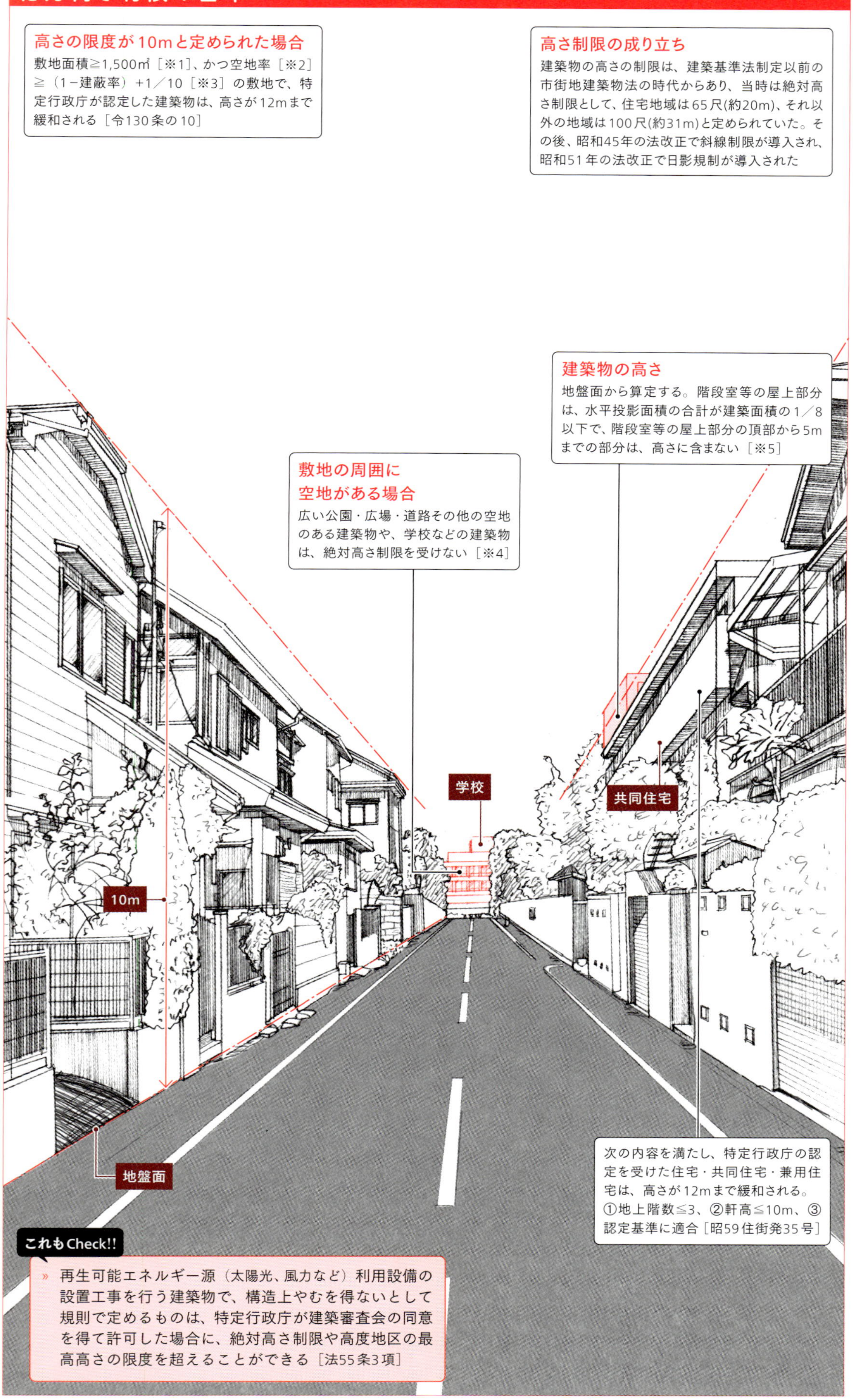

高さの限度が10mと定められた場合
敷地面積≧1,500㎡［※1］、かつ空地率［※2］≧（1－建蔽率）＋1／10［※3］の敷地で、特定行政庁が認定した建築物は、高さが12mまで緩和される［令130条の10］

高さ制限の成り立ち
建築物の高さの制限は、建築基準法制定以前の市街地建築物法の時代からあり、当時は絶対高さ制限として、住宅地域は65尺(約20m)、それ以外の地域は100尺(約31m)と定められていた。その後、昭和45年の法改正で斜線制限が導入され、昭和51年の法改正で日影規制が導入された

建築物の高さ
地盤面から算定する。階段室等の屋上部分は、水平投影面積の合計が建築面積の1／8以下で、階段室等の屋上部分の頂部から5mまでの部分は、高さに含まない［※5］

敷地の周囲に空地がある場合
広い公園・広場・道路その他の空地のある建築物や、学校などの建築物は、絶対高さ制限を受けない［※4］

次の内容を満たし、特定行政庁の認定を受けた住宅・共同住宅・兼用住宅は、高さが12mまで緩和される。①地上階数≦3、②軒高≦10m、③認定基準に適合［昭59住街発35号］

これもCheck!!

» 再生可能エネルギー源（太陽光、風力など）利用設備の設置工事を行う建築物で、構造上やむを得ないとして規則で定めるものは、特定行政庁が建築審査会の同意を得て許可した場合に、絶対高さ制限や高度地区の最高高さの限度を超えることができる［法55条3項］

※1　特定行政庁の規則で750㎡≦敷地面積＜1,500㎡の範囲で定めた場合はその値
※2　敷地面積に対する空地の割合
※3　建蔽率が定められていない場合、空地率1／10
※4　特定行政庁が建築審議会の同意を得て許可する場合
※5　道路斜線、隣地斜線の場合は、12mまでの部分は高さに含まない

北側斜線は5つの住居系地域における真北方向からの斜線制限

ここを見る！

法56条1項3号
令2条1項6号

これを押さえる！

北側斜線制限は、低層の住環境を保護し、北側隣地の日照を確保するため、第1・2種低層住居専用地域、第1・2種中高層住居専用地域［※1］、田園住居地域で適用されるもの。建築物の高さは、北側の隣地境界線上［※2］の一定の高さを起点として、真北方向から伸びてくる一定の勾配の斜線の内側に収まるように制限される

北側斜線制限の基本

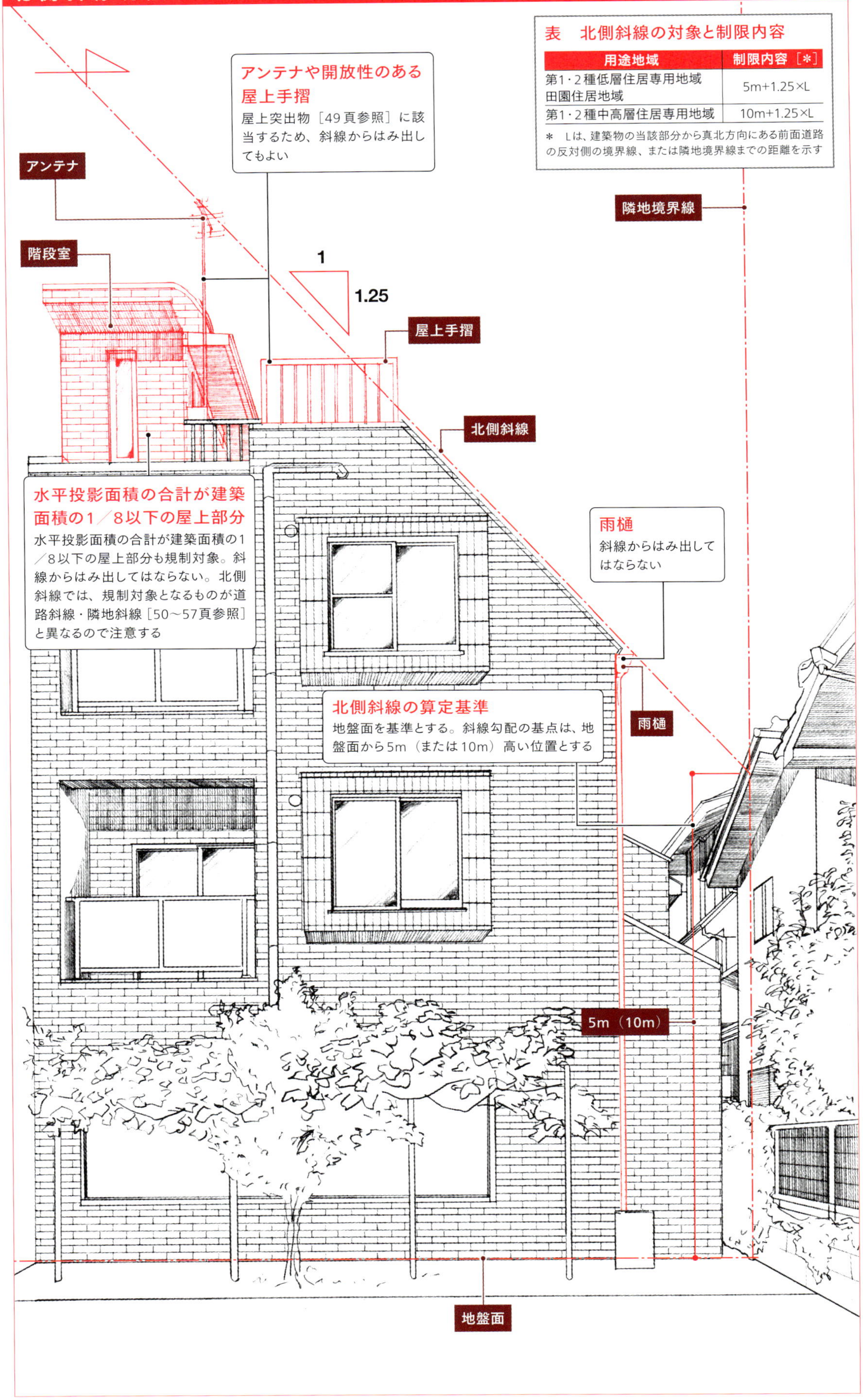
アンテナ
階段室
アンテナや開放性のある屋上手摺
屋上突出物［49頁参照］に該当するため、斜線からはみ出してもよい
1
1.25
屋上手摺
北側斜線
隣地境界線
水平投影面積の合計が建築面積の1／8以下の屋上部分
水平投影面積の合計が建築面積の1／8以下の屋上部分も規制対象。斜線からはみ出してはならない。北側斜線では、規制対象となるものが道路斜線・隣地斜線［50～57頁参照］と異なるので注意する
雨樋
斜線からはみ出してはならない
雨樋
北側斜線の算定基準
地盤面を基準とする。斜線勾配の基点は、地盤面から5m（または10m）高い位置とする
5m（10m）
地盤面

表　北側斜線の対象と制限内容

用途地域	制限内容［*］
第1・2種低層住居専用地域 田園住居地域	5m+1.25×L
第1・2種中高層住居専用地域	10m+1.25×L

＊　Lは、建築物の当該部分から真北方向にある前面道路の反対側の境界線、または隣地境界線までの距離を示す

※1　第1・2種中高層住居専用地域では、日影規制の対象区域に指定されている場合は、北側斜線は適用されない
※2　敷地の真北方向が前面道路の場合は、その道路の反対側の境界線

敷地の北側に道路や水路、高低差があると斜線が緩やかに

ここを見る！

令135条の4

これを押さえる！

北側斜線制限では、敷地の北側が水面（川、水路）や鉄道の線路敷等に接する場合は、隣地斜線と同様の緩和が適用されるが、公園や広場は緩和対象外なので注意する。また、敷地に高低差がある場合の緩和は、道路斜線制限・隣地斜線制限と同様に適用されるが、セットバックによる緩和は適用されない。

敷地北側に道路や水路がある場合の北側斜線制限の緩和

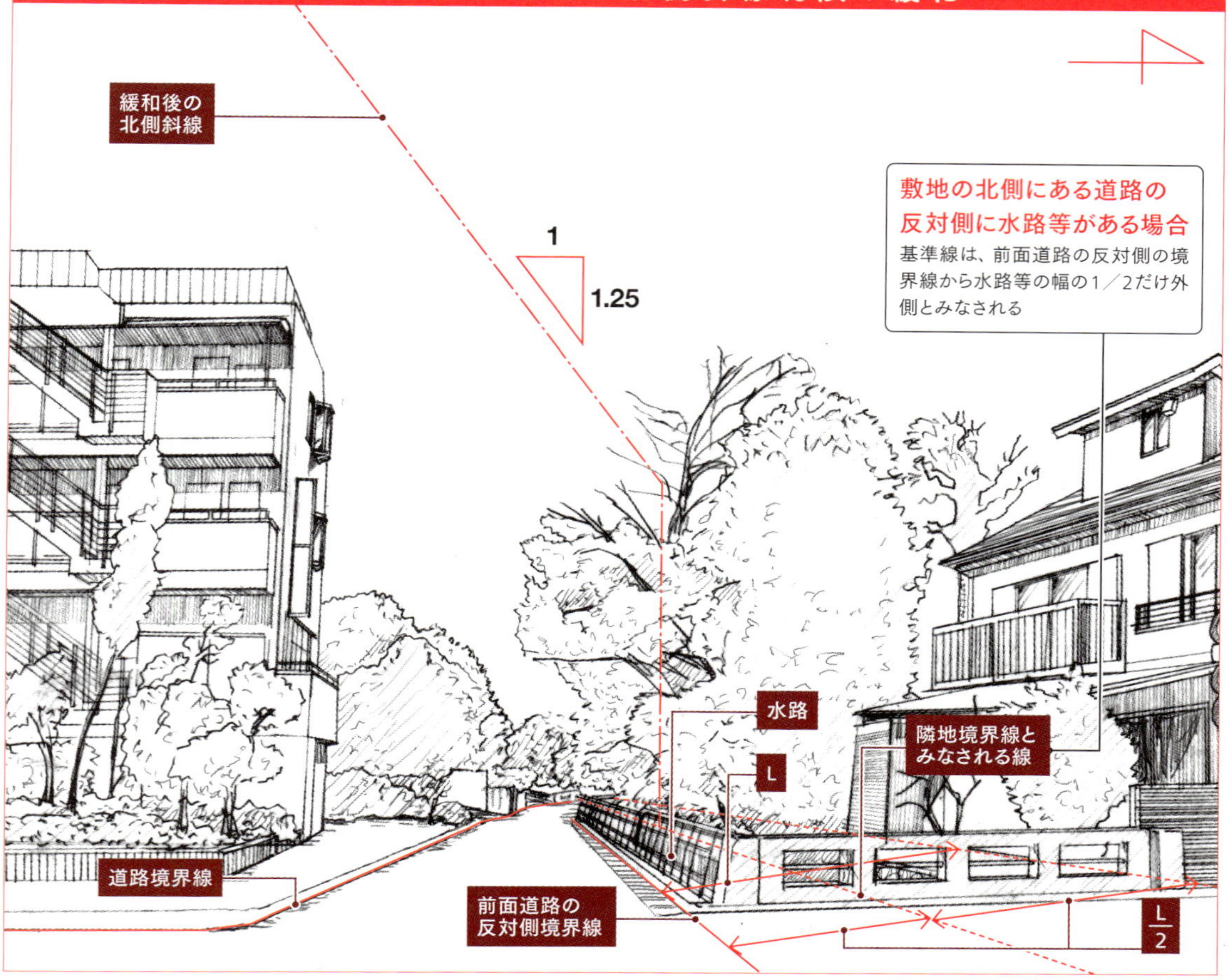

敷地と北側隣地に高低差がある場合の北側斜線制限の緩和

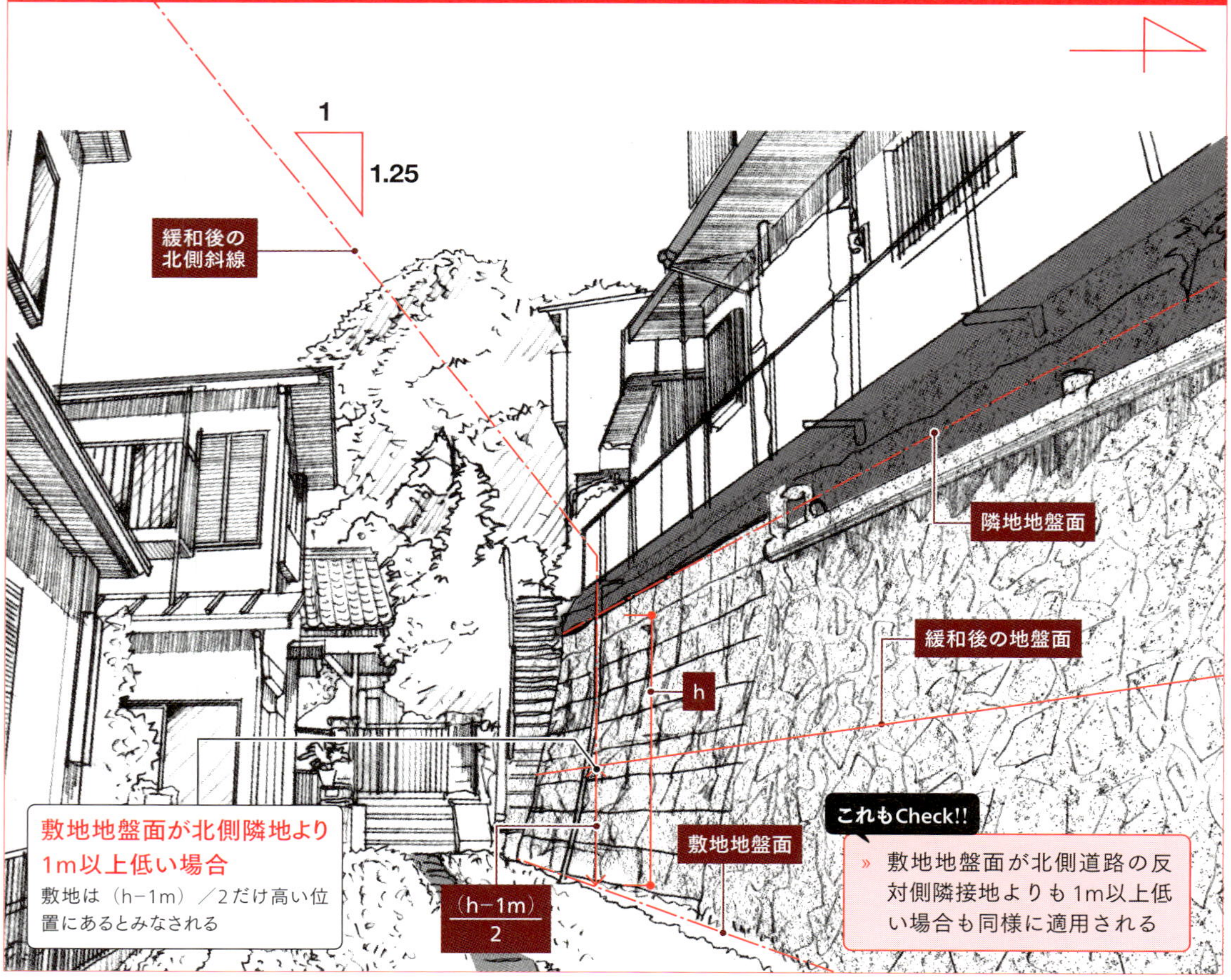

COLUMN

太陽光発電設備は基本的に建築物の高さに含まれる

建築物の屋上に設置される太陽光発電設備等は、階段室、昇降機等、装飾棟などの「屋上部分」には該当しないため、すべての建築物の高さに算入し建築基準関係規定の規制を受ける。ただし、「屋上部分」と合算して水平投影面積が1／8以下となる場合で、太陽光発電設備を「屋上部分」とみなした場合に高さの規制をクリアするものは、太陽光発電設備を避雷針などと同様に屋上突出物とみなして高さに不算入とする［図1］。

図1　建築物の屋上に設置する太陽光発電設備等の高さ算定フロー

高い開放性を有する太陽光発電設備等が対象である。また、太陽光発電設備等については、下記フローで高さに算入されない場合であっても、構造上の安全性（荷重を含めての安全性）の確認を行う必要がある。

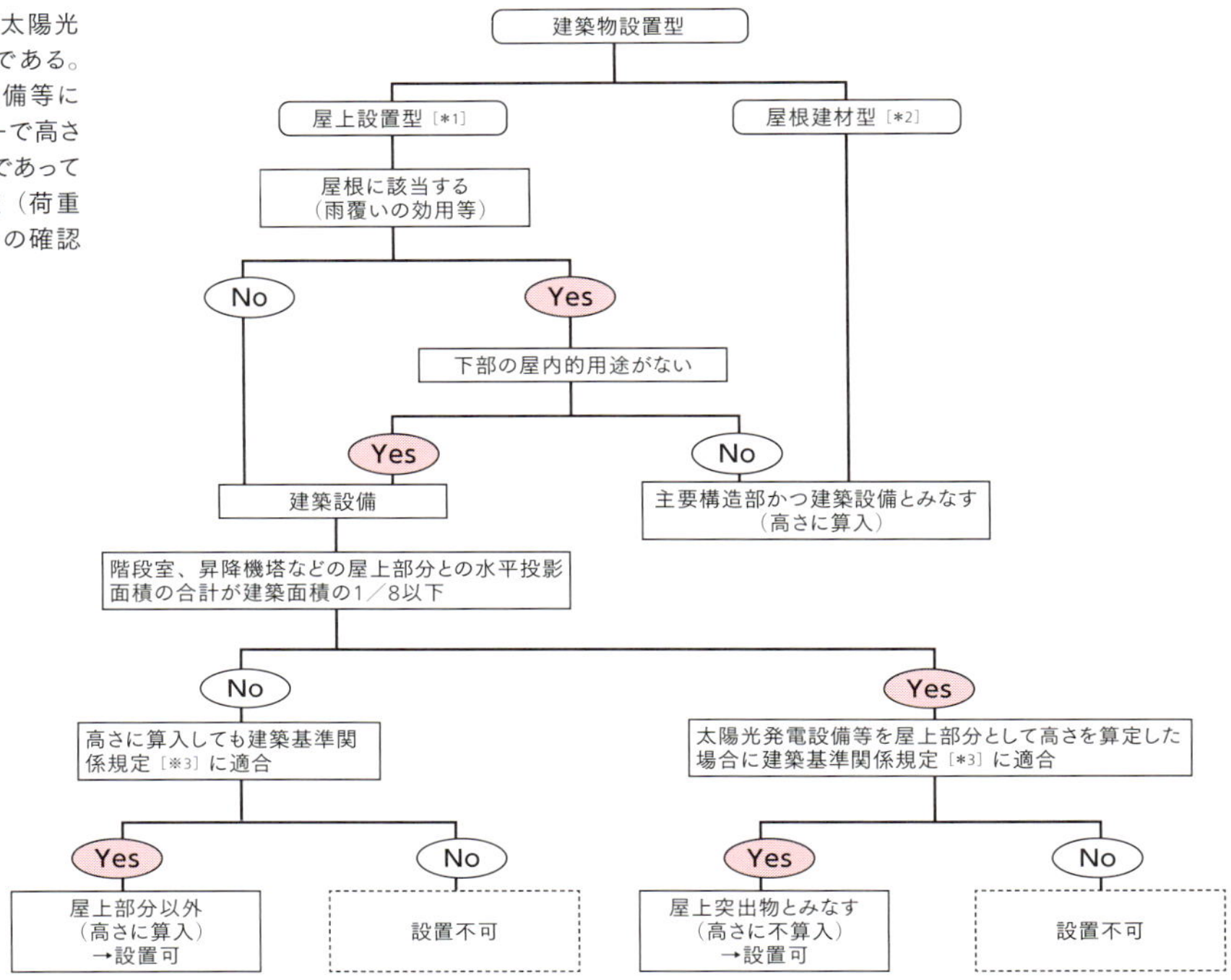

*1　屋上設置型とは、屋根材の上に架台を取り付け、その上に太陽光発電設備を設置するタイプ。屋根が葺かれている状態でその上部に設置する形態のため、開放性の有無ではなく、屋根の効用、屋内的用途の有無により主要構造部に該当するか否かを判断する
*2　屋根建材型とは、太陽光発電設備自体が屋根材と一体となっているもので、その下に用途が発生するなど屋根として機能するタイプ。屋根の構成部材の一部とする形態のため、主要構造部として取り扱い、パネルそのものに防火・耐火性能が求められる
*3　建築確認申請で審査対象となる規定。高さ制限の規定だけでなく構造規定なども含まれる

図2　太陽光発電設備の水平投影面積および高さの算定方法

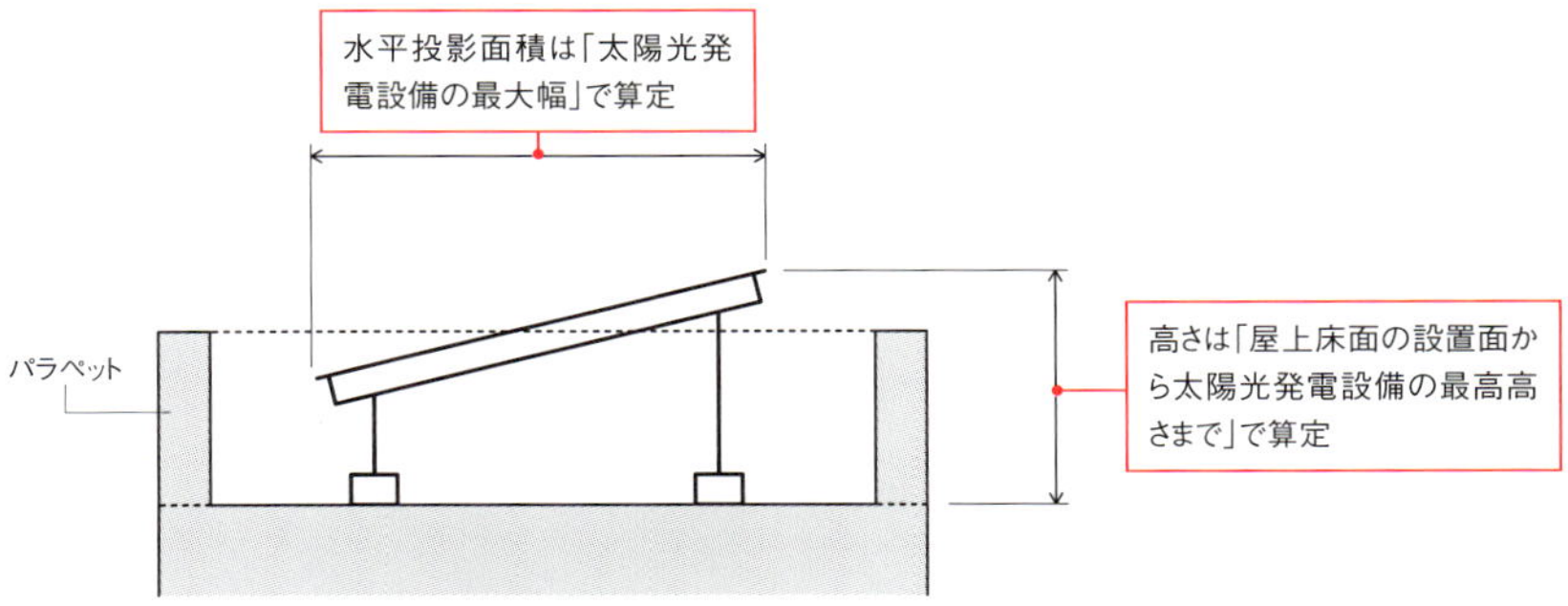

天空率は性能規定による斜線制限の特例

ここを見る！

法56条7項
令135条の5〜11

これを押さえる！

天空率とは、建築物を見上げた時に見える空の割合のこと。敷地に斜線制限の限度まで建てた場合の建築物（適合建築物）と、建築する建築物（計画建築物）との天空率を比較し、計画建築物の天空率が適合建築物の天空率を上回っていれば、計画建築物は、周辺の通風や採光を確保していることになるため、斜線制限の適用が免除される［※］。

天空率の基本

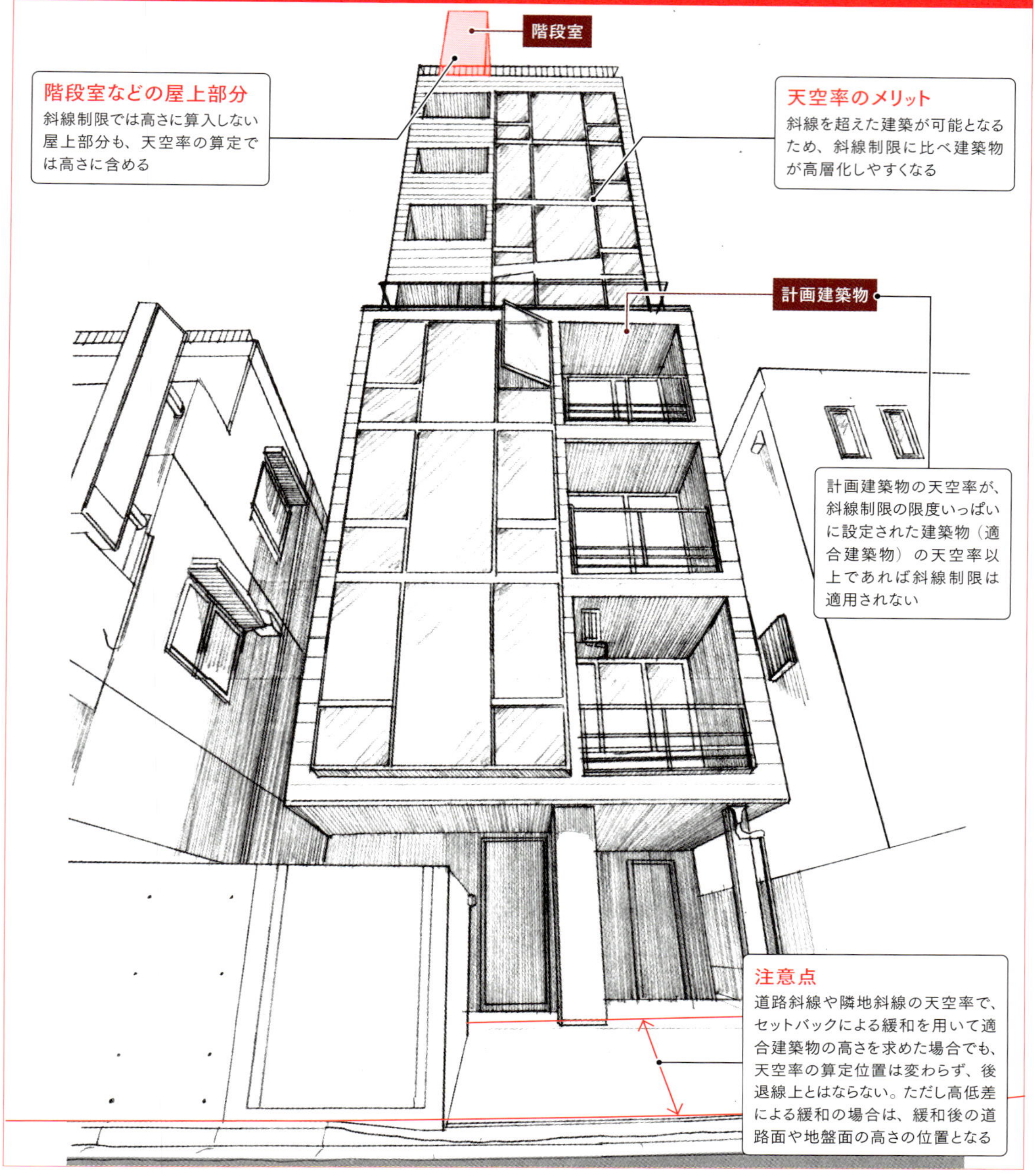
階段室
階段室などの屋上部分
斜線制限では高さに算入しない屋上部分も、天空率の算定では高さに含める
天空率のメリット
斜線を超えた建築が可能となるため、斜線制限に比べ建築物が高層化しやすくなる
計画建築物
計画建築物の天空率が、斜線制限の限度いっぱいに設定された建築物（適合建築物）の天空率以上であれば斜線制限は適用されない
注意点
道路斜線や隣地斜線の天空率で、セットバックによる緩和を用いて適合建築物の高さを求めた場合でも、天空率の算定位置は変わらず、後退線上とはならない。ただし高低差による緩和の場合は、緩和後の道路面や地盤面の高さの位置となる

天空率Rsを算定するための天空図

天空率Rsは天空図を作成し、以下の式により算定する

$$天空率Rs = \frac{As-Ab}{As}$$

As：地上のある位置を中心として、その水平面上に想定した半球（想定半球）の水平投影面積
Ab：建築物およびその敷地の地盤を、Asの想定半球と同一の想定半球に投影した、投影面の水平投影面積

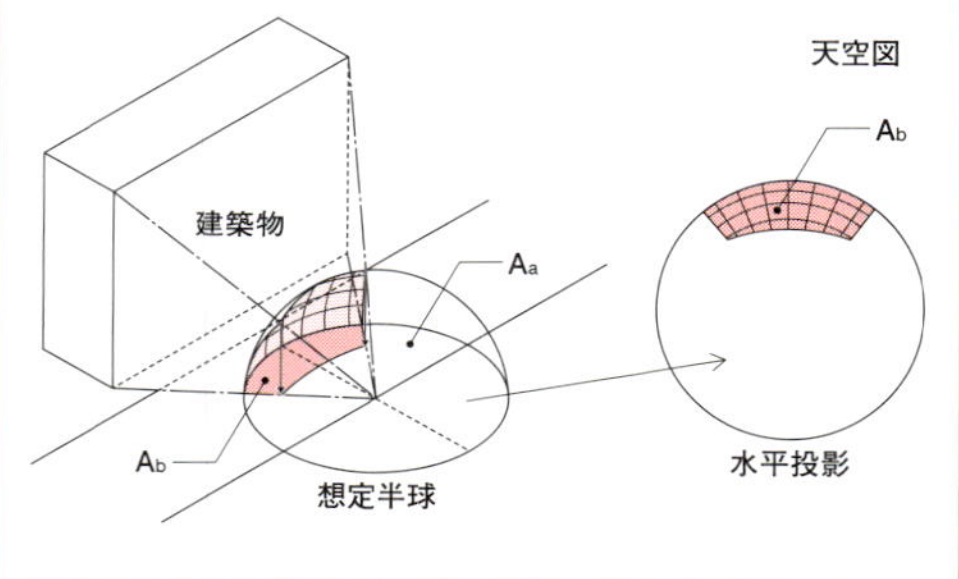
天空図
建築物
Ab
Aa
Ab
想定半球
水平投影

適合建築物と計画建築物

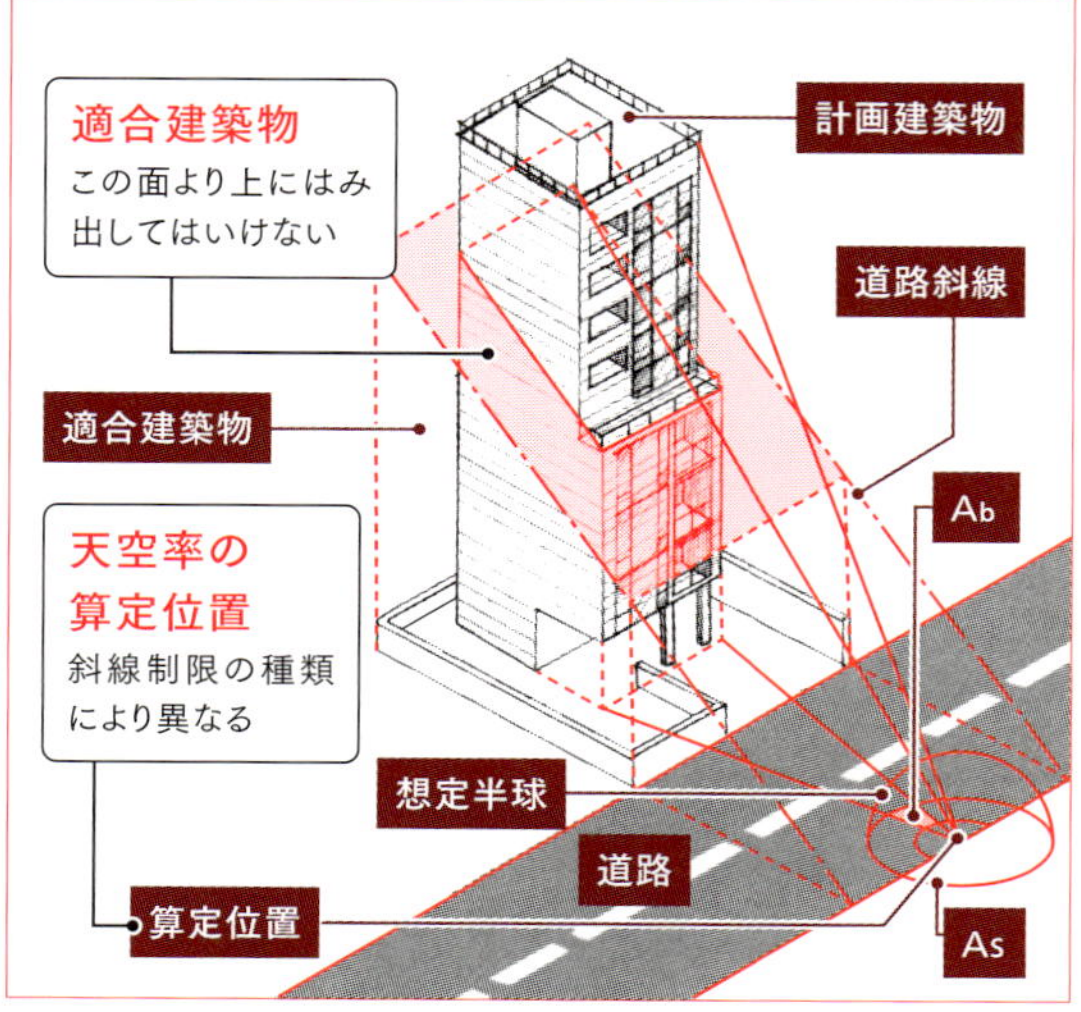
適合建築物
この面より上にはみ出してはいけない
計画建築物
道路斜線
適合建築物
Ab
天空率の算定位置
斜線制限の種類により異なる
想定半球
道路
算定位置
As

※ 天空率が適用できるのは道路斜線制限、隣地斜線制限、北側斜線制限のみ。絶対高さ制限や日影規制、高度地区の斜線制限には適用できない

COLUMN

天空率算定の位置や高さ・範囲は比較する斜線制限ごとに異なる

天空率の特例は、道路斜線、隣地斜線、北側斜線による各高さ制限について、それぞれ任意に適用でき、道路斜線は天空率を適用し、隣地斜線は斜線制限を適用するといった斜線制限間の混用も可能。ただし、道路斜線制限について一方の道路は天空率を適用し、もう一方の道路は斜線制限を適用するといった同一斜線制限内の混用はできない。また、高度地区の斜線制限については天空率の特例を適用できない。

道路斜線制限の場合

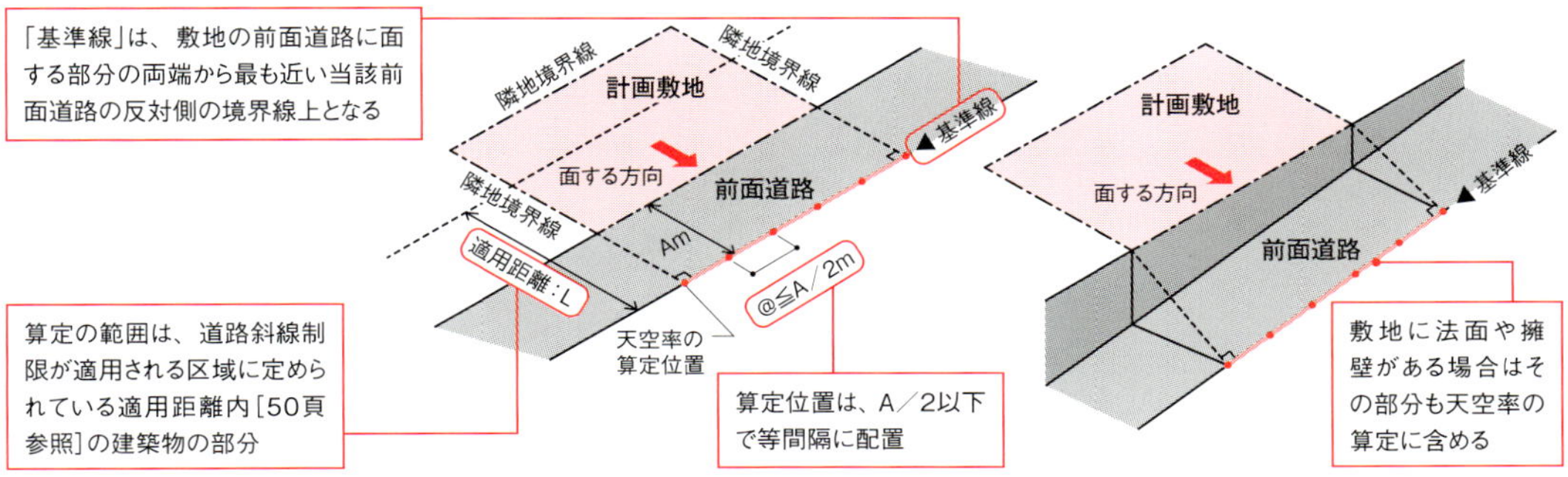

隣地斜線制限の場合

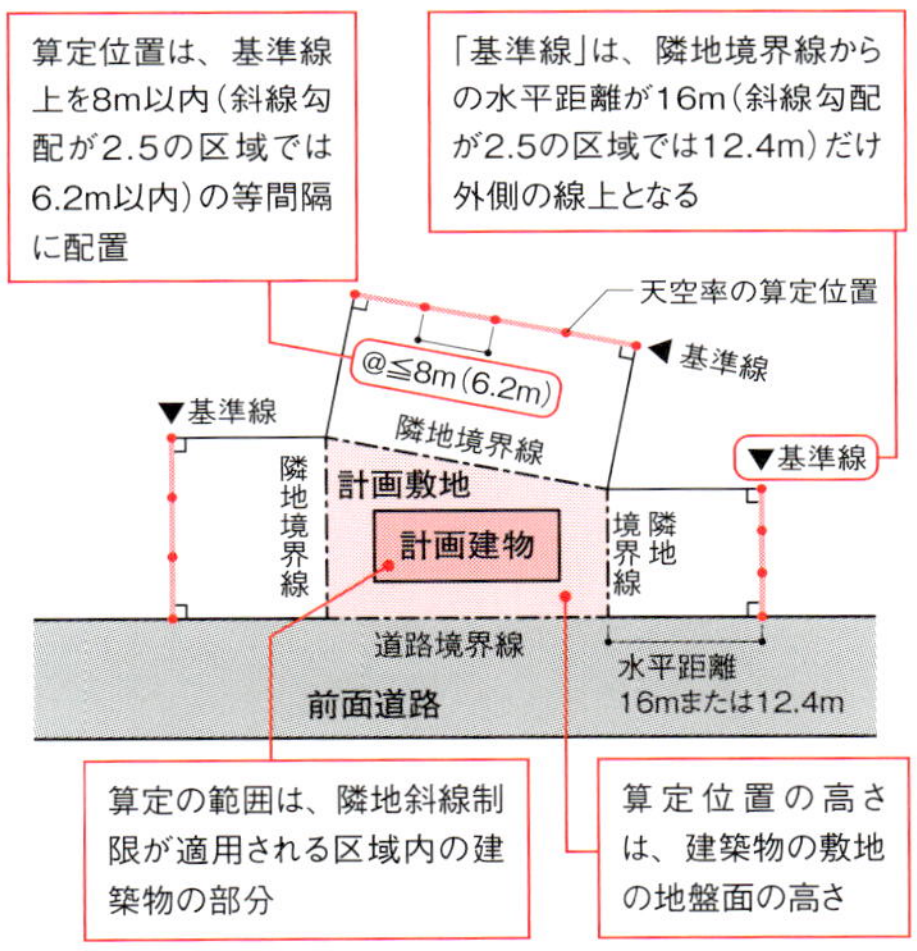

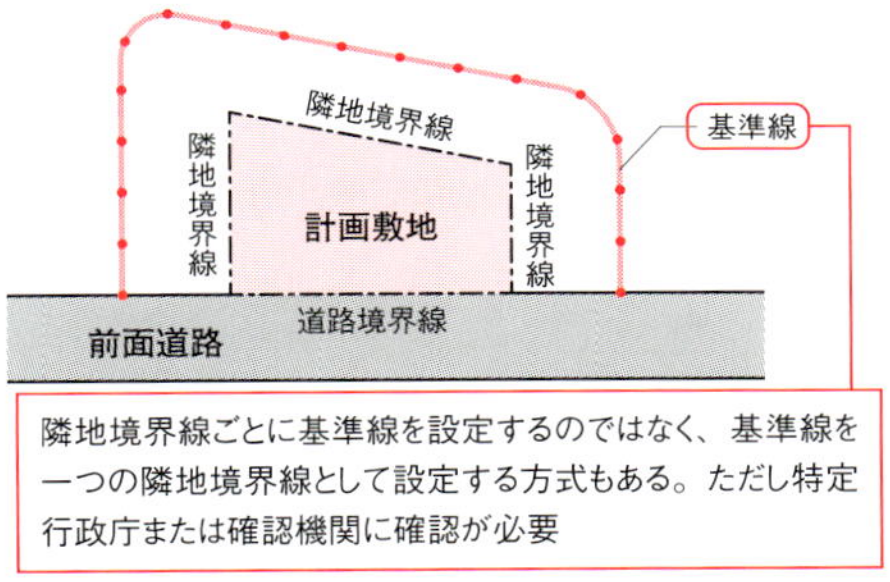

北側斜線制限の場合

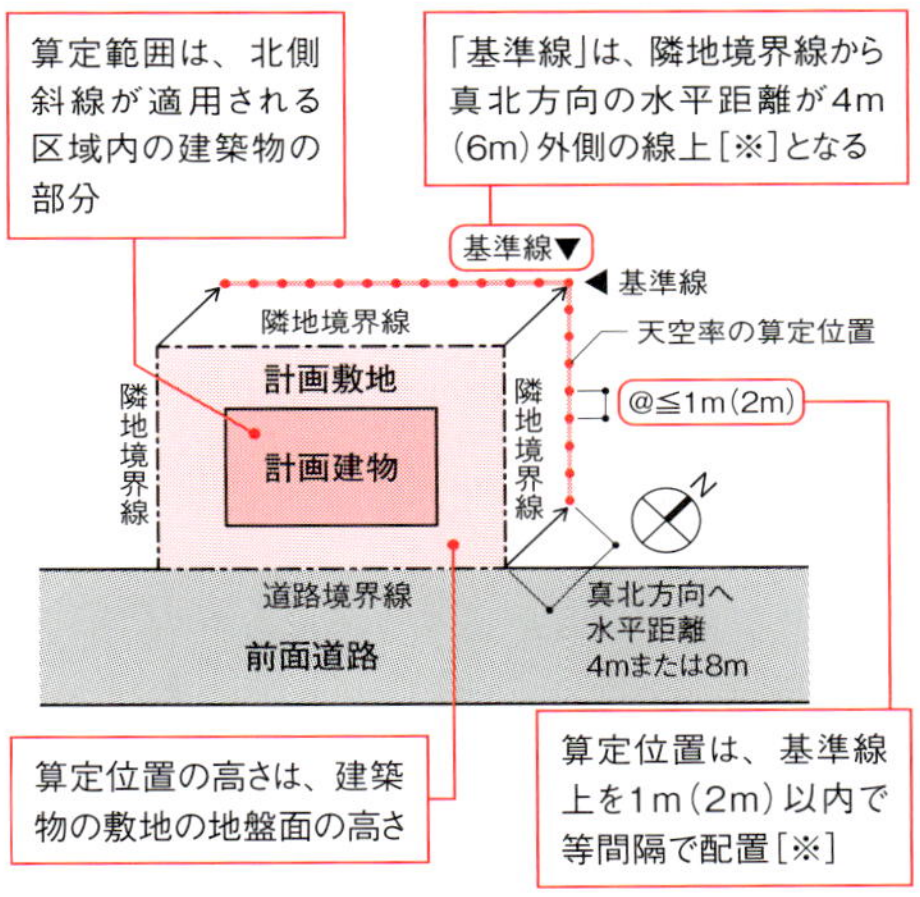

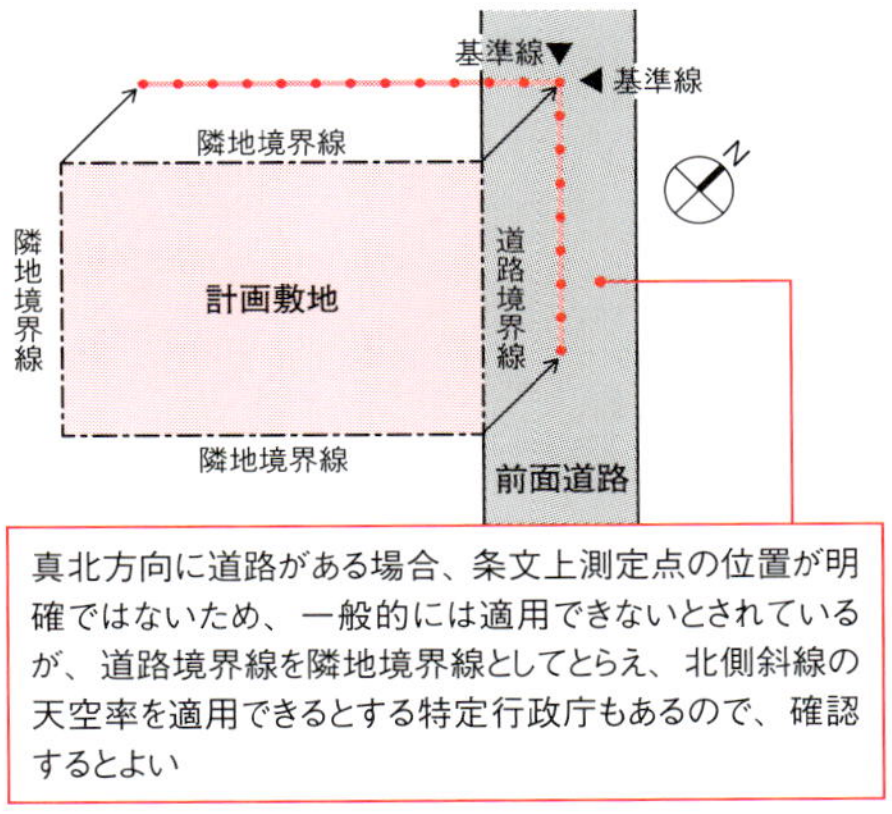

※（　）内は1種・2種中高層住居専用地域の場合

日影規制では冬至日を基準に、近隣敷地が影になる時間を制限

ここを見る！

法56条の2
法別表第4

これを押さえる！

日影規制は、中高層建築物が近隣の敷地に日影を落とす時間を制限し、日照条件の悪化を防ぐための規制。対象建築物は、用途地域ごとに高さや階数が定められている。商業地域、工業地域、工業専用地域内では日影規制が適用されないが、高さが10mを超え、その日影が日影規制対象区域内に生じるものは、日影規制の対象となる。

日影規制の基本

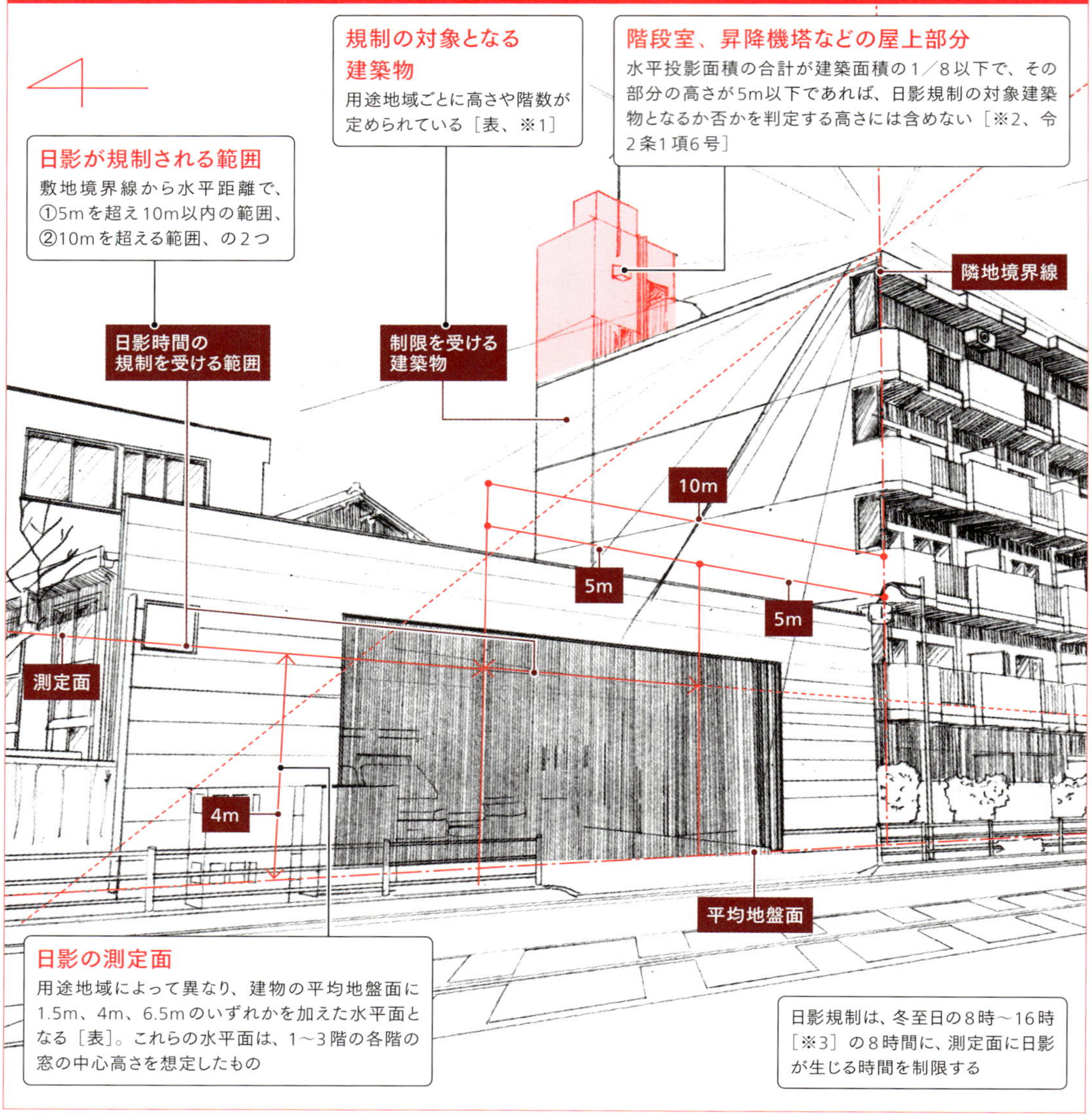
規制の対象となる建築物
用途地域ごとに高さや階数が定められている［表、※1］
階段室、昇降機塔などの屋上部分
水平投影面積の合計が建築面積の1／8以下で、その部分の高さが5m以下であれば、日影規制の対象建築物となるか否かを判定する高さには含めない［※2、令2条1項6号］
日影が規制される範囲
敷地境界線から水平距離で、①5mを超え10m以内の範囲、②10mを超える範囲、の2つ
日影時間の規制を受ける範囲
制限を受ける建築物
隣地境界線
10m
5m
5m
測定面
4m
平均地盤面
日影の測定面
用途地域によって異なり、建物の平均地盤面に1.5m、4m、6.5mのいずれかを加えた水平面となる［表］。これらの水平面は、1～3階の各階の窓の中心高さを想定したもの
日影規制は、冬至日の8時～16時［※3］の8時間に、測定面に日影が生じる時間を制限する

敷地の高低差が3m以上ある場合の日影規制

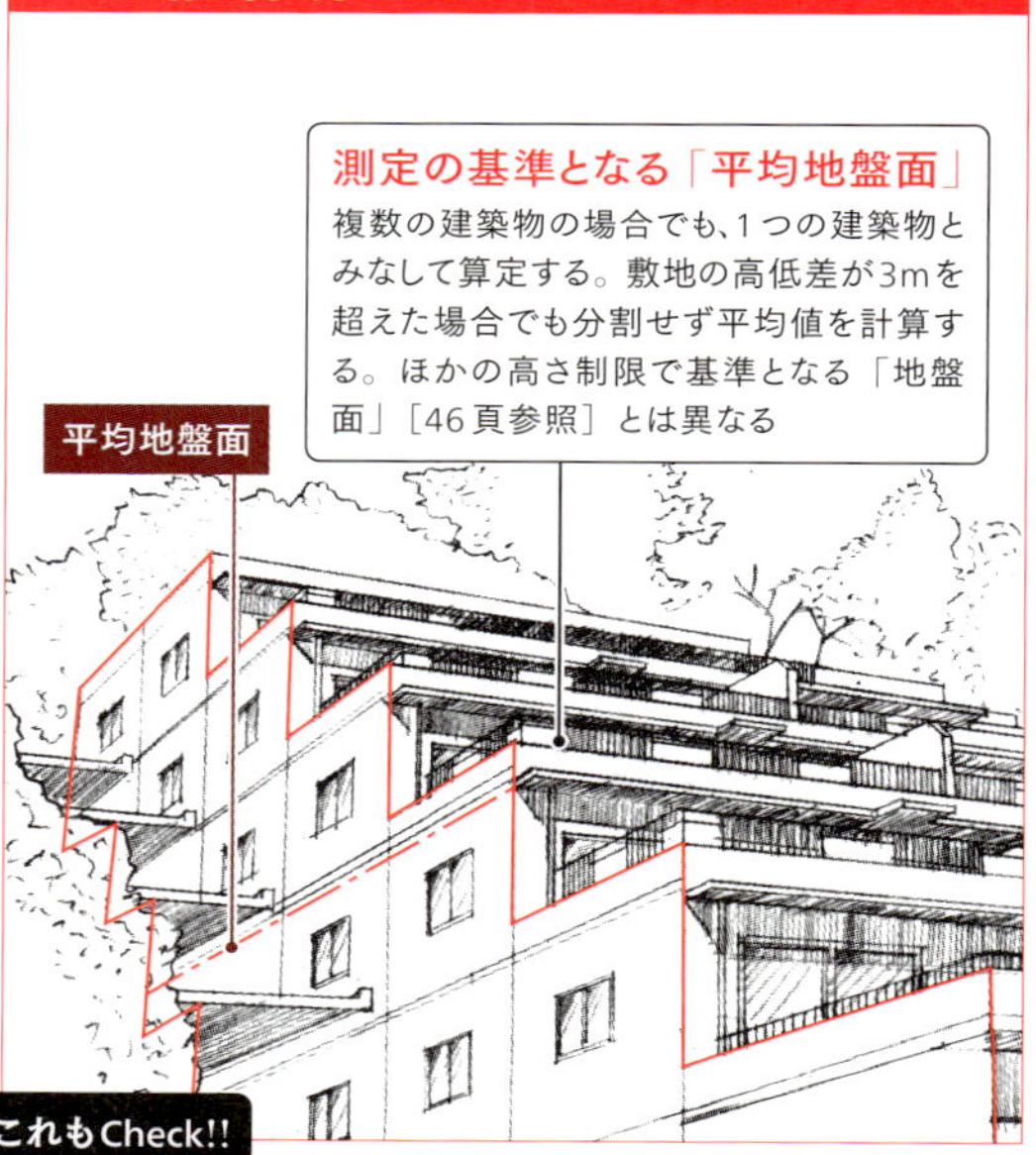
測定の基準となる「平均地盤面」
複数の建築物の場合でも、1つの建築物とみなして算定する。敷地の高低差が3mを超えた場合でも分割せず平均値を計算する。ほかの高さ制限で基準となる「地盤面」［46頁参照］とは異なる
平均地盤面

表　日影規制の対象と制限内容

用途地域	対象建築物	測定水平面［*1］	日影規制時間［*2］区分［*3］	隣地境界線からの水平距離L(m)［*4］5＜L≦10	L＞10
第1種低層住居専用地域 第2種低層住居専用地域 田園住居地域	軒高＞7m または 地上階数≧3	1.5m	①	3h(2h)	2h(1.5h)
			②	4h(3h)	2.5h(2h)
			③	5h(4h)	3h(2.5h)
第1種中高層住居専用地域 第2種中高層住居専用地域	高さ＞10m	4m または 6.5m［*3］	①	3h(2h)	2h(1.5h)
			②	4h(3h)	2.5h(2h)
			③	5h(4h)	3h(2.5h)
第1種住居地域 第2種住居地域 準住居地域 近隣商業地域 準工業地域	高さ＞10m		①	4h(3h)	2.5h(2h)
			②	5h(4h)	3h(2.5h)
用途地域の指定のない区域（イまたはロ）	イ：軒高＞7m または 地上階数≧3	1.5m	①	3h(2h)	2h(1.5h)
			②	4h(3h)	2.5h(2h)
			③	5h(4h)	3h(2.5h)
	ロ：高さ＞10m	4m	①	3h(2h)	2h(1.5h)
			②	4h(3h)	2.5h(2h)
			③	5h(4h)	3h(2.5h)

*1 平均地盤面からの高さ｜*2 冬至日の真太陽時8：00～16：00（北海道は9：00～15：00）｜*3 各地方公共団体が条例によっていずれかに決める｜*4（　）内は北海道地区に適用

これもCheck!!

» 敷地内に複数の建築物がある場合、そのどれか1つの建物が規制対象の高さを超えていれば、そのほかの建築物も含めて敷地単位で日影規制時間を満たすように検討する必要がある

※1　市街化調整区域でも日影規制が適用される区域があるので注意が必要｜※2　規制対象建築物となった場合は、屋上の階段室部分なども含めて日影規制の対象となる｜※3　北海道は高緯度で日照時間が少ないため、規制時間は9時～15時

北側の隣地の状況で日影規制は緩和される

敷地北側に隣地との高低差や道路がある場合の日影規制の緩和

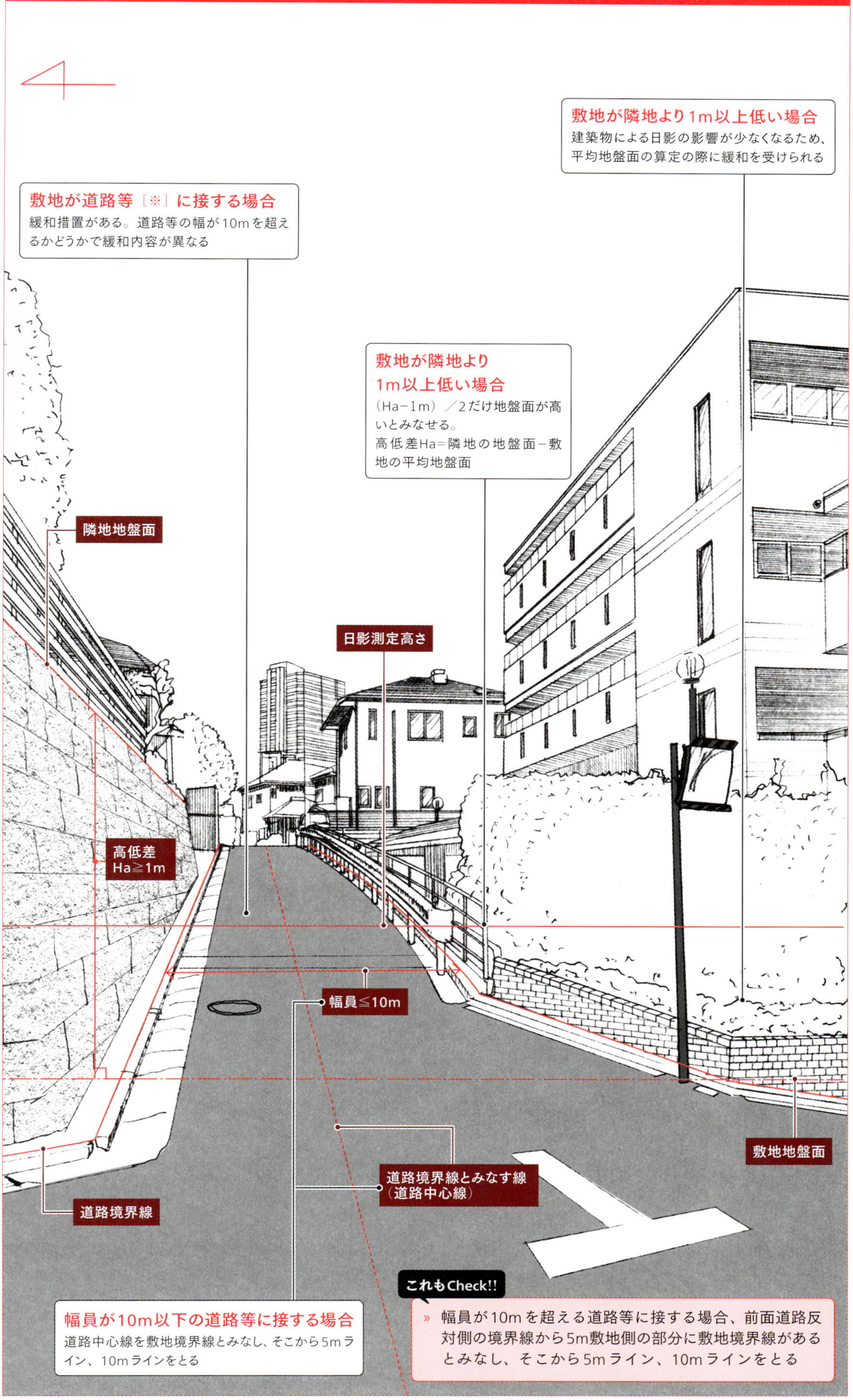
敷地が隣地より1m以上低い場合
建築物による日影の影響が少なくなるため、平均地盤面の算定の際に緩和を受けられる
敷地が道路等［※］に接する場合
緩和措置がある。道路等の幅が10mを超えるかどうかで緩和内容が異なる
敷地が隣地より1m以上低い場合
（Ha−1m）／2だけ地盤面が高いとみなせる。
高低差Ha＝隣地の地盤面−敷地の平均地盤面
隣地地盤面
日影測定高さ
高低差
Ha≧1m
幅員≦10m
敷地地盤面
道路境界線とみなす線
（道路中心線）
道路境界線
幅員が10m以下の道路等に接する場合
道路中心線を敷地境界線とみなし、そこから5mライン、10mラインをとる
これもCheck!!
» 幅員が10mを超える道路等に接する場合、前面道路反対側の境界線から5m敷地側の部分に敷地境界線があるとみなし、そこから5mライン、10mラインをとる

ここを見る！

法56条の2第3項
令135条の12

これを押さえる！

日影規制にも敷地の条件によって、さまざまな緩和措置がある。このうち敷地が道路や水面などに接する場合の緩和では、公園や広場は道路や水面などに類するものには該当しないため、北側斜線制限と同様、緩和されない。これは、公園や広場が日照を必要とする空地だからである。

※ 道路等とは、道路・水面・線路敷等のこと。公園や広場は道路等に該当せず、隣接していても境界線の位置の緩和措置はないので注意する

PART 5

防火

都市には防火地域、準防火地域などが指定され
集団的な防火規制としてその区域内では
建築物に耐火性能が求められる。
また、地域によらず規模の大きい特殊建築物は
防火避難上の危険性が高いため耐火性能が求められる。
屋内では火災の延焼拡大を抑制するため
建築物の用途、規模、耐火性能により
面積区画、高層区画、異種用途区画、竪穴区画などの防火区画や
界壁、隔壁、防火上主要な間仕切壁の設置、
内装の不燃化などが必要となる。
ここでは、都市や建物を火から守る仕組みについて学んでいこう。

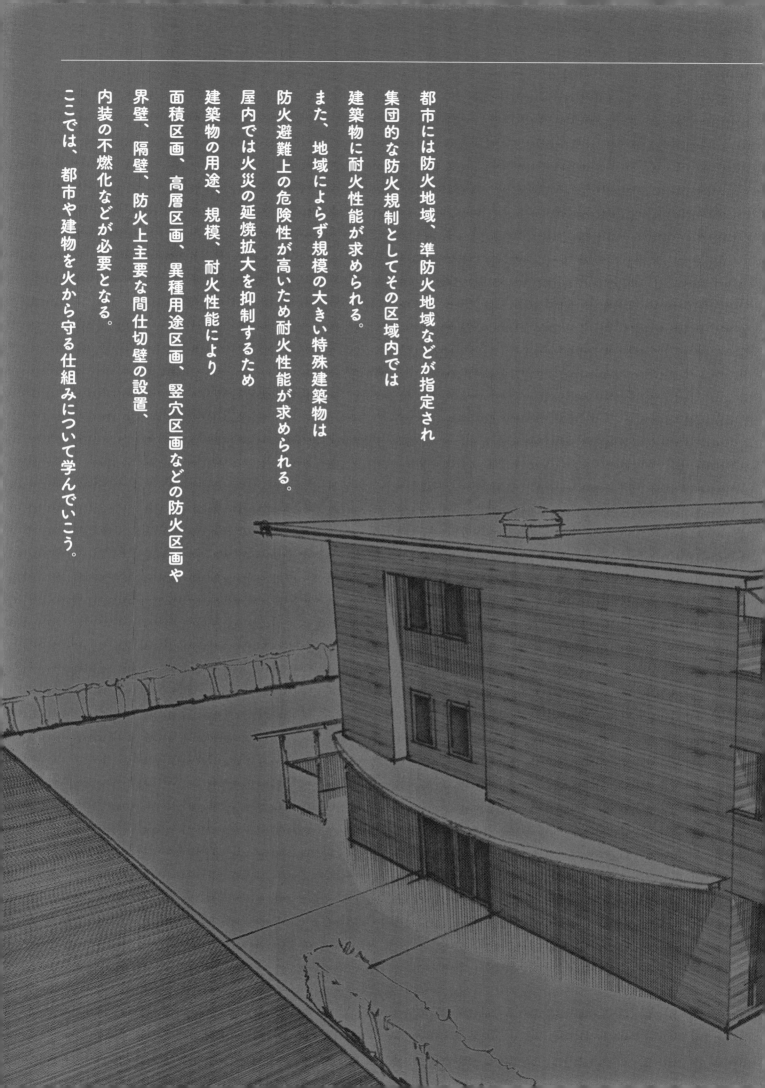

防火地域は耐火建築物が建ち並ぶ地域

ここを見る！

法61～65条
令136条の2
令136条の2の2
令元国交告194号

これを押さえる！

防火地域は、市街地の防火対策のため、都市計画で指定される地域地区の1つ。容積率の高い中心市街地を面的に指定する場合（面防火）や主要幹線道路沿いに指定する場合（路線防火）が多い。S造やRC造などの建築物がほとんどで、木造の建築物は少ない。平成30年度の法改正で防火地域内・準防火地域内の建築物の規制が見直された。

防火地域の基本

看板・広告塔など
建築物の屋上に設けるものや、高さ>3mのものは、不燃材料［※1］でつくるか、覆う［法64条］
地階を含む階数≧3
または延べ面積>100㎡の建築物は耐火建築物または延焼防止建築物とする
外壁が耐火構造である建築物
外壁を隣地境界線に接して設けることができる［※2、法63条］
屋根
①不燃材料でつくるか葺く［※3］、②準耐火構造（屋根面は準不燃材）とする、③耐火構造（屋根面は準不燃材、勾配は30°以下）とし、屋外面に断熱材と防水材を張る［※4］など、防火上必要な性能を満たさなければならない
準防火地域
防火地域
延焼のおそれのある部分
外壁開口部には防火設備を設ける［72・81頁参照］
高さ2mを超える門・塀など
防火地域内では建築物に、準防火地域では木造建築物等に付属するものは制限を受ける［※5］

表　防火地域、準防火地域内に建築できる建築物［令136条の2］

S：延べ面積

階数（準防火地域は地上階数［*1］）＼地域・面積	防火地域		準防火地域		
	S≦100㎡	S>100㎡	S≦500㎡	500㎡<S≦1500㎡	S>1,500㎡
4以上	耐火建築物または延焼防止建築物［*2］				耐火建築物または延焼防止建築物［*2］
3			準耐火建築物または準延焼防止建築物［*3］		
2	準耐火建築物または準延焼防止建築物［*3］		木造：外壁軒裏防火構造＋延焼ライン内の外壁開口部に防火設備設置 非木造：外壁軒裏制限なし＋延焼ライン内の外壁開口部に防火設備設置		
1					

*1　防火地域は地階を含む階数。準防火地域は地階を含まない階数(=地上階数)
*2　延焼防止建築物は地上階数4以上は建築できない。また、用途により延べ面積の上限がある［左頁表1参照］
*3　耐火建築物または延焼防止建築物とすることも可能

※1　平12建告1400号で定められた材料で、合計18種類。このほか、大臣認定を取得したものもある｜※2　民法234条では、建築物は隣地境界線上から50㎝以上離して建てなければならないが、建築基準法63条は民法234条1項の特則とされているため、例外的に外壁を隣地境界線に接して設けることができる｜※3　野地板、垂木等は不燃材料の制限はなく、葺き材のみを不燃材料とすればよい｜※4　不燃性物品を保管する倉庫等で、屋根以外の主要構造部が準不燃材料でつくられたものについては、屋根を難燃材料でつくる、または葺くことが可能｜※5　次の①～③のいずれかの構造としなければならない。①不燃材料で造るか、または覆う。②厚さ24㎜以上の木材でつくる（門については道に面する部分のみ）。③塀の場合は土塗り真壁造で塗り厚さが30㎜以上（表面木材を含む）のものとする

準防火地域内は防火地域より防火規制が緩やか

ここを見る！

法61〜65条
令136条の2
令136条の2の2
令元国交告194号

これを押さえる！

準防火地域は、市街地の防火対策のため、都市計画で指定される地域地区の1つ。延焼速度を遅くし、市街地の防火に役立てようとするものである。防火地域の周辺など、広範囲に指定される。防火地域に比べ、規制内容は比較的緩やかである。

準防火地域の基本

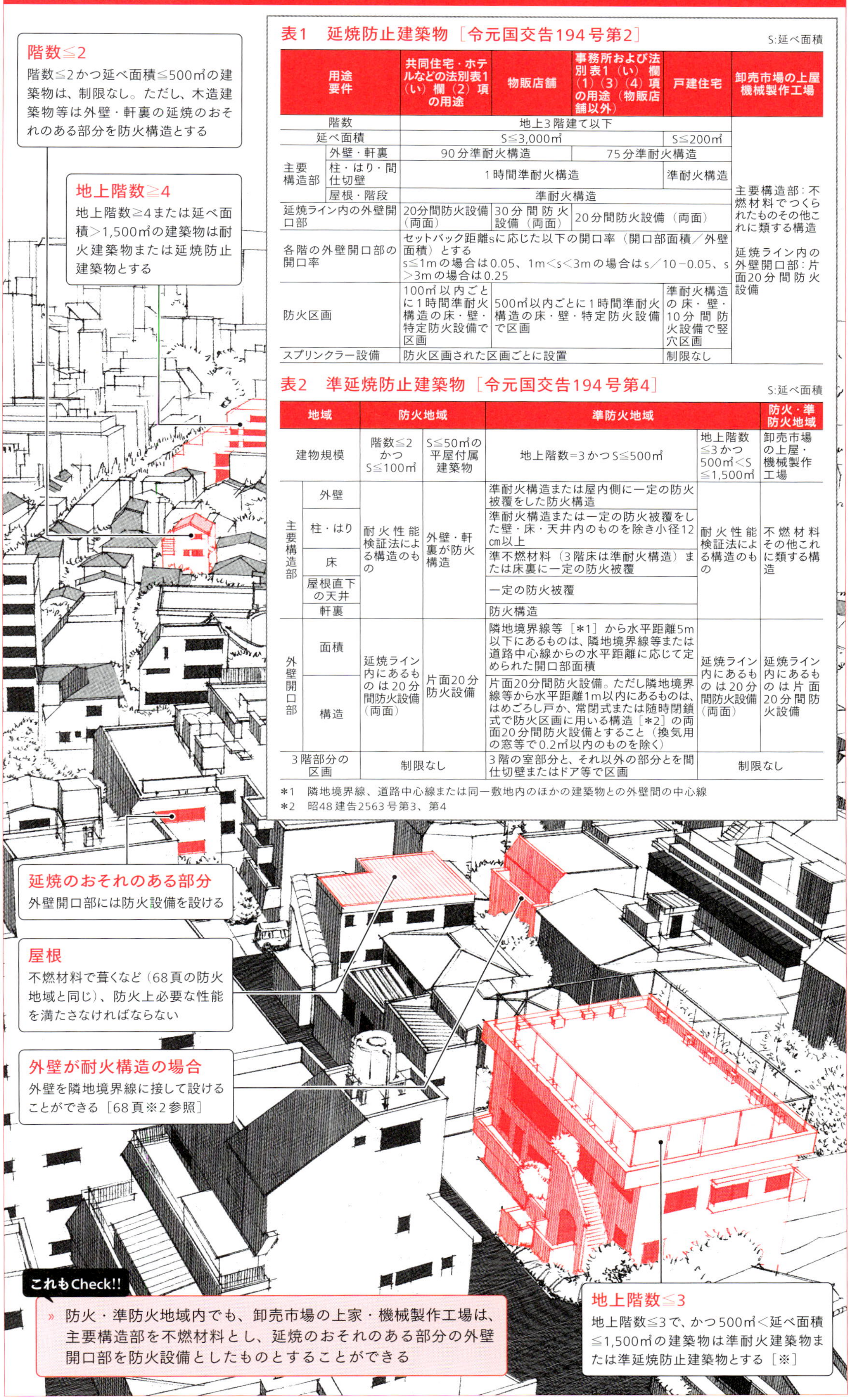

階数≦2

階数≦2かつ延べ面積≦500㎡の建築物は、制限なし。ただし、木造建築物等は外壁・軒裏の延焼のおそれのある部分を防火構造とする

地上階数≧4

地上階数≧4または延べ面積>1,500㎡の建築物は耐火建築物または延焼防止建築物とする

表1　延焼防止建築物［令元国交告194号第2］

S:延べ面積

用途 要件		共同住宅・ホテルなどの法別表1（い）欄（2）項の用途	物販店舗	事務所および法別表1（い）欄（1）（3）（4）項の用途（物販店舗以外）	戸建住宅	卸売市場の上屋 機械製作工場
階数		地上3階建て以下				主要構造部：不燃材料でつくられたものその他これに類する構造 延焼ライン内の外壁開口部：片面20分間防火設備
延べ面積		S≦3,000㎡			S≦200㎡	
主要構造部	外壁・軒裏	90分準耐火構造		75分準耐火構造		
	柱・はり・間仕切壁	1時間準耐火構造			準耐火構造	
	屋根・階段	準耐火構造				
延焼ライン内の外壁開口部		20分間防火設備（両面）	30分間防火設備（両面）	20分間防火設備（両面）		
各階の外壁開口部の開口率		セットバック距離sに応じた以下の開口率（開口部面積／外壁面積）とする s≦1mの場合は0.05、1m<s<3mの場合はs／10−0.05、s>3mの場合は0.25				
防火区画		100㎡以内ごとに1時間準耐火構造の床・壁・特定防火設備で区画	500㎡以内ごとに1時間準耐火構造の床・壁・特定防火設備で区画		準耐火構造の床・壁・10分間防火設備で竪穴区画	
スプリンクラー設備		防火区画された区画ごとに設置			制限なし	

表2　準延焼防止建築物［令元国交告194号第4］

S:延べ面積

地域		防火地域		準防火地域		防火・準防火地域
建物規模		階数≦2かつS≦100㎡	S≦50㎡の平屋付属建築物	地上階数=3かつS≦500㎡	地上階数≦3かつ500㎡<S≦1,500㎡	卸売市場の上屋・機械製作工場
主要構造部	外壁	耐火性能検証法による構造のもの	外壁・軒裏が防火構造	準耐火構造または屋内側に一定の防火被覆をした防火構造	耐火性能検証法による構造のもの	不燃材料その他これに類する構造
	柱・はり			準耐火構造または一定の防火被覆をした壁・床・天井内のものを除き小径12cm以上		
	床			準不燃材料（3階床は準耐火構造）または床裏に一定の防火被覆		
	屋根直下の天井			一定の防火被覆		
	軒裏			防火構造		
外壁開口部	面積	延焼ライン内にあるものは20分間防火設備（両面）	片面20分防火設備	隣地境界線等［*1］から水平距離5m以下にあるものは、隣地境界線等または道路中心線からの水平距離に応じて定められた開口部面積	延焼ライン内にあるものは20分間防火設備（両面）	延焼ライン内にあるものは片面20分間防火設備
	構造			片面20分間防火設備。ただし隣地境界線等から水平距離1m以内にあるものは、はめごろし戸か、常閉式または随時閉鎖式で防火区画に用いる構造［*2］の両面20分間防火設備とすること（換気用の窓等で0.2㎡以内のものを除く）		
3階部分の区画		制限なし		3階の室部分と、それ以外の部分とを間仕切壁またはドア等で区画	制限なし	

*1　隣地境界線、道路中心線または同一敷地内のほかの建築物との外壁間の中心線
*2　昭48建告2563号第3、第4

延焼のおそれのある部分

外壁開口部には防火設備を設ける

屋根

不燃材料で葺くなど（68頁の防火地域と同じ）、防火上必要な性能を満たさなければならない

外壁が耐火構造の場合

外壁を隣地境界線に接して設けることができる［68頁※2参照］

地上階数≦3

地上階数≦3で、かつ500㎡<延べ面積≦1,500㎡の建築物は準耐火建築物または準延焼防止建築物とする［※］

これもCheck!!

» 防火・準防火地域内でも、卸売市場の上家・機械製作工場は、主要構造部を不燃材料とし、延焼のおそれのある部分の外壁開口部を防火設備としたものとすることができる

※　地上階数が3で、延べ面積≦500㎡で、準延焼防止建築物としたものは、通称「準防木三」とも呼ばれ、外壁は準耐火構造または防火構造とするほか、開口部について大きさなどが制限されるが、準耐火建築物にしなくてもよい［表2］

防火

法22条区域

法22条区域内では屋根などを不燃化する

法22条区域の基本

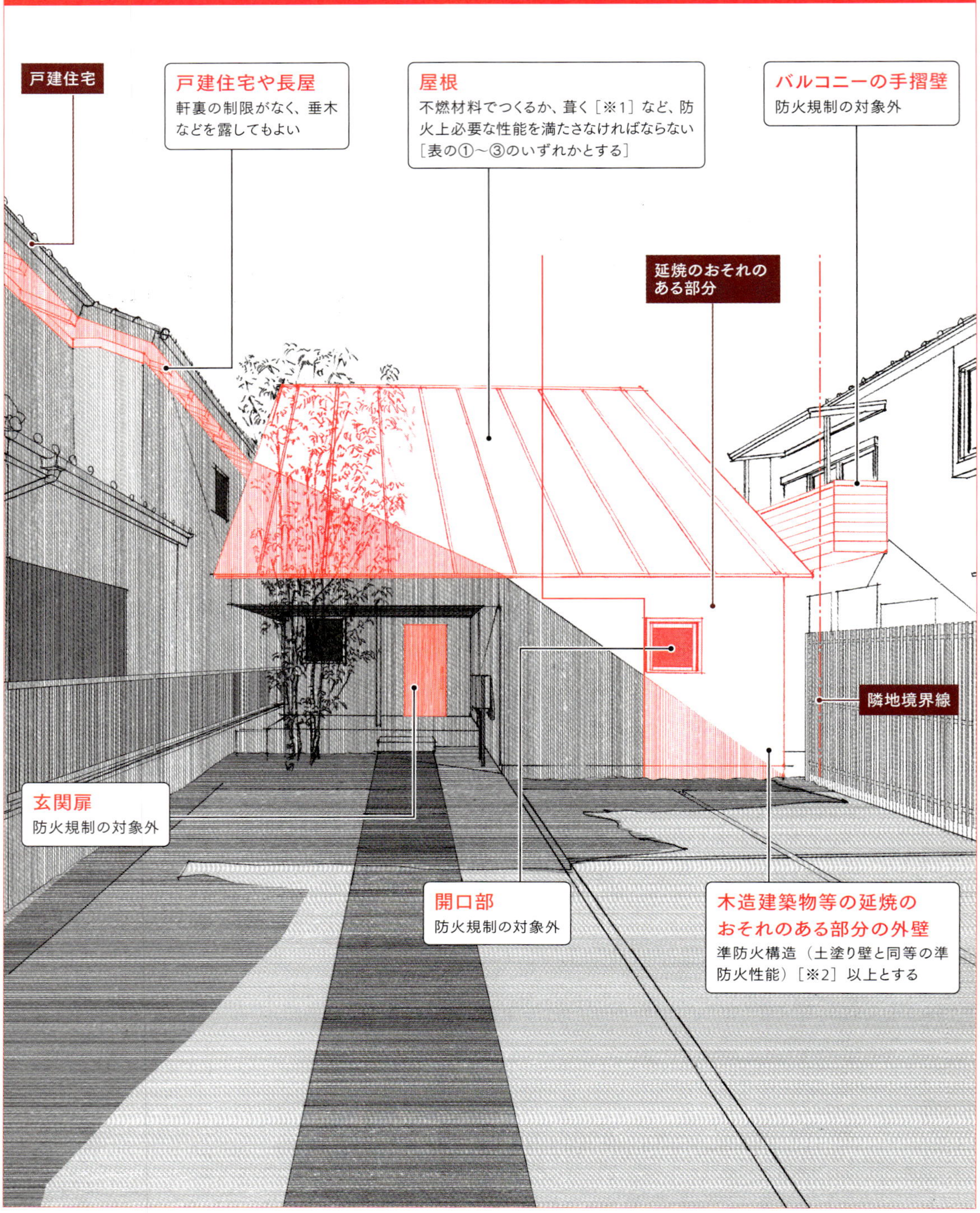

戸建住宅
戸建住宅や長屋
軒裏の制限がなく、垂木などを露してもよい
屋根
不燃材料でつくるか、葺く［※1］など、防火上必要な性能を満たさなければならない［表の①～③のいずれかとする］
バルコニーの手摺壁
防火規制の対象外
延焼のおそれのある部分
隣地境界線
玄関扉
防火規制の対象外
開口部
防火規制の対象外
木造建築物等の延焼のおそれのある部分の外壁
準防火構造（土塗り壁と同等の準防火性能）［※2］以上とする

表　法22条区域内の制限

適用部分	適用建築物	制限内容	適用条文
屋根	すべての建築物［*1］	以下の①～③のいずれかとする ① 不燃材料でつくるか、葺く［※1］ ② 準耐火構造（屋外面は準不燃材料） ③ 耐火構造+屋外面に断熱材、および防水材	法22条 平12建告1365号第1
	屋根以外の主要構造部を準不燃材料とした不燃性物品の倉庫等［*2］	難燃材料でつくるか、葺く	平12建告1365号第2 平28国交告693号
外壁	木造建築物等［*3］	延焼のおそれのある部分を準防火構造とする	法23条 平12建告1362号

*1　茶室、あずま屋その他これらに類する建築物、または延べ面積≦10㎡の物置、納屋その他これらに類する建築物は、屋根の延焼のおそれのある部分のみ規制対象
*2　スポーツの練習場、不燃性の物品を扱う荷捌き場、畜舎、一定の要件を満たす劇場、映画館、アトリウムなども該当する
*3　主要構造部のうち自重、積載荷重、積雪荷重を支える部分の一部または全部が木材、プラスチックなどの可燃材料で造られたもの

※1　「不燃材料で造る」とは、屋根の構成材（野地板、垂木などの下地材や屋根材）を不燃材料で造ることをいい、「不燃材料で葺く」とは屋根葺き材のみを不燃材料とし、屋根下地は可燃材料などが使用可能なことをいう
※2　耐力壁である外壁は20分の非損傷性、その他の外壁は20分の遮熱性を有するもの。一例として、外壁では屋外側の下地を準不燃材料でつくり、表面に亜鉛鉄板、屋内側に9.5㎜厚の石膏ボードを張ったものが挙げられる

ここを見る！

法22～24条
令109条の8
令109条の9
平12建告1361号
平12建告1362号
平12建告1365号

これを押さえる！

法22条区域は、特定行政庁が、防火地域・準防火地域以外の市街地に指定する区域。広範囲に指定され、市街化調整区域や都市計画区域外に指定されることも多い。区域内では火災の延焼防止のため、すべての建築物の屋根に不燃化が義務付けられ、木造建築物等は延焼のおそれのある部分の外壁を準防火構造としなければならない。

延焼のおそれのある部分は火災の延焼を防ぐためのもの

ここを見る！

法2条6号

これを押さえる！

延焼のおそれのある部分とは、建築物の周囲で発生する火災の火熱により、延焼する危険性がある部分のことで、隣地境界線や道路中心線から、1階部分は3m以下、2階以上では5m以下にある建築物の部分をいう。延焼防止性能が必要な建築物では、この範囲内にある建築物の主要構造部や開口部について防火制限が厳しくなる。

隣地境界線に面する延焼のおそれのある部分

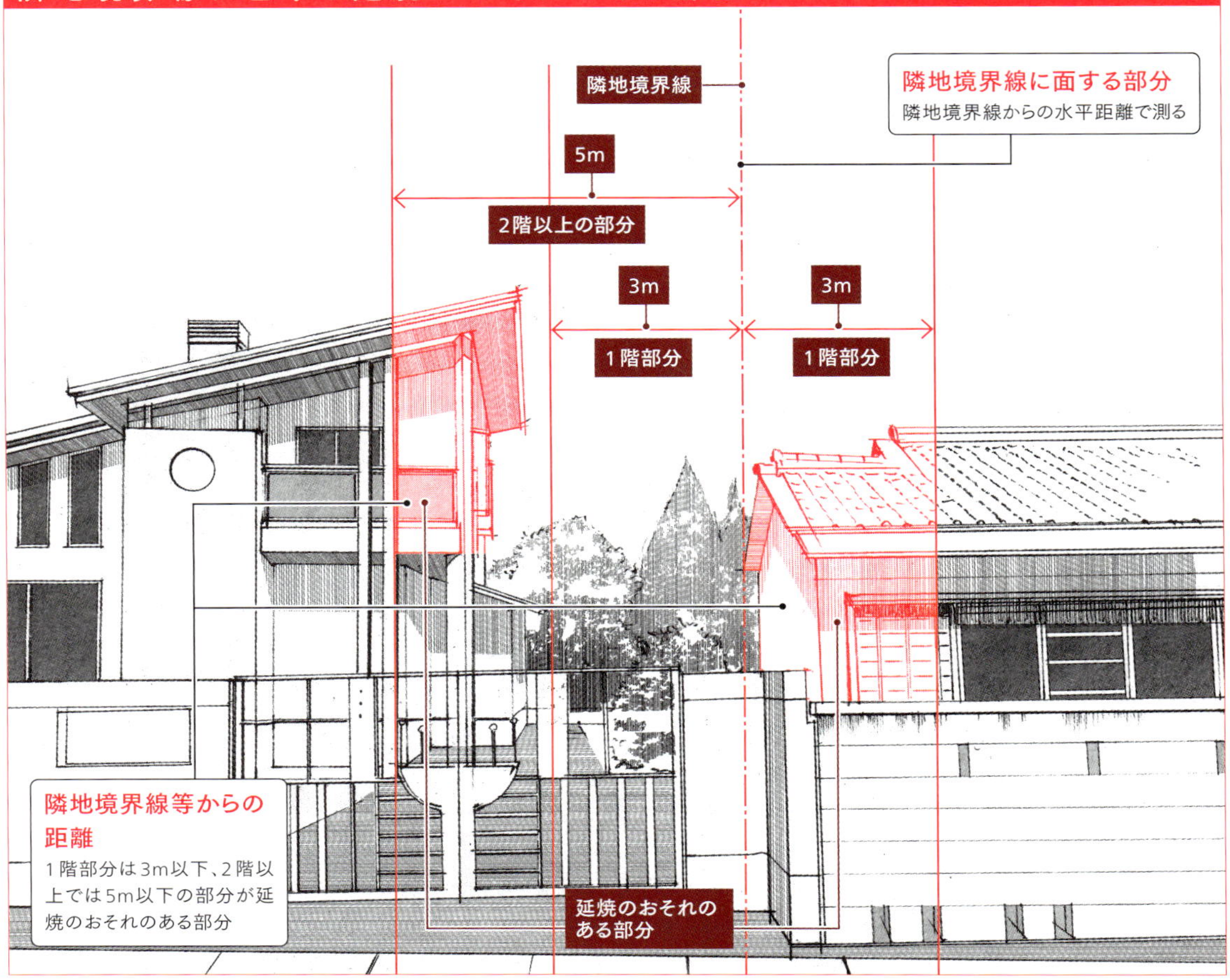
隣地境界線
隣地境界線に面する部分
隣地境界線からの水平距離で測る
5m
2階以上の部分
3m
1階部分
3m
1階部分
隣地境界線等からの距離
1階部分は3m以下、2階以上では5m以下の部分が延焼のおそれのある部分
延焼のおそれのある部分

道路に面する延焼のおそれのある部分

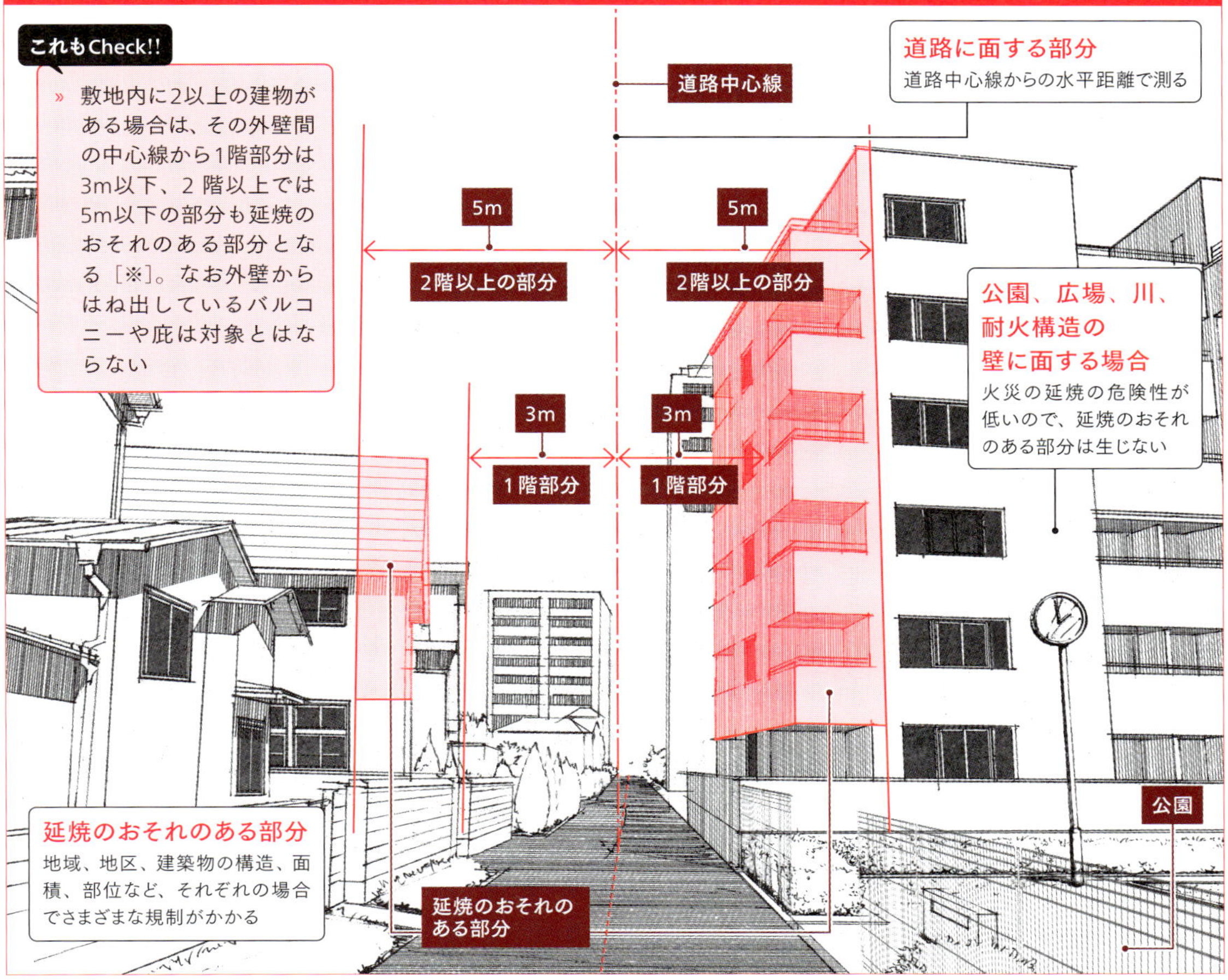
これもCheck!!
» 敷地内に2以上の建物がある場合は、その外壁間の中心線から1階部分は3m以下、2階以上では5m以下の部分も延焼のおそれのある部分となる［※］。なお外壁からはね出しているバルコニーや庇は対象とはならない
道路中心線
道路に面する部分
道路中心線からの水平距離で測る
5m
2階以上の部分
5m
2階以上の部分
3m
1階部分
3m
1階部分
公園、広場、川、耐火構造の壁に面する場合
火災の延焼の危険性が低いので、延焼のおそれのある部分は生じない
延焼のおそれのある部分
地域、地区、建築物の構造、面積、部位など、それぞれの場合でさまざまな規制がかかる
延焼のおそれのある部分
公園

※ ただし、2以上の建築物の延べ面積合計が500㎡以内の場合は1棟とみなされ、中心線からの延焼のおそれのある部分は発生しない。3以上の建築物がある場合は、隣接する建築物であれば、延べ面積合計が500㎡以内となる建築物の組合せは自由

防火塀や防火袖壁で延焼のおそれのある部分を遮る

ここを見る！

法2条9号の2ロ
令109条2項

これを押さえる！

防火地域や準防火地域内の建築物などは、延焼のおそれのある外壁開口部に防火設備を設けなければならないが、開口部が、耐火構造、準耐火構造または防火構造の外壁、防火塀、防火袖壁で延焼のおそれのある部分を防火上有効に遮られている場合は外壁、防火塀、防火袖壁が防火設備とみなされ、開口部には防火設備が不要となる。

防火上有効な塀

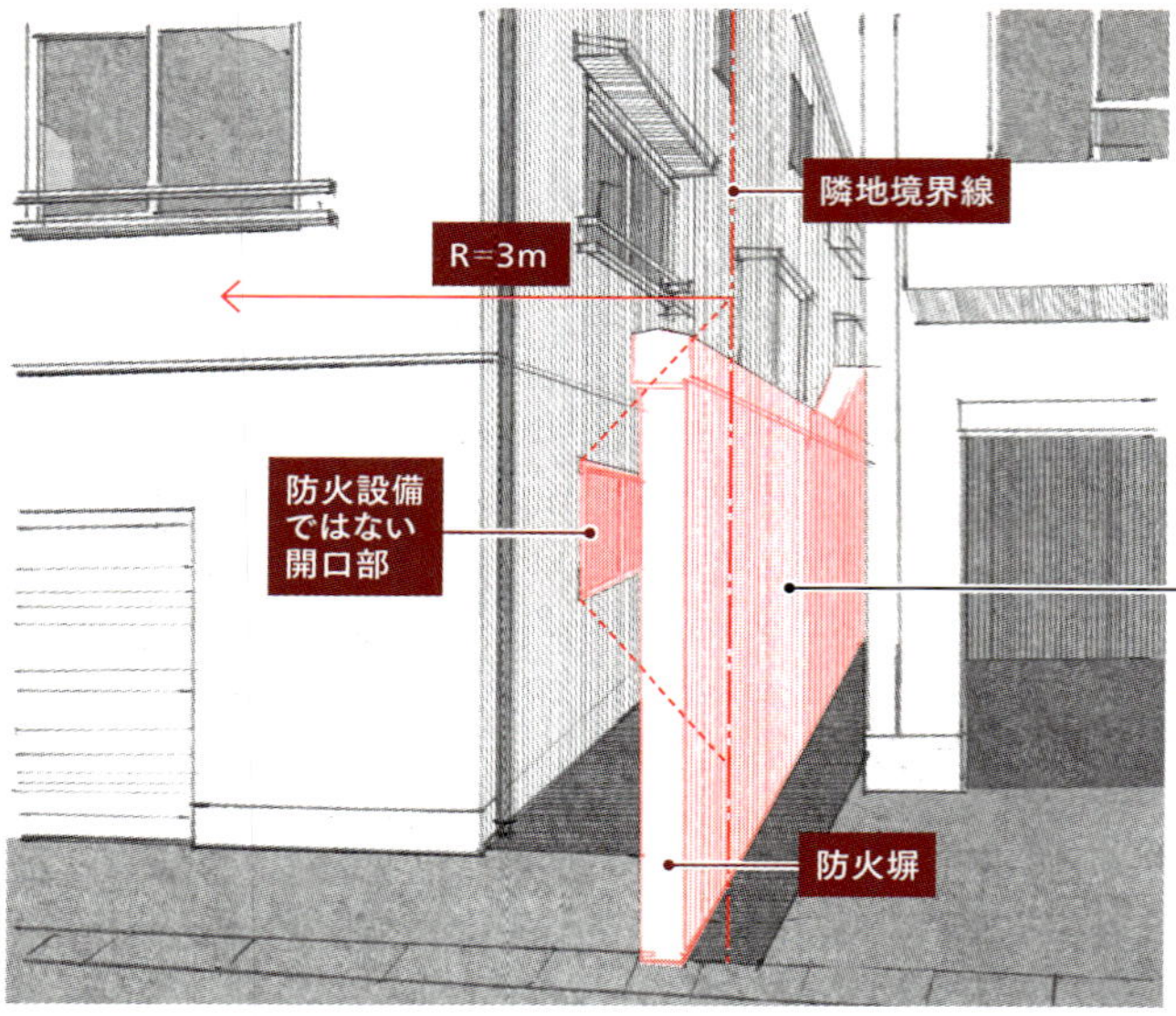

防火地域等のように開口部求められる性能が建物の周囲で発生する火災を遮るものの場合は、塀の高さは開口部の上端まででよい

耐火構造、準耐火構造または防火構造とした防火塀

延焼のおそれのある部分の開口部が、耐火構造、準耐火構造または防火構造の外壁・防火塀で防火上有効にさえぎられている場合は、外壁・防火塀は防火設備とみなされ、開口部には防火設備が不要となる

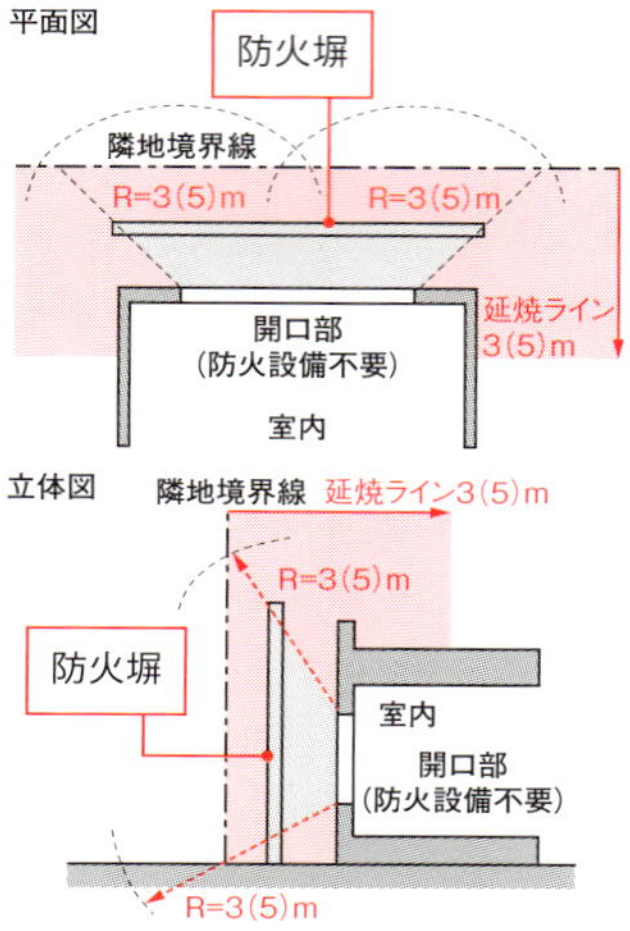

防火上有効な袖壁

耐火構造、準耐火構造または防火構造とした防火袖壁

開口部の外側に防火上有効な袖壁を設けて、隣地境界線までの距離を一定以上（1階で3m以上、2階以上で5m以上）とすれば、開口部への防火設備は不要。イラストでは、防火上有効な袖壁を道路境界線上まで伸ばしているほか、前面道路の幅員が10m以上のため、道路面の開口部すべてで防火設備は不要である

道路境界線上まで延長した防火袖壁は、道路からの延焼のおそれのある部分の範囲外であれば、道路に面する開口部への防火設備が不要になり、設計の自由度が上がる

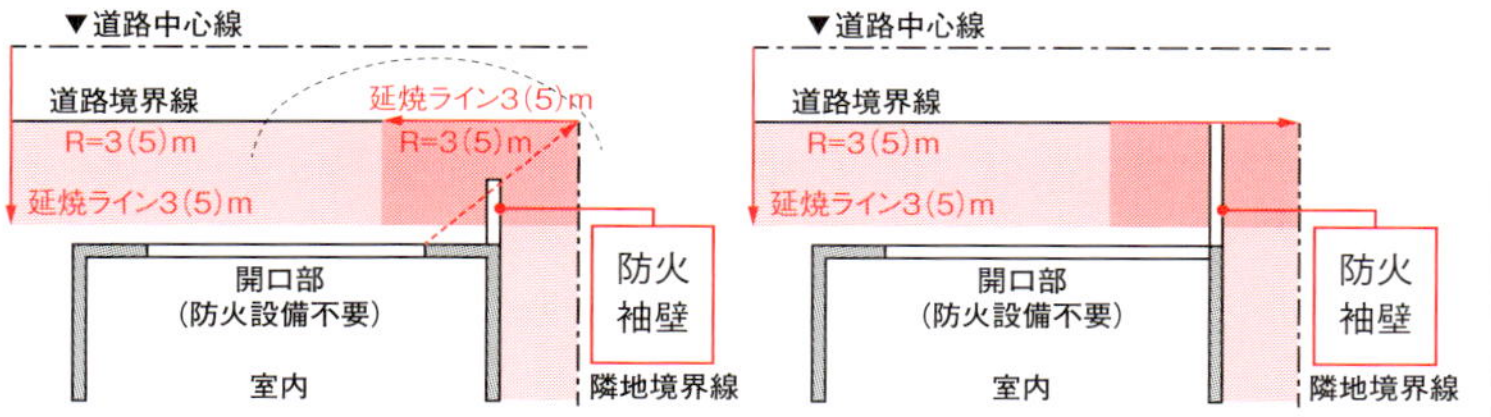

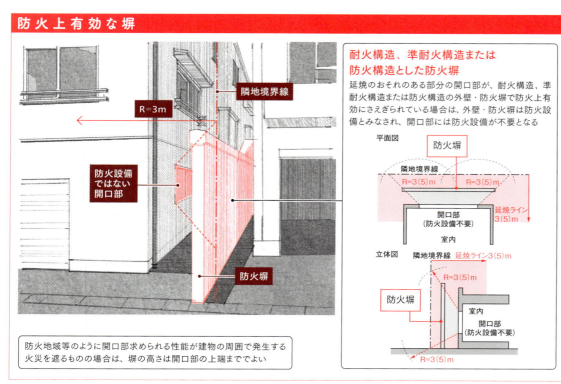

COLUMN

外壁面が境界線と角度をなしている場合の延焼のおそれのある部分

建築物の外壁面が、隣地境界線、道路中心線、建物の外壁間の中心線と平行とならずに角度をなす場合の延焼のおそれのある部分は、火熱の影響が減少する。そのため、それぞれ、そのなす角度に応じて算定した距離となり、平行の場合より短くなる［令2国交告197号］。さらに建物の外壁間の中心線と角度をなす場合で、向かい側の建物が定められた防火性能の場合は、垂直方向の範囲も限定され計算式で算定した高さまでとなる。ただし、これらの算定をせず建築物が平行に位置する場合と同様に、1階部分は3m以下、2階以上では5m以下としてもよい。

延焼のおそれのある部分の距離

延焼のおそれのある部分は、以下の算定式で計算された距離d以下とする

表1　距離dの算定式

対象階	距離d（m）の算定式［*］
1階	$d=\max\{2.5, 3(1-0.000068\theta^2)\}$
2階以上	$d=\max\{4, 5(1-0.000068\theta^2)\}$

θ：建築物の外壁面が隣地境界線等となす角度のうち最小のもの
*：max {a, b} はaの数値とbの式で算定した数値とのどちらか大きい方の数値とすることを意味する

図1　（例1）外壁面が隣地境界線と角度をなす場合

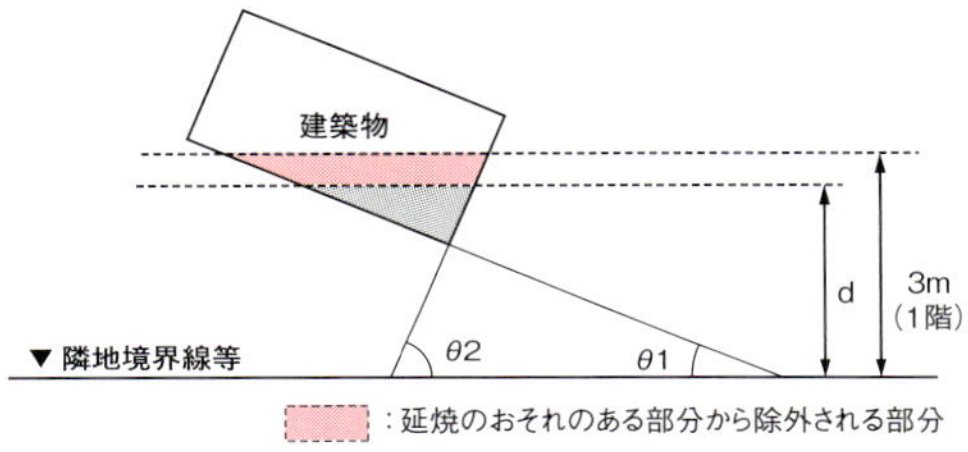

建築物
d
3m
（1階）
▼隣地境界線等
θ2
θ1
：延焼のおそれのある部分から除外される部分

$\theta2>\theta1$なので$\theta1$を算定式のθに代入してdを求める

図2　（例2）建築物相互間の中心線と角度をなす場合

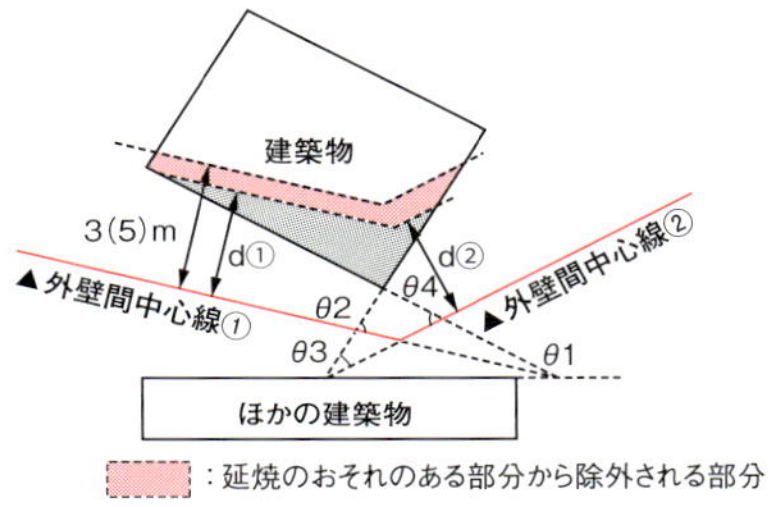

建築物
3(5)m
d①
d②
▲外壁間中心線①
▲外壁間中心線②
θ2
θ4
θ3
θ1
ほかの建築物
：延焼のおそれのある部分から除外される部分

d①は、角度が$\theta1<\theta2$なので、$\theta1$を算定式のθに代入して求める
d②は、角度が$\theta3<\theta4$なので、$\theta3$を算定式のθに代入して求める

延焼のおそれのある部分の高さ

建築物相互間の中心線と角度をなす場合で、対面する他の建築物が次の①～③のいずれかに該当する場合、延焼のおそれのある部分は、他の建築物の地盤面から以下の算定式で計算した垂直距離hまでの高さとなる

①主要構造部を耐火構造（耐火検証法によるものを含む）または準耐火構造としたもの
②ロ準耐としたもの
③延焼防止建築物または準延焼防止建築物としたもの

表2　垂直距離hの算定式

対面する他の建築物の高さ（hlow）	垂直距離hの算定式
5m未満	$h=h_{low}+5+5\sqrt{\left\{1-\left(\frac{S}{d_{floor}}\right)^2\right\}}$
5m以上	$h=h_{low}+10+5\sqrt{\left\{1-\left(\frac{S}{d_{floor}}\right)^2\right\}}$

h_{low}：対面する他の建築物の高さ
S：建築物から境界線等までの最小距離
d_{floor}：表1の算定式による距離dのうち最大のもの

図3 対面する建築物が防火性能の高い建築物の場合

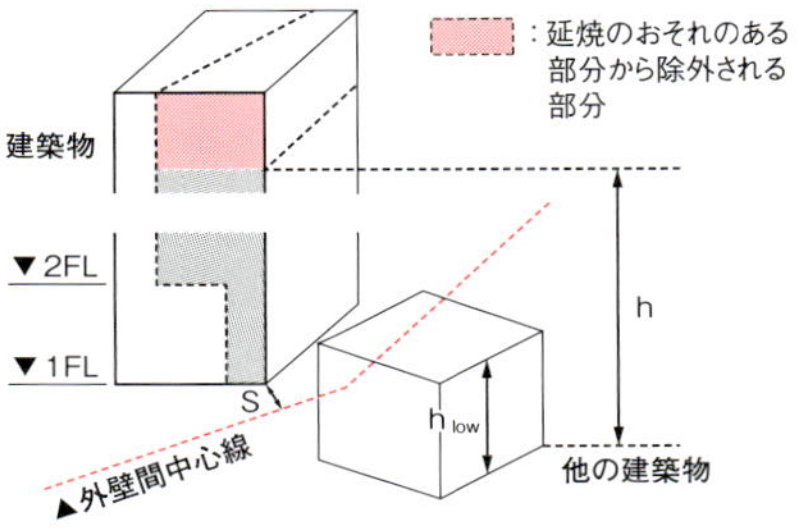

：延焼のおそれのある部分から除外される部分
建築物
▼2FL
▼1FL
S
h
h low
▲外壁間中心線
他の建築物

防火 耐火建築物

耐火建築物とは主要構造部と開口部の耐火性能を高めたもの

耐火建築物の例

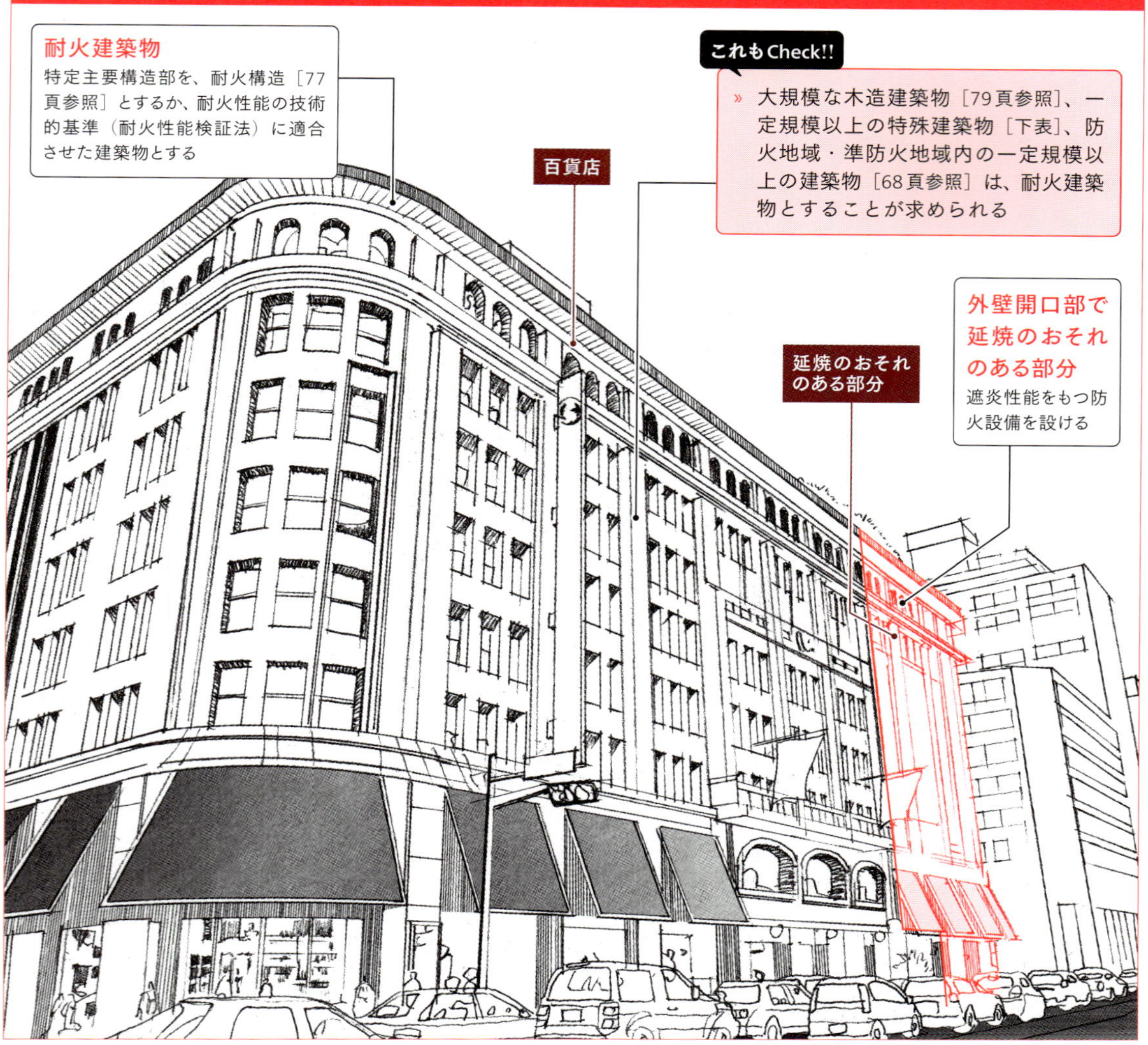

耐火建築物
特定主要構造部を、耐火構造［77頁参照］とするか、耐火性能の技術的基準（耐火性能検証法）に適合させた建築物とする
これもCheck!!
» 大規模な木造建築物［79頁参照］、一定規模以上の特殊建築物［下表］、防火地域・準防火地域内の一定規模以上の建築物［68頁参照］は、耐火建築物とすることが求められる
百貨店
外壁開口部で延焼のおそれのある部分
遮炎性能をもつ防火設備を設ける
延焼のおそれのある部分

表　耐火建築物等としなければならない特殊建築物［法27条、法別表第1、令115条の3、*1］［※2］

◆法別表第1（い）欄（1）～（4）の特殊建築物

法別表1（い）欄	用途	耐火建築物または主要構造部を避難時倒壊防止構造とするなど告示に定める建築物とする［*2］		準耐火建築物とする［*3］
		用途に供する階（地上階数）	用途に供する床面積	
（1）	劇場、映画館、演芸場	主階（客席など）が1階にないもの	客席床面積合計≧200㎡（屋外観覧席≧1,000㎡）	—
		3階以上の階		
	観覧場、公会堂、集会場	3階以上の階		
（2）	病院、診療所(患者の収容施設のあるもの)、ホテル、旅館、下宿、共同住宅、寄宿舎、児童福祉施設等（幼保連携型認定こども園を含む）など	3階以上の階[*4]	—	2階部分に用途がありその部分の床面積≧300㎡
（3）	学校、体育館、博物館、美術館、図書館、ボーリング場、スキー場、スケート場、水泳場、スポーツの練習場など	3階以上の階［*4］	—	床面積≧2000㎡
（4）	百貨店、マーケット、展示場、キャバレー、カフェー、ナイトクラブ、バー、ダンスホール、遊技場、公衆浴場、待合、料理店、飲食店、物販店舗（床面積10㎡超）	3階以上の階	床面積≧3,000㎡	2階部分に用途がありその部分の床面積≧500㎡

◆法別表第1（い）欄（5）（6）、法別表第2（と）項4号の特殊建築物

法別表1（い）欄	用途	耐火建築物とする		耐火建築物または準耐火建築物とする
		用途に供する階（地上階数）	用途に供する床面積	
（5）	倉庫	—	3階以上の用途部分の床面積≧200㎡	床面積≧1,500㎡
（6）	自動車車庫、自動車修理工場 映画スタジオ、テレビスタジオ	3階以上の階	—	床面積≧150㎡ 外壁耐火の準耐火建築物(ロ−1)［76頁参照］は不可
法別表第2（と）項4号	危険物の貯蔵場または処理場	—	—	令116条の数量を超えるもの

*1　階数が3で延べ床面積<200㎡のものは適用除外。ただし（2）の用途の場合は自動火災報知設備または特定小規模施設用自動火災報知設備を設ける
*2　階、床面積のどちらかが該当すれば適用
*3　耐火建築物または主要構造部を避難時倒壊防止構造などとした告示に定める建築物としてもよい
*4　(3)の学校などの用途や防火地域以外に立地する共同住宅、下宿、寄宿舎で地上3階建ての場合は、一定の要件［左頁参照］を満たせば1時間準耐火構造とできる（木造の場合が多いので、一般的に木3共、木3学とよばれる）

※1　主要構造部（構造上重要な壁、柱、床、梁、屋根、階段）［法2条1項5号］のうち、特定区画された防火・避難上支障がない部分を除いた部分のこと［令108条の3］
※2　令和6年4月に法27条が改正され、火熱遮断壁等で区画された部分は別棟とみなされ、区画部分ごとに規制が適用されることとなった。これにより混構造や複合用途の建築物が設計しやすくなった

ここを見る!

- 法2条9号の2イ
- 法27条
- 法別表第1
- 令107条
- 令108条の3
- 令115条の3
- 平12建告1399号
- 平27国交告255号

これを押さえる!

耐火建築物とは、火災が自然鎮火するまでの間、放置されても倒壊するほどの変形や損傷をせず、延焼もしないで火災に耐えることのできる建築物のこと。特定主要構造部［※1］を耐火構造とするか、定められた検証法により耐火性能を検証したものとし、延焼のおそれのある外壁開口部に防火設備を設置する必要がある。

性能規定化による木材利用促進

《木造3階建て共同住宅》

木3共の要件

共同住宅、下宿、寄宿舎で3階建てのものは、原則として耐火構造としなければならないが、①②の要件を満たせば1時間準耐火構造の準耐火建築物にできる。ただし、防火地域の場合は不可。
①次の㋑または㋺とすること
㋑各住戸に避難上有効なバルコニーを設置
㋺地上に通じる廊下・階段を直接外気に開放させ、各住戸の廊下に面する開口部に防火設備を設置
②建物の周囲に道に通ずるW≧3mの通路を設ける。ただし①の㋑と㋺の両方を設け、外壁開口部に下階からの延焼防止措置［※1］をしたものは設置不要

木三共の避難上有効なバルコニー

バルコニーへの出入口は、W≧75cm、H≧1.2M、下端から床面までの高さ≦15cm、バルコニーの奥行き≧75cm、避難ハッチや隣接バルコニーにより避難可能なもの、面積は各住戸床面積の3/100以上かつ2m²以上、床は耐火構造または準耐火構造とする

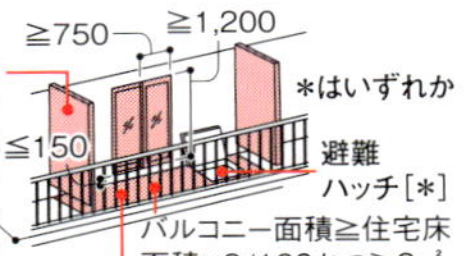

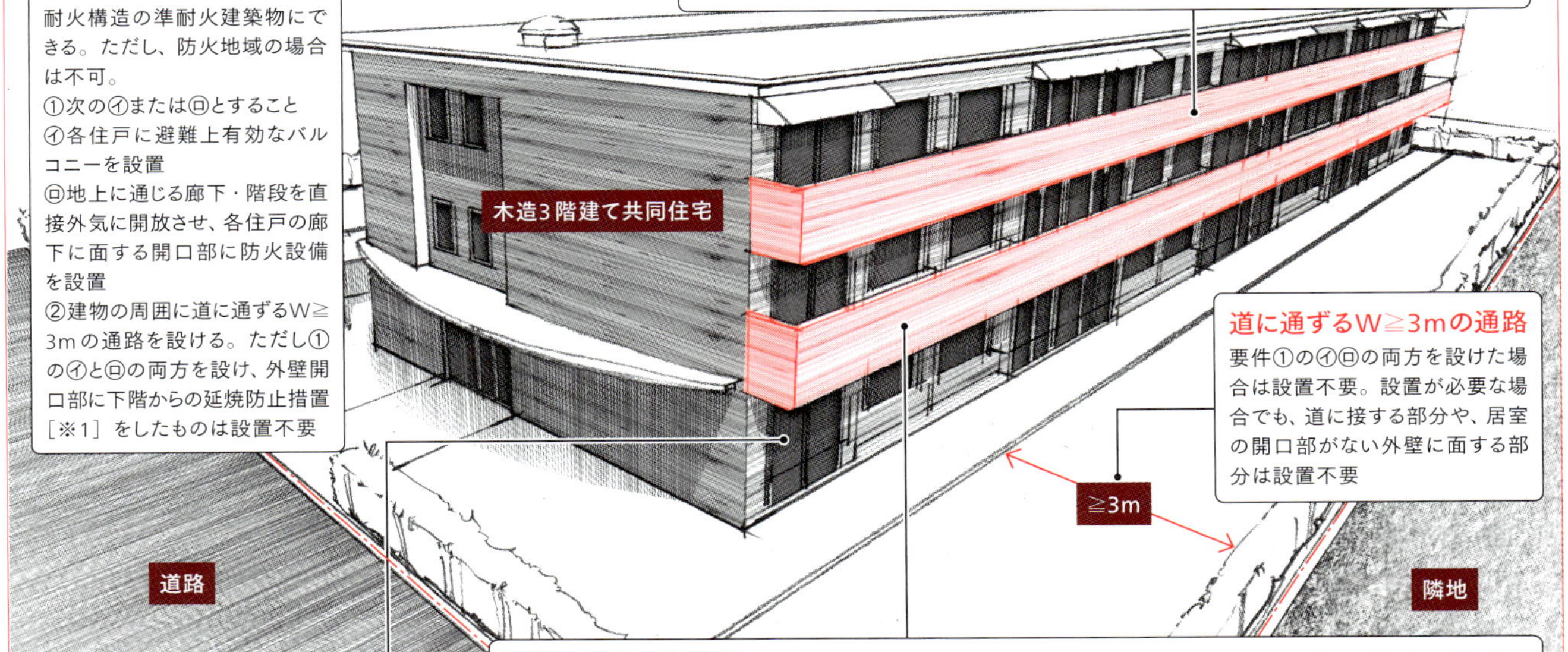

道に通ずるW≧3mの通路

要件①の㋑㋺の両方を設けた場合は設置不要。設置が必要な場合でも、道に接する部分や、居室の開口部がない外壁に面する部分は設置不要

準防火地域内の場合

木三共の要件以外に、3階の各住戸の外壁開口部と各住戸以外に面する開口部に防火設備を設置する［※2］。延べ面積＞1500m²の場合は延焼防止建築物［69頁参照］としなければならない

階段・廊下の開放性

廊下は、直接外気に流通する高さ≧1mの開口部が排煙上有効に設置されていること。階段は、中間部分の外気に開放された開口部が次の基準に適合すること
㋑開口部面積≧2m²
㋺開口部の上端が階段部分の天井の高さの位置にあるか、階段部分最上部の天井の高さの位置に排煙上有効な換気口≧500cm²を設けたもの

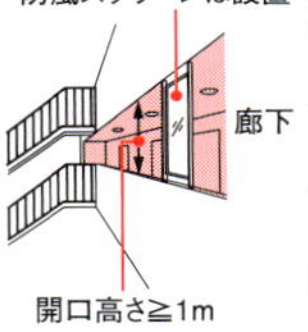

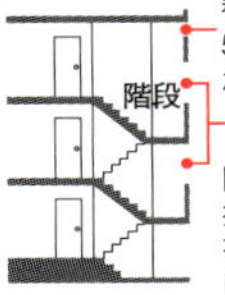

《木造3階建て学校》

木3学の要件

法別表第1（い）欄（3）の学校などの建築物［※3］で3階建てのものは共同住宅などと同様に、①②の要件を満たせば1時間準耐火構造の準耐火建築物にできる。
①建物の周囲に道に通ずるW≧3mの通路を設ける
②他の外壁開口部から火炎が到達するおそれのある開口部［※4］に防火設備を設ける。ただし他の外壁の開口部が同一防火区画内にあるものや、一定のものの場合は不要

防火・準防火地域内の場合

防火地域内では延べ面積＞100m²、準防火地域内では延べ面積＞1500m²になると延焼防止建築物［69頁参照］としなければならない

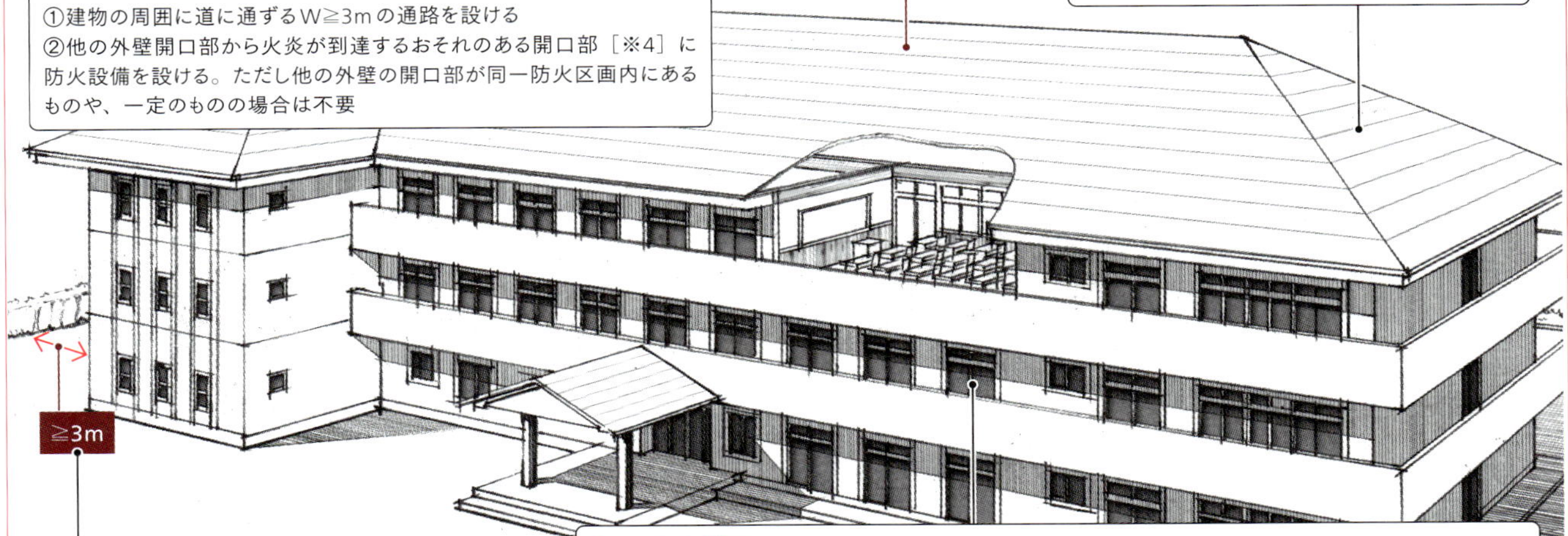

道に通ずるW≧3mの通路

道に接する部分や、居室の開口部がない外壁に面する部分は設置不要

窓の防火措置

他の外壁開口部から一定の距離の範囲内［※4］にある開口部に防火設備を設ける。ただしほかの外壁開口部が、同一防火区画内にあるものや①〜⑦の場合は免除。
①自動式スプリンクラー設備などを設けた室の開口部、②天井を準不燃材料とした床面積＞40m²の居室の開口部、③昇降機・建築設備などの機械室、不燃物保管室、便所などで壁・天井を準不燃材料またはそれに準ずる仕上げとした室の開口部、④①〜③の室のみに隣接する通路などの開口部、⑤防火設備を設けてあるもの、⑥開口部の高さ≦0.3mのもの、⑦開口部面積≦0.2m²のもの

※1　下階の外壁開口部と上階の外壁開口部との間に40cm以上突出した庇を設けるか、上階の開口部を下階の開口部の上端から上方2m、左右50cmを超えて離隔したもの｜※2　3階の各住戸の外壁開口部または開放廊下・開放階段に面する開口部が、当該各住戸以外の開口部と90cm以上離れている場合や50cm以上突出した庇や袖壁などで防火上有効に遮られている場合は設置不要｜※3　学校、体育館、博物館、美術館、図書館、ボーリング場、スキー場、スケート場、水泳場、スポーツの練習場など｜※4　火炎が到達するおそれのあるものとして、他の外壁開口部の幅や高さに応じて定められた算定式で計算した水平移動距離・垂直移動距離の範囲にあるもの

準耐火建築物にはイ準耐とロ準耐がある

準耐火建築物・イ準耐

イ準耐とは

主要構造部を準耐火構造としたもの。告示［※1］で構造の仕様が定められている。最低の耐火性能時間は45分間と定められ、より性能の高い1時間、75分間、90分間、120分間準耐火構造などがある。イ準耐では建築物の地上部分の層間変形角を1／150以下としなければならない［令109条の2の2］

開口部で延焼のおそれのある部分

防火設備を設ける

階段を木造とする場合

「燃え代設計によって段板・桁を木材のみでつくる方法」と「段板・桁を防火被覆する方法」がある。前者では、木材の厚みを6cm厚以上とする［平12建告1358号第6］

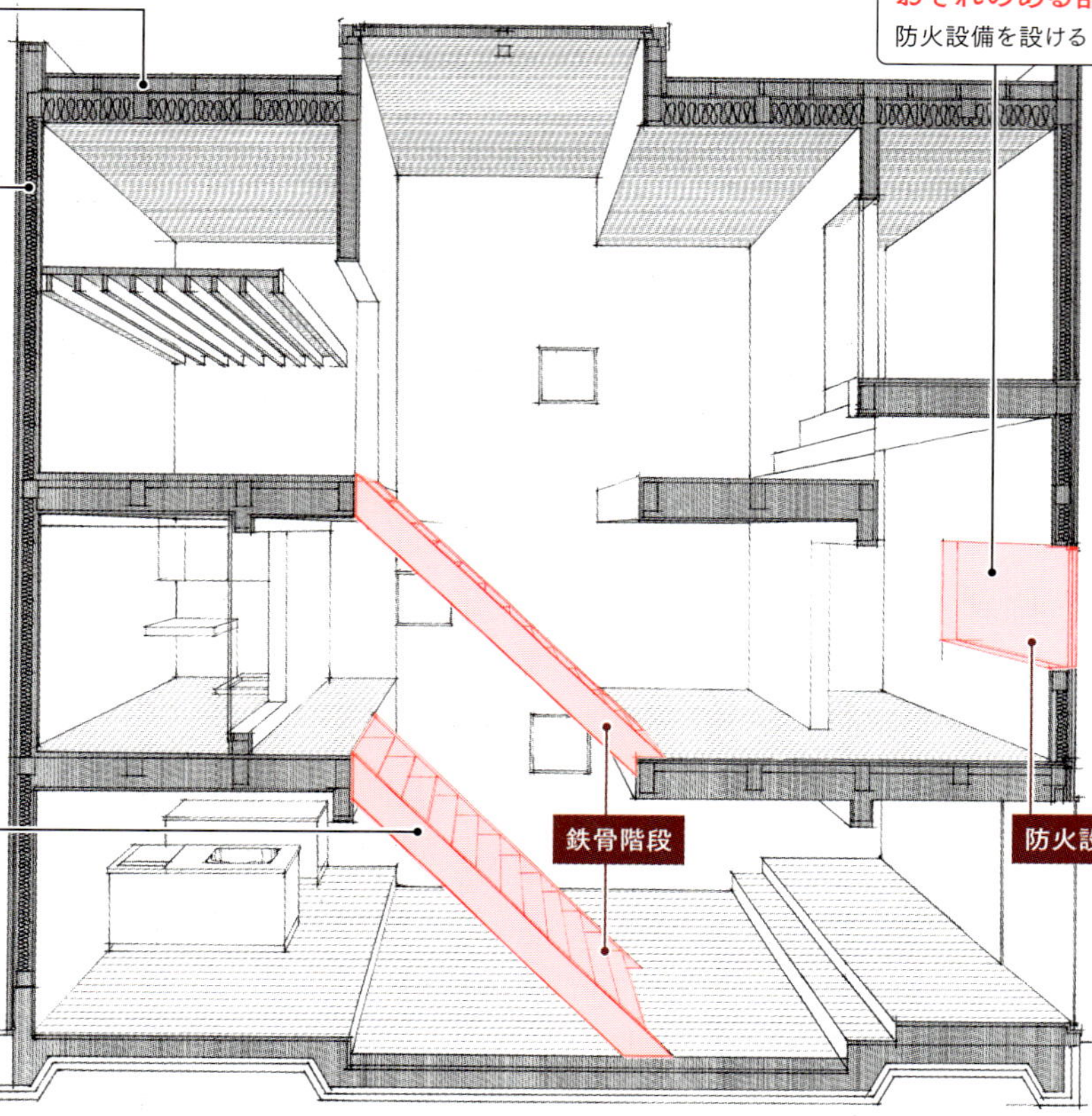
鉄骨階段
防火設備

準耐火建築物・ロ準耐2号

ロ準耐2号（軸組不燃型）とは

主要構造部である柱・梁を不燃材料、それ以外の主要構造部を準不燃材料で造り、外壁の延焼のおそれのある部分を防火構造、屋根を不燃材料で造るか葺き、3階以上の床またはその直下の天井を準耐火構造などとしたもの

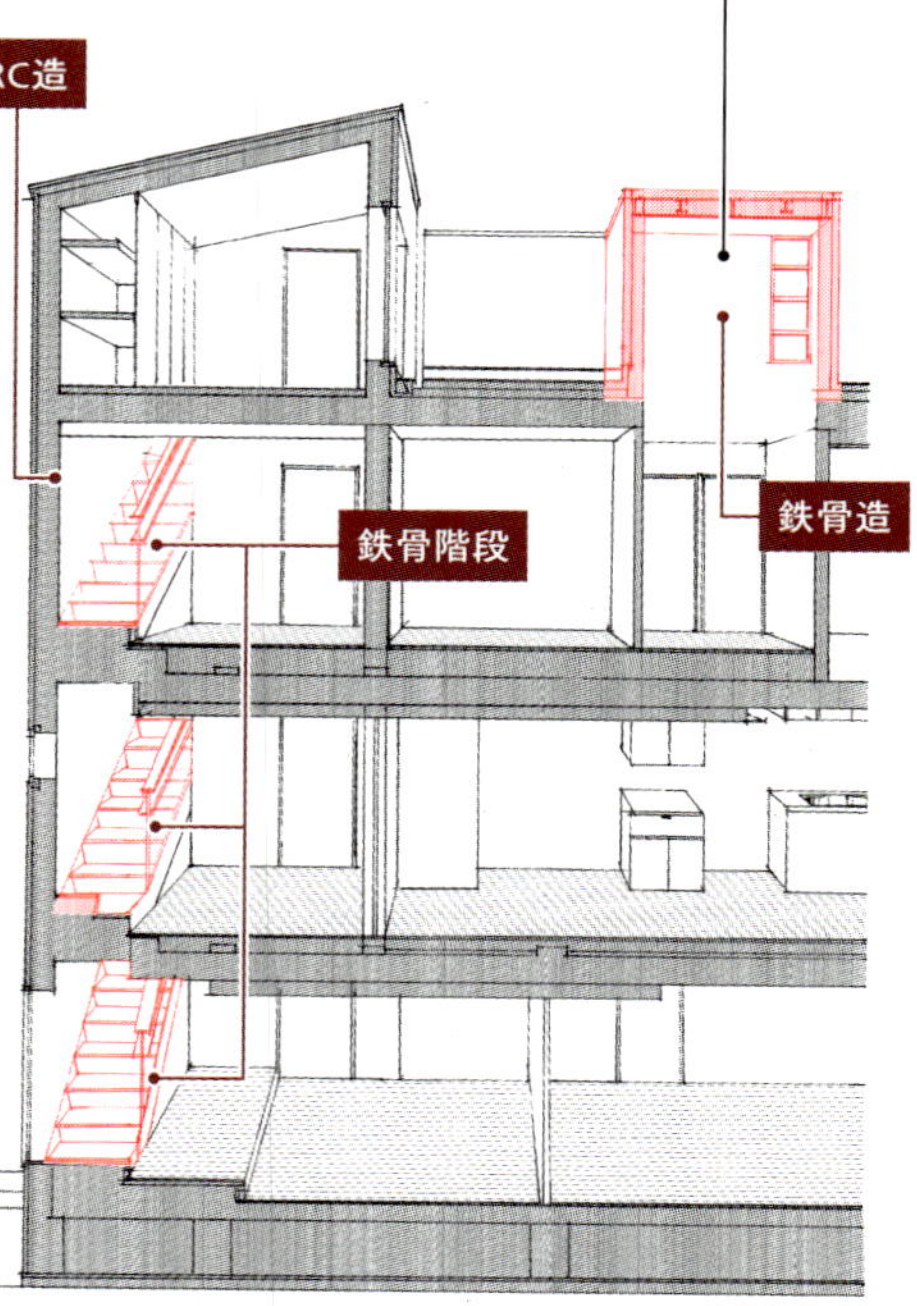
RC造
鉄骨階段
鉄骨造

準耐火建築物・ロ準耐1号

ロ準耐1号（外壁耐火型）とは

外壁を耐火構造［※2］とし、屋根を不燃材料で造るか葺いたもの。ただし屋根の延焼のおそれのある部分は準耐火構造など20分間非損傷性のものとする

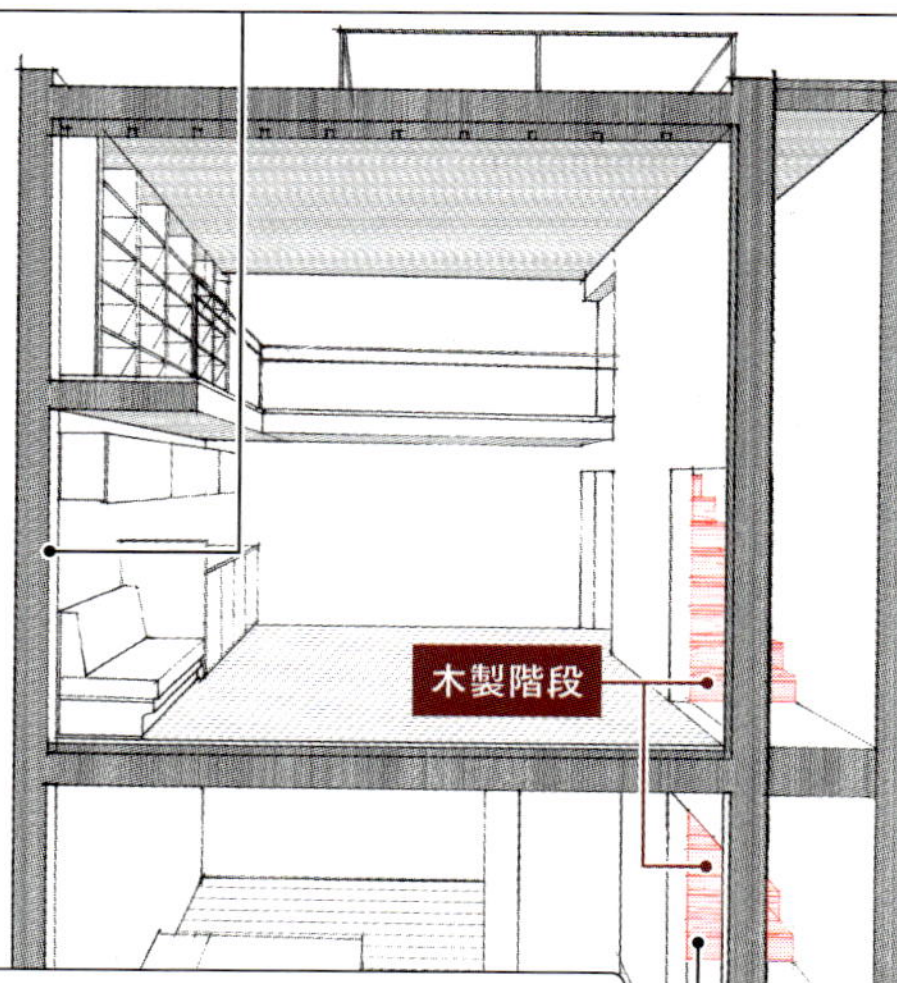
木製階段

床・屋根・外壁がRC造の場合

主要構造部が準耐火構造で3階以上の階に居室がある場合は竪穴区画［84頁参照］が必要となるがロ準耐の場合は免除される。このため上図のように主要構造部をRC造としたものでも、階段が木造の場合はロ-1準耐に、外壁の一部を防火被覆のない鉄骨造としたものはロ-2準耐となり、それぞれ竪穴区画が免除される

ここを見る！

- 法2条7号の2
- 法2条9号の3
- 令109条の2の2
- 令109条の3
- 平12建告1358号

これを押さえる！

準耐火建築物とは、火災時に一定時間、倒壊や延焼を防ぐ耐火性能を持つ建築物のこと。火災終了後の倒壊防止などの性能まで求められていない点が耐火建築物の場合と異なる。主要構造部を準耐火構造としたイ準耐か、それと同等の準耐火性能を有するロ準耐とし、延焼のおそれのある外壁開口部に防火設備を設置した建築物である。

※1　平12建告1358号
※2　ロ-1準耐の耐火構造とする外壁は、屋内外の火災に対して倒壊せず燃え残る自立した壁としなければならない。このため耐力壁の外壁はRC造やコンクリートブロック造とする必要がある。非耐力壁の外壁を、ALCパネルを設けて耐火構造とする場合は、骨組みを鋼材等の不燃材料とし、その部分に耐火被覆をした構造とする必要がある

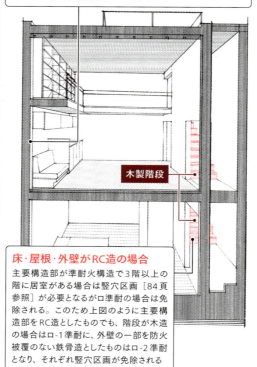

COLUMN

耐火構造は外部と内部の火災、防火構造は外部の火災に対する防火性能

表1　耐火構造の耐火時間［令107条］

性能		対象部位	耐火時間
非損傷性	建築物の荷重を支える主要構造部が火熱によって、変形、溶融、破壊、その他の損傷を受けることを防ぐ性能のこと［令107条1項1号］	耐力壁、床	最上階、最上階からの階が4以内の階：1時間 最上階からの階が5以上9以内の階：1.5時間 最上階からの階が10以上の階：2時間
		柱、梁	最上階、最上階からの階が4以内の階：1時間 最上階からの階が5以上、9以内の階：1.5時間 最上階からの階が10以上14以内の階：2時間 最上階からの階が15以上19以内の階：2.5時間 最上階からの階が20以上の階：3時間
		屋根、階段	30分
遮熱性	内壁・外壁・床が火炎によって加熱され、火災に接している面以外の面が可燃物燃焼温度以上になり、壁に接する可燃物が燃焼することを防止する性能のこと［令107条1項2号］	壁、床	1時間
		延焼のおそれのある部分以外の非耐力壁の外壁	30分
遮炎性	屋内で発生する通常の火災で、屋外へ火災を出す亀裂や損傷を外壁・屋根に生じさせない性能のこと［令107条1項3号］	外壁や屋根で延焼のおそれのある部分	1時間
		それ以外の非耐力壁である外壁や屋根	30分

注　階数の算定では、地階の部分の階数もすべて算入する。階数に算入されない屋上部分［48頁参照］は最上階に含まれるものとする

表2　準耐火構造の耐火時間［令107条の2］

部分 / 要件		壁					柱	梁	床	屋根	軒裏		階段
		耐力壁		非耐力壁									
					外壁						延焼のおそれ		
		間仕切壁	外壁	間仕切壁	延焼のおそれ あり	延焼のおそれ なし					あり	なし	
45分準耐火	非損傷性	45分	45分	—	—	—	45分	45分	45分	30分	—	—	30分
	遮熱性	45分	45分	45分	45分	30分	—	—	45分	—	45分	30分	—
	遮炎性	—	45分	—	45分	30分	—	—	—	30分	—	—	—
1時間準耐火	非損傷性	1時間	1時間	—	—	—	1時間	1時間	1時間	30分	—	—	30分
	遮熱性	1時間	1時間	1時間	1時間	30分	—	—	1時間	—	1時間	30分	—
	遮炎性	—	1時間	—	1時間	30分	—	—	—	30分	—	—	—

表3　防火・準防火構造の耐火時間［令108条、令109条の10］

性能		部位		
		外壁		軒裏
		耐力壁	非耐力壁	
防火構造［令108条］	非損傷性（周囲で発生する通常の火災）	30分	—	—
	遮熱性（周囲で発生する通常の火災）	30分	30分	30分
準防火構造［令109条の10］	非損傷性（周囲で発生する通常の火災）	20分	—	—
	遮熱性（周囲で発生する通常の火災）	20分	20分	—

耐火構造とは、一定時間、建築物の倒壊と延焼を防止する耐火性能を有する構造のこと。その構造方法は、平12建告1399号に例示されている。なお、耐火性能とは、火災が終了するまでの一定時間（耐火時間）内に、建築物が損傷したり延焼したりしない性能のこと。主要構造部ごとに、非損傷性・遮熱性・遮炎性の技術的基準が定められている［表1］。

準耐火構造とは、通常の火災による延焼を抑制するための耐火性能を有する構造のことをいう。そのため、建築物の倒壊防止性能を求める耐火構造に比べて、損傷に耐えることを求められる時間が短く設定されている［表2］。

防火構造とは、建築物の周囲で発生する通常の火災による延焼を抑制するために、外壁または軒裏に防火上必要とされる性能をもつ構造のこと。準防火構造とは、準防火性能をもつ外壁の構造のことで、防火構造の場合と同様に周囲で発生する通常の火災による延焼の抑制効果が求められている。

耐火構造や準耐火構造では、外部の火災に対してだけでなく、内部で発生する火災に対しても、耐火性能が要求されるのに対し、防火構造や準防火構造では、周囲の延焼に対する非損傷性と遮熱性のみ求められる［表3］。

告示仕様で9階建てまでの木造耐火建築物が可能

ここを見る！

法2条7号
令107条
平12建告1399号

これを押さえる！

耐火構造について定めた告示では、木造は耐火性能時間が1時間と1.5時間の仕様が定められている。このため構造耐力が基準を満たせば、耐火性能については告示仕様で9階建てまでの木造耐火建築物が建築可能となっている。さらに耐火性能時間が2時間以上の大臣認定品もあり、これを使えばより高層の木造建築物も可能。

木造の耐火建築物の仕様例［平12建告1399号］

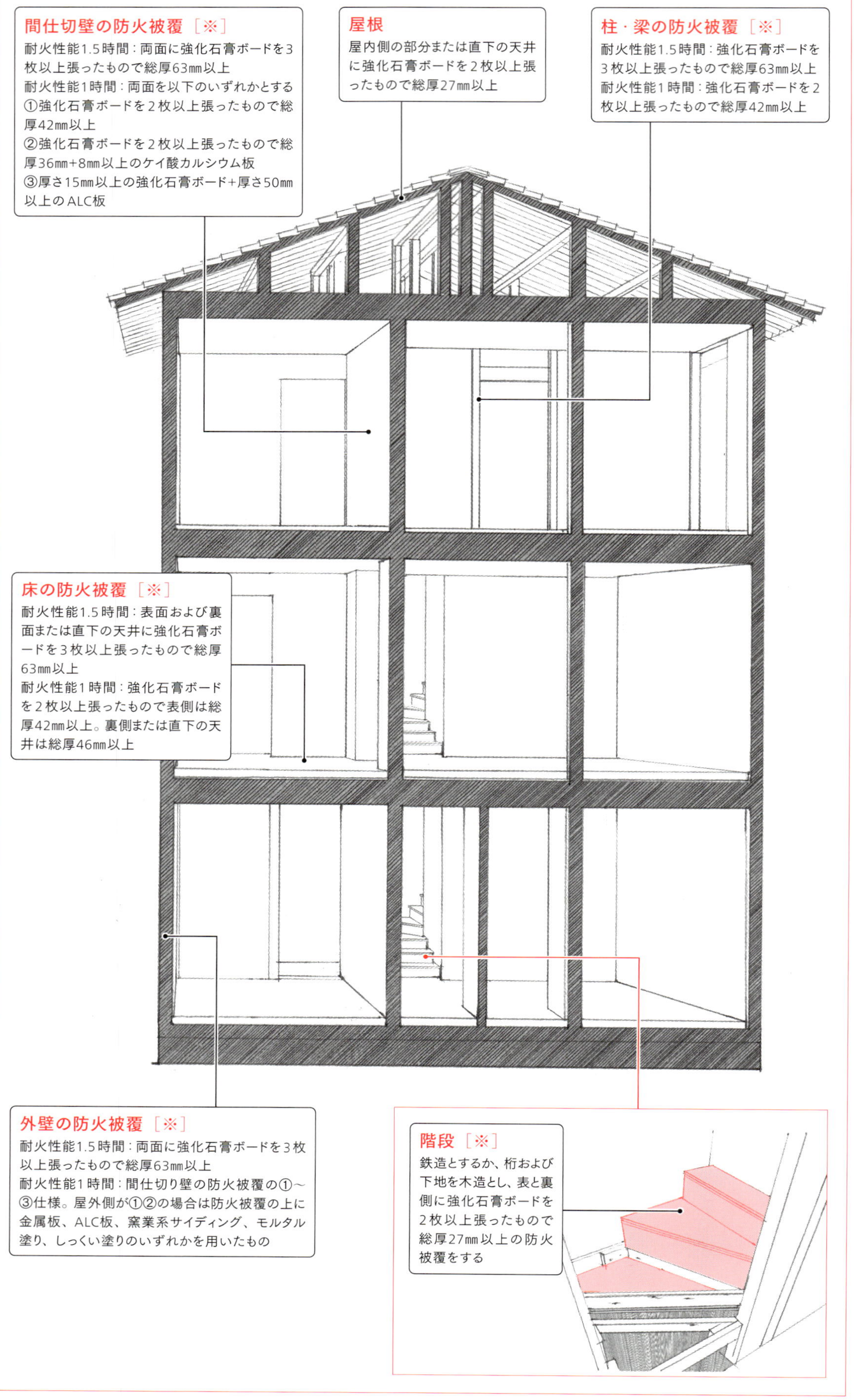
間仕切壁の防火被覆［※］
耐火性能1.5時間：両面に強化石膏ボードを3枚以上張ったもので総厚63mm以上
耐火性能1時間：両面を以下のいずれかとする
①強化石膏ボードを2枚以上張ったもので総厚42mm以上
②強化石膏ボードを2枚以上張ったもので総厚36mm+8mm以上のケイ酸カルシウム板
③厚さ15mm以上の強化石膏ボード+厚さ50mm以上のALC板
屋根
屋内側の部分または直下の天井に強化石膏ボードを2枚以上張ったもので総厚27mm以上
柱・梁の防火被覆［※］
耐火性能1.5時間：強化石膏ボードを3枚以上張ったもので総厚63mm以上
耐火性能1時間：強化石膏ボードを2枚以上張ったもので総厚42mm以上
床の防火被覆［※］
耐火性能1.5時間：表面および裏面または直下の天井に強化石膏ボードを3枚以上張ったもので総厚63mm以上
耐火性能1時間：強化石膏ボードを2枚以上張ったもので表側は総厚42mm以上。裏側または直下の天井は総厚46mm以上
外壁の防火被覆［※］
耐火性能1.5時間：両面に強化石膏ボードを3枚以上張ったもので総厚63mm以上
耐火性能1時間：間仕切り壁の防火被覆の①～③仕様。屋外側が①②の場合は防火被覆の上に金属板、ALC板、窯業系サイディング、モルタル塗り、しっくい塗りのいずれかを用いたもの
階段［※］
鉄造とするか、桁および下地を木造とし、表と裏側に強化石膏ボードを2枚以上張ったもので総厚27mm以上の防火被覆をする

※　強化石膏ボードは、いずれも石膏の含有率95%以上、ガラス繊維含有率0.4%以上、ひる石含有率2.5%以上としたもの

大規模な木造建築物等は防火上の制限が厳しい

火災時倒壊防止構造の建築物

耐火性能が求められる建築物
木造建築物等［※1］で
①地上階数≧4
②高さ＞16m
③倉庫、自動車車庫、自動車修理工場、映画・テレビスタジオなどで高さ＞13m
のいずれかに該当する場合は、特定主要構造部を耐火構造としたものか、または火災時倒壊防止構造［80頁参照］などの建築物としなければならない

地上階数が4以上のため、火災時倒壊防止構造の建築物としている

大規模な木造建築物等は、防火制限のほか敷地内通路の設置など避難規定の適用も受ける［表］

これもCheck!!
» 木造であるか否かを問わず、延べ面積が1,000㎡を超える建築物で、耐火建築物や準耐火建築物でない場合は、1,000㎡以内ごとに防火床や防火壁で区画しなければならない

表　規模による建築物の防火制限［法21条、法25条、法26条、令128条の2］

対象建築物		制限内容	適用条項
木造建築物等［※1］	以下のいずれかに該当するもの ①地上階数≧4　②高さ＞16m ③倉庫、自動車車庫、自動車修理工場、映画・テレビスタジオなどで高さ＞13m	特定主要構造部を耐火構造としたもの、または火災時倒壊防止構造など［80頁参照］の建築物とする。ただし、建築物の周囲に建築物の高さ以上の水平距離の空地が確保されている場合は適用除外	法21条1項
木造建築物等［※1］	延べ面積＞3,000㎡	以下のいずれかとする ①特定主要構造部を耐火構造または火災時倒壊防止構造など［80頁参照］としたもの ②周辺危害防止構造とし周辺高加熱面積を一定の規模以下としたもの［※2］	法21条2項
木造建築物等［※1］	延べ面積＞1,000㎡ （複数棟の場合は床面積の合計）	延焼のおそれのある部分の外壁・軒裏を防火構造とし、屋根を不燃化する	法25条
木造建築物等［※1］	延べ面積＞1,000㎡で 耐火建築物以外のもの	道に接した部分を除いて、建築物の周囲にW≧3mの敷地内通路を設ける［106頁参照］ 延べ面積≦3,000㎡の場合は、隣地に接する部分はW≧1.5mとなる	令128条の2第1項
建築物	延べ面積＞1,000㎡	耐火建築物または準耐火建築物でない場合は、防火壁、防火床で1,000㎡以内ごとに区画する。ただし、以下のいずれかの場合は適用除外 ①卸売り市場の上屋、機械製作工場などで主要構造部が不燃材料で造られたものか定められた基準に適合するもの ②畜舎などで基準に適合するもの	法26条
建築物	敷地内に2以上の建築物があり、延べ面積合計＞1,000㎡のもの（耐火建築物、準耐火建築物、1棟で延べ面積＞1,000㎡のものを除く）	延べ面積合計1,000㎡以内ごとの建築物群に区画し、区画相互間にW≧3mの敷地内通路を設ける［106頁参照］。ただし、耐火建築物や準耐火建築物が、区画相互を有効に遮っている場合は緩和される	令128条の2第2項

※1　床、屋根、階段を除いた主要構造部のうち、自重、積載荷重、積雪荷重（多雪区域のみ）を支える部分の全部または一部に木材などの可燃物を用いた建築物
※2　令6国交告284～286号に定める構造方法や規模のもの

ここを見る！
法21条
法25条
法26条
令128条の2

これを押さえる！

一定の階数・高さ以上の木造建築物等［※1］は、特定主要構造部を耐火構造や火災時倒壊防止構造［80頁参照］などの建築物としなければならない。また延べ面積が1千㎡を超える木造建築物等は、外壁・軒裏の防火制限が厳しくなり、延べ面積が3千㎡を超えると、周辺に危害を与えない構造とする必要がある。

COLUMN

火災時倒壊防止構造と避難時倒壊防止構造

防火規制の性能規定化により定められた構造で、どちらも準耐火構造のため、
木造部分を燃えしろ設計［※］とし木部露わしとすることができる。

火災時倒壊防止構造とは［法21条、令109条の5、令元国交告193号］

一定の階数、高さ、面積を超える大規模な木造建築物等は、火災による火熱が加えられた場合に、火災が消火措置により終了するまでの時間、建築物が倒壊や延焼しない構造とするため、特定主要構造部を耐火構造としなければならない［79頁参照］。ただし、耐火構造に代えて火災時倒壊防止構造とすることが可能で、階数により75分準耐火構造、1時間準耐火構造などとすることもできる［表1］。火災時倒壊防止構造とは、建築物の固有火災終了時間を計算し、特定主要構造部をその時間区分ごとに定められた仕様とした構造のもので、階数の制限がない。また、火災時倒壊防止構造としたものは避難時倒壊防止構造にも該当する。

表1　耐火建築物以外とした大規模木造建築物等［令元国交告193号］

<table>
<tr><th>階数要件</th><th>制限なし</th><th>地上4階建て</th><th>地上3階建て</th><th>地上2階建て</th></tr>
<tr><td>①用途等</td><td>病院、診療所、児童福祉施設等の自力で避難することが難しい施設以外の用途であること</td><td>・用途地域指定区域内であること
・法別表第1（い）欄（5）（6）以外の用途であること</td><td colspan="2">倉庫、自動車車庫以外の用途</td></tr>
<tr><td>②主要構造部</td><td>火災時倒壊防止構造</td><td>75分準耐火構造</td><td>1時間準耐火構造</td><td rowspan="8">①外壁・軒裏を防火構造とし、1階床（地階がある場合）・2階床を準耐火構造などの平12国交告1368号に定める構造とする。地階は主要構造部を耐火構造または不燃材料で造る
②火気使用室を耐火構造の床・壁、特定防火設備で防火区画する
③各室・各通路の壁・天井を難燃材料とするか、スプリンクラー設備と排煙設備を設ける
④告示で定める構造計算方法で火災時に容易に倒壊しないことを確かめる
⑤令46条2項1号のイ、ロに適合している</td></tr>
<tr><td>③防火区画［*1］</td><td>スプリンクラー設備等、内装仕上げ、防火設備の閉鎖性能により100㎡、200㎡、500㎡、600㎡以内ごとに防火区画</td><td>200㎡以内ごとに床・壁・75分防火設備で区画（防火設備が常時閉鎖式または作動した状態のものは500㎡以内）</td><td>⑦を設けない場合は200㎡以内ごとに床・壁・20分防火設備で防火区画</td></tr>
<tr><td>④内装制限</td><td>—</td><td>天井を準不燃材料</td><td>—</td></tr>
<tr><td>⑤特別避難階段等</td><td>2階以上に居室のある場合は特別避難階段［*2］を設置</td><td>・2階以上に居室のある場合は特別避難階段［*2］を設置
・廊下等の避難経路に排煙設備を設置するか外気に有効に開放</td><td>—</td></tr>
<tr><td>⑥外壁の開口部</td><td>一定の範囲内の外壁開口部に、必要遮炎時間による区分に応じた上階延焼抑制防火設備を設置</td><td>ほかの外壁の開口部から一定の範囲内の外壁開口部に防火設備を設置</td><td>⑦を設けない場合で、上階の開口部に延焼するおそれのある場合は、防火庇などを設置</td></tr>
<tr><td>⑦敷地内通路</td><td colspan="3">居室に設けられた開口部がある外壁面に限り、道に面する部分を除きW≧3mの通路（敷地の接する道まで達するもの）を設ける</td></tr>
<tr><td>⑧スプリンクラー設備等</td><td>用途地域無指定区域内の場合は設置要</td><td>③の区画部分ごとに設置</td><td>—</td></tr>
<tr><td>⑨自動火災報知設備</td><td>居室に設置</td><td></td><td>—</td></tr>
</table>

*1　区画を貫通する配管や風道は、それぞれ定められた防火設備などによる区画貫通措置が必要
*2　令123条3項に定める特別避難階段とは一部異なる構造が定められている

避難時倒壊防止構造とは［法27条、令110条、平27国交告255号］

法別表第1（い）欄（1）～（4）の特殊建築物で一定の規模以上のものは、火災時に建物内の人々が地上に避難するまでの間、建築物が倒壊や延焼しない構造とするため、特定主要構造部を耐火構造としなければならない［74頁参照］。ただし、耐火構造に代えて避難時倒壊防止構造の建築物［表2］とすることができる。避難時倒壊防止構造とは、建築物の固有特定避難時間を計算し、特定主要構造部をその時間区分ごとに定められた仕様とした構造のもの

表2　避難時倒壊防止構造の建築物［平27国交告255号］

項目	要件
用途	病院、診療所、児童福祉施設などの自力で避難することが難しい施設以外の用途であること
主要構造部	避難時倒壊防止構造
特別避難階段	2階以上に居室のある場合は特別避難階段［*1］を設置
外壁の開口部	①延焼のおそれのある部分には防火設備を設置 ②一定の範囲内の外壁開口部に、必要遮炎時間による区分に応じた上階延焼抑制防火設備を設置
スプリンクラー設備等［*2］	用途地域無指定区域内の場合はスプリンクラー設備等を設置
自動火災報知設備	居室に設置
敷地内通路	居室に設けられた開口部がある外壁面に限り、道に面する部分を除いた部分に、W≧3mの通路（敷地の接する道まで達するもの）を設ける

*1　令123条3項に定める特別避難階段とは一部異なる構造が定められている
*2　スプリンクラー設備、水噴霧消火設備、泡消火設備などで自動式のもの

※　木材は燃焼時に表面から燃え進み中心部は一定時間強度を保つことから、木材表面の火災で燃焼する燃えしろの分だけ柱や梁の断面を大きくして、防火被覆したものと同等の耐火性能を確保する設計方法。防火被覆をしなくてすむため木部を露わしとすることができる。燃えしろの寸法は告示で定められているが、燃えしろ部分を除いた部材断面で建築物が必要な構造耐力を有しているかを計算する必要がある

防火設備は使用箇所により遮炎性能時間が異なる

ここを見る！

- 法2条9号の2ロ
- 法61条
- 令109条
- 令109条の2
- 令112条19項
- 昭48建告2563号
- 平12建告1360号
- 平12建告1369号
- 令2国交告193・196・198号

これを押さえる！

建築物の屋内での火災拡大や、外部からの延焼を防止するため、一定の建築物は防火区画の開口部や外壁開口部などに、防火戸、防火シャッター、ドレンチャー設備［※1］など、火熱を遮るための防火設備を設けなければならない。防火設備は使用箇所により種類が異なり、告示に定めるものか大臣認定を受けたものとする。

防火区画に設ける防火設備

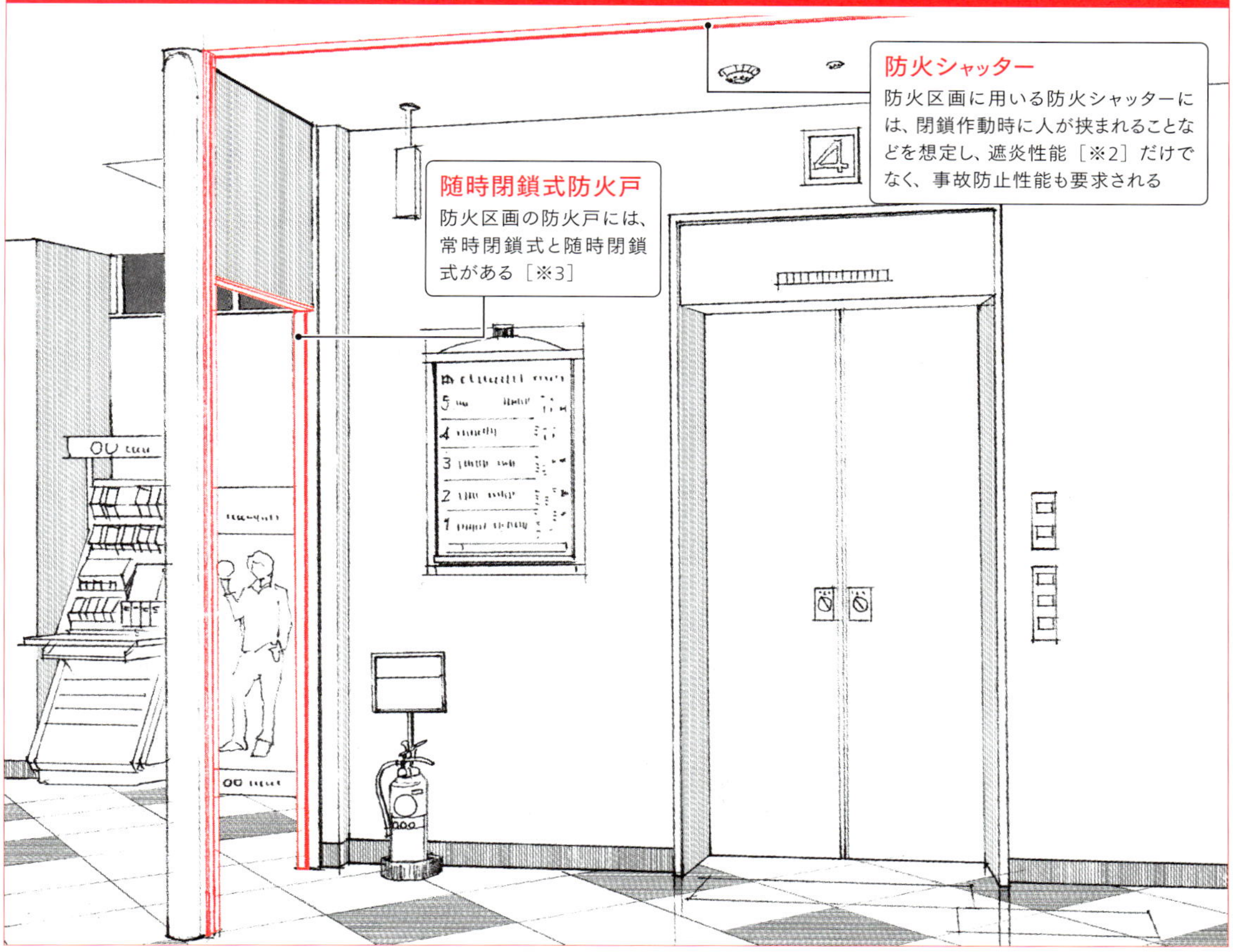
防火シャッター
防火区画に用いる防火シャッターには、閉鎖作動時に人が挟まれることなどを想定し、遮炎性能［※2］だけでなく、事故防止性能も要求される
随時閉鎖式防火戸
防火区画の防火戸には、常時閉鎖式と随時閉鎖式がある［※3］

延焼のおそれのある外壁開口部に設ける防火設備

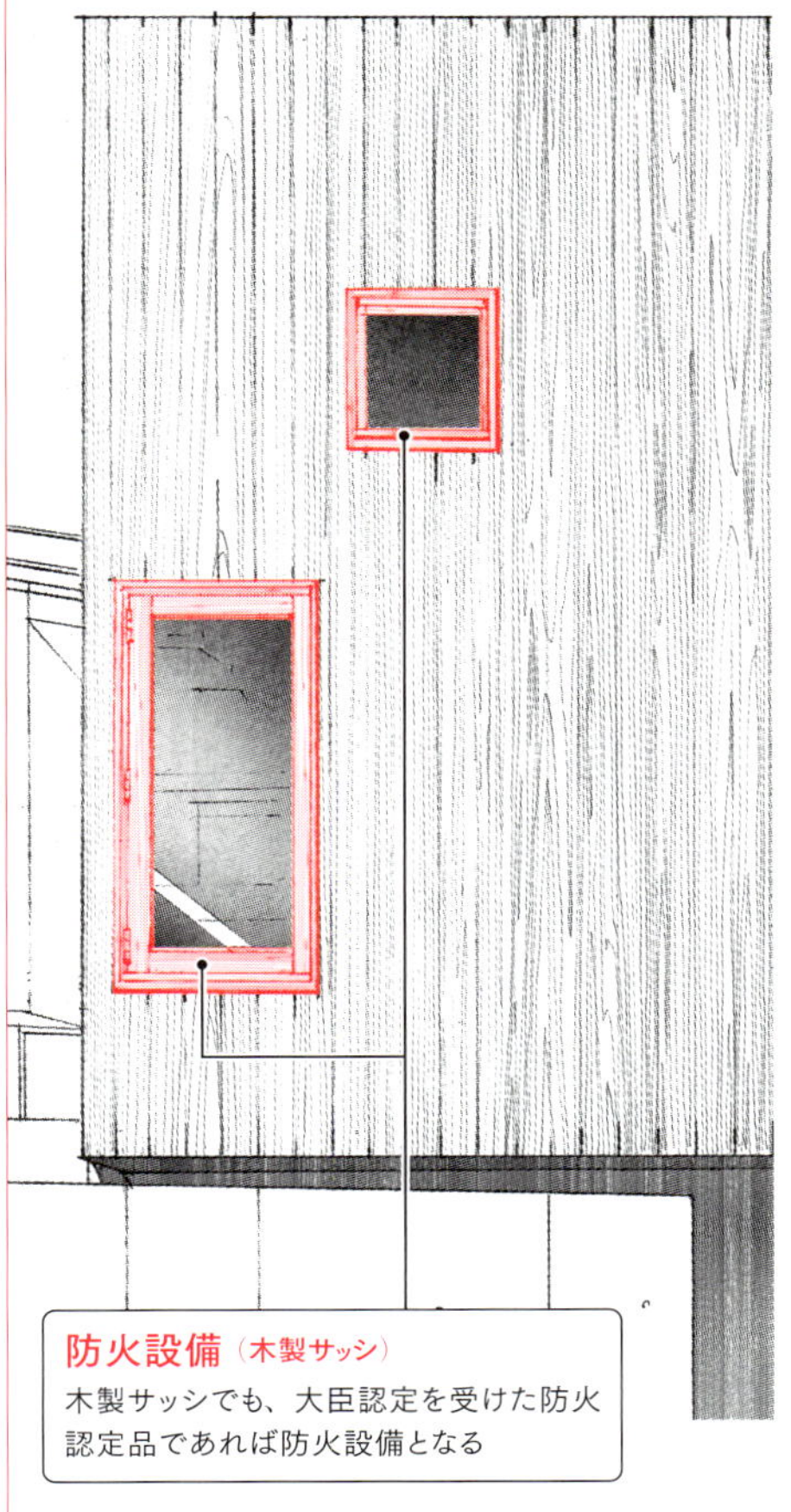
防火設備（木製サッシ）
木製サッシでも、大臣認定を受けた防火認定品であれば防火設備となる

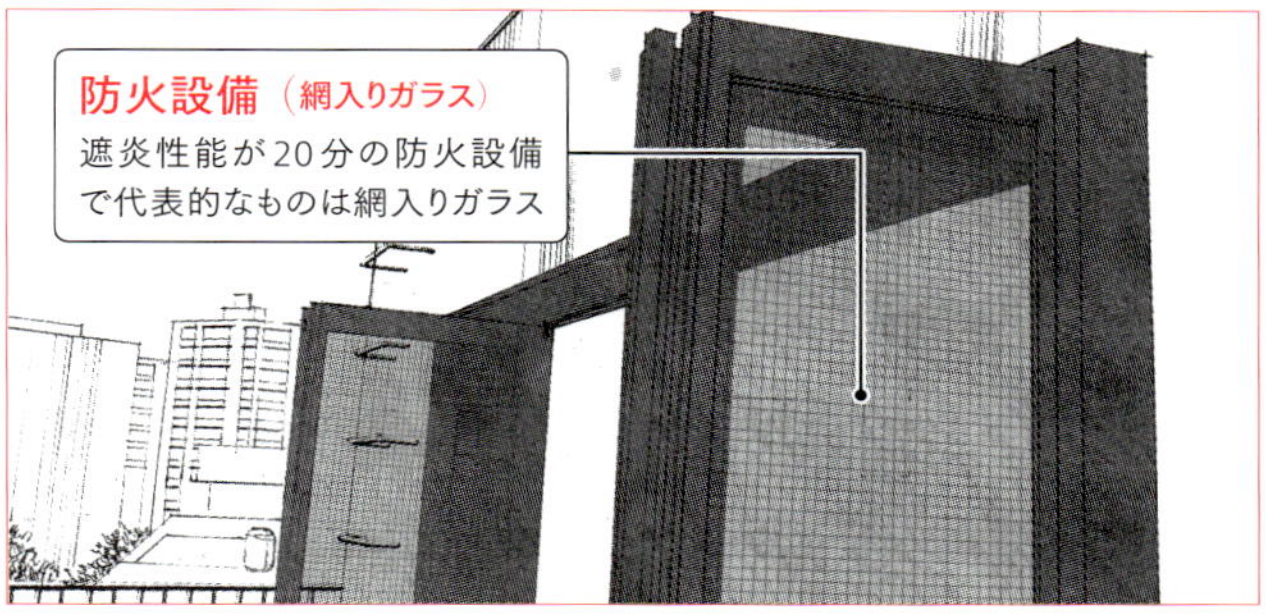
防火設備（網入りガラス）
遮炎性能が20分の防火設備で代表的なものは網入りガラス

表　防火設備の種類

防火設備の種類	遮炎性能時間	主な使用箇所
法2条9号2ロの防火設備（平12建告1360号）	20分間	耐火・準耐火建築物の延焼のおそれのある部分の外壁開口部、竪穴区画など、多くの箇所で用いられる防火設備
特定防火設備（平12建告1369号）	1時間	面積区画、高層区画、異種用途区画、防火床・防火壁の開口部、特別避難階段など遮炎性能の強化が必要な部分に用いる
10分間防火設備（令2国交告198号）	10分間	階数3かつ延べ面積200㎡未満の病院などの竪穴区画［84頁参照］や2以上の直通階段の設置緩和部分［97頁参照］などに用いる
20分間防火設備（令元国交告196号）	片面20分間［*］	法27条1項の特殊建築物の延焼のおそれのある部分の外壁開口部などに用いる
30分間防火設備（令元国交告193号）	30分間	火災時倒壊防止構造や避難時倒壊防止構造の建築物などに用いる
45分間防火設備（令元国交告193号）	45分間	
75分間防火設備（令元国交告193号）	75分間	
90分間防火設備（令元国交告193号）	90分間	

*　屋内面に20分間火炎を出さないもの。屋内から屋外面への遮炎性能は不問

注　「壁等」の区画では、遮熱型90分間防火設備（令6国交告227号第13）、遮熱型特定防火設備（令6国交告227号第14）、遮熱型45分間防火設備（令6国交告227号第15）が使用される

※1　延焼を防止するために、圧力をかけた水を散水ノズルから放水し水幕を張る消火設備。国宝や重要文化財などに使用されることが多い。劇場で舞台と客席との延焼防止に使用されることもある｜※2　通常の火災による火熱時に、定められた時間、加熱面以外の面に火炎を出さない性能をいう｜※3　常時閉鎖式は手動で開けるため、3㎡以内の大きさに制限されているほか、手を離すと自然に閉じなければならない。随時閉鎖式は普段は開放されていて、煙や熱を感知すると自動的に閉鎖するもの。大きさに制限はないが、避難経路に設置する場合は、一部をくぐり戸とする

面積区画は大規模建築物における防火区画

ここを見る！

令112条1～6項

これを押さえる！

面積区画は、大規模な建築物における火災の拡大を防ぐために、一定の面積で建築物を区画するもの。耐火建築物では、1千500㎡以内ごとに区画を行う。床・壁は耐火構造で、開口部は特定防火設備で区画しなくてはならない。

面積区画の例

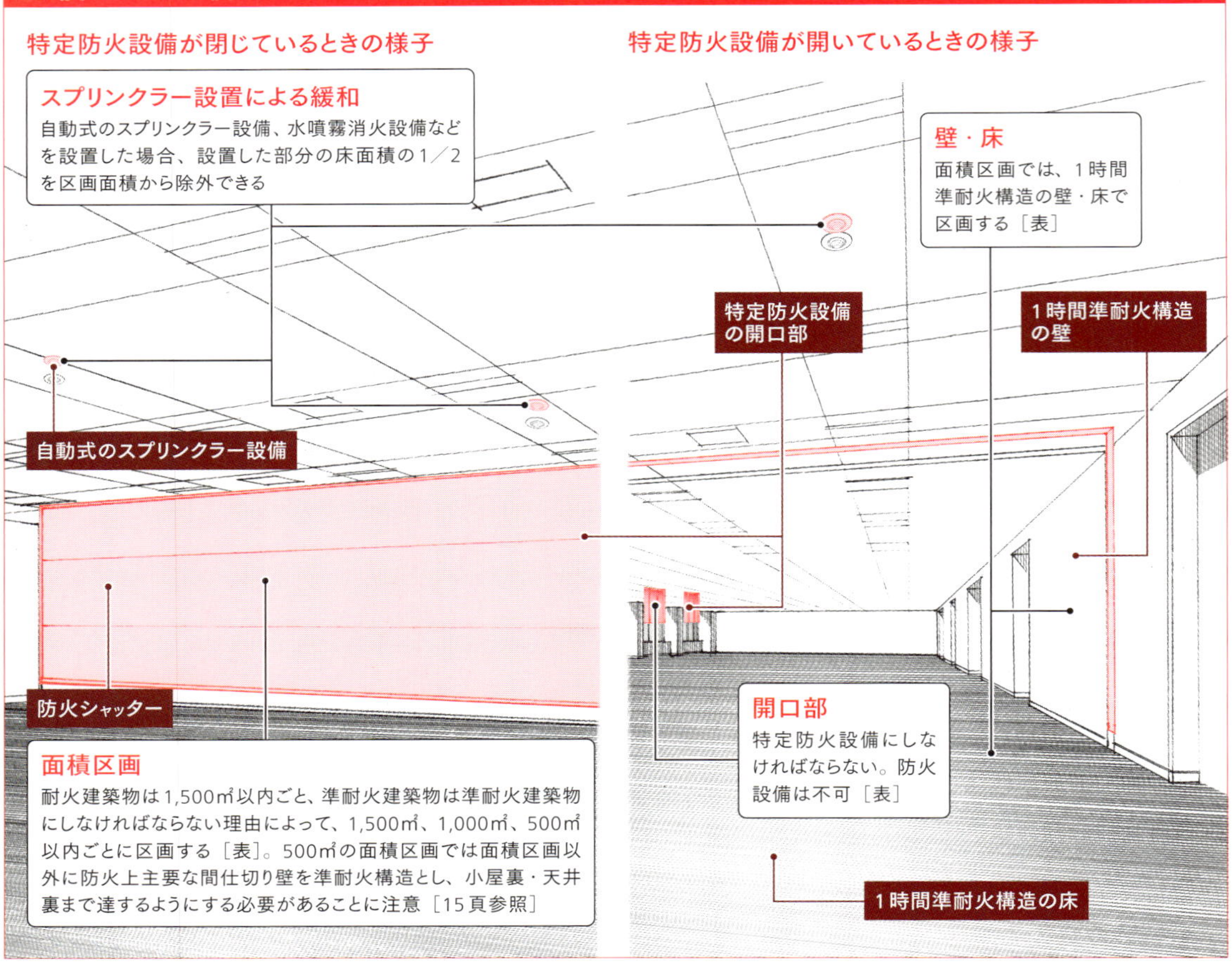
特定防火設備が閉じているときの様子
特定防火設備が開いているときの様子
スプリンクラー設置による緩和
自動式のスプリンクラー設備、水噴霧消火設備などを設置した場合、設置した部分の床面積の1／2を区画面積から除外できる
壁・床
面積区画では、1時間準耐火構造の壁・床で区画する［表］
特定防火設備の開口部
1時間準耐火構造の壁
自動式のスプリンクラー設備
防火シャッター
面積区画
耐火建築物は1,500㎡以内ごと、準耐火建築物は準耐火建築物にしなければならない理由によって、1,500㎡、1,000㎡、500㎡以内ごとに区画する［表］。500㎡の面積区画では面積区画以外に防火上主要な間仕切り壁を準耐火構造とし、小屋裏・天井裏まで達するようにする必要があることに注意［15頁参照］
開口部
特定防火設備にしなければならない。防火設備は不可［表］
1時間準耐火構造の床

表　面積区画の適用

対象建築物	区画面積・部分	区画方法 床・壁	区画方法 開口部
①耐火建築物（特定主要構造部を耐火構造としたものを含む） ②延焼防止建築物、任意の準延焼防止建築物［69頁参照］ ③法規制によらない任意の準耐火建築物	≦1,500㎡ごと	1時間準耐火構造	特定防火設備
①法の規制により1時間準耐火構造またはロ−2準耐とした建築物 ②通常火災終了時間を1時間以上とした火災時倒壊防止建築物［80頁参照］ ③特定避難時間を1時間以上とした避難時倒壊防止建築物［80頁参照］	≦1,000㎡ごと		
①法の規制により45分準耐火構造またはロ−1準耐とした建築物 ②通常火災終了時間を1時間未満とした火災時倒壊防止建築物［80頁参照］ ③特定避難時間を1時間未満とした避難時倒壊防止建築物［80頁参照］ ④準防火地域内の準延焼防止建築物	≦500㎡ごと		
	上記に加え、防火上主要な間仕切壁を区画	準耐火構造	制限なし

面積区画が免除される例

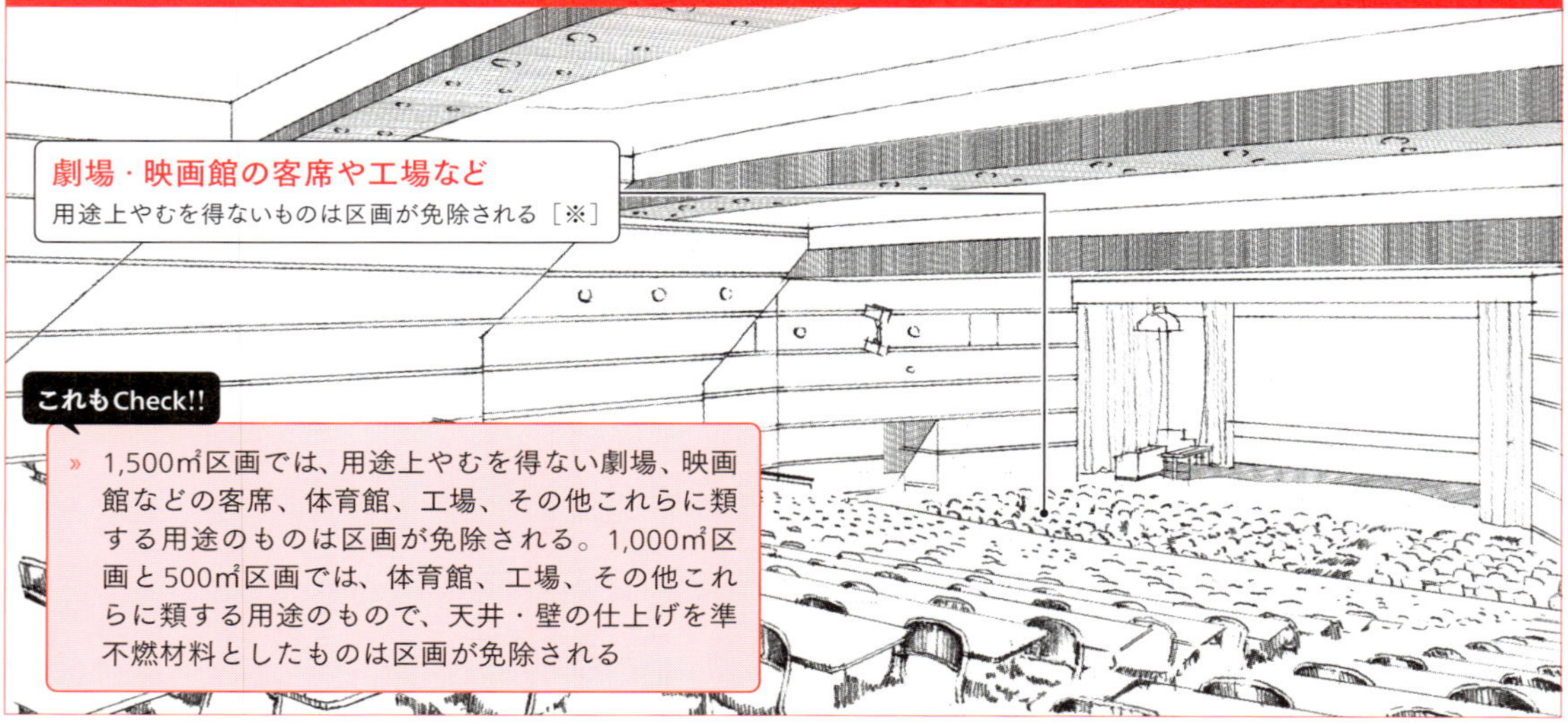
劇場・映画館の客席や工場など
用途上やむを得ないものは区画が免除される［※］

これもCheck!!

» 1,500㎡区画では、用途上やむを得ない劇場、映画館などの客席、体育館、工場、その他これらに類する用途のものは区画が免除される。1,000㎡区画と500㎡区画では、体育館、工場、その他これらに類する用途のもので、天井・壁の仕上げを準不燃材料としたものは区画が免除される

※　用途上やむを得ない部分として、階段室、昇降機の昇降路（乗降ロビーを含む）で、床・壁を1時間準耐火構造、開口部を特定防火設備で区画した部分も、面積区画が免除される。ただし1,000㎡区画や500㎡区画では、区画した部分の天井・壁の仕上げを準不燃材料とする必要がある

防火

防火区画／高層区画

11階以上の部分には高層区画が必要

ここを見る！

令112条7～10項

これを押さえる！

建築物の高層階には消防車の梯子が届かず、屋外からの消火・救助活動が難しくなる。このため、高層部分には厳しい面積区画が義務付けられ、11階以上の高層部分は100㎡以内ごとに耐火構造の床・壁、防火設備による防火区画が必要となる。ただし、この部分の内装を不燃化し、開口部を特定防火設備にすると区画面積が緩和される。

高層区画の基本

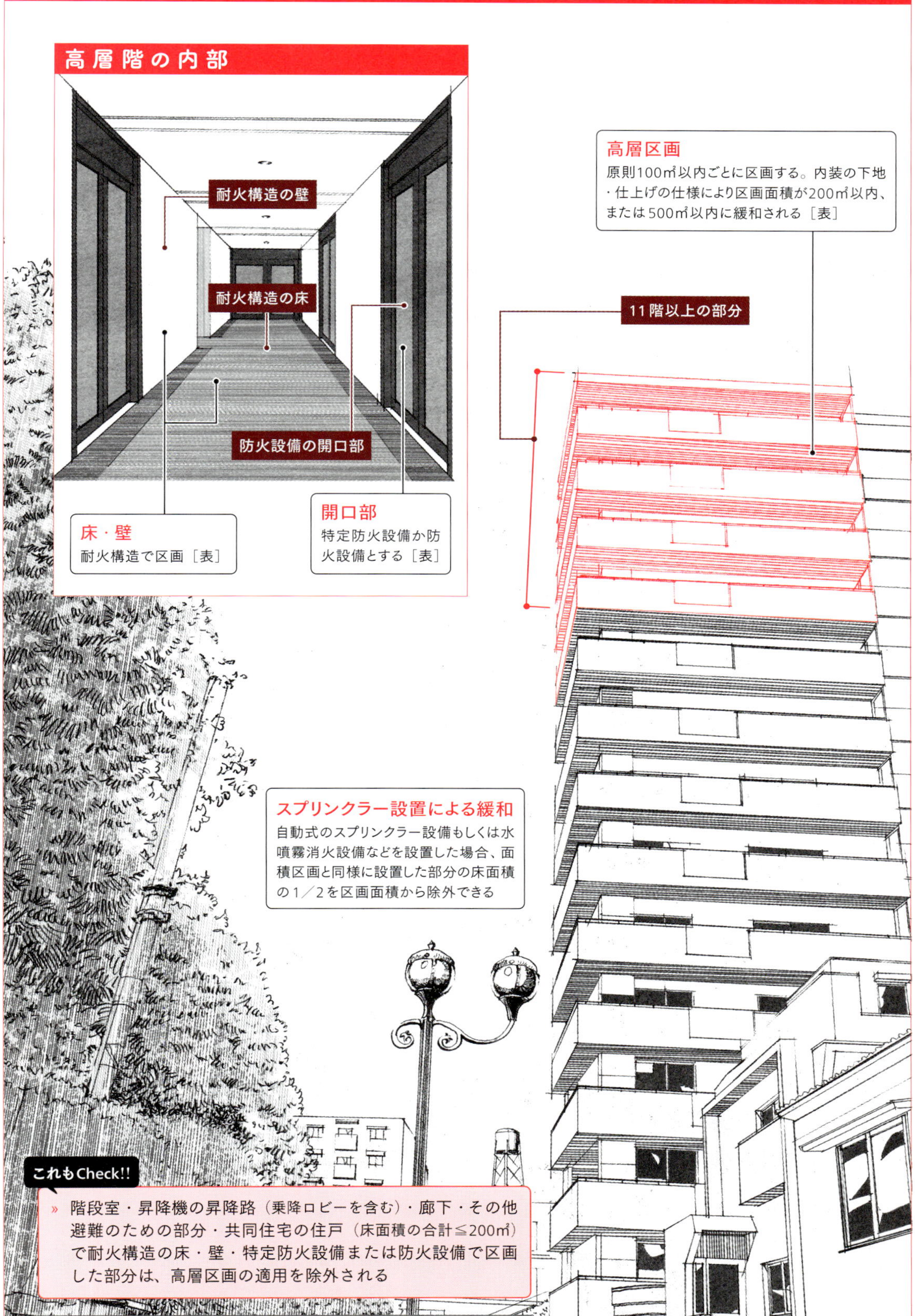

高層階の内部
耐火構造の壁
耐火構造の床
防火設備の開口部
床・壁
耐火構造で区画［表］
開口部
特定防火設備か防火設備とする［表］
高層区画
原則100㎡以内ごとに区画する。内装の下地・仕上げの仕様により区画面積が200㎡以内、または500㎡以内に緩和される［表］
11階以上の部分
スプリンクラー設置による緩和
自動式のスプリンクラー設備もしくは水噴霧消火設備などを設置した場合、面積区画と同様に設置した部分の床面積の1／2を区画面積から除外できる

これもCheck!!

» 階段室・昇降機の昇降路（乗降ロビーを含む）・廊下・その他避難のための部分・共同住宅の住戸（床面積の合計≦200㎡）で耐火構造の床・壁・特定防火設備または防火設備で区画した部分は、高層区画の適用を除外される

表　高層区画の適用

対象建築物		区画面積・部分	区画方法	
			床・壁	防火設備
11階以上の部分の内装仕上げ（下地とも）［※］	不燃材料	≦500㎡ごと	耐火構造	特定防火設備
	準不燃材料	≦200㎡ごと		
	上記材料以外	≦100㎡ごと		防火設備

※　床面から高さが1.2mを超える部分の壁・天井が対象

吹抜けなどによる縦方向の延焼は竪穴区画で防止する

ここを見る！

令112条11～15項

これを押さえる！

竪穴区画は、火災時に吹抜けや階段など縦につながる部分を通じて火煙が拡大することを防ぐため、竪穴部分とそれ以外の部分とを防火区画するもの。主要構造部を準耐火構造以上とした建築物で、地階または3階以上の階に居室があるものに適用される［※］。また、一定の小規模特殊建築物は構造によらず簡易な竪穴区画が必要。

竪穴区画の基本

表　竪穴区画が適用されるもの［*1］

	竪穴区画対象建築物	区画対象部分［*2］	区画の構造 床・壁	区画の構造 開口部［*3］
①	主要構造部が準耐火構造（特定主要構造部を耐火構造としたものを含む）の建築物、延焼防止建築物、準延焼防止建築物で、地階か3階以上の階に居室があるもの	【竪穴部分】 メゾネット住戸 吹抜け 階段 昇降機の昇降路 ダクトスペース 上記に類する部分	準耐火構造	防火設備（遮煙性能付）
②	3階が病院、診療所、児童福祉施設等（いずれも就寝用途があるもの）の用途で、階数=3かつ延べ面積＜200㎡		間仕切壁	防火設備(スプリンクラー設置の場合は10分間防火設備)
③	3階がホテル、旅館、下宿、共同住宅、寄宿舎、上記以外の診療所、児童福祉施設等で、階数=3かつ延べ面積＜200㎡			戸（襖、障子を除く）

*1　②③については、①に該当しない場合に適用される

*2　階段室や吹抜き部分などで、竪穴部分からのみ出入りする公衆電話所・便所等は竪穴部分に含めて、一の竪穴部分として区画すればよい。また、階段は屋外階段、屋内階段かを問わず屋内部分と竪穴区画が必要。ただし直接外気に開放された廊下やバルコニーなどに接する部分は区画不要

*3　いずれも常時閉鎖式または煙感知器連動の随時閉鎖式とする

これもCheck!!

» 以下の①～③に該当する部分は竪穴区画が免除される
①避難階の直上階または直下階のみに通じる吹抜け部分・階段部分で、内装（下地を含む）を不燃材でつくったもの
②階数≦3で、延べ面積≦200㎡の戸建住宅や長屋・共同住宅のメゾネット住戸（床面積合計≦200㎡）内の吹抜け・階段部分・昇降機の昇降路部分等
③劇場や映画館の客席、体育館、工場などで、用途上区画することが難しい部分。ただし、内装は下地・仕上げとも準不燃材料以上とする

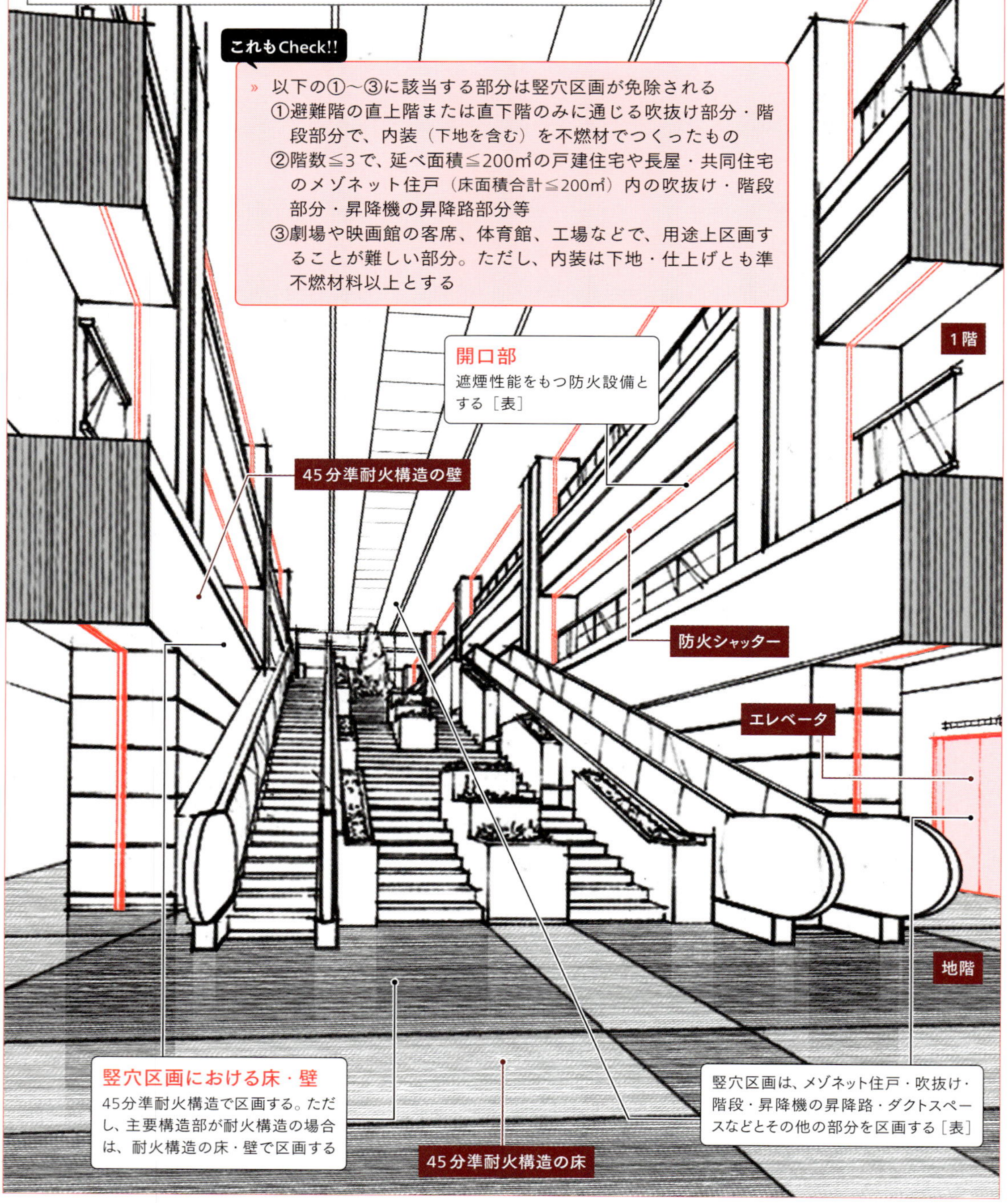
居室
3階
2階
1階
地階
開口部
遮煙性能をもつ防火設備とする［表］
45分準耐火構造の壁
防火シャッター
エレベータ
竪穴区画における床・壁
45分準耐火構造で区画する。ただし、主要構造部が耐火構造の場合は、耐火構造の床・壁で区画する
竪穴区画は、メゾネット住戸・吹抜け・階段・昇降機の昇降路・ダクトスペースなどとその他の部分を区画する［表］
45分準耐火構造の床

※　ロ-1準耐やロ-2準耐は、主要構造部が準耐火構造ではないため竪穴区画は適用されない［76頁参照］

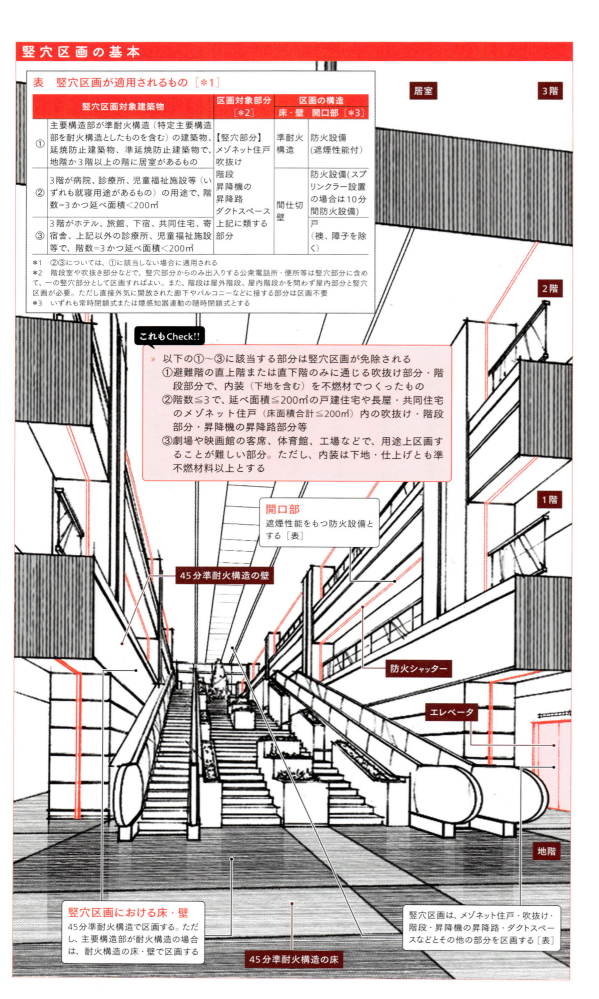

防火区画に接する外壁等（スパンドレル）

《スパンドレルの基本》

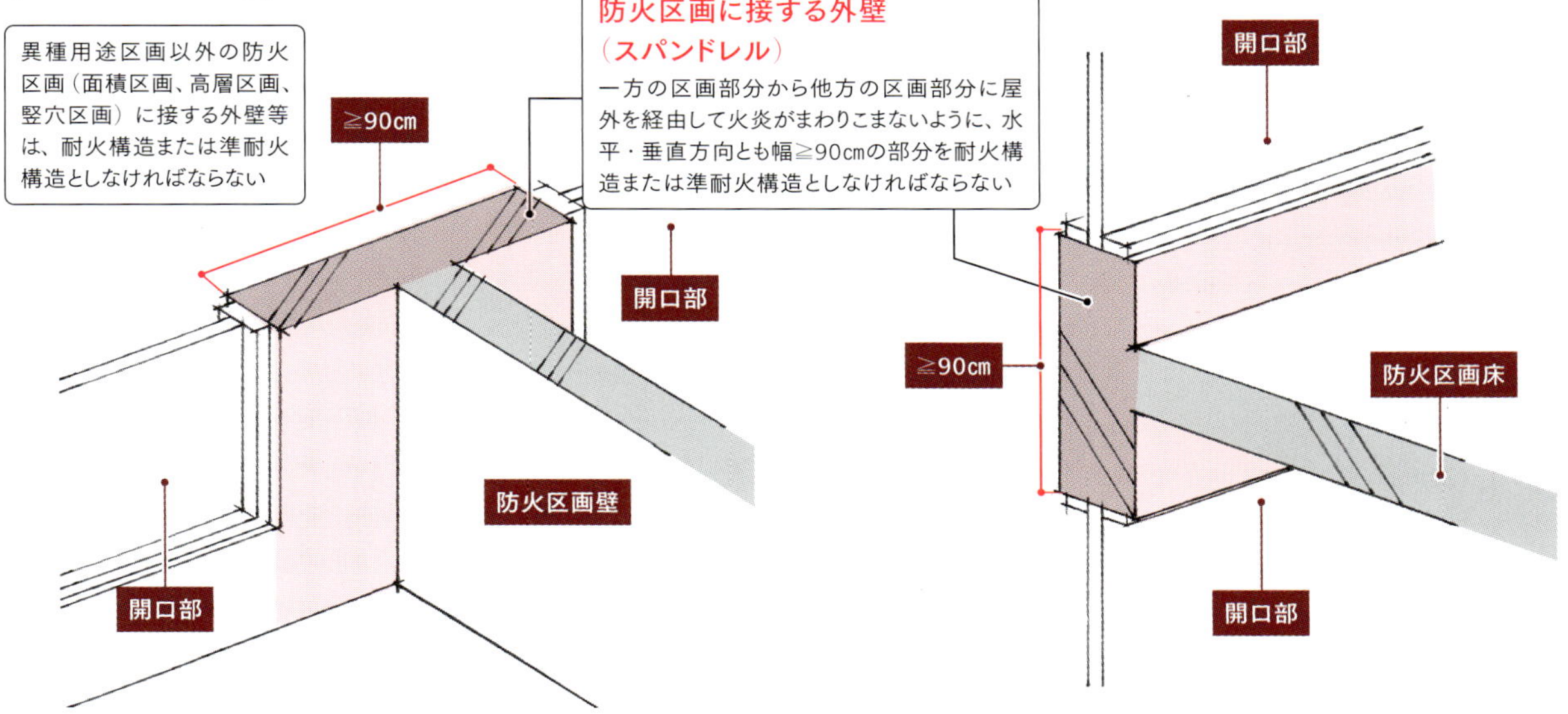
異種用途区画以外の防火区画（面積区画、高層区画、竪穴区画）に接する外壁等は、耐火構造または準耐火構造としなければならない
≧90cm
防火区画に接する外壁（スパンドレル）
一方の区画部分から他方の区画部分に屋外を経由して火炎がまわりこまないように、水平・垂直方向とも幅≧90cmの部分を耐火構造または準耐火構造としなければならない
開口部
防火区画壁
開口部
開口部
≧90cm
防火区画床
開口部

《防火設備を設置する場合》

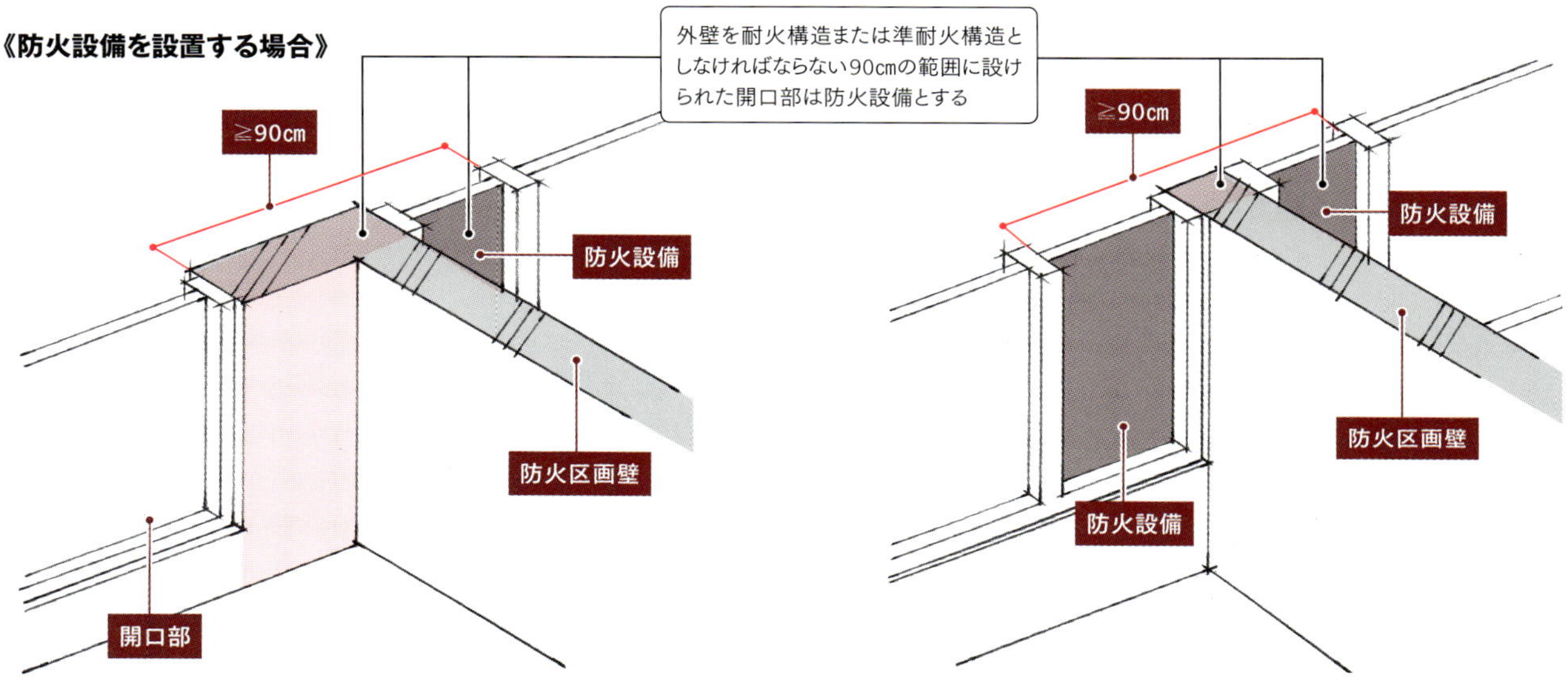
外壁を耐火構造または準耐火構造としなければならない90cmの範囲に設けられた開口部は防火設備とする
≧90cm
防火設備
防火区画壁
開口部
≧90cm
防火設備
防火区画壁
防火設備

《袖壁や庇などがある場合》

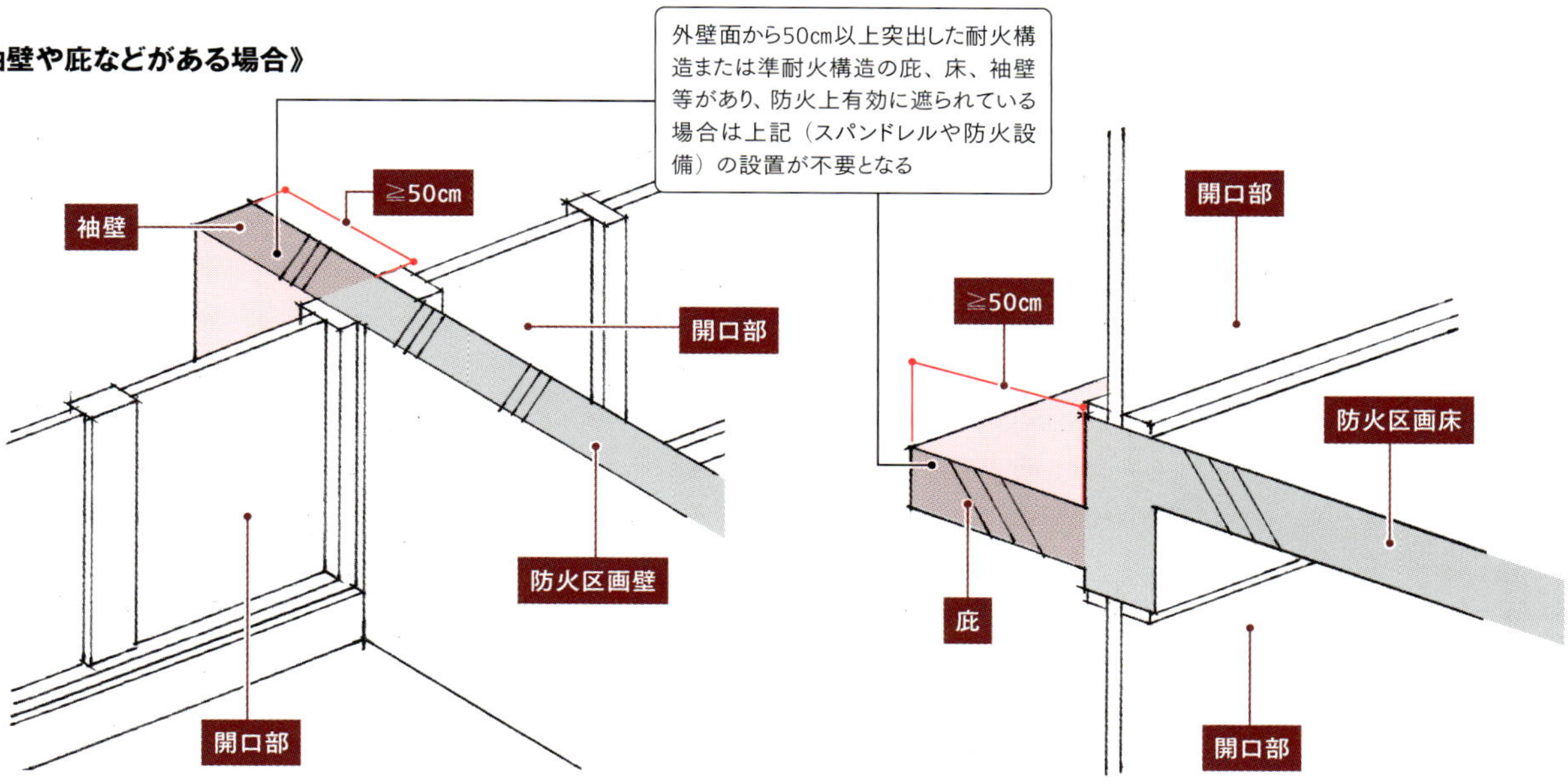
外壁面から50cm以上突出した耐火構造または準耐火構造の庇、床、袖壁等があり、防火上有効に遮られている場合は上記（スパンドレルや防火設備）の設置が不要となる
袖壁
≧50cm
開口部
防火区画壁
開口部
≧50cm
開口部
防火区画床
庇
開口部

防火

防火区画／異種用途区画

異種用途区画とは特殊建築物とその他を区画するもの

ここを見る！

法27条
法別表第1
令112条18項

これを押さえる！

用途が混在する建築物ではそれぞれの利用形態が異なるため、用途間での火災情報が伝達されず避難が遅れるおそれがある。異種用途区画は、こうしたことを防止するため、建築物の一部が法27条に該当する特殊建築物の場合に、その部分とその他の部分を1時間準耐火構造の床・壁、特定防火設備で区画することを義務つけたもの。

異種用途区画の基本

特殊建築物に該当する物販店
区画部分の開口部
遮煙性能をもつ特定防火設備とする［表］
一般建築物に該当する事務所
異種用途区画は1時間準耐火構造の床・壁で区画する［表］
法27条の特殊建築物に該当する床面積150㎡以上の自動車車庫

これもCheck!!

» ①管理者が同一、②利用者が一体施設として利用する、③利用時間がほぼ同一、④自動車車庫・倉庫以外の用途である、といった条件をすべて満たせば、異種用途区画は不要。たとえば、物品販売店の一角にある飲食店は、原則として異種用途であり、相互に区画する必要があるが、上記要件をすべて満たせば、区画する必要はない

表　異種用途区画の適用

対象建築物	区画部分	区画方法	
		床・壁	開口部
建築物の一部が法27条に定める耐火建築物等にしなければならない特殊建築物に該当する場合	該当する用途の部分とその他の部分を区画	1時間準耐火構造	特定防火設備（遮煙性能付）

COLUMN

防火区画にも免除あり！
防火を考慮しつつ使い勝手にも配慮

防火区画には面積区画、高層区画、竪穴区画、異種用途区画と4つの種類があるが、
それぞれに区画が免除・緩和される場合がある。
ここでは、免除・緩和される場合はどのような場合かを解説する。

図1　面積区画の免除の例

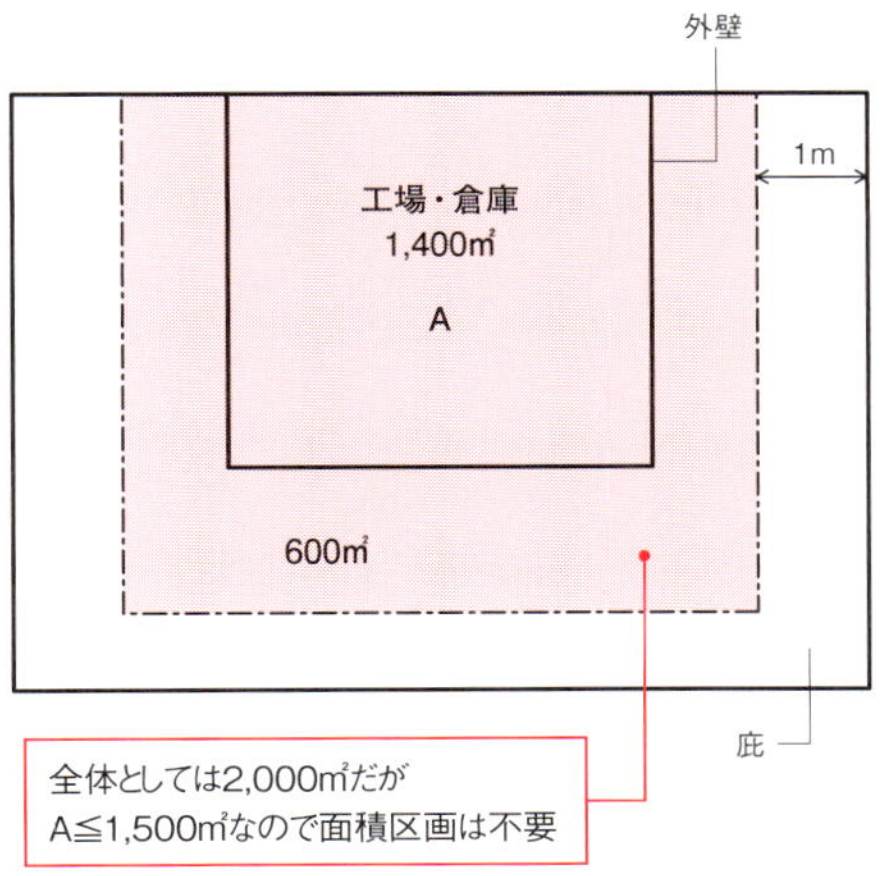
外壁
1m
工場・倉庫
1,400㎡
A
600㎡
庇
全体としては2,000㎡だが
A≦1,500㎡なので面積区画は不要

工場・倉庫の荷捌きスペースの場合に限っての取り扱いであり、ホームセンターなどの外部の売り場で同様の形態のものは区画が必要である

図2　異種用途区画の免除の例

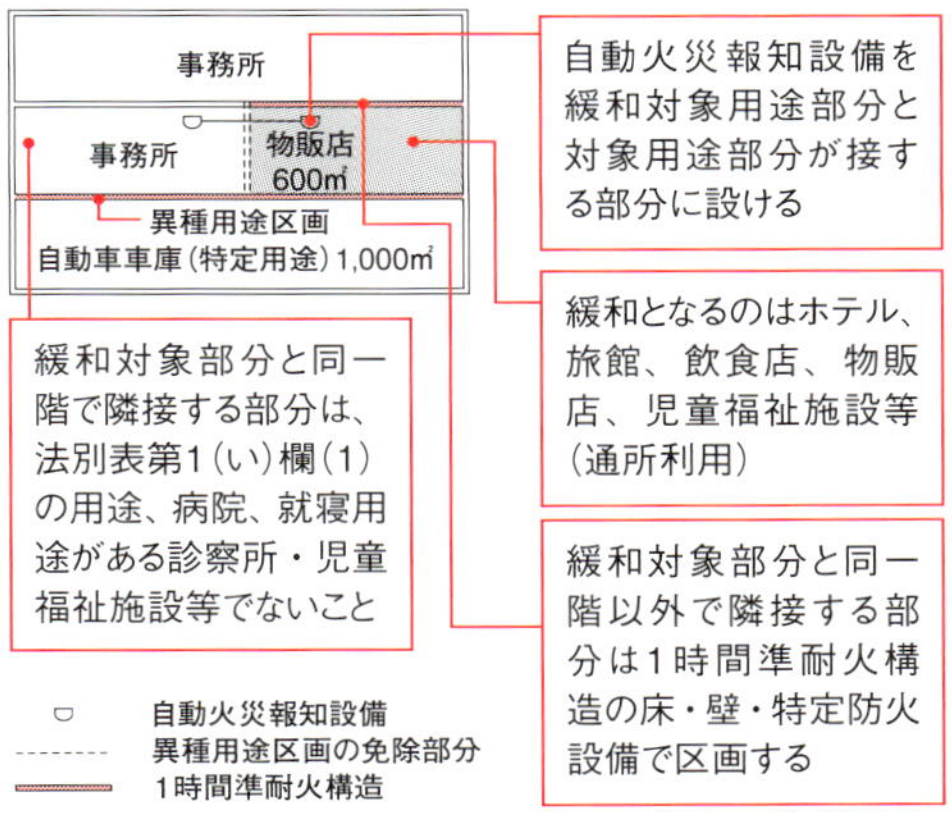
事務所
事務所
物販店
600㎡
異種用途区画
自動車車庫（特定用途）1,000㎡
自動火災報知設備を緩和対象用途部分と対象用途部分が接する部分に設ける
緩和となるのはホテル、旅館、飲食店、物販店、児童福祉施設等（通所利用）
緩和対象部分と同一階以外で隣接する部分は1時間準耐火構造の床・壁・特定防火設備で区画する
緩和対象部分と同一階で隣接する部分は、法別表第1(い)欄(1)の用途、病院、就寝用途がある診察所・児童福祉施設等でないこと
自動火災報知設備
異種用途区画の免除部分
1時間準耐火構造

主たる用途と従属的用途の関係で、自動車車庫・倉庫などの用途以外は、①管理者が同一、②利用者が一体施設として利用する、③利用時間がほぼ同一、といった要件を満たす場合に区画を免除される

①面積区画

劇場などの客席部分、体育館、工場の生産ラインが連続した部分、その他これらに類する用途の供する建築物の部分［※1］など、用途上やむを得ない場合はその部分について面積区画が免除される。この緩和は、区画をするとその建築物の目的が達成できない部分に限っての緩和であり、建築物全体を一律に緩和するものではない。したがって併設された事務所や飲食店など区画可能な部分については防火区画が必要である。

なお、物流センターや物流拠点施設の用途については、単に配達までの運搬物の整理、保管のみを行う場合は「倉庫」や「事務所」だが、荷造り、荷崩し、商品組合せ、包装、検品などの作業を伴う場合は「工場」に該当する。

大規模な庇を設けた倉庫・工場の場合、通常庇先端から1m後退して床面積算入となるが、その庇の下の十分外気に開放された荷捌きスペース等の部分は「その他これらに類する用途に供する建築物の部分」として面積区画の対象としない［図1］。

②高層区画

11階以上であっても、階段室や昇降路（乗降ロビーを含む）、廊下などの避難経路にあたる部分、または共同住宅の住戸（床面積の合計200㎡以内）で、耐火構造の床・壁、または特定防火設備で区画されたものは、高層区画が適用されない。

③竪穴区画

竪穴区画は、主要構造部が準耐火構造（イ準耐）以上で、地階または3階以上に居室を設けた場合に必要になるものなので、ロ準耐とした場合や3階以上に居室のないものは区画が不要。ただし一定の小規模特殊建築物は構造によらず区画が必要。

また、竪穴区画が必要な部分であっても、直接外気に開放されている廊下・バルコニーなどに面する部分［※2］については区画が不要となる（その他の緩和については84頁参照）。

③異種用途区画

ホテル、旅館、通所利用の児童福祉施設等、飲食店、物販店の用途の部分と、これらに隣接する部分とが同一階にあり、それぞれに自動火災報知設備を設けた場合は、境界の壁の部分の異種用途区画が免除される。ただし隣接する部分が法別表第1（い）欄（1）の用途、病院、病室のある診察所、就寝利用の児童福祉施設等の場合は免除されない［図2、令2国交告250号］。

※1　「その他これらに類する用途の供する建築物の部分」としては、①ボウリング場、②屋内プールやスポーツ練習場、③不燃性の物品を保管する立体的な倉庫、④卸売場、仲介売場等の売り場、買い荷の保管または積み込み等の荷捌き場、などのことを指す。③の立体的な倉庫とは人やフォークリフトを使い、出荷等の作業を行う多層式倉庫のこと
※2　少なくとも廊下の幅以上の開放面を有する部分

防火

防火区画／区画貫通時の処理

設備配管が防火区画を貫通する場合は貫通処理が必要

ここを見る！

- 令112条20項・21項
- 令129条の2の4
- 昭48建告2565号
- 昭49建告1579号
- 平12建告1376号
- 平12建告1422号

これを押さえる！

設備配管［※1］が防火区画を貫通する場合、貫通部分に延焼を防ぐ処理が必要となるので、不燃材料・耐火キャップなどで埋める。風道については、各防火区画で必要な遮炎性能をもつ防火ダンパーを設置し、周囲はモルタルなどで充填する［※2］。

モルタルで隙間を埋める貫通処理

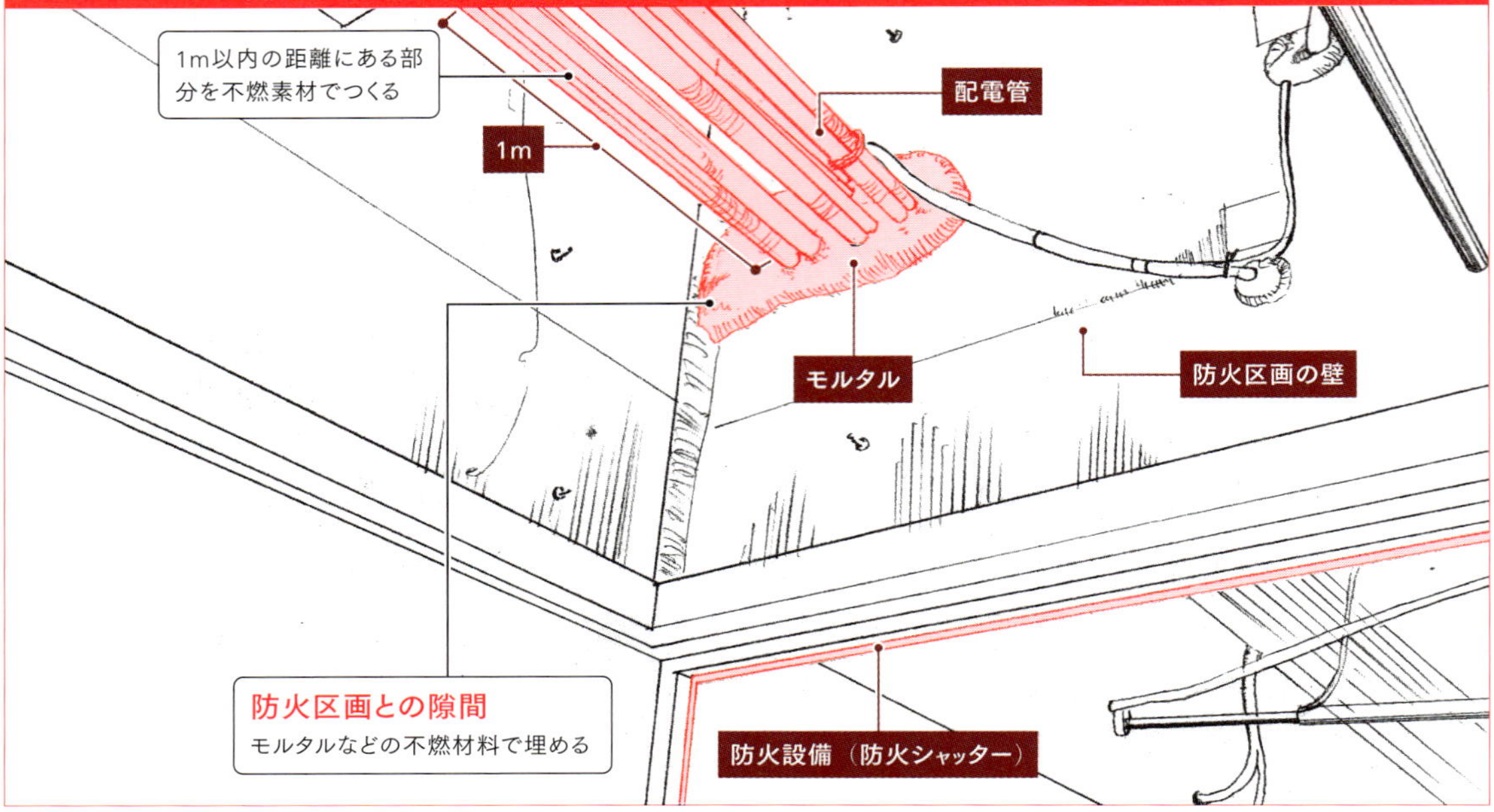

1m以内の距離にある部分を不燃素材でつくる
1m
配電管
モルタル
防火区画の壁
防火区画との隙間
モルタルなどの不燃材料で埋める
防火設備（防火シャッター）

大臣認定の工法を利用した貫通処理

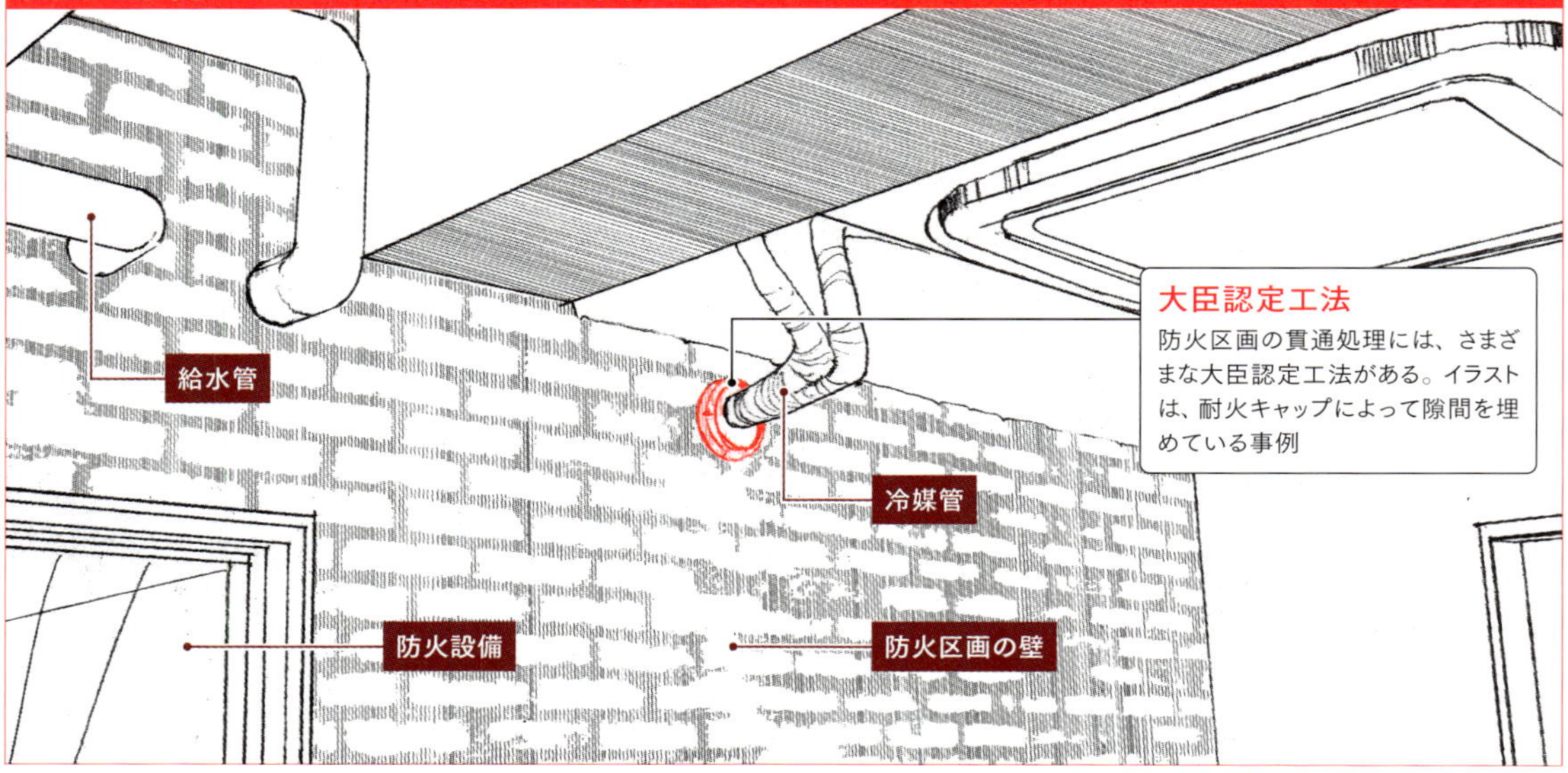

給水管
大臣認定工法
防火区画の貫通処理には、さまざまな大臣認定工法がある。イラストは、耐火キャップによって隙間を埋めている事例
冷媒管
防火設備
防火区画の壁

風道に防火ダンパーを設置した貫通処理

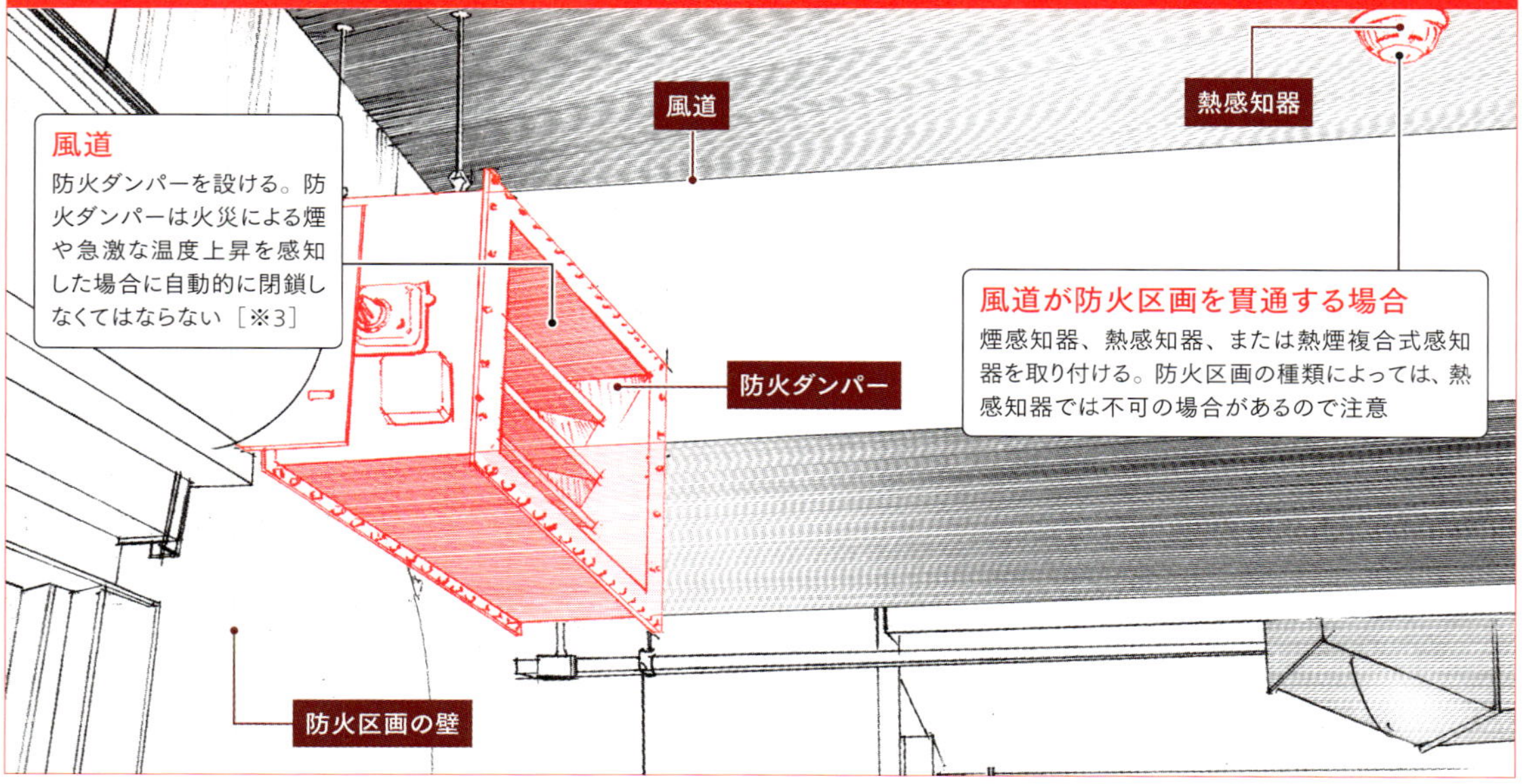

風道
防火ダンパーを設ける。防火ダンパーは火災による煙や急激な温度上昇を感知した場合に自動的に閉鎖しなくてはならない［※3］
風道
熱感知器
風道が防火区画を貫通する場合
煙感知器、熱感知器、または熱煙複合式感知器を取り付ける。防火区画の種類によっては、熱感知器では不可の場合があるので注意
防火ダンパー
防火区画の壁

※1　設備配管には、①給水管・配電管・その他の管［一般に排水管］、②風道［換気・暖房・冷房］、③排煙風道［煙突］の3種類がある

※2　耐火構造、1時間準耐火構造の床・壁・特定防火設備で区画されたダクトスペース内に設ける場合は除く。火災時の煙を排出することが目的の排煙風道には防火ダンパーは設置しない

※3　防火ダンパーは、保守点検を容易に行うための点検口や検査口を近傍に設けること

外壁（スパンドレル部分）をダクトが貫通する場合

《貫通部措置の例（平面図）》　　《貫通部措置の例（断面図）》

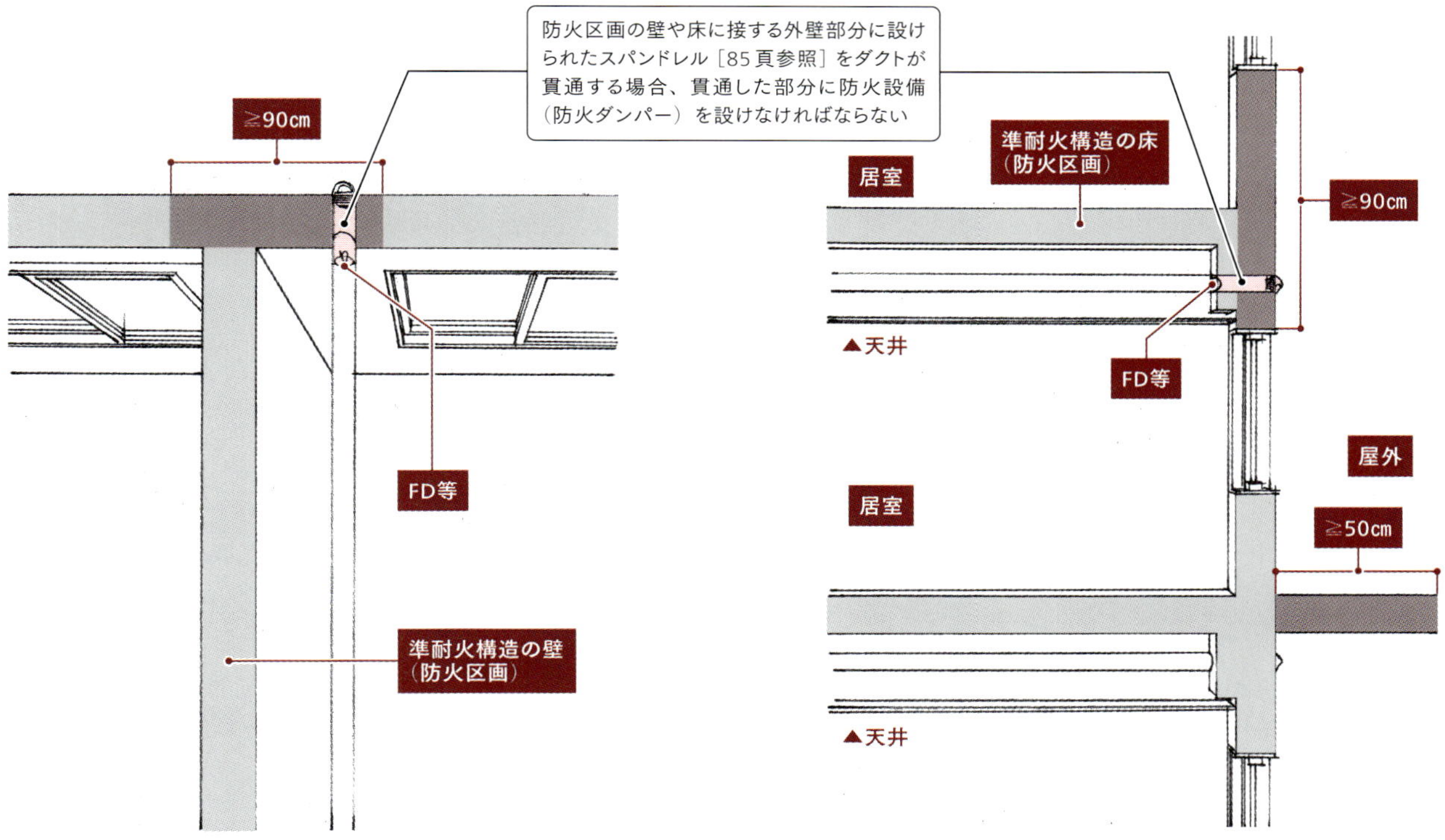

防火区画の壁や床に接する外壁部分に設けられたスパンドレル［85頁参照］をダクトが貫通する場合、貫通した部分に防火設備（防火ダンパー）を設けなければならない
≧90cm
FD等
準耐火構造の壁（防火区画）
居室
準耐火構造の床（防火区画）
≧90cm
▲天井
FD等
屋外
居室
≧50cm
▲天井

異種用途区画を換気ダクト等が貫通する場合に設ける防火ダンパー

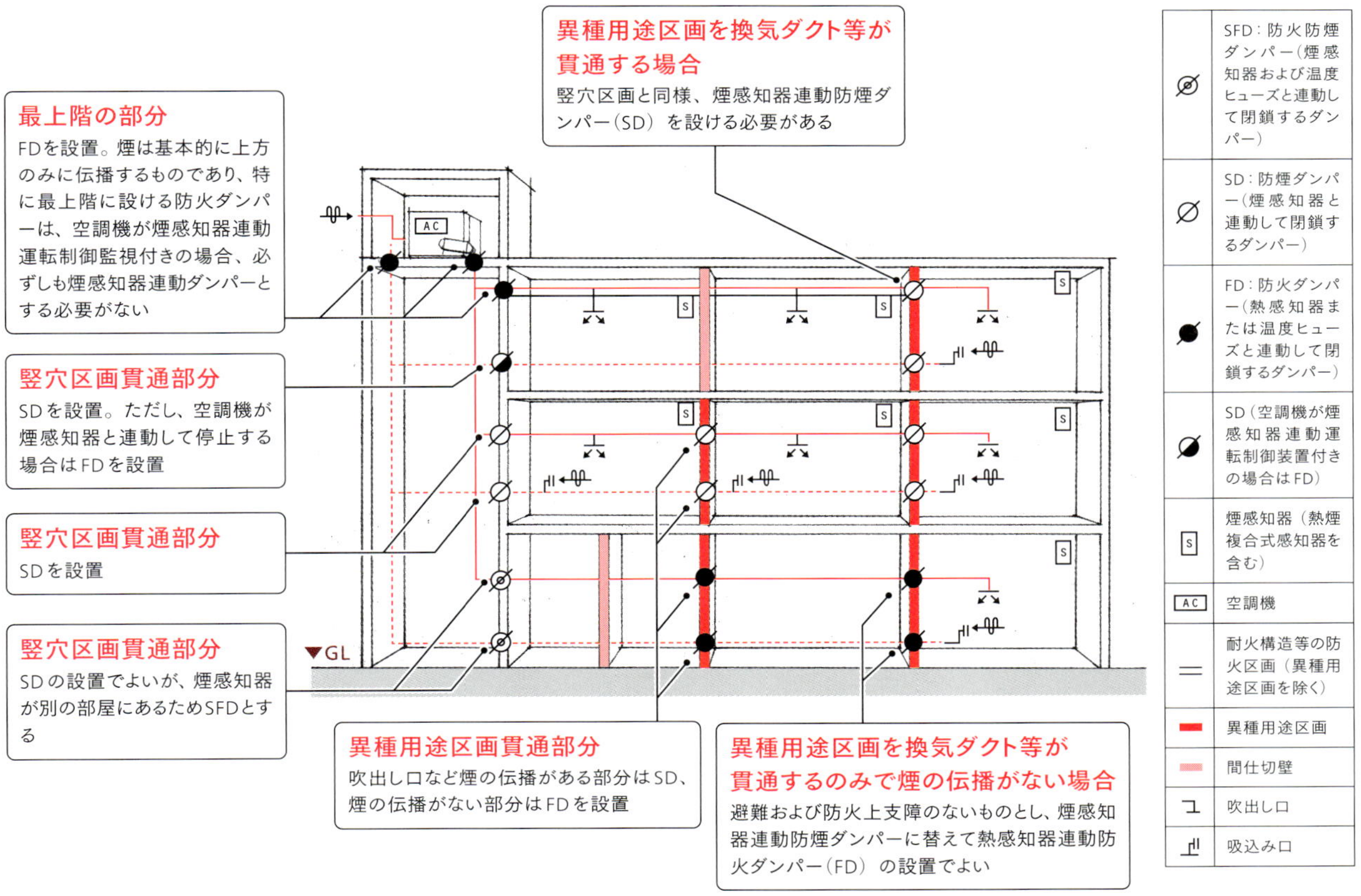

異種用途区画を換気ダクト等が貫通する場合
竪穴区画と同様、煙感知器連動防煙ダンパー（SD）を設ける必要がある
最上階の部分
FDを設置。煙は基本的に上方のみに伝播するものであり、特に最上階に設ける防火ダンパーは、空調機が煙感知器連動運転制御監視付きの場合、必ずしも煙感知器連動ダンパーとする必要がない
竪穴区画貫通部分
SDを設置。ただし、空調機が煙感知器と連動して停止する場合はFDを設置
竪穴区画貫通部分
SDを設置
竪穴区画貫通部分
SDの設置でよいが、煙感知器が別の部屋にあるためSFDとする
AC
S
▼GL
異種用途区画貫通部分
吹出し口など煙の伝播がある部分はSD、煙の伝播がない部分はFDを設置
異種用途区画を換気ダクト等が貫通するのみで煙の伝播がない場合
避難および防火上支障のないものとし、煙感知器連動防煙ダンパーに替えて熱感知器連動防火ダンパー（FD）の設置でよい
SFD：防火防煙ダンパー（煙感知器および温度ヒューズと連動して閉鎖するダンパー）
SD：防煙ダンパー（煙感知器と連動して閉鎖するダンパー）
FD：防火ダンパー（熱感知器または温度ヒューズと連動して閉鎖するダンパー）
SD（空調機が煙感知器連動運転制御装置付きの場合はFD）
煙感知器（熱煙複合式感知器を含む）
空調機
耐火構造等の防火区画（異種用途区画を除く）
異種用途区画
間仕切壁
吹出し口
吸込み口

防火　内装制限①

内装制限の対象になると、天井と壁を燃えにくくする必要がある

ここを見る！

令128条の3の2〜令128条の5

これを押さえる！

内装制限とは、初期の火災拡大防止やフラッシュオーバー現象（爆発的な炎上）を抑制するために、建築物の用途・規模・構造等によって、居室とそこから地上に通じる廊下・階段などの仕上げ材料を不燃化する制限のこと。対象は、特殊建築物、階数３以上で延べ面積５００㎡超の建築物［※１］、無窓居室、火気使用室［※２］などである。

火気使用室の内装制限

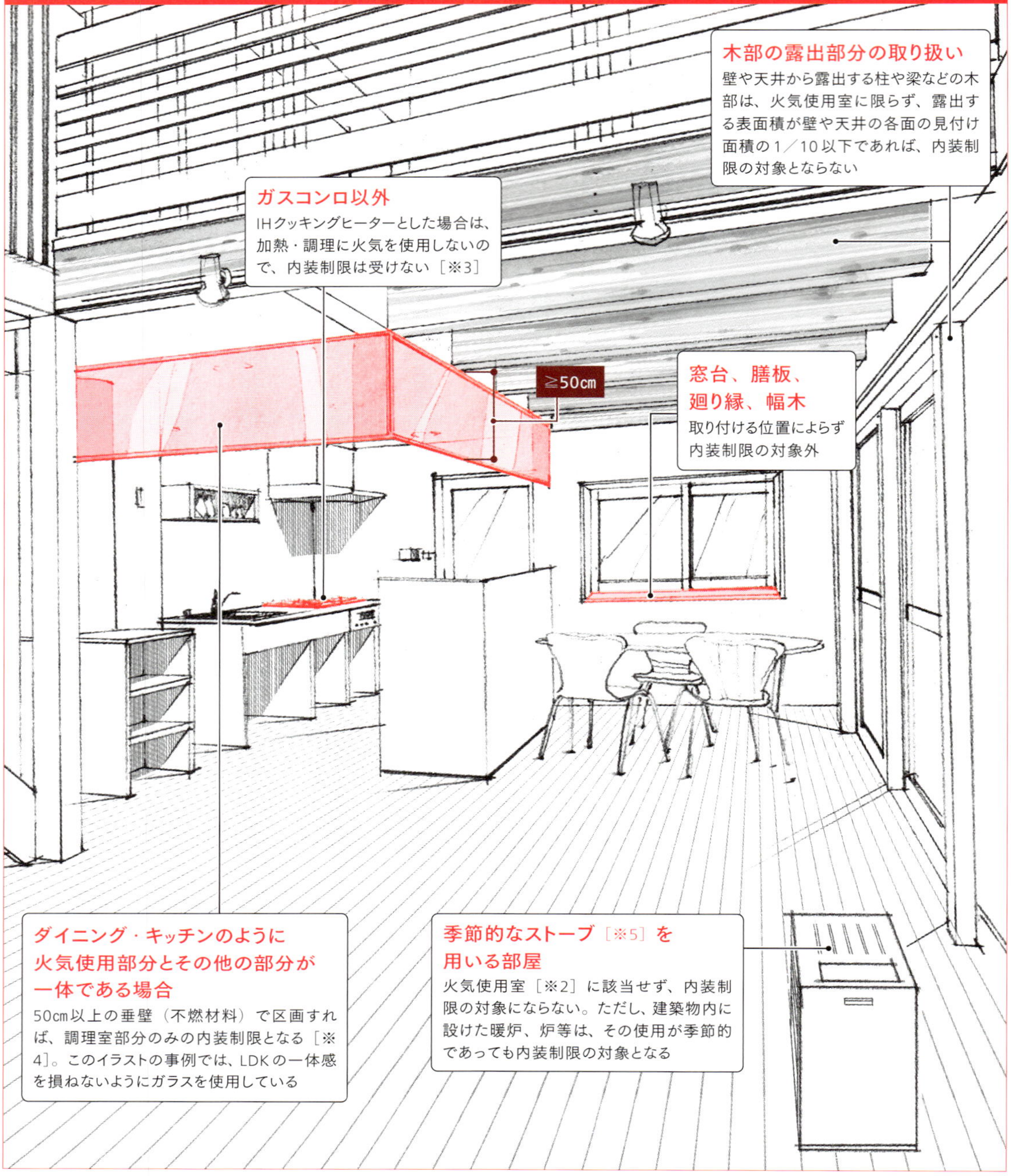
木部の露出部分の取り扱い
壁や天井から露出する柱や梁などの木部は、火気使用室に限らず、露出する表面積が壁や天井の各面の見付け面積の1／10以下であれば、内装制限の対象とならない
ガスコンロ以外
IHクッキングヒーターとした場合は、加熱・調理に火気を使用しないので、内装制限は受けない［※3］
≧50㎝
窓台、膳板、廻り縁、幅木
取り付ける位置によらず内装制限の対象外
ダイニング・キッチンのように火気使用部分とその他の部分が一体である場合
50㎝以上の垂壁（不燃材料）で区画すれば、調理室部分のみの内装制限となる［※4］。このイラストの事例では、LDKの一体感を損ねないようにガラスを使用している
季節的なストーブ［※5］を用いる部屋
火気使用室［※2］に該当せず、内装制限の対象にならない。ただし、建築物内に設けた暖炉、炉等は、その使用が季節的であっても内装制限の対象となる

内装制限を受けない部分

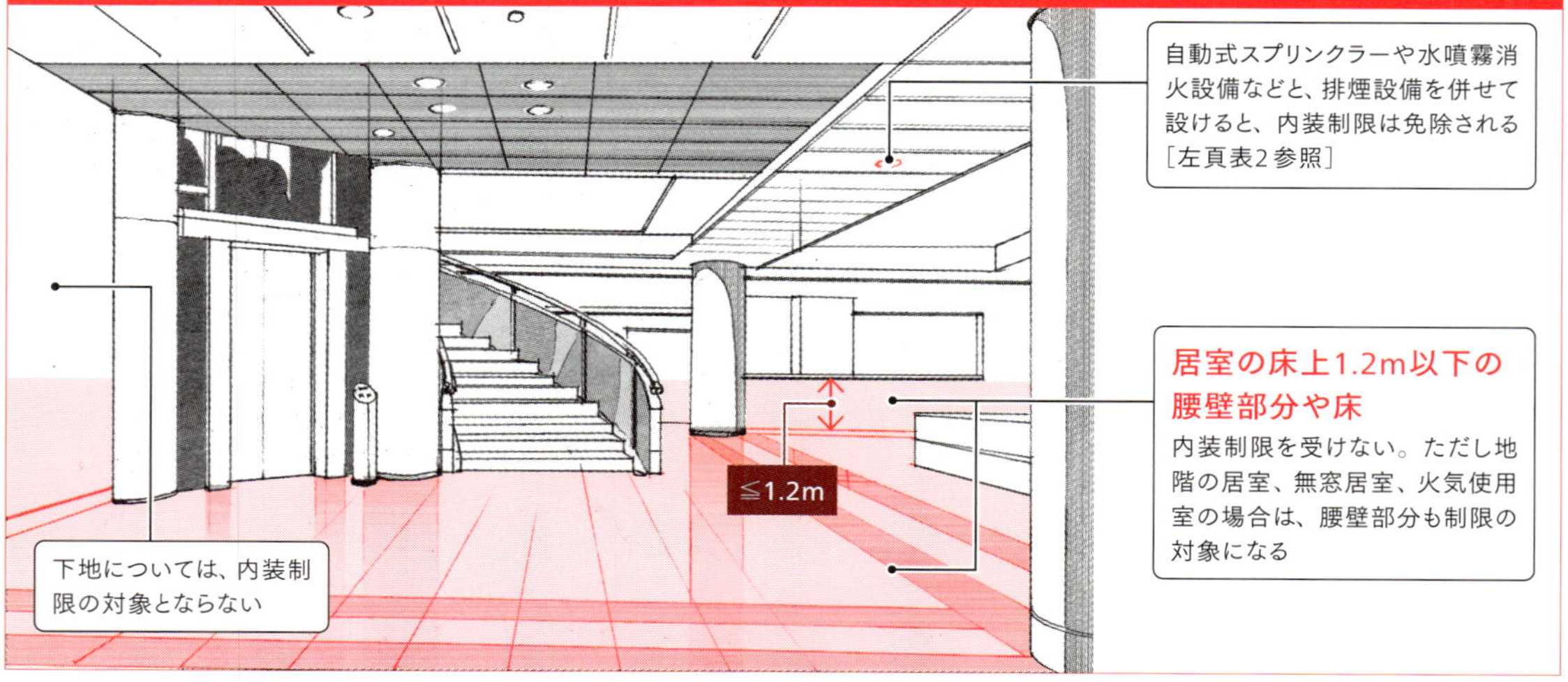
自動式スプリンクラーや水噴霧消火設備などと、排煙設備を併せて設けると、内装制限は免除される［左頁表2参照］
居室の床上1.2m以下の腰壁部分や床
内装制限を受けない。ただし地階の居室、無窓居室、火気使用室の場合は、腰壁部分も制限の対象になる
≦1.2m
下地については、内装制限の対象とならない

※1　階数が2で延べ面積＞1,000㎡、階数が1で延べ面積＞3,000㎡も内装制限の対象｜※2　調理室、浴室、乾燥室、ボイラー室、作業室その他の室で、かまど、コンロ、ストーブ、炉、ボイラー内燃機関、その他火を使用する設備または器具を設けたもの｜※3　消防法および火災予防条例などにより、調理器と周囲の離隔距離などについて規制があるので注意を要する｜※4　平屋の住宅のキッチン・浴室や、階数≧2の住宅の最上階に設けた火気使用室は内装制限の対象外｜※5　臨時的なコンロも季節的なストーブと同様に扱われる

表1　内装制限の適用対象となる建築物［令128条の3の2～令128条5］

対象建築物・対象部分／建築物の構造		内装制限の適用対象となる条件	壁・天井の内装仕上げ
①劇場、映画館、演芸場、観覧場、公会堂、集会場	特定主要構造部が耐火構造、または主要構造部が1時間耐火構造の建築物	客席床面積≧400㎡	居室：難燃材料以上 3階以上にある各用途の居室の天井：準不燃材料以上（1.2m以下の腰壁を除く） 居室からの避難経路等：準不燃材料以上
	45分準耐火建築物、その他の建築物	客席床面積≧100㎡	
②病院、診療所（患者の収容施設があるもの）、ホテル、旅館、下宿、共同住宅、寄宿舎、児童福祉施設等［*1、*2］	特定主要構造部が耐火構造、または主要構造部が1時間耐火構造の建築物	用途に供する3階以上の部分の床面積合計≧300㎡	
	45分準耐火建築物	用途に供する2階部分の床面積合計≧300㎡（病院、診療所は2階に患者の収容施設がある場合のみ）	
	その他の建築物	用途に供する部分の床面積合計≧200㎡	
③百貨店、マーケット、展示場、キャバレー、カフェー、ナイトクラブ、バー、ダンスホール、遊技場、公衆浴場、待合、料理店、飲食店、物品販売店（床面積＞10㎡で加工修理場を含む）	特定主要構造部が耐火構造、または主要構造部が1時間準耐火構造の建築物	用途に供する3階以上の部分の床面積合計≧1,000㎡	
	45分準耐火建築物	用途に供する2階部分の床面積合計≧500㎡	
	その他の建築物	用途に供する部分の床面積合計≧200㎡	
④自動車車庫、自動車修理工場	—	構造・規模にかかわらず適用	用途部分・用途部分からの通路：不燃材料以上
⑤地階または地下工作物内の居室等で①～③の用途に供するもの	—	構造・規模にかかわらず適用	居室・居室からの避難経路等：準不燃材料以上
⑥大規模建築物（下記、❶～❸を除く）❶学校等｜❷②の用途で高さ≦31m｜❸床面積100㎡以内ごとに防火区画された①～④の用途以外の居室で、主要構造部を準耐火構造以上とした建築物の高さ≦31mの部分	—	階数≧3、かつ延べ面積＞500㎡	居室：難燃材料以上（1.2m以下の腰壁を除く） 居室からの避難経路等：準不燃材料以上
	—	階数=2、かつ延べ面積＞1,000㎡	
	—	階数=1、かつ延べ面積＞3,000㎡	
⑦排煙上の無窓居室［*3］	—	床面積＞50㎡（天井高＞6mのものを除く）	居室・居室からの避難経路等：準不燃材料以上
⑧法28条1項ただし書の有効採光のない温湿度調整を必要とする作業室等［*4］（天井高＞6mのものを除く）	—	—	
⑨住宅（兼用住宅を含む）の火気使用の調理室、浴室等（主要構造部を耐火構造としたものを除く）	—	階数≧2の建築物の最上階以外の階	火気使用室：準不燃材料以上
⑩住宅以外の建築物の火気使用の調理室、浴室、乾燥室、ボイラー室等（主要構造部を耐火構造としたものを除く）	—	構造・規模にかかわらず適用	

*1　126頁※2参照
*2　耐火建築物または準耐火建築物（イ準耐）で、床面積100㎡以内（共同住宅の場合は200㎡以内）ごとに防火区画された部分は、適用除外される
*3　排煙上有効な開口部（天井または天井から80cm以内の開放できる窓）の面積＜居室面積の1／50となる居室
*4　大学の研究室、手術室、X線撮影室など

表2　内装制限が適用されない居室や建築物の部分

次の❶～❺のいずれかに該当する場合は内装制限が適用されない［令2国交告251号］

対象部分		緩和要件	緩和されないもの
居室	❶	床面積≦100㎡、天井高さ≧3mで、それ以外の部分と間仕切り壁、防火設備［*1］で区画されたもの	表1の①、④、⑤、⑦～⑩に該当するもの、および病院、就寝用途のある診療所・児童福祉施設等
建築物の部分	❷	避難階または避難階の直上階にある延べ面積≦500㎡で、自動火災報知設備、スプリンクラー設備等［*2］、屋外への出口等［*3］を設置したもの	
	❸	階数≦2かつ延べ面積≦500㎡の建築物の部分で、自動火災報知設備、スプリンクラー設備等［*2］、屋外への出口等［*3］を設置したもの	表1の①、④、⑤、⑨、⑩に該当するもの、および病院、就寝用途のある診療所・児童福祉施設等
	❹	天井を不燃材料とし、スプリンクラー設備等［*2］を設けたもの	表1の④、⑤、⑦～⑩に該当するもの
	❺	スプリンクラー設備等［*2］と排煙設備を設けたもの	なし

*1　スプリンクラー設備等を設けた場合は10分間防火設備
*2　スプリンクラー設備、水噴霧消火設備、泡消火設備などで自動式のもの
*3　屋外への出口、バルコニー、屋外への出口に近接した出口をいい、当該部分から屋外への出口等を経て道まで避難上支障のないもの（技術的助言で避難経路の歩行距離や通路幅が示されている）

防火 内装制限②

天井を準不燃材料で仕上げれば壁・柱は木材あらわしにできる

ここを見る！

平12建告1439号

これを押さえる！

内装制限の対象となる居室で、難燃材料による仕上げとしなければならない場合［※1］は、仕上げに木材を使うことができないのが基本。ただし、平12建告1439号［表、※2］に基づいて天井を準不燃材料で仕上げれば、壁・柱を木材仕上げにできる。また、認定不燃木材を使用し、内装を木材仕上げにすることも可能。

内装制限の緩和（天井を準不燃材料で仕上げた保育室の例）

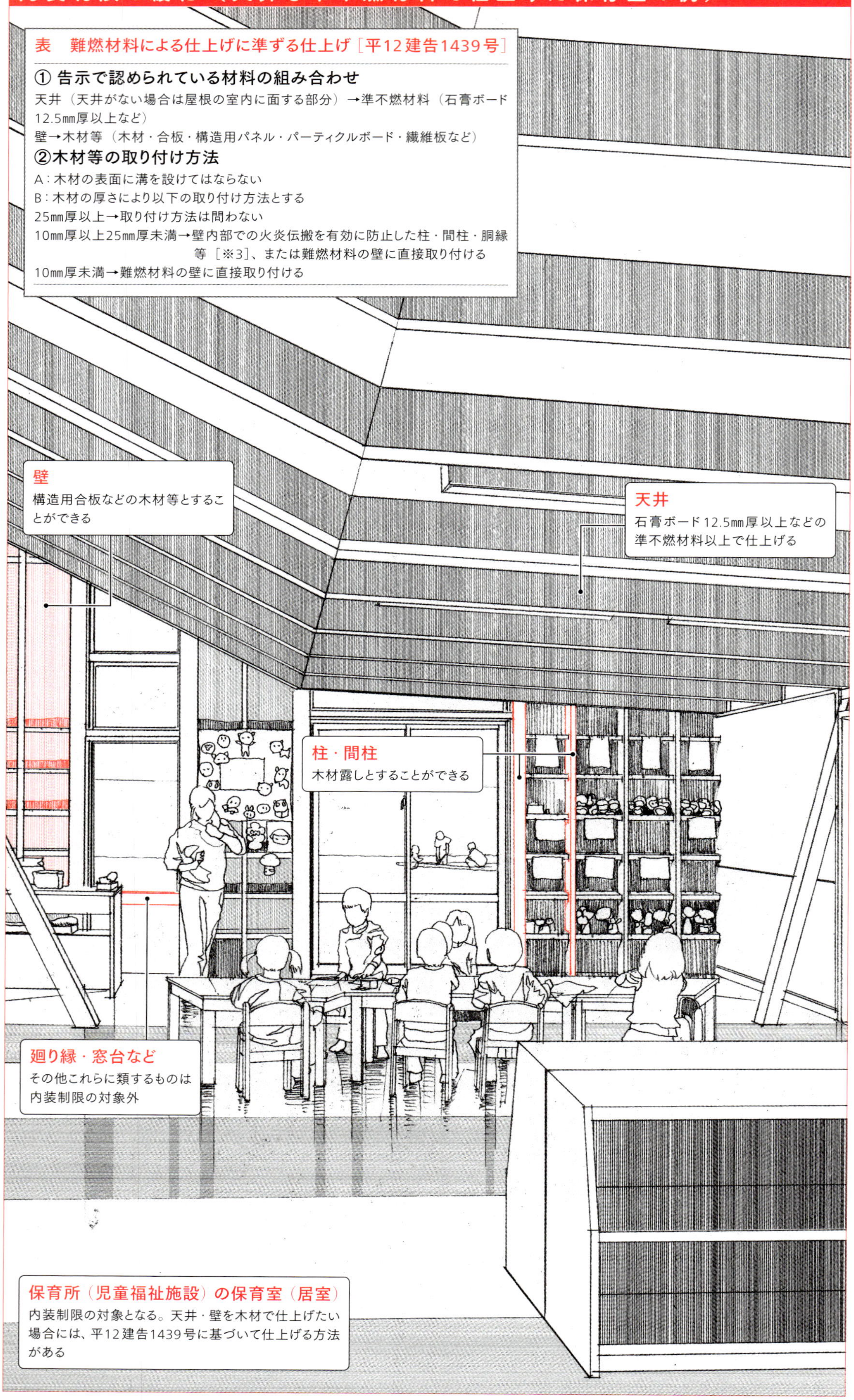

壁
構造用合板などの木材等とすることができる
天井
石膏ボード12.5mm厚以上などの準不燃材料以上で仕上げる
柱・間柱
木材露しとすることができる
廻り縁・窓台など
その他これらに類するものは内装制限の対象外
保育所（児童福祉施設）の保育室（居室）
内装制限の対象となる。天井・壁を木材で仕上げたい場合には、平12建告1439号に基づいて仕上げる方法がある

表　難燃材料による仕上げに準ずる仕上げ［平12建告1439号］

① 告示で認められている材料の組み合わせ

天井（天井がない場合は屋根の室内に面する部分）→準不燃材料（石膏ボード12.5mm厚以上など）

壁→木材等（木材・合板・構造用パネル・パーティクルボード・繊維板など）

②木材等の取り付け方法

A：木材の表面に溝を設けてはならない

B：木材の厚さにより以下の取り付け方法とする

25mm厚以上→取り付け方法は問わない

10mm厚以上25mm厚未満→壁内部での火炎伝搬を有効に防止した柱・間柱・胴縁等［※3］、または難燃材料の壁に直接取り付ける

10mm厚未満→難燃材料の壁に直接取り付ける

※1　準不燃材料としなければならない内装制限を受ける居室もあるので、混同しないように注意する

※2　難燃材料による仕上げに準ずる仕上げを定める告示。「①材料の組み合わせ」と、「②木材等の取り付け方法」が示されている。仕上げ方法については、実験によって防火上支障がないと確認できる場合は、定められた取り付け方法でなくてもよい

※3　それぞれ相互の間隔が1m以内に配置されたものに限る

火気使用室で円柱計算をすれば内装制限が緩和される

ここを見る！

平12建告1400号
平21国交告225号

これを押さえる！

火気使用室は内装制限を受け、壁や天井を準不燃材料で仕上げなければならないが、調理用コンロ、ストーブ、壁付暖炉、いろりなどを設けた火気使用室では、火源の周辺を特定不燃材料とし不燃化を強化すると、それ以外の部分は緩和され難燃材料または木材等［右頁参照］で仕上げることができる［※1］。

戸建住宅の火気使用室（円柱計算の利用）

特定不燃材料とは

平12建告1400号に定める不燃材料のうちアルミニウム、ガラスを除いた次のもの。①コンクリート、②鉄鋼、③れんが、④金属板、⑤瓦、⑥モルタル、⑦陶磁器質タイル、⑧しっくい、⑨繊維強化セメント板、⑩石、⑪ガラス繊維混入セメント板（厚さ3mm以上）、⑫石膏ボード（厚さ12mm以上で、ボード用原紙の厚さが0.6mm以下のもの）、⑬繊維混入ケイ酸カルシウム板（厚さ5mm以上）、⑭ロックウール、⑮グラスウール板

コンロ垂直距離h＜235cmの場合

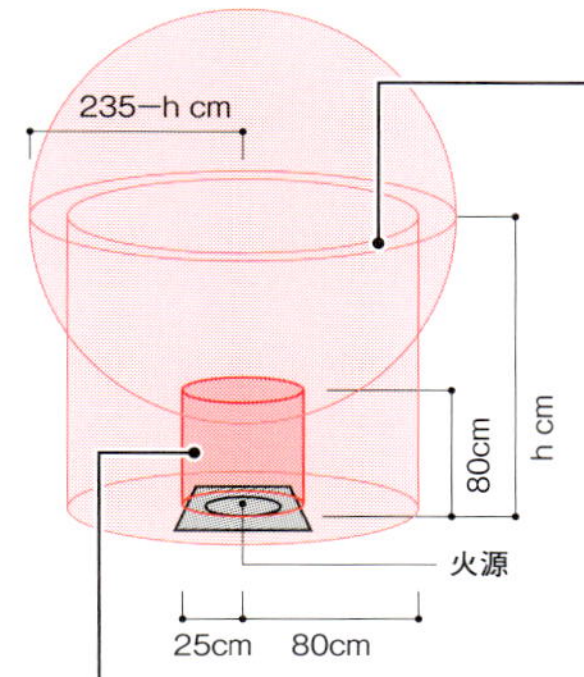

短期加熱を受ける範囲
下地・仕上げとも特定不燃材料とするか、下地が特定不燃材料でない場合は仕上げを厚さ12.5mm以上の石膏ボードなど［*］とする

コンロは1口《くち》4.2kW／h以下の調理用のものに限る

長期加熱を受ける範囲
下地・仕上げとも特定不燃材料とする

網掛け以外の範囲
仕上げを難燃材料または木材等［右頁参照］とすることが出来る

* ①厚さ5.6mm以上の繊維混入ケイ酸カルシウム板または繊維強化セメント2枚張り ②厚さ12mm以上のモルタル塗り

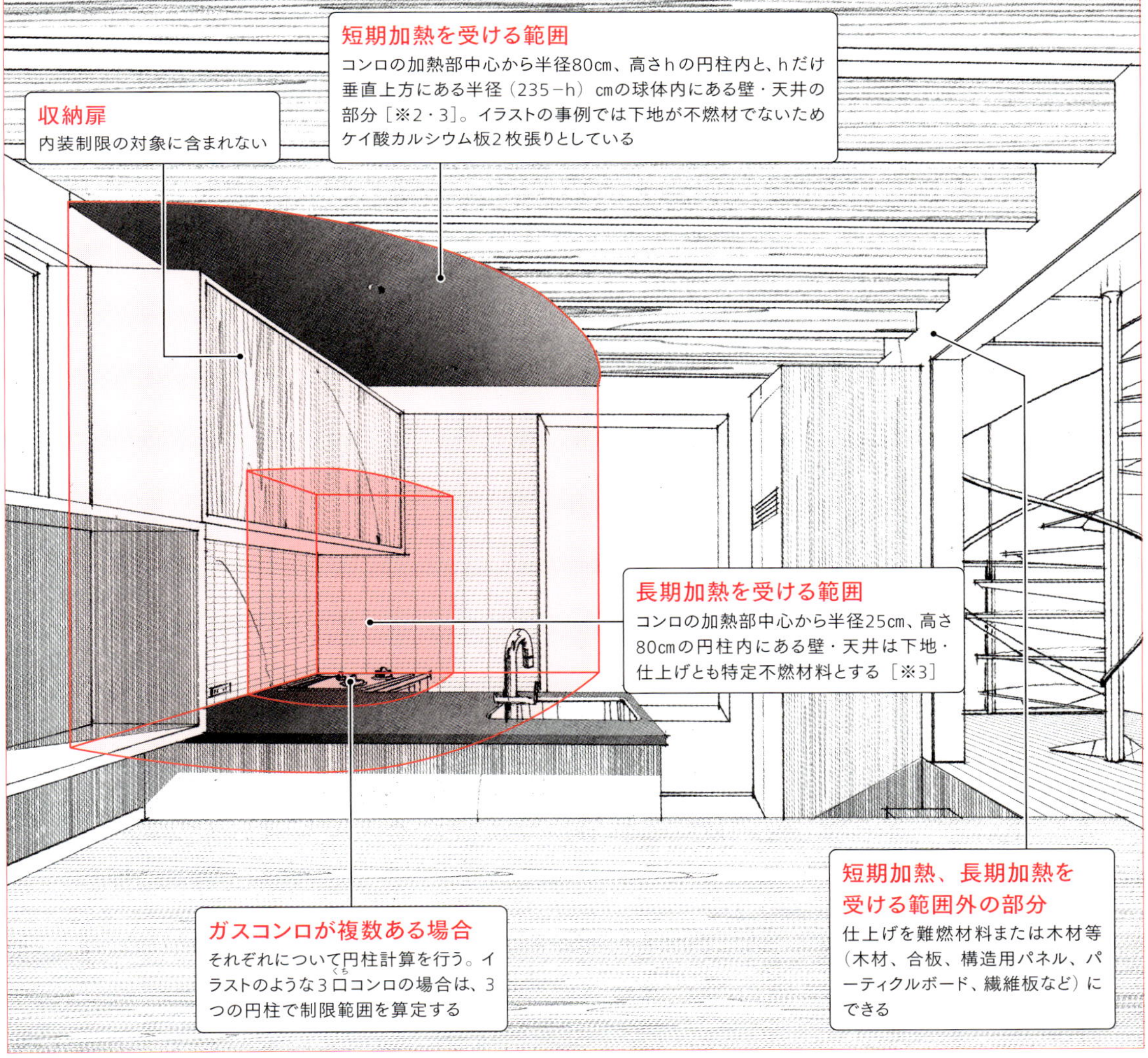

収納扉
内装制限の対象に含まれない

短期加熱を受ける範囲
コンロの加熱部中心から半径80cm、高さhの円柱内と、hだけ垂直上方にある半径（235−h）cmの球体内にある壁・天井の部分［※2・3］。イラストの事例では下地が不燃材でないためケイ酸カルシウム板2枚張りとしている

長期加熱を受ける範囲
コンロの加熱部中心から半径25cm、高さ80cmの円柱内にある壁・天井は下地・仕上げとも特定不燃材料とする［※3］

ガスコンロが複数ある場合
それぞれについて円柱計算を行う。イラストのような3口《くち》コンロの場合は、3つの円柱で制限範囲を算定する

短期加熱、長期加熱を受ける範囲外の部分
仕上げを難燃材料または木材等（木材、合板、構造用パネル、パーティクルボード、繊維板など）にできる

※1 戸建住宅以外も適用できるが、令128条の5第1～5項により壁・天井の内装を準不燃材料としなければならない室やホテル、旅館、飲食店等の厨房などの火気使用室には適用できない
※2 コンロ垂直距離≧235cmの場合は、半径80cm、高さ235cmの円柱内が制限範囲となる
※3 廻り縁、窓台なども制限対象

PART 6

避難

建築物は利用している人々が
災害時に安全に避難できなくてはならない。
このため、建築基準法により避難施設である
階段や廊下について寸法が規定され
地上まで直通する階段の設置や
居室から階段までの避難距離の制限、
2以上の直通階段の設置など
人が安全に避難するための建物のあり方が定められている。
ここでは、建物の用途や規模によって異なる
避難にかかる建物の仕様について学んでいこう。

避難　階段

階段の寸法は用途・面積ごとに定められている

ここを見る！

- 令23～25条
- 令121条の2
- 令129条の9
- 平26国交告709号

これを押さえる！

階段は通常時の使用のほか災害時の避難に使用される重要な部位。建築物の利用者や避難人数を考慮して、幅、踏み面、蹴上げの各寸法や、手摺、踊場の設置義務が定められている。階段によっては、階段の両側に手摺を設け、踏み面を滑りにくい材料とした場合に踏み面と蹴上げの寸法が緩和される。

階段の基本

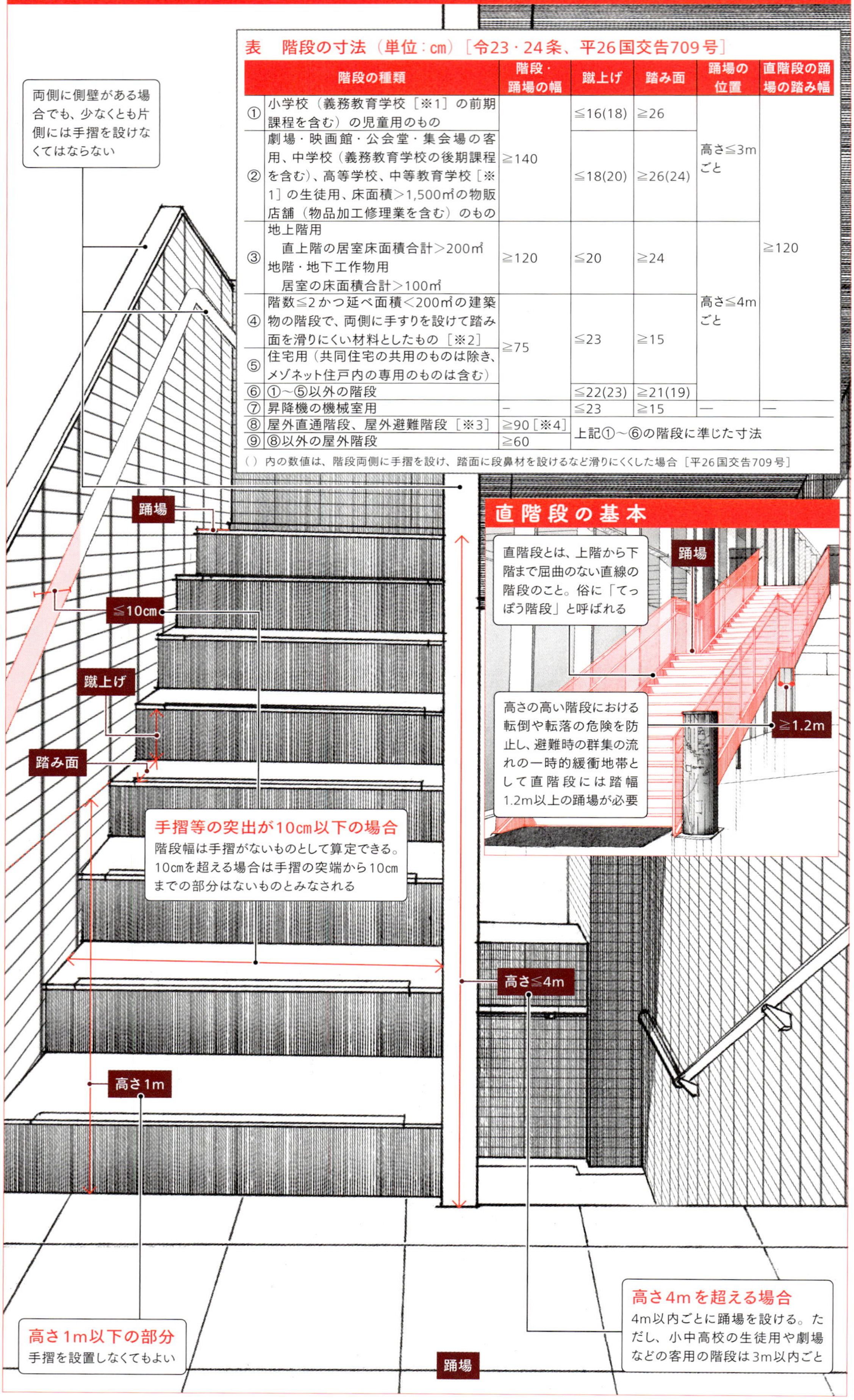

両側に側壁がある場合でも、少なくとも片側には手摺を設けなくてはならない
踊場
≦10cm
蹴上げ
踏み面
手摺等の突出が10cm以下の場合
階段幅は手摺がないものとして算定できる。10cmを超える場合は手摺の突端から10cmまでの部分はないものとみなされる
高さ≦4m
高さ1m
高さ1m以下の部分
手摺を設置しなくてもよい
踊場
高さ4mを超える場合
4m以内ごとに踊場を設ける。ただし、小中高校の生徒用や劇場などの客用の階段は3m以内ごと

表　階段の寸法（単位：cm）［令23・24条、平26国交告709号］

	階段の種類	階段・踊場の幅	蹴上げ	踏み面	踊場の位置	直階段の踊場の踏み幅
①	小学校（義務教育学校［※1］の前期課程を含む）の児童用のもの	≧140	≦16(18)	≧26	高さ≦3mごと	≧120
②	劇場・映画館・公会堂・集会場の客用、中学校（義務教育学校の後期課程を含む）、高等学校、中等教育学校［※1］の生徒用、床面積>1,500㎡の物販店舗（物品加工修理業を含む）のもの	≧140	≦18(20)	≧26(24)	高さ≦3mごと	≧120
③	地上階用　直上階の居室床面積合計>200㎡　地階・地下工作物用　居室の床面積合計>100㎡	≧120	≦20	≧24	高さ≦4mごと	≧120
④	階数≦2かつ延べ面積<200㎡の建築物の階段で、両側に手すりを設けて踏み面を滑りにくい材料としたもの［※2］	≧75	≦23	≧15	高さ≦4mごと	≧120
⑤	住宅用（共同住宅の共用のものは除き、メゾネット住戸内の専用のものは含む）	≧75	≦23	≧15	高さ≦4mごと	≧120
⑥	①～⑤以外の階段	≧75	≦22(23)	≧21(19)	高さ≦4mごと	≧120
⑦	昇降機の機械室用	－	≦23	≧15	－	－
⑧	屋外直通階段、屋外避難階段［※3］	≧90［※4］	上記①～⑥の階段に準じた寸法			
⑨	⑧以外の屋外階段	≧60	上記①～⑥の階段に準じた寸法			

（）内の数値は、階段両側に手摺を設け、踏面に段鼻材を設けるなど滑りにくくした場合［平26国交告709号］

直階段の基本

直階段とは、上階から下階まで屈曲のない直線の階段のこと。俗に「てっぽう階段」と呼ばれる

踊場

高さの高い階段における転倒や転落の危険を防止し、避難時の群集の流れの一時的緩衝地帯として直階段には踏幅1.2m以上の踊場が必要

≧1.2m

※1　義務教育学校は小学校、中学校の9年間を一貫して教育する学校。中等教育学校は中学、高校の6年間を一貫して教育する学校のこと
※2　階段またはその近くに、見やすい方法で十分に注意して昇降を行う必要がある旨を表示する
※3　木造は不可（防腐措置を講じた準耐火構造ものは可）［令121条の2］
※4　緩和規定であり、90cm以上としなければならないということではない

COLUMN

共同住宅のメゾネット住戸、階段はどのようにつくればよい？

メゾネット住戸は、共同住宅の一住戸が複数階にわたっているものをいう。上下に広い空間を確保し、戸建住宅のような内部空間をつくることができるが、共同住宅内にあるがゆえに階段の構造や2以上の直通階段の設置など戸建住宅にはない規制を受けるので注意する。

メゾネット住戸内の注意ポイント

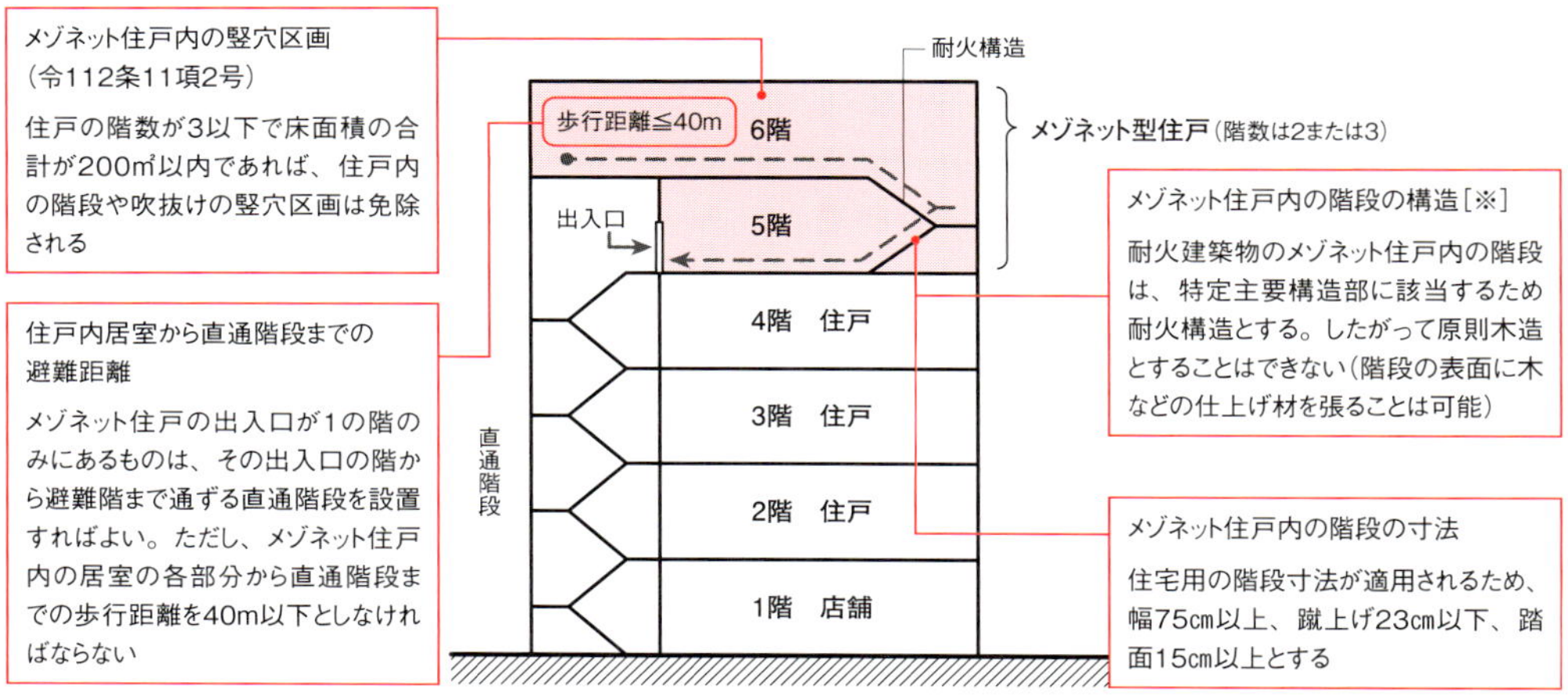

メゾネット住戸内の竪穴区画
（令112条11項2号）
住戸の階数が3以下で床面積の合計が200㎡以内であれば、住戸内の階段や吹抜けの竪穴区画は免除される
住戸内居室から直通階段までの避難距離
メゾネット住戸の出入口が1の階のみにあるものは、その出入口の階から避難階まで通ずる直通階段を設置すればよい。ただし、メゾネット住戸内の居室の各部分から直通階段までの歩行距離を40m以下としなければならない
歩行距離≦40m
6階
出入口
5階
4階　住戸
3階　住戸
2階　住戸
1階　店舗
直通階段
耐火構造
メゾネット型住戸（階数は2または3）
メゾネット住戸内の階段の構造［※］
耐火建築物のメゾネット住戸内の階段は、特定主要構造部に該当するため耐火構造とする。したがって原則木造とすることはできない（階段の表面に木などの仕上げ材を張ることは可能）
メゾネット住戸内の階段の寸法
住宅用の階段寸法が適用されるため、幅75cm以上、蹴上げ23cm以下、踏面15cm以上とする

※　メゾネット住戸が1戸（上図で、2～4階が事務所・店舗など）の場合も同様に扱う

メゾネット住戸を設けた建築物の注意ポイント

メゾネット住戸の出入口が1の階のみにあるものは、共同住宅に適用される以下の各規定について出入口のある階にメゾネット住戸があるものとみなし適用する［令123条の2］。

①共用階段の寸法［令23条］、共用廊下の幅［令119条］
出入口階にメゾネット住戸の全居室面積があるものとして適用する。

②2以上の直通階段の設置［令121条1項5号、6号］
右上図の場合、メゾネット住戸の居室の床面積合計が200㎡以下であれば6階以上の階に居室があっても直通階段は1カ所でよい。200㎡を超える場合には、4階から2以上の直通階段を設けなければならない。

③避難階段の設置［令122条］
右上図の場合、5階以上の階の床面積合計が100㎡を超えていても直通階段を避難階段としなくてもよい。同様に、メゾネット住戸の出入口が14階以下にあれば、建築物が15階を超えていても特別避難階段としなくてもよい。

右下図のように複数階に出入口のあるメゾネット住戸では、上記①～③は適用されない。なお、この図の場合、7階まで直通階段を設ける必要がある。

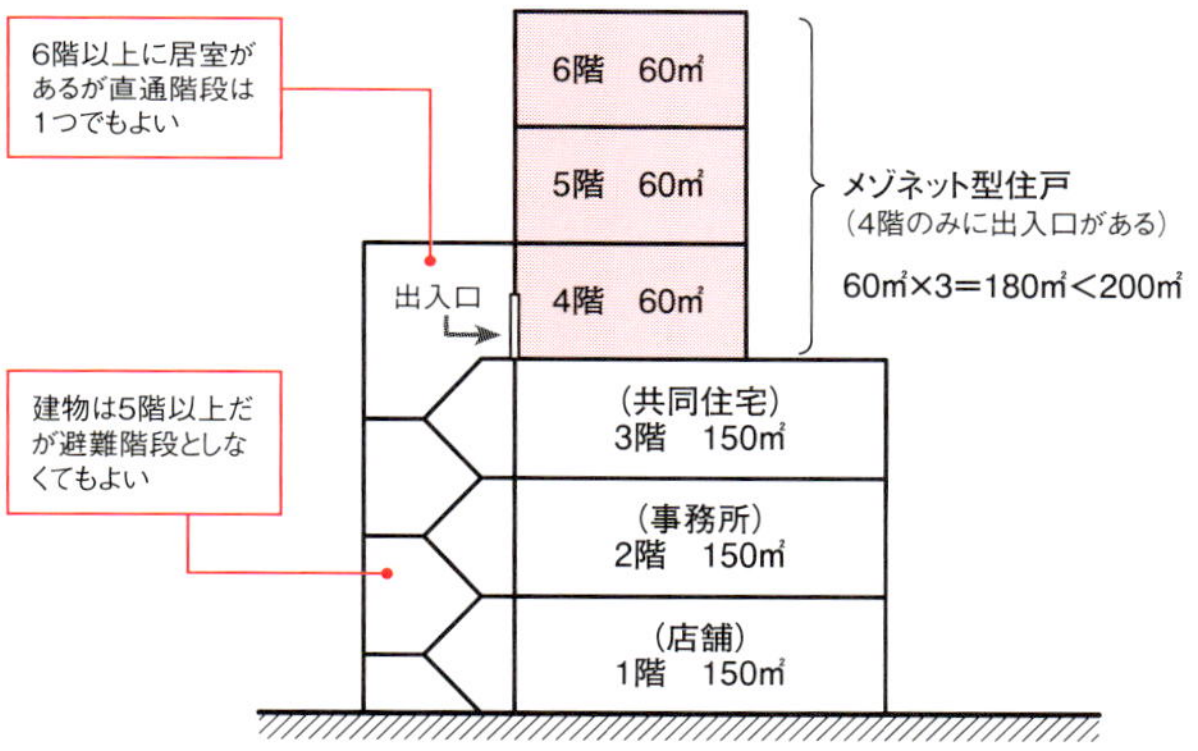

6階以上に居室があるが直通階段は1つでもよい
建物は5階以上だが避難階段としなくてもよい
6階　60㎡
5階　60㎡
出入口
4階　60㎡
（共同住宅）3階　150㎡
（事務所）2階　150㎡
（店舗）1階　150㎡
メゾネット型住戸
（4階のみに出入口がある）
60㎡×3=180㎡<200㎡

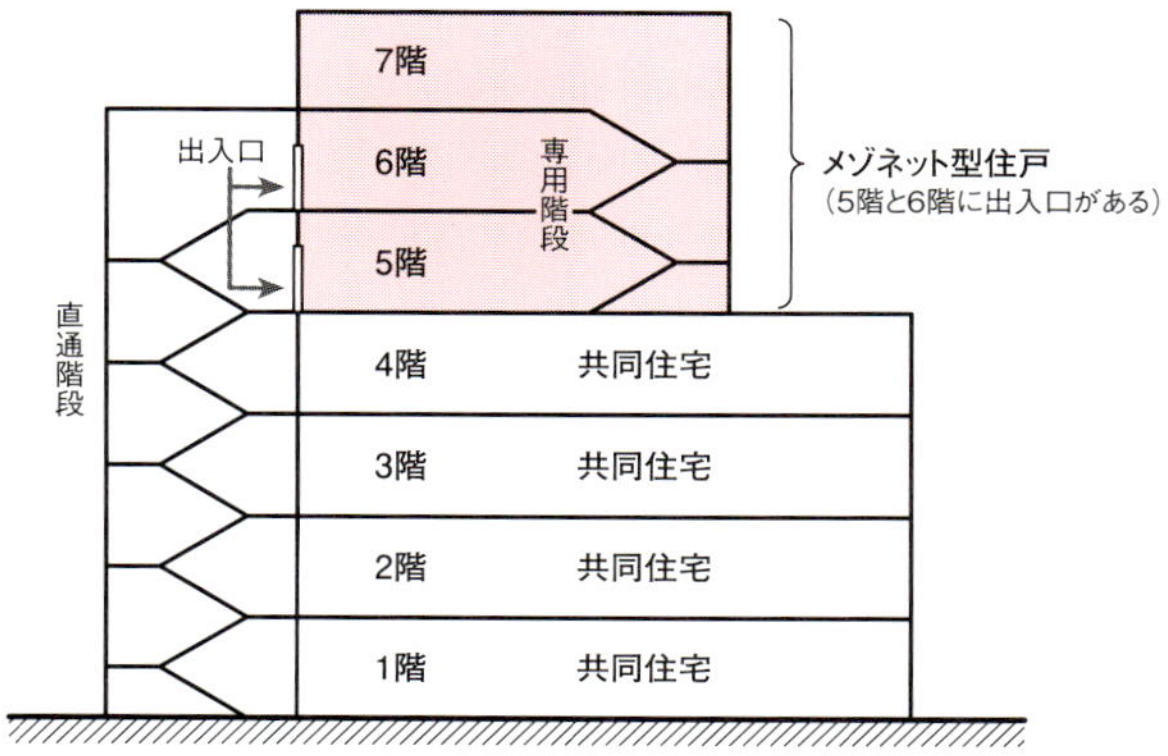

7階
出入口
6階
5階
専用階段
直通階段
メゾネット型住戸
（5階と6階に出入口がある）
4階　共同住宅
3階　共同住宅
2階　共同住宅
1階　共同住宅

※　令和6年4月施行の法改正により、耐火建築物の、階数≦2で床面積≦100㎡（スプリンクラーを設置した場合は200㎡）の部分で、防火上及び避難上支障がないものとして一定の要求性能を満たす特定区画内の主要構造部は、耐火構造としなくて良いこととなった。このため、これに該当する特定区画されたメゾネット住戸内では、壁、柱、梁、床、階段などを木造とすることができる

地上まで続く直通階段は居室から階段までの歩行距離に注意

ここを見る！

令117条
令120条

これを押さえる！

直通階段とは、建築物の各階から地上または避難階に直通する階段のこと。特殊建築物などで設置が必要。設置が必要となる建築物の避難階以外の階では、居室から直通階段までの歩行距離が居室の種類や建物の耐火性能に応じて制限されている［表］。

直通階段の基本

歩行距離
最も遠い居室の隅から直通階段の端までを計測する
直通階段が必要な階
直通階段は以下の建築物の居室のある階に設置が必要
①法別表第1（い）欄（1）～（4）の特殊建築物
②階数≧3の建築物
③採光上の無窓居室を有する階
④延べ面積＞1,000㎡
直通階段
直通階段
避難階（地上）

表　居室の各部分から直通階段までの歩行距離［*］

居室の種類／建築物の構造			主要構造部が準耐火構造または不燃材料	その他
①	14階以下の居室	採光上の無窓居室［129頁参照］、物品販売店など法別表第1（い）欄（4）項の用途の居室	30m以下	30m以下
②	14階以下の居室	病院・旅館・寄宿舎・共同住宅など法別表第1（い）欄（2）項の主たる用途の居室	50m以下	30m以下
③	14階以下の居室	①②以外の居室	50m以下	40m以下
④	14階以下の居室	居室および通路の内装（天井・壁＞1.2m）を準不燃材料としたもの	①30＋10＝40m以下 ②50＋10＝60m以下 ③50＋10＝60m以下	—
⑤	15階以上の居室	居室および通路の内装を不燃・準不燃材料以外としたもの	①30－10＝20m以下 ②50－10＝40m以下 ③50－10＝40m以下	—
⑤	15階以上の居室	居室および通路の内装を（天井・壁＞1.2m）を準不燃材料としたもの	①30m以下 ②50m以下 ③50m以下	—

＊メゾネット型共同住宅（主要構造部が準耐火構造で、住戸の階数が2または3で、かつ出入口が1の階のみにあるもの）の住戸の出入口のない階については、住戸内専用階段を通って出入口のある階の直通階段までの歩行距離を40m以下とすれば、表の規定は適用しない［97頁参照］

直通階段の連続性

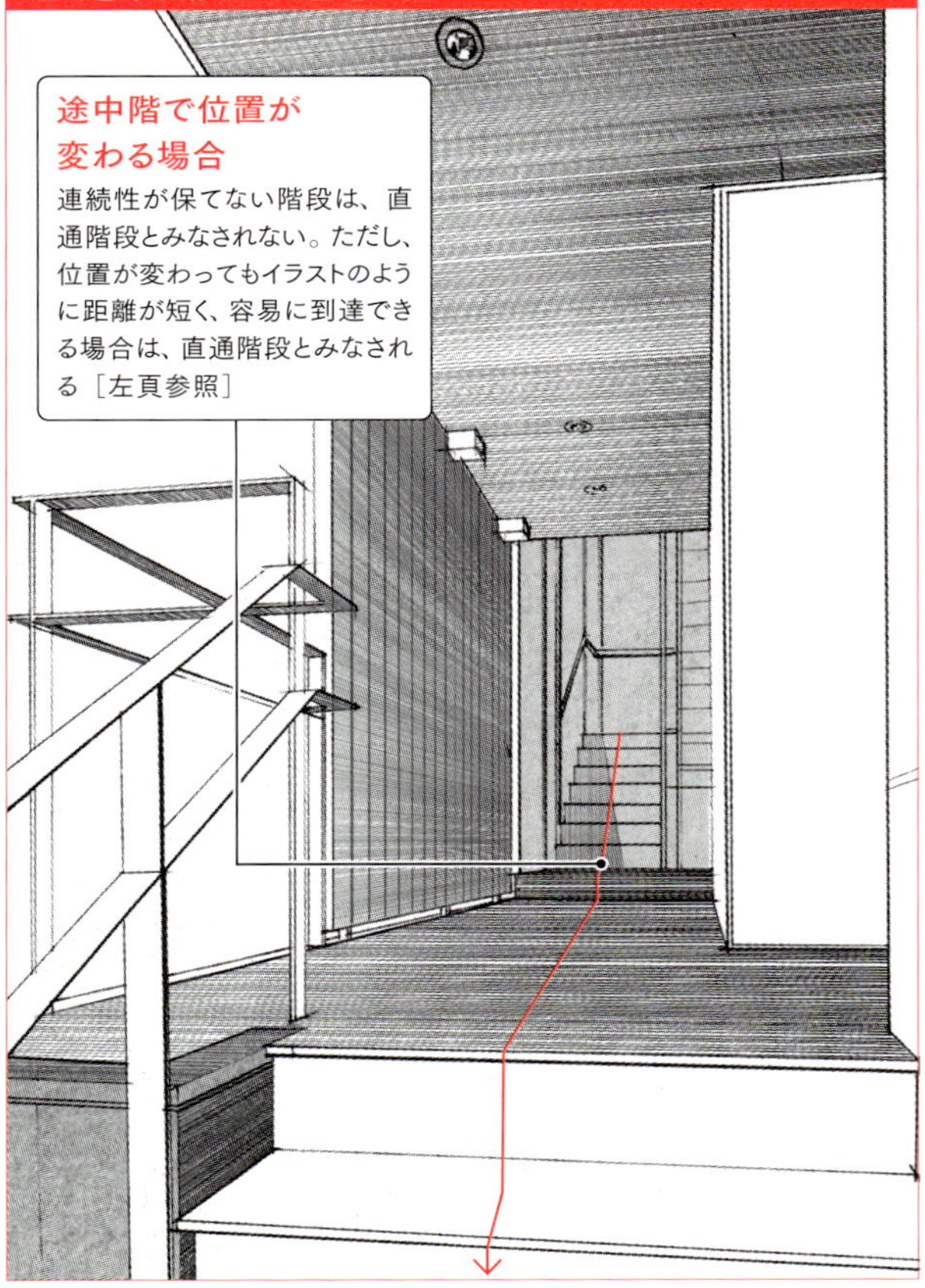
途中階で位置が変わる場合
連続性が保てない階段は、直通階段とみなされない。ただし、位置が変わってもイラストのように距離が短く、容易に到達できる場合は、直通階段とみなされる［左頁参照］

直通階段とみなされる事例①

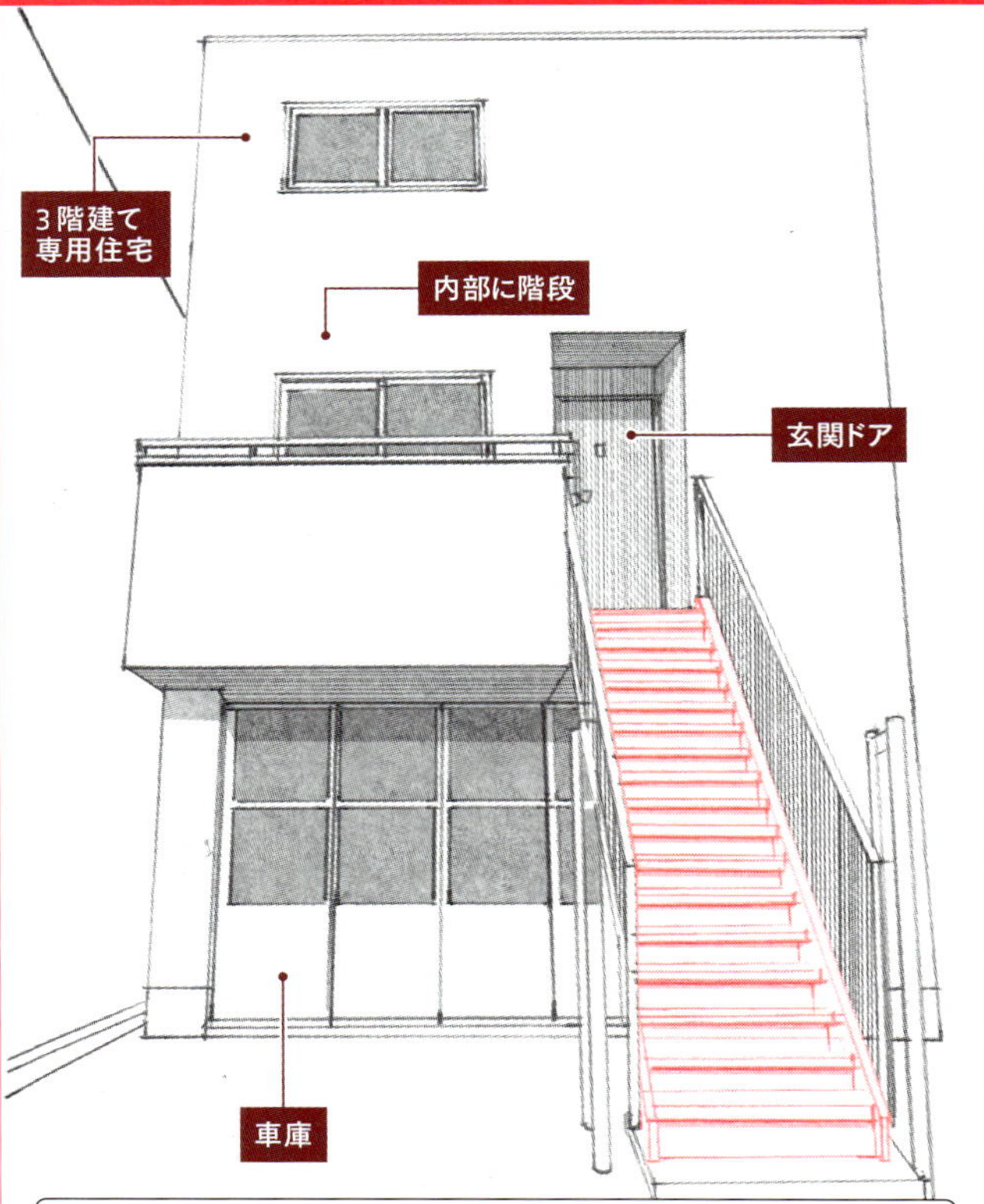

3階建て専用住宅で避難上支障がないもの

直通階段は本来、階段途中に扉があったり、次の階段まで離れたりする場合は直通階段と認められない。ただしいくつかのケースでは直通階段とみなされる場合がある。たとえば3階建て専用住宅では利用者が特定されており、多少の曲折があっても順路が明らかなものは直通階段と見なされる。2階に玄関ドアを設けた場合でも避難上支障がないものは直通階段に該当する

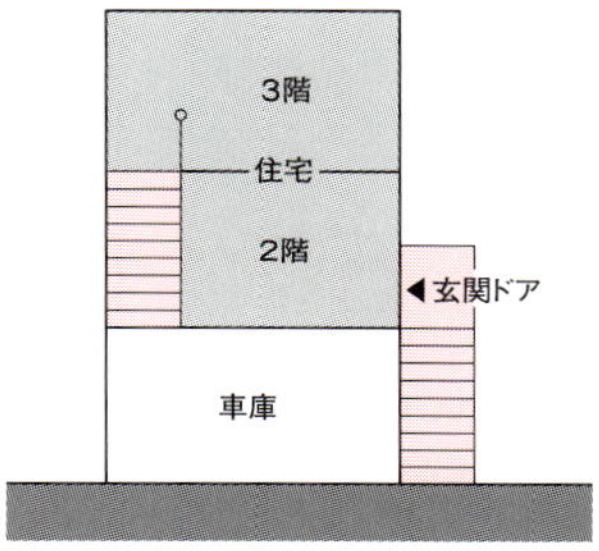

直通階段とみなされる事例②

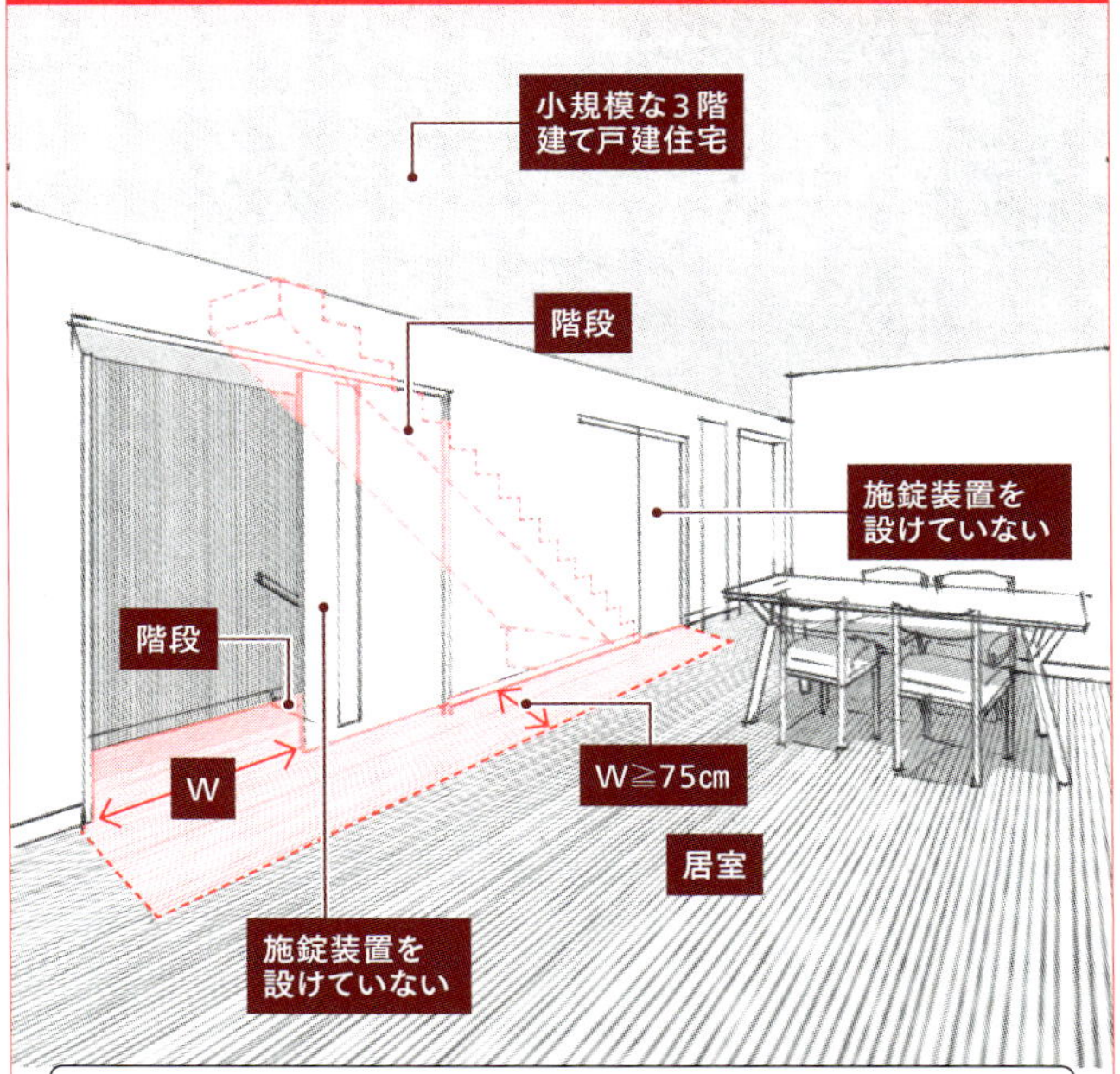

小規模な3階建て戸建住宅で条件を満たしたもの

小規模な3階建て戸建住宅で、以下の①～③の条件を満たすものは直通階段とみなされる

①竪穴区画が不要なものであること

②次の階段まで避難経路が確保されていること

③障子や襖等で分断されず、扉に施錠装置を設けていないなど避難上支障のないこと

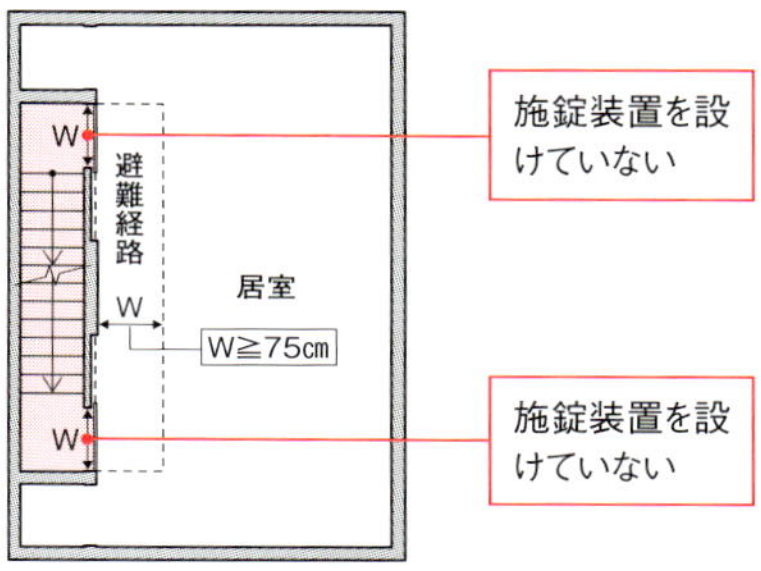

直通階段とみなされる事例③

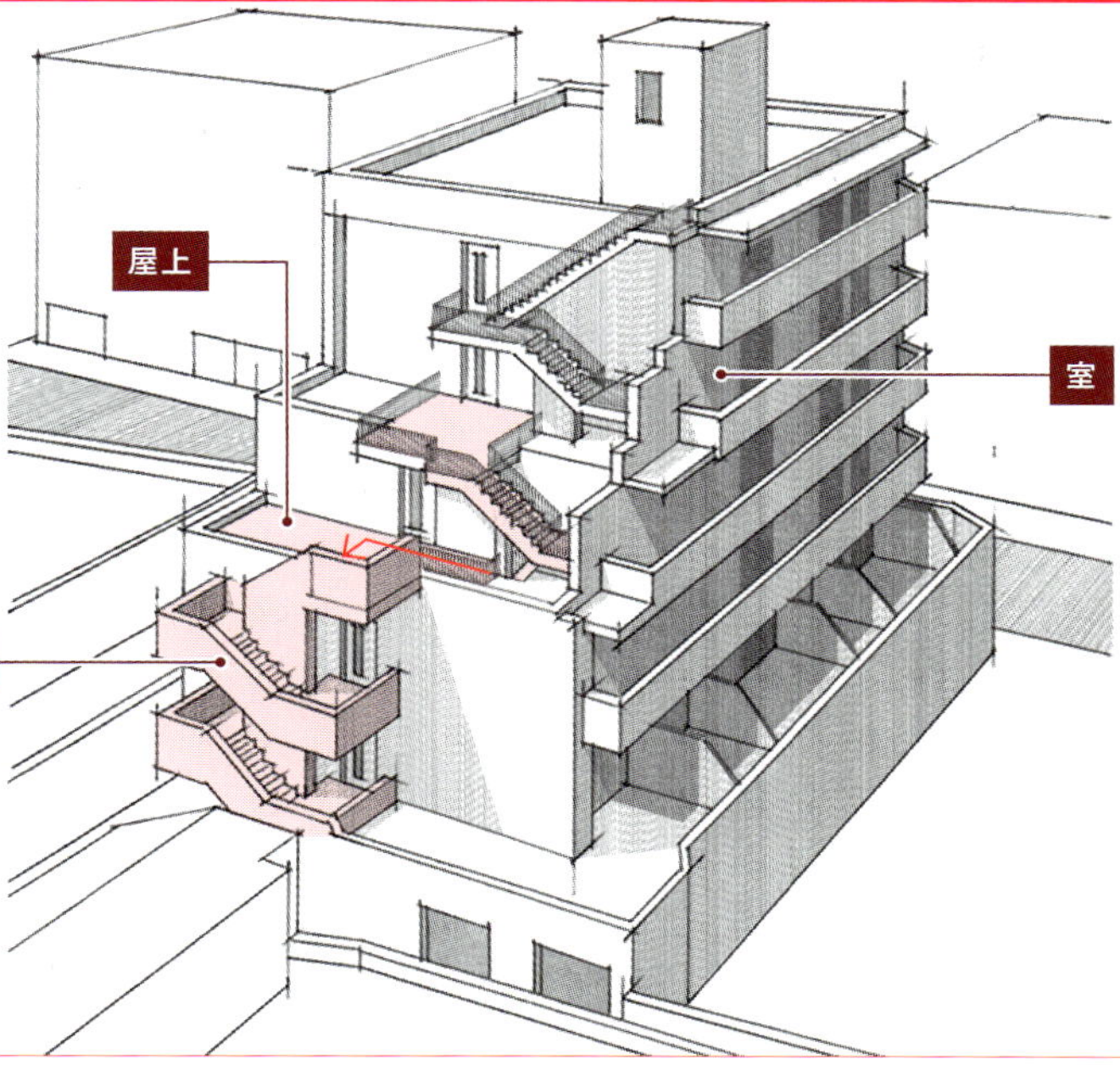

屋上を介しているが階段間の経路が短いもの

屋上を介しているが、次の階段までの距離が短く容易に確認でき避難経路が明確なものは直通階段とみなされる

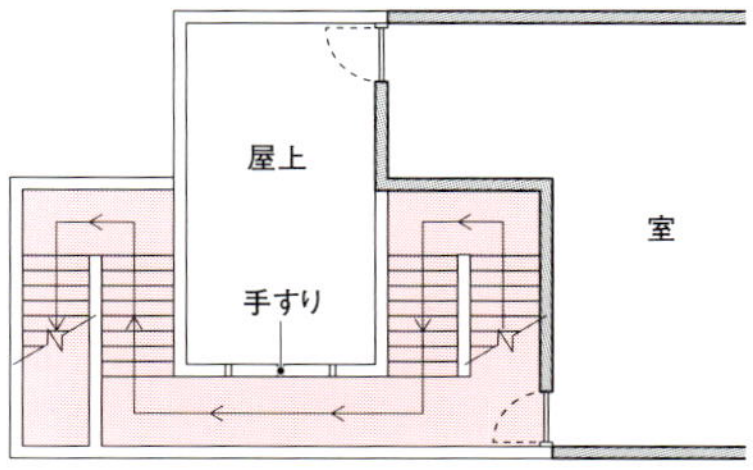

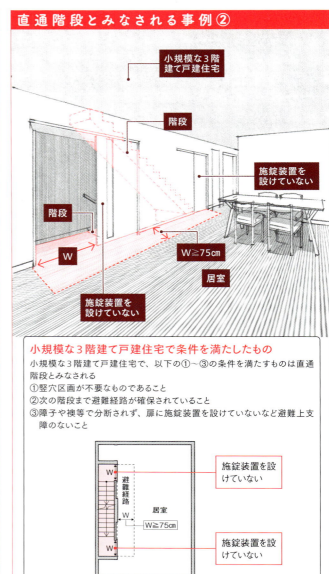

避難に時間のかかる建築物は2以上の直通階段が必要

ここを見る！

- 令120条
- 令121条
- 令121条の2

これを押さえる！

火災時の避難に時間のかかる特殊建築物や、階の居室床面積の合計が大きく避難人数が多い建築物には、円滑に避難できるように少なくとも2以上の直通階段を設置することが義務づけられている。これにより1つの階段が火煙によって使用不能となってもほかの階段から避難出来ることとなり、2方向以上の避難ルートが確保される。

2以上の直通階段の設置例

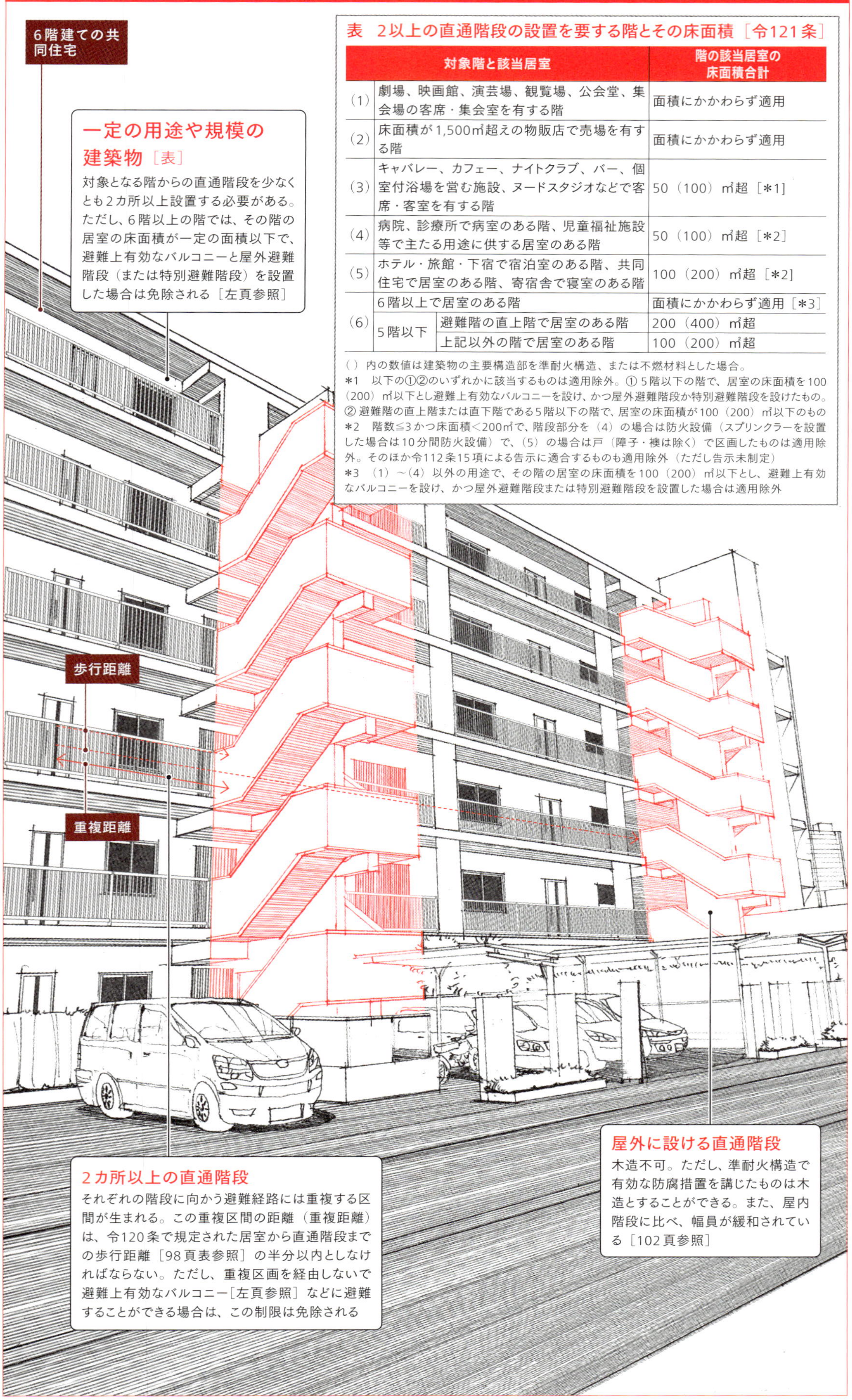
6階建ての共同住宅
歩行距離
重複距離

一定の用途や規模の建築物［表］

対象となる階からの直通階段を少なくとも2カ所以上設置する必要がある。ただし、6階以上の階では、その階の居室の床面積が一定の面積以下で、避難上有効なバルコニーと屋外避難階段（または特別避難階段）を設置した場合は免除される［左頁参照］

表　2以上の直通階段の設置を要する階とその床面積［令121条］

対象階と該当居室			階の該当居室の床面積合計
(1)	劇場、映画館、演芸場、観覧場、公会堂、集会場の客席・集会室を有する階		面積にかかわらず適用
(2)	床面積が1,500㎡超えの物販店で売場を有する階		面積にかかわらず適用
(3)	キャバレー、カフェー、ナイトクラブ、バー、個室付浴場を営む施設、ヌードスタジオなどで客席・客室を有する階		50（100）㎡超［*1］
(4)	病院、診療所で病室のある階、児童福祉施設等で主たる用途に供する居室のある階		50（100）㎡超［*2］
(5)	ホテル・旅館・下宿で宿泊室のある階、共同住宅で居室のある階、寄宿舎で寝室のある階		100（200）㎡超［*2］
(6)	6階以上で居室のある階		面積にかかわらず適用［*3］
	5階以下	避難階の直上階で居室のある階	200（400）㎡超
		上記以外の階で居室のある階	100（200）㎡超

（）内の数値は建築物の主要構造部を準耐火構造、または不燃材料とした場合。
*1　以下の①②のいずれかに該当するものは適用除外。①5階以下の階で、居室の床面積を100（200）㎡以下とし避難上有効なバルコニーを設け、かつ屋外避難階段か特別避難階段を設けたもの。②避難階の直上階または直下階である5階以下の階で、居室の床面積が100（200）㎡以下のもの
*2　階数≦3かつ床面積＜200㎡で、階段部分を（4）の場合は防火設備（スプリンクラーを設置した場合は10分間防火設備）で、（5）の場合は戸（障子・襖は除く）で区画したものは適用除外。そのほか令112条15項による告示に適合するものも適用除外（ただし告示未制定）
*3　（1）～（4）以外の用途で、その階の居室の床面積を100（200）㎡以下とし、避難上有効なバルコニーを設け、かつ屋外避難階段または特別避難階段を設置した場合は適用除外

2カ所以上の直通階段

それぞれの階段に向かう避難経路には重複する区間が生まれる。この重複区間の距離（重複距離）は、令120条で規定された居室から直通階段までの歩行距離［98頁表参照］の半分以内としなければならない。ただし、重複区画を経由しないで避難上有効なバルコニー［左頁参照］などに避難することができる場合は、この制限は免除される

屋外に設ける直通階段

木造不可。ただし、準耐火構造で有効な防腐措置を講じたものは木造とすることができる。また、屋内階段に比べ、幅員が緩和されている［102頁参照］

避難上有効なバルコニーは直通階段を少なくすることが可能

ここを見る！

令120条
令121条

これを押さえる！

6階以上の建築物［※1］や5階以下の風俗店舗［※2］で、階の床面積の合計が100㎡［※3］以下の階は、直通階段を屋外避難階段または特別避難階段とし、避難上有効なバルコニーを設けた場合は、ある程度の安全な2方向避難ルートが確保されることから、2以上の直通階段の設置義務が免除される。

避難上有効なバルコニーの基本

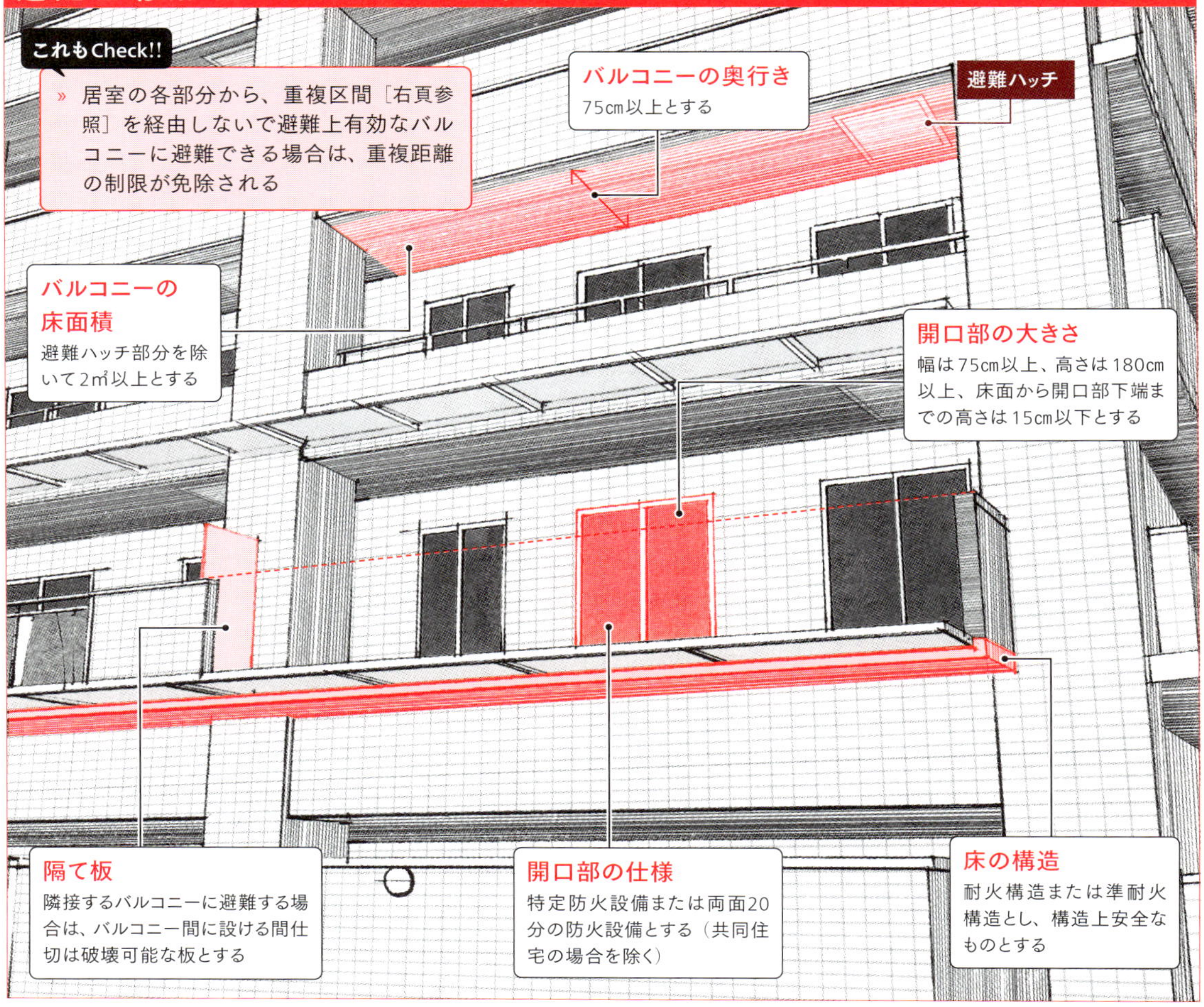
これもCheck!!
» 居室の各部分から、重複区間［右頁参照］を経由しないで避難上有効なバルコニーに避難できる場合は、重複距離の制限が免除される
バルコニーの奥行き
75cm以上とする
避難ハッチ
バルコニーの床面積
避難ハッチ部分を除いて2㎡以上とする
開口部の大きさ
幅は75cm以上、高さは180cm以上、床面から開口部下端までの高さは15cm以下とする
隔て板
隣接するバルコニーに避難する場合は、バルコニー間に設ける間仕切は破壊可能な板とする
開口部の仕様
特定防火設備または両面20分の防火設備とする（共同住宅の場合を除く）
床の構造
耐火構造または準耐火構造とし、構造上安全なものとする

避難上有効なバルコニーを設置した例

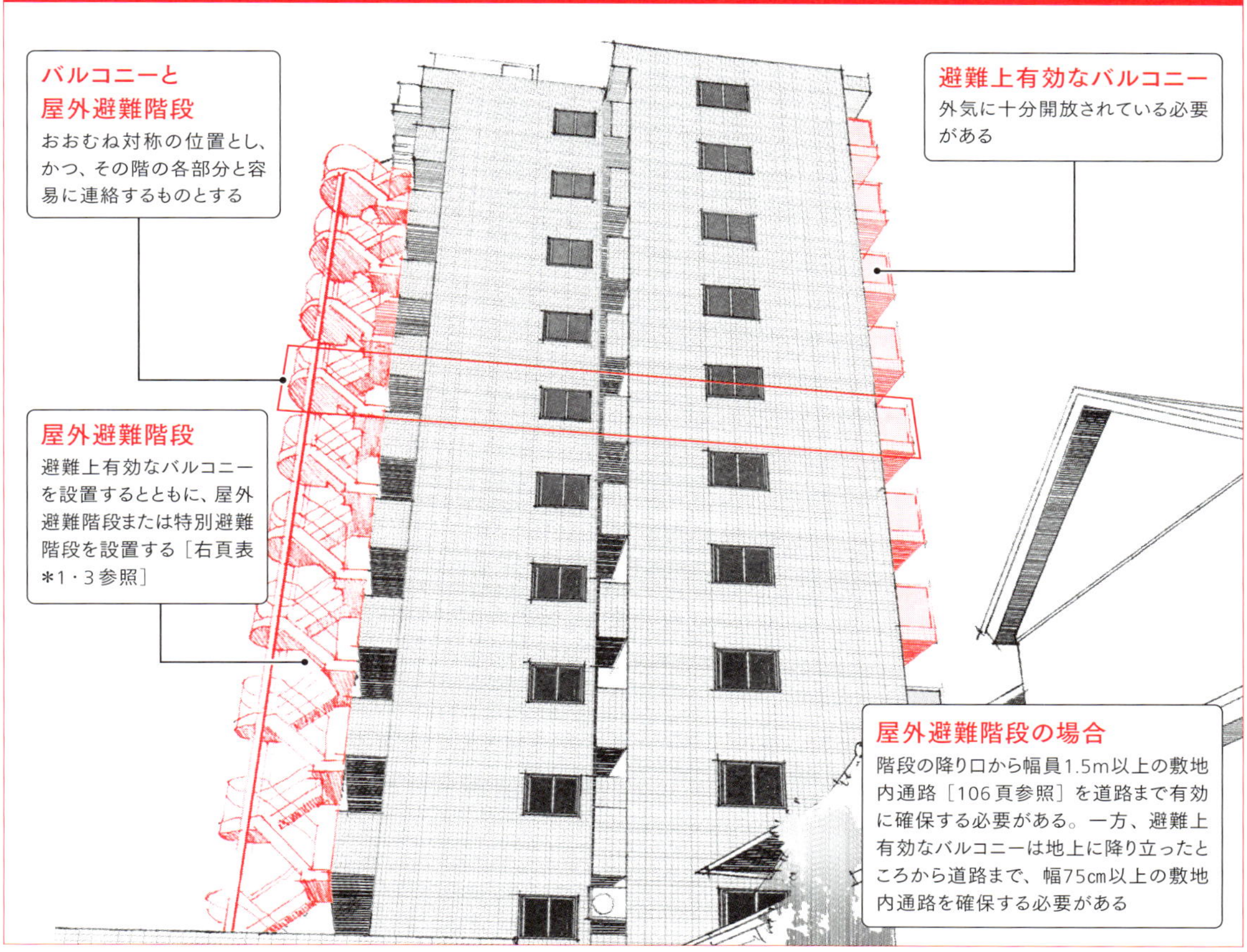
バルコニーと屋外避難階段
おおむね対称の位置とし、かつ、その階の各部分と容易に連絡するものとする
避難上有効なバルコニー
外気に十分開放されている必要がある
屋外避難階段
避難上有効なバルコニーを設置するとともに、屋外避難階段または特別避難階段を設置する［右頁表＊1・3参照］
屋外避難階段の場合
階段の降り口から幅員1.5m以上の敷地内通路［106頁参照］を道路まで有効に確保する必要がある。一方、避難上有効なバルコニーは地上に降り立ったところから道路まで、幅75cm以上の敷地内通路を確保する必要がある
※1　右頁の表の（1）～（4）の用途のものを除く
※2　キャバレー、カフェー、ナイトクラブ、バー、個室付浴場を営む施設、ヌードスタジオ、異性を同伴する客の休憩の用に供する施設、店舗型電話異性紹介営業など
※3　建築物の主要構造部が準耐火構造か不燃材料で造られている場合は200㎡以下

避難階段と特別避難階段の違いは付室・バルコニーの有無

ここを見る！

令122条

令123条

これを押さえる！

5階以上の階または地下2階以下に通じる直通階段や、大規模物販店の直通階段は、避難者の階段内の滞留時間が長くなる。このため直通階段を、防火区画し内装を不燃化した屋内避難階段や外気に開放された屋外避難階段とし、さらにバルコニーまたは付室を設けて火煙の階段室への流入を防止した特別避難階段とする必要がある。

屋内避難階段の例

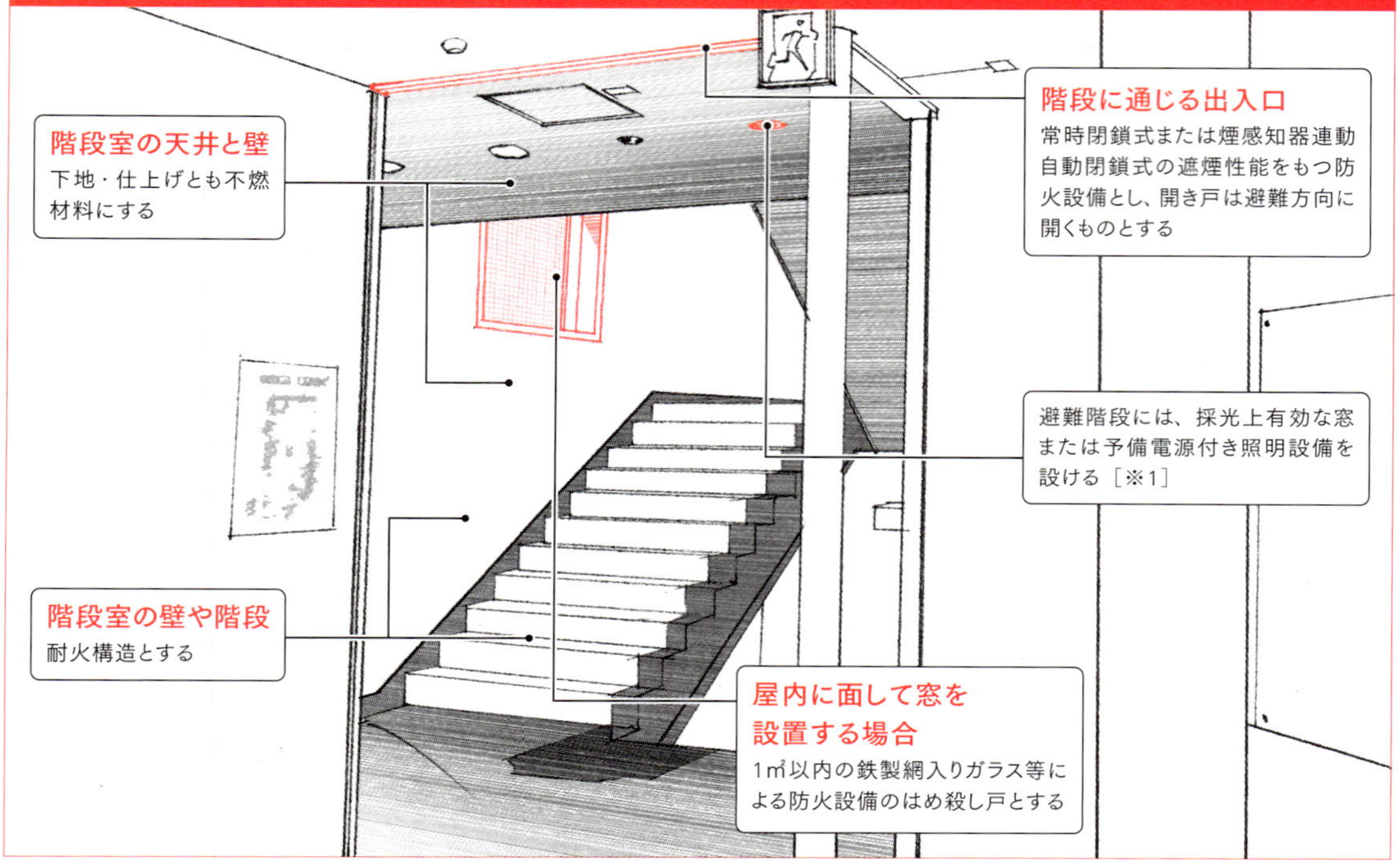
階段室の天井と壁
下地・仕上げとも不燃材料にする
階段に通じる出入口
常時閉鎖式または煙感知器連動自動閉鎖式の遮煙性能をもつ防火設備とし、開き戸は避難方向に開くものとする
避難階段には、採光上有効な窓または予備電源付き照明設備を設ける［※1］
階段室の壁や階段
耐火構造とする
屋内に面して窓を設置する場合
1㎡以内の鉄製網入りガラス等による防火設備のはめ殺し戸とする

屋外避難階段の例①［※2］

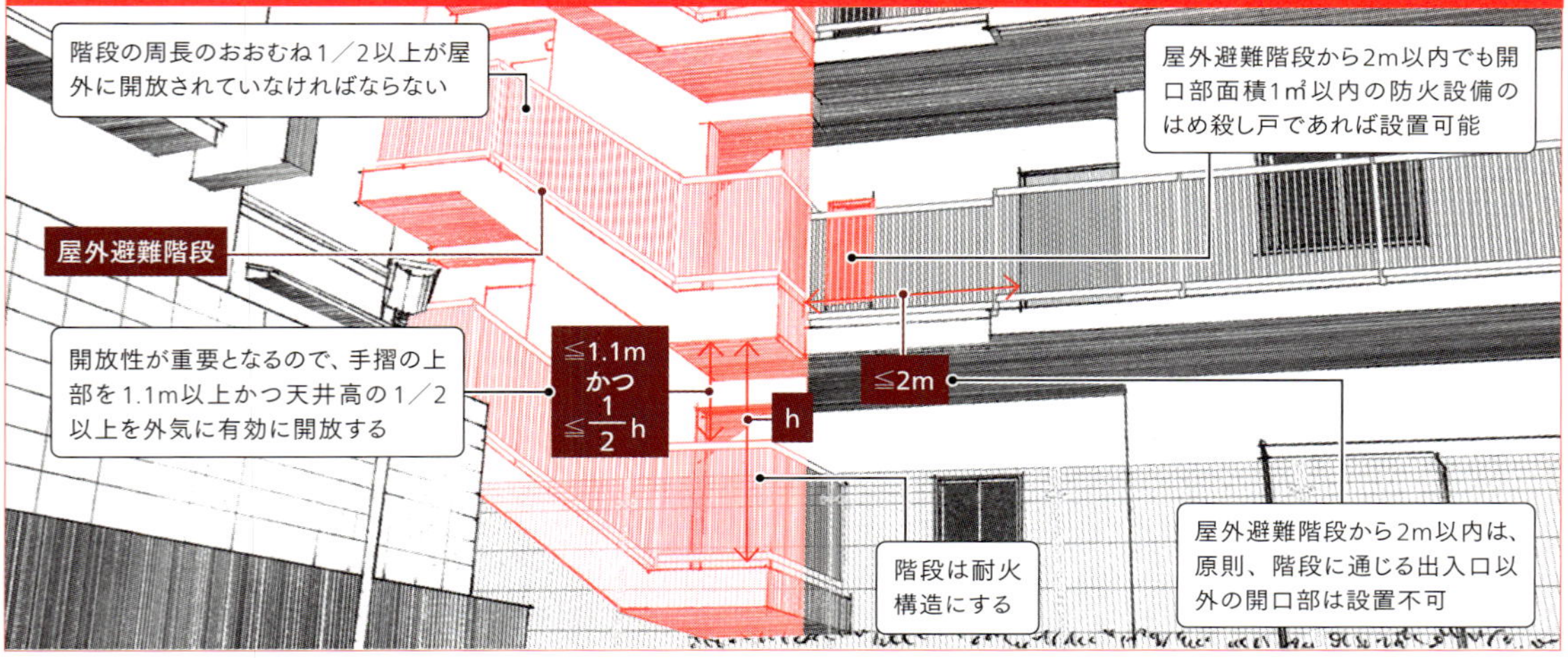
階段の周長のおおむね1／2以上が屋外に開放されていなければならない
屋外避難階段から2m以内でも開口部面積1㎡以内の防火設備のはめ殺し戸であれば設置可能
屋外避難階段
開放性が重要となるので、手摺の上部を1.1m以上かつ天井高の1／2以上を外気に有効に開放する
≧1.1m
かつ
≧1/2h
h
≦2m
階段は耐火構造にする
屋外避難階段から2m以内は、原則、階段に通じる出入口以外の開口部は設置不可

屋外避難階段の例②

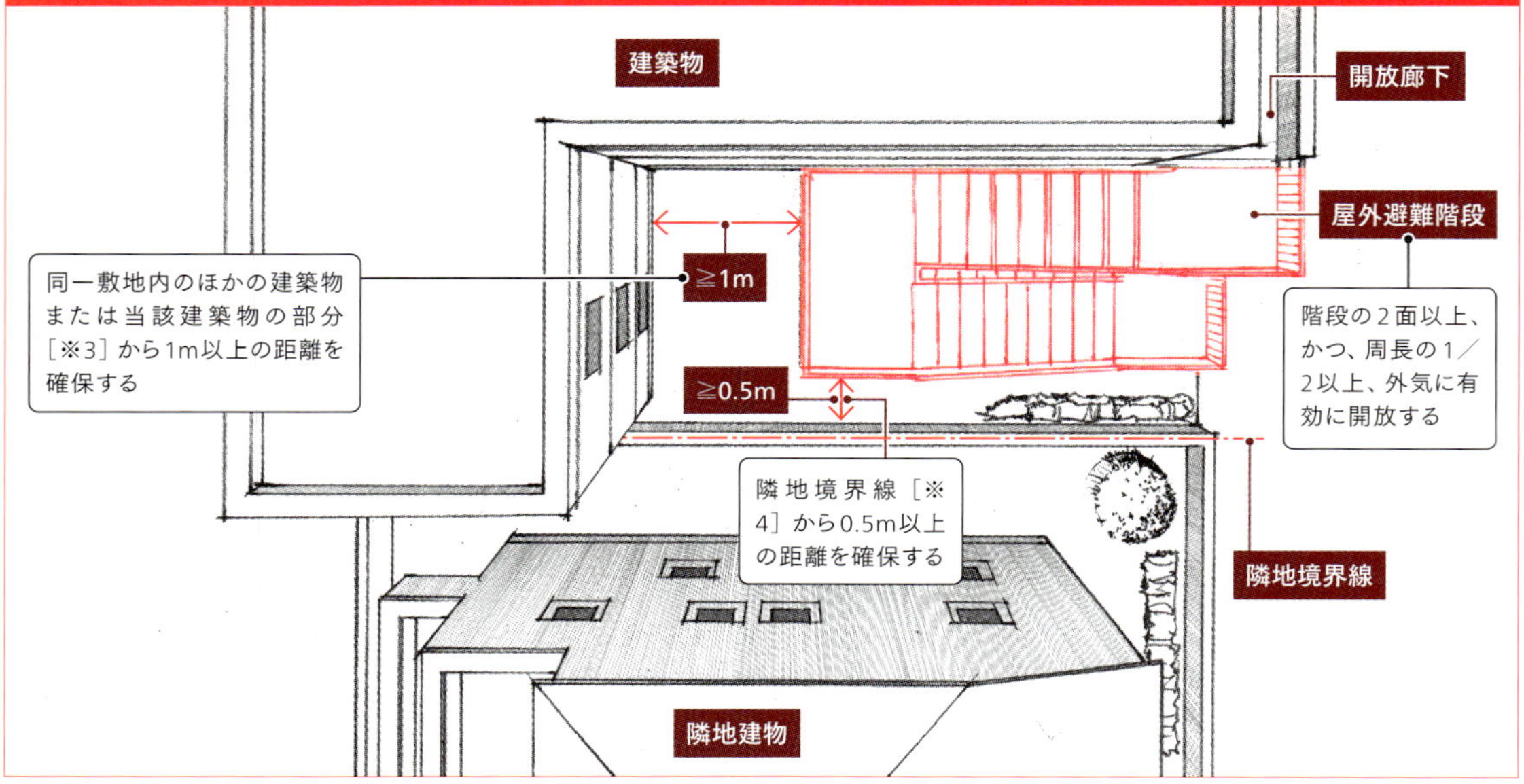
建築物
開放廊下
屋外避難階段
≧1m
同一敷地内のほかの建築物または当該建築物の部分［※3］から1m以上の距離を確保する
階段の2面以上、かつ、周長の1／2以上、外気に有効に開放する
≧0.5m
隣地境界線［※4］から0.5m以上の距離を確保する
隣地境界線
隣地建物

※1　特別避難階段の階段室には付室に面する窓などで採光上有効な窓または予備電源付き照明設備を設ける
※2　屋外避難階段については、地方によりさらに細かく構造を指定しているところがある
※3　ドライエリアの擁壁等を含む
※4　公園、水面等に接するものを除く

特別避難階段の付室

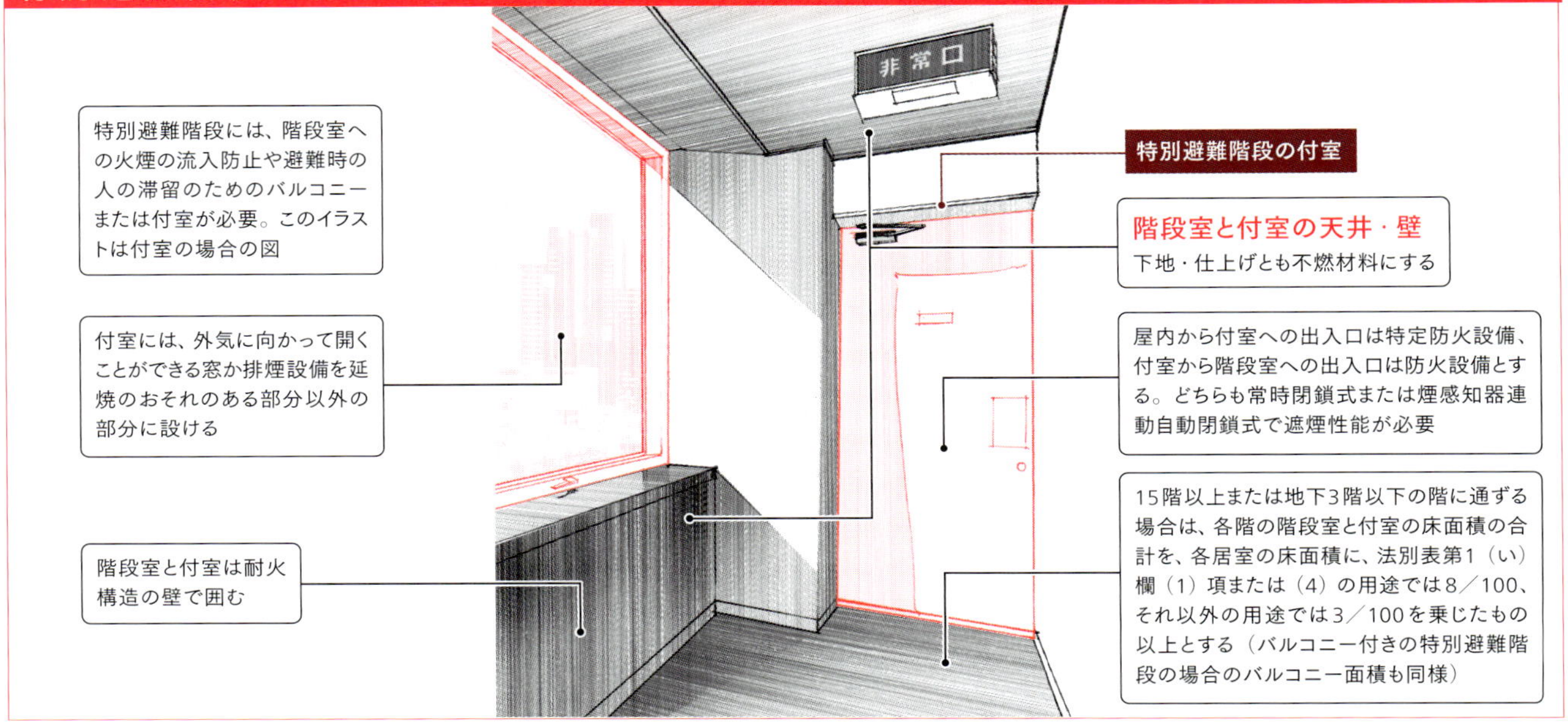
非常口
特別避難階段には、階段室への火煙の流入防止や避難時の人の滞留のためのバルコニーまたは付室が必要。このイラストは付室の場合の図
付室には、外気に向かって開くことができる窓か排煙設備を延焼のおそれのある部分以外の部分に設ける
階段室と付室は耐火構造の壁で囲む
特別避難階段の付室
階段室と付室の天井・壁
下地・仕上げとも不燃材料にする
屋内から付室への出入口は特定防火設備、付室から階段室への出入口は防火設備とする。どちらも常時閉鎖式または煙感知器連動自動閉鎖式で遮煙性能が必要
15階以上または地下3階以下の階に通ずる場合は、各階の階段室と付室の床面積の合計を、各居室の床面積に、法別表第1（い）欄（1）項または（4）の用途では8／100、それ以外の用途では3／100を乗じたもの以上とする（バルコニー付きの特別避難階段の場合のバルコニー面積も同様）

表1　避難階段・特別避難階段の設置を要する建築物

適用対象	直通階段の通ずる階	設置する階段	設置免除	適用条項
以下の建築物の居室のある階 ①法別表第1（い）欄（1）～（4）の特殊建築物 ②階数≧3の建築物 ③採光上の無窓居室を有する階 ④延べ面積＞1,000㎡	5階以上または地下2階以下の階	避難階段または特別避難階段	＊1または＊2	令117条 令122条1項
	15階以上または地下3階以下の階	特別避難階段	＊2	
床面積合計＞1,500㎡の物販店で3階以上に売り場があるもの	各階の売り場および屋上広場［＊3］	避難階段または特別避難階段	なし	令122条2項
	5階以上の売り場	避難階段または特別避難階段（1以上は特別避難階段とする）		令122条3項
	15階以上の売り場	特別避難階段		

＊1　主要構造部が準耐火構造または不燃材料で造られた建築物で、5階以上または地下2階以下の階の床面積≦100㎡のもの
＊2　主要構造部が耐火構造の建築物で、耐火構造の床・壁、特定防火設備で区画された階段・EVの昇降路（ロビーを含む）・廊下などを除いた部分を、床面積の合計100㎡（共同住宅の住戸は200㎡）以内ごとに耐火構造の床・壁、特定防火設備で区画されたもの
＊3　屋上広場に通ずる階段は、屋上広場がある場合に適用される。5階以上に売場がない場合は、屋上広場の設置は不要

表2　1,500㎡超の物品販売店が制限を受ける避難規定

不特定多数の人が利用する物品販売業を営む店舗については、避難について下記の規制が付加されている

区分	適用部分	内容	適用条項
原則	階段の幅等	幅≧140cm、蹴上げ≦18（20）cm、踏み面≧26（24）cm［＊］	令23条
	2以上の直通階段の設置	階数に関係なく必要	令121条1項2号
	避難階段の設置	3階以上の売場、屋上広場：避難階段または特別避難階段とする 5階以上の売場：1つ以上を特別避難階段とする 15階以上の売場：すべて特別避難階段とする	令121条2項・3項
	各階における避難階段・特別避難階段の幅の合計（m）	≧（その階の上階〈下階〉のうち床面積が最大の階の床面積／100㎡）×0.6m	令124条1項1号
	各階における避難階段・特別避難階段へ通じる出入口幅の合計（m）	地上階：≧（その階の床面積／100㎡）×0.27m 地下階：≧（その階の床面積／100㎡）×0.36m	令124条1項2号
	避難階における屋外への出入口幅の合計（m）	≧（床面積が最大の階の床面積／100㎡）×0.6m	令125条3項
	屋上広場	・階とみなす ・5階以上を売り場にする場合、設置が必要 ・屋上広場には、高さ1.1m以上の手摺を設ける	令124条3項 令126条
緩和	避難階段・特別避難階段の幅員およびこれらに通じる出入口の幅の合計	これらの階段が地上階で1フロアか2フロアだけの専用階段である場合は、幅員を1.5倍あるとみなす	令124条2項

＊（）内は階段の両側に手摺を設け、踏み面を滑りにくい材料とした場合の寸法

避難
屋上手摺・出口

屋上の手摺は高さ1.1m以上。出口の戸は外開きにする

ここを見る！

- 令118条
- 令125条
- 令125条の2
- 令126条

これを押さえる！

1千500㎡超の物品販売店で、5階以上の階に売場がある場合は、屋上広場を設け［※1］、階とみなして避難計画を行う。屋上広場の周囲には高さ1.1m以上の手摺壁等を設置しなければならない。また、不特定多数の人が集まる劇場などでは、客席からの避難に使われる出入口の扉は避難方向に向かって開くようにする［※2］。

3階建て建築物の屋上手摺

バルコニーの手摺高さ
3階建て建築物の屋上および2階以上のバルコニーの手摺は高さ1.1m以上にする必要がある。2階建ての建築物には規定が適用されないが、1.1m以上とすることが望ましい

屋上広場の手摺の例

高さ≧1.1m
屋上広場がある場合
その周囲に高さ1.1m以上の手摺壁などを設置しなくてはいけない。なお、格子状など開放性の高い屋上手摺は建築物の高さに不算入［48頁参照］

劇場の例

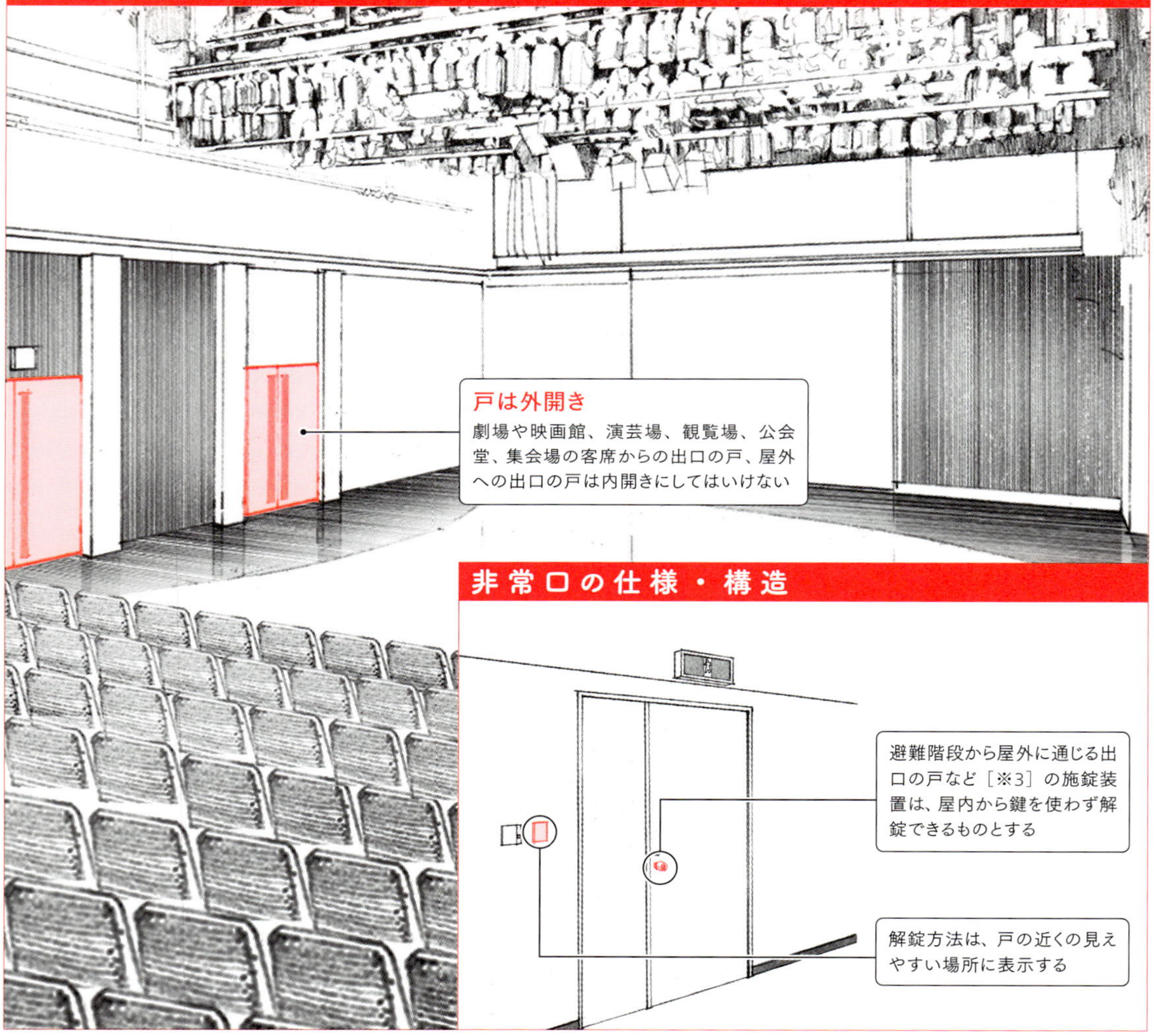
戸は外開き
劇場や映画館、演芸場、観覧場、公会堂、集会場の客席からの出口の戸、屋外への出口の戸は内開きにしてはいけない
非常口の仕様・構造
避難階段から屋外に通じる出口の戸など［※3］の施錠装置は、屋内から鍵を使わず解錠できるものとする
解錠方法は、戸の近くの見えやすい場所に表示する

※1　法文上は百貨店の場合に屋上広場を設けるよう定めているが、百貨店法の廃止により百貨店の定義がなくなったため、同一店舗で1,500㎡を超える大規模店舗を百貨店と扱うことが多い
※2　避難階段や特別避難階段に通じる戸の開閉も避難方向に開くようにする
※3　適用対象は「屋内から屋外避難階段に通じる各階の戸」「避難階段から屋外に通じる出口の戸」「維持管理上、常時鎖錠状態にある出口の戸で、火災その他の非常時に使用するもの

廊下の幅は建築物の用途や規模で異なる

ここを見る!

令117条1項

令119条

これを押さえる!

廊下の幅員は、壁面から壁面までの有効幅で算定する。建築物の用途などのほか、片側居室か両側居室かによって幅員の規定値は変わる。また、階段とは異なり、廊下の有効幅には手摺の出幅による緩和はない。

両側居室の場合

一般的な両側居室の廊下

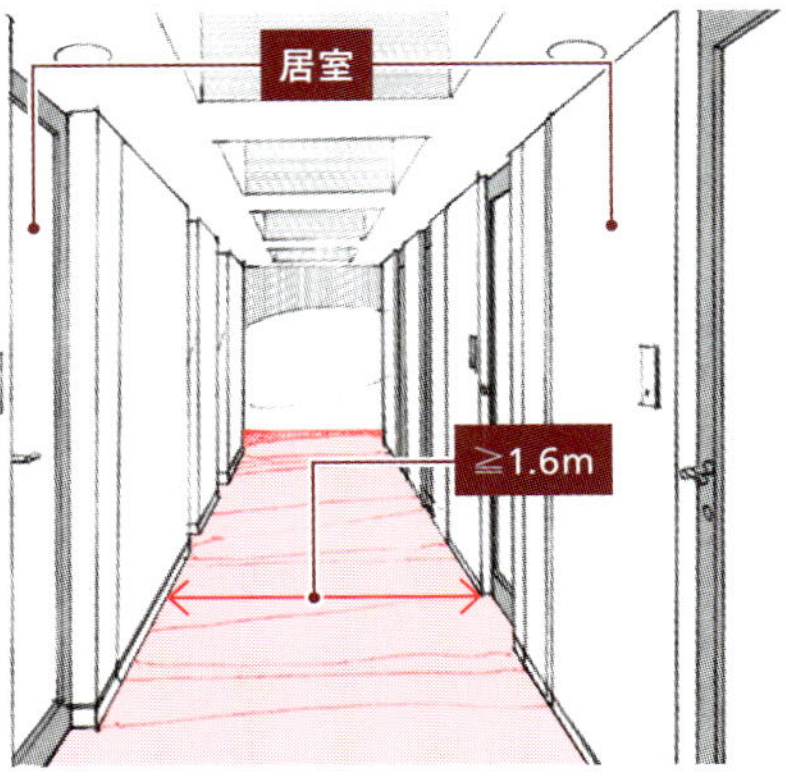
居室
≧1.6m

両側に教室がある児童用の廊下

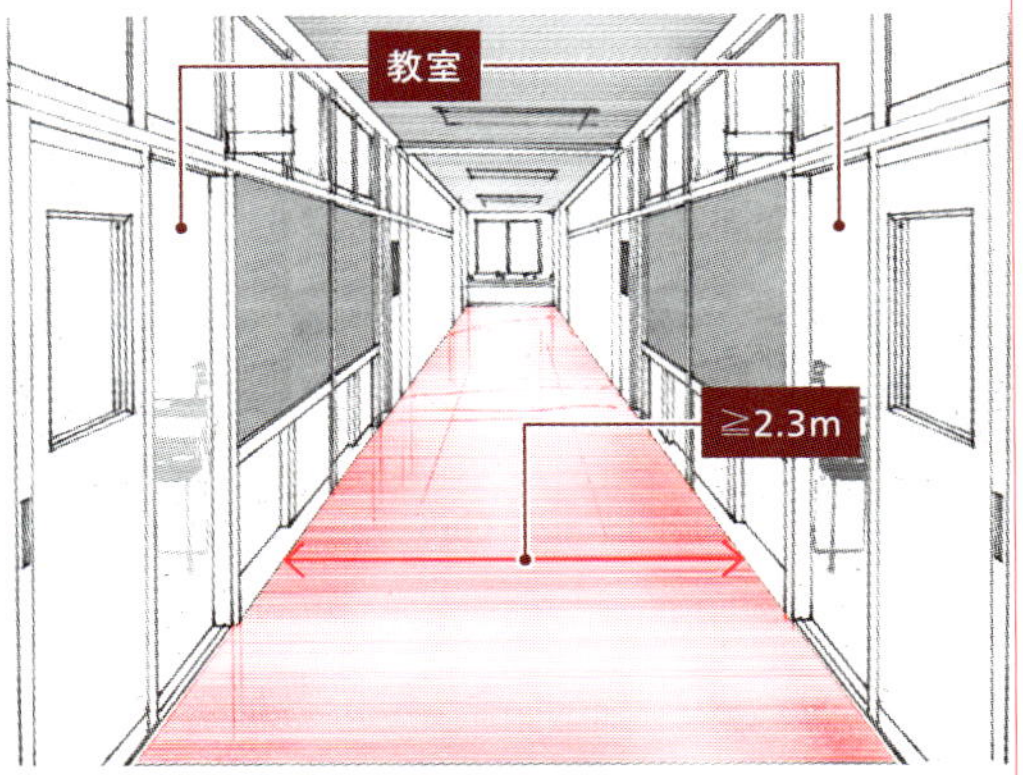
教室
≧2.3m

両側居室の場合、幅は1.6m以上

小・中・高等学校などの児童用・生徒用は2.3m以上［※］必要

片側居室の場合

一般的な片側居室の廊下

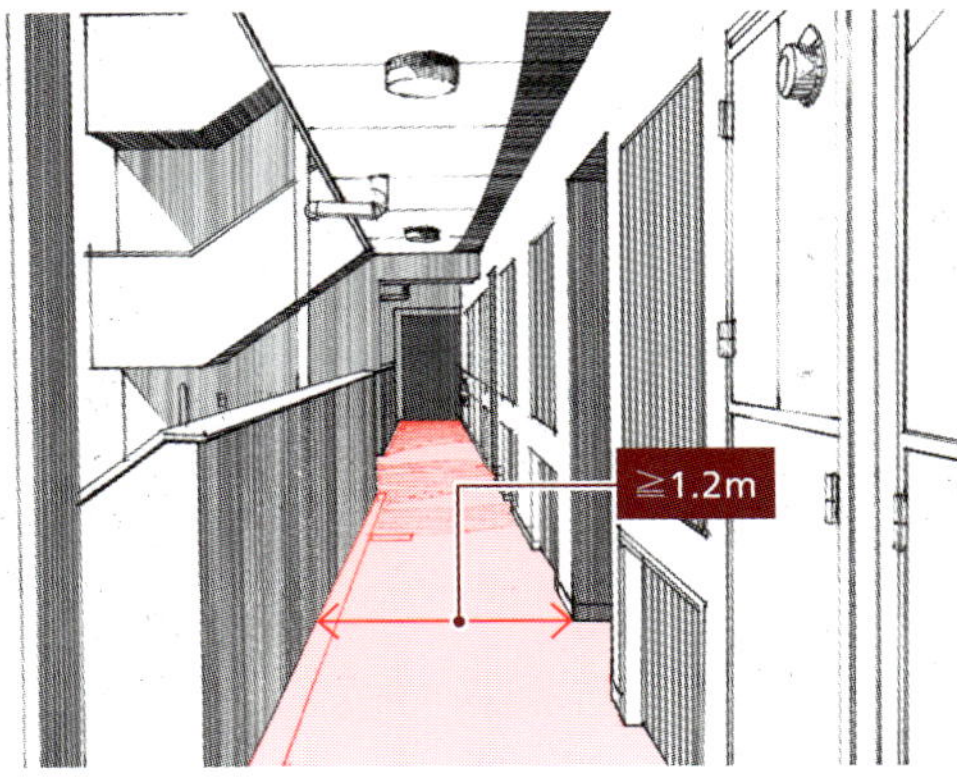
≧1.2m

片側のみに教室がある児童用の廊下

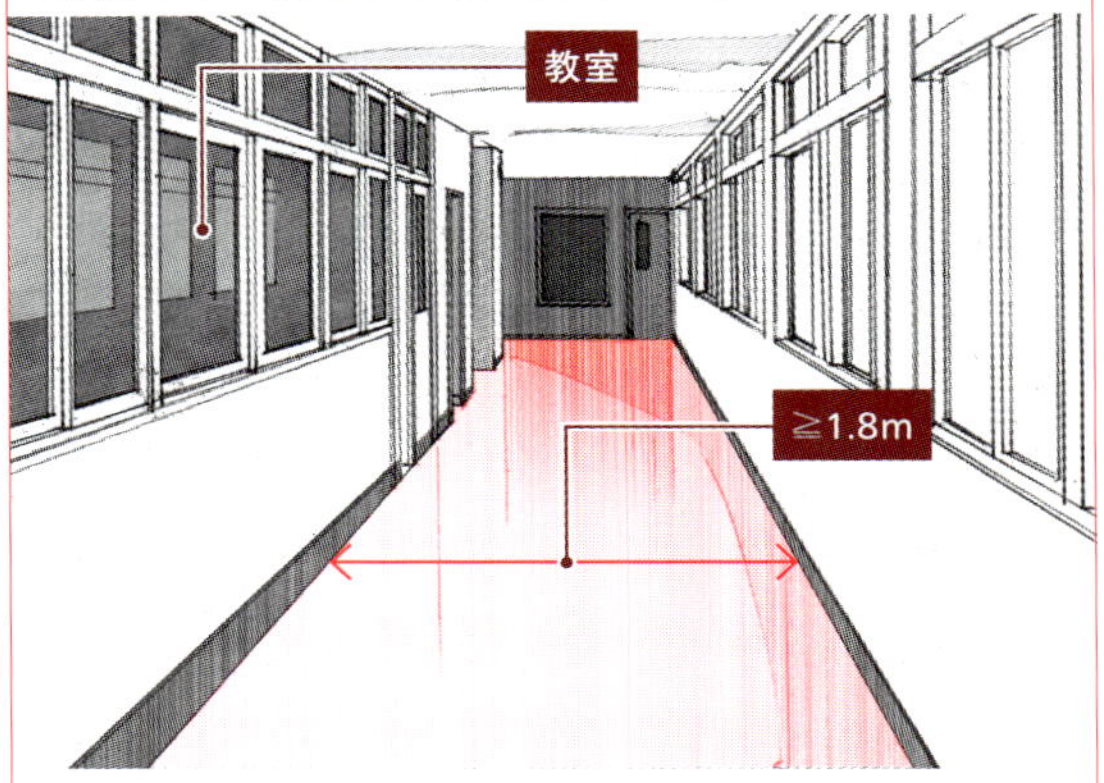
教室
≧1.8m

片側居室の場合、幅は1.2m以上

小・中・高等学校などの児童用・生徒用は1.8m以上必要

廊下幅の算定

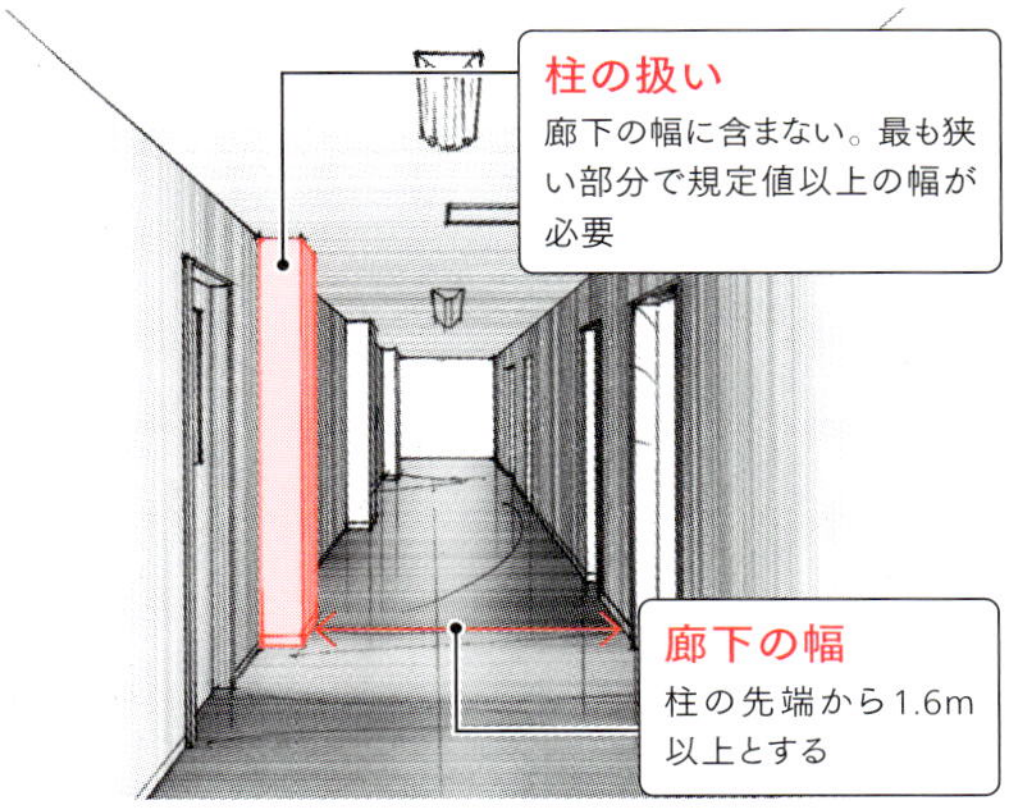
柱の扱い
廊下の幅に含まない。最も狭い部分で規定値以上の幅が必要
廊下の幅
柱の先端から1.6m以上とする

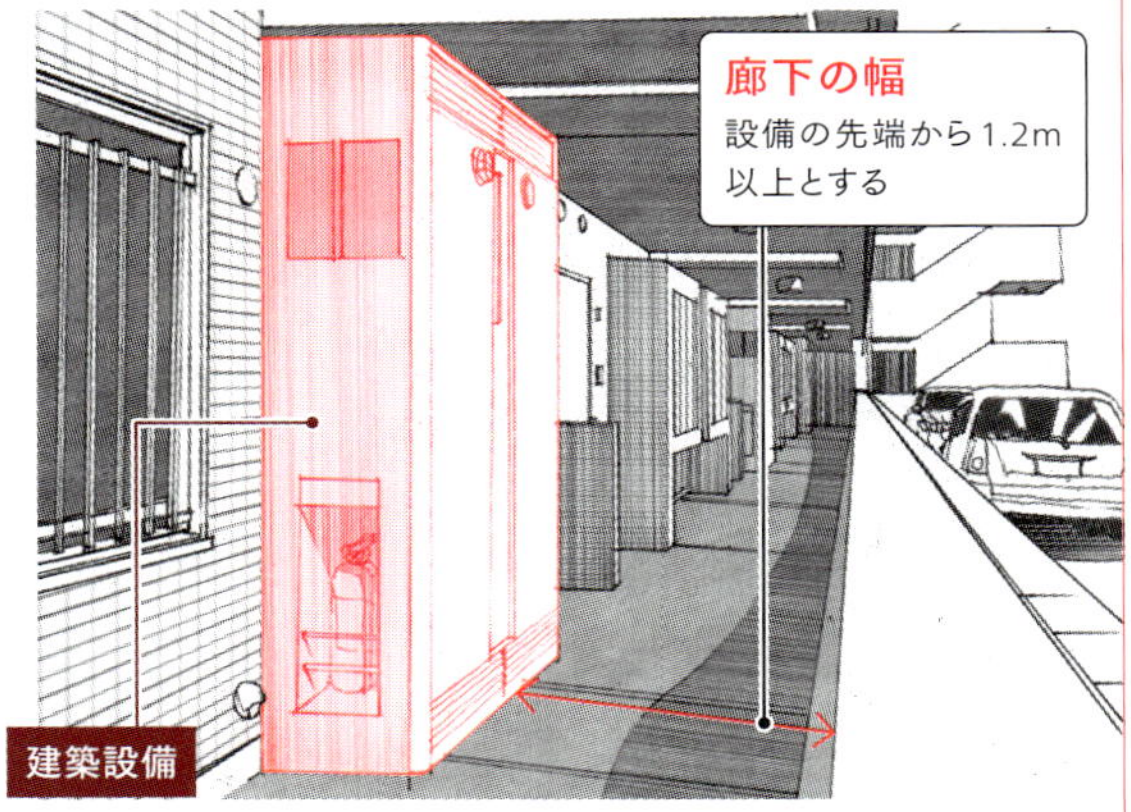
廊下の幅
設備の先端から1.2m以上とする
建築設備

表　廊下の幅員

適用対象	廊下の種類	廊下幅員［*］両側居室	廊下幅員［*］その他
次のいずれか ・特殊建築物 （法別表第1（い）欄（1）～（4）項） ・階数3以上の建築物 ・採光上の無窓居室のある階 ・延べ面積＞1,000㎡の建築物	小学校・中学校・義務教育校・高等学校・中等教育学校の児童用・生徒用	≧2.3m	≧1.8m
	病院の患者用	≧1.6m	≧1.2m
	共同住宅の住戸・住室の床面積合計＞100㎡の階の共用のもの		
	地上階：居室の床面積合計＞200㎡（3室以下の専用のものを除く）		
	地階：居室の床面積合計＞100㎡（3室以下の専用のものを除く）		

＊廊下の幅員は、有効幅をとるので設計の際、特に注意する必要がある。また、廊下に柱などが突き出ているときは、その内法で測る

※　両側に居室がある部分とその他の部分が存在する場合には、両側に居室がある部分から通常利用する屋外の出入口または階段までの間はすべてを「両側に居室がある廊下」と考えるほうが望ましい

敷地内通路は原則1.5m以上。大規模木造では3m以上

大規模木造建築物の敷地内通路

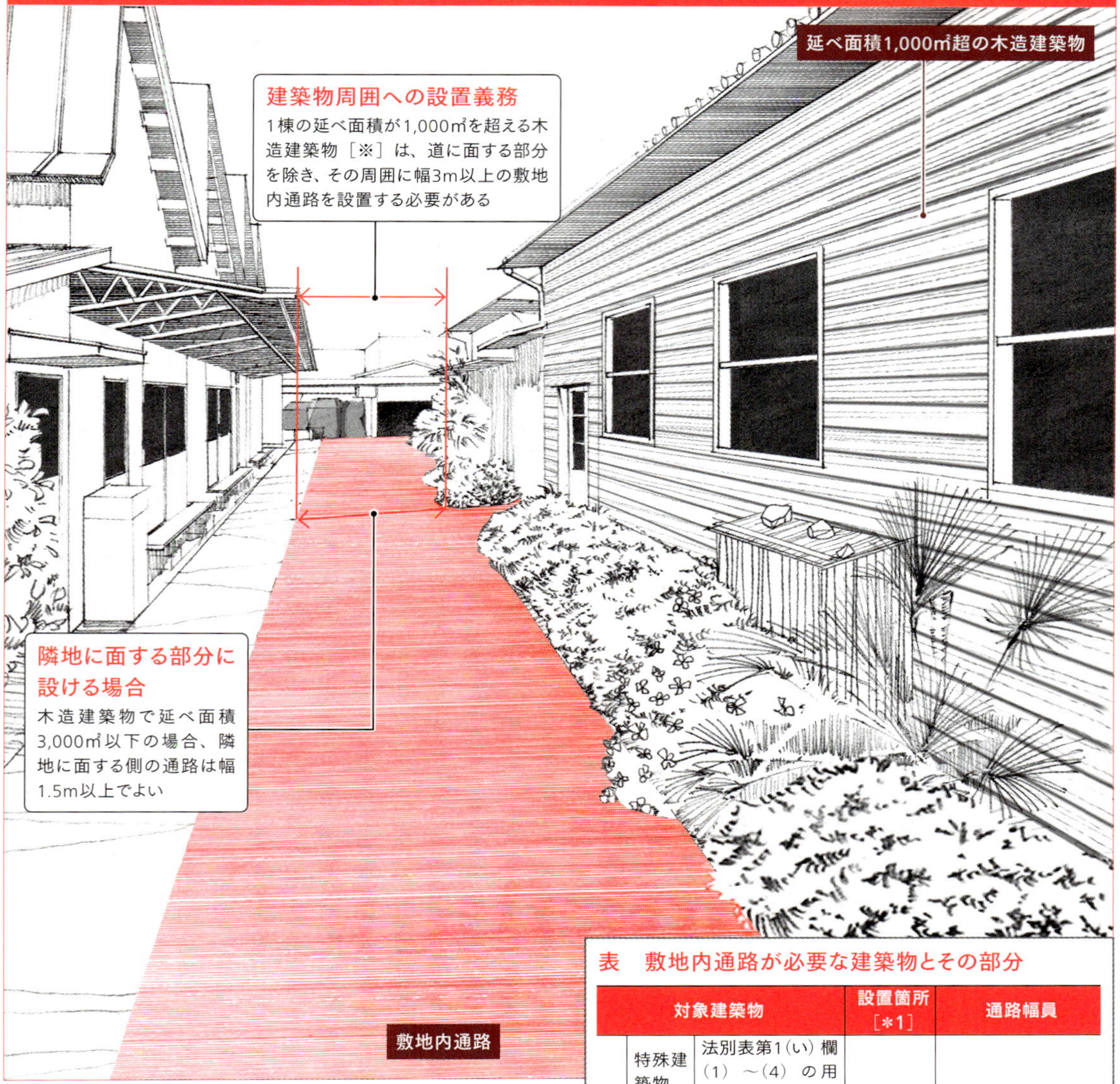
延べ面積1,000㎡超の木造建築物
建築物周囲への設置義務
1棟の延べ面積が1,000㎡を超える木造建築物［※］は、道に面する部分を除き、その周囲に幅3m以上の敷地内通路を設置する必要がある
隣地に面する部分に設ける場合
木造建築物で延べ面積3,000㎡以下の場合、隣地に面する側の通路は幅1.5m以上でよい
敷地内通路

敷地内が2棟以上のときの敷地内通路（大規模建築物）

建築物A（工場）
建築物B（工場）
敷地内通路
設置基準
同一敷地内の2棟以上で合計1,000㎡を超える建築物（耐火・準耐火建築物を除く）では、その間に3m以上の敷地内通路を設置する

表　敷地内通路が必要な建築物とその部分

	対象建築物		設置箇所［*1］	通路幅員
令128条	特殊建築物	法別表第1(い)欄(1)～(4)の用途の特殊建築物	避難階の出口または屋外避難階段の出口から道までの部分	W≧1.5m（階数≦3で延べ面積＜200㎡の場合はW≧0.9m）
	中高層建築物	階数≧3		
	無窓居室	採光有効開口部面積≦居室面積×1／20のもの		
		排煙有効開口部面積≦居室面積×1／50のもの		
	大規模建築物	延べ面積（2棟以上あるときは、その合計）＞1,000㎡		
令128条の2	大規模建築物等（耐火建築物、準耐火建築物としたものを除く）	木造建築物で延べ面積＞1,000㎡	建築物周囲［*2］	W≧3m（延べ面積≦3,000㎡の場合、隣地に接する部分はW≧1.5mにできる）
		2以上の建築物があり、その延べ面積合計＞1,000㎡（耐火建築物、準耐火建築物、延べ面積＞1,000㎡のものを除く）	建築物相互間［*3］	延べ面積の合計1,000㎡以内ごとに建築物を区画し、区画相互間にW≧3mの通路を設置［*4］

*1　道まで通ずる通路とする。ただし令128条の通路は公園、広場などまで通ずるものでもよい
*2　道に接した部分を除く
*3　道または隣地に接した部分を除く
*4　耐火建築物または準耐火建築物が、区画された木造建築物相互を有効に遮っている場合は適用しない。ただしこれら木造建築物等の延べ面積合計が3,000㎡以上となる場合は、3,000㎡以内ごとにその周囲にW≧3mの通路を設置する

ここを見る！

法35条
令128条
令128条の2

これを押さえる！

特殊建築物、大規模建築物、採光や排煙上の無窓居室を有する建築物は、安全な避難のため、屋外避難階段の出口や避難時使用の屋外への出口から、道まで通ずる幅員1.5ｍ以上の通路を敷地内に設け、延べ面積1千㎡超の木造建築物は建築物の周囲に道まで通ずる幅員3ｍ以上の通路を設けなければならない。

※　主要構造部のすべてが木造（耐火構造のものを除く）か、一部が木造の建築物。一部が木造の場合、耐火構造の壁や特定防火設備で木造部分が区画されていれば、木造以外の部分の床面積は除く

救助・消火活動で使う非常用進入口は40m以内ごとに設置する

ここを見る！

- 法35条
- 令126条の6
- 令126条の7
- 昭45建告1831号

これを押さえる！

高さ31m以下の3階以上の各階には、消防隊が建物内に進入し、救助・消火活動を行うための非常用進入口設けなければならない。設置位置は、道または道に通じる幅員4m以上の通路その他の空地に面する外壁面（両方に面する場合はいずれかの外壁面）に、中心線間距離40m以内（外壁端部からは20m以内）で設ける［※］。

非常用進入口の例

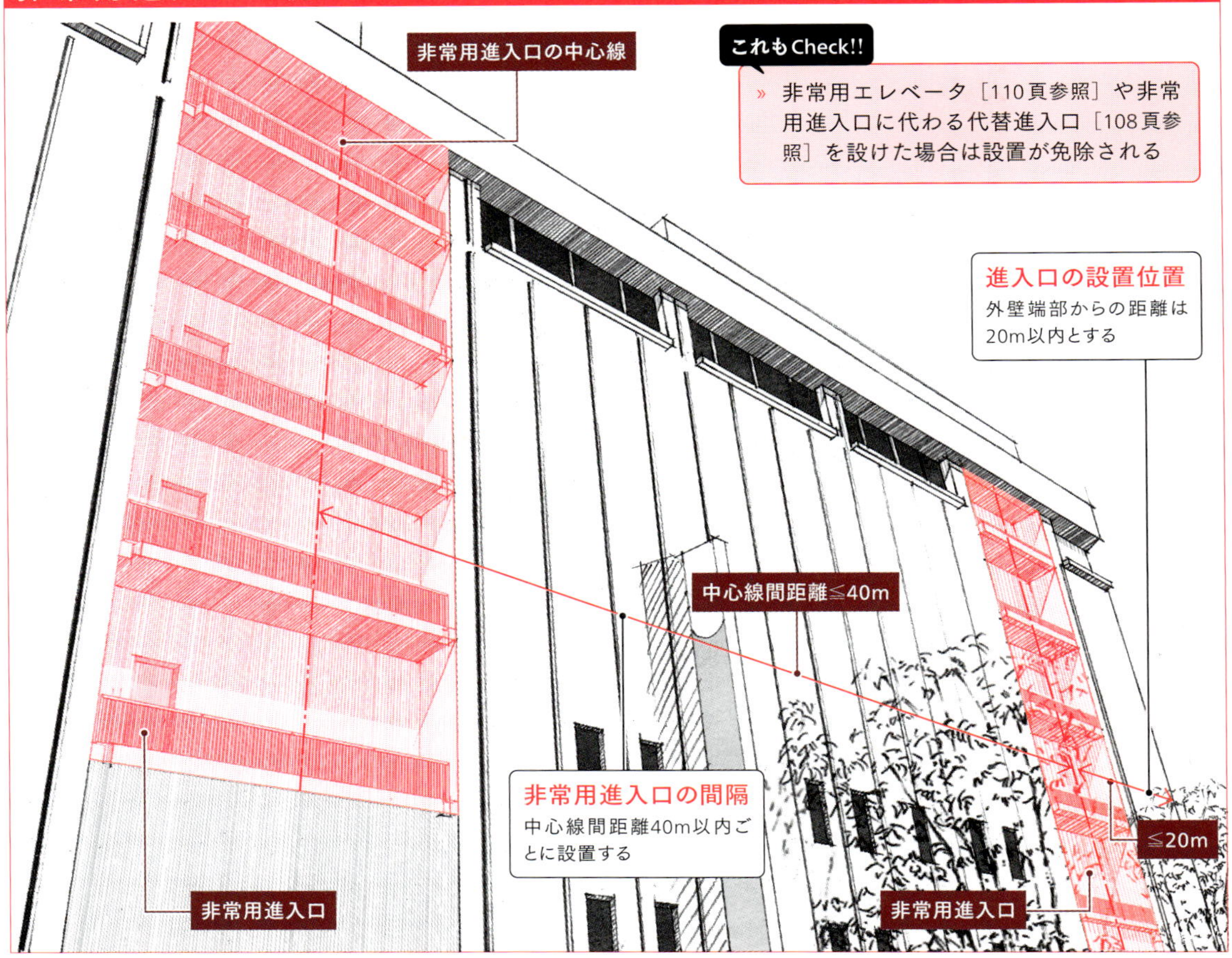
非常用進入口の中心線
これもCheck!!
» 非常用エレベータ［110頁参照］や非常用進入口に代わる代替進入口［108頁参照］を設けた場合は設置が免除される
進入口の設置位置
外壁端部からの距離は20m以内とする
中心線間距離≦40m
非常用進入口の間隔
中心線間距離40m以内ごとに設置する
≦20m
非常用進入口
非常用進入口

非常用進入口の仕様・構造

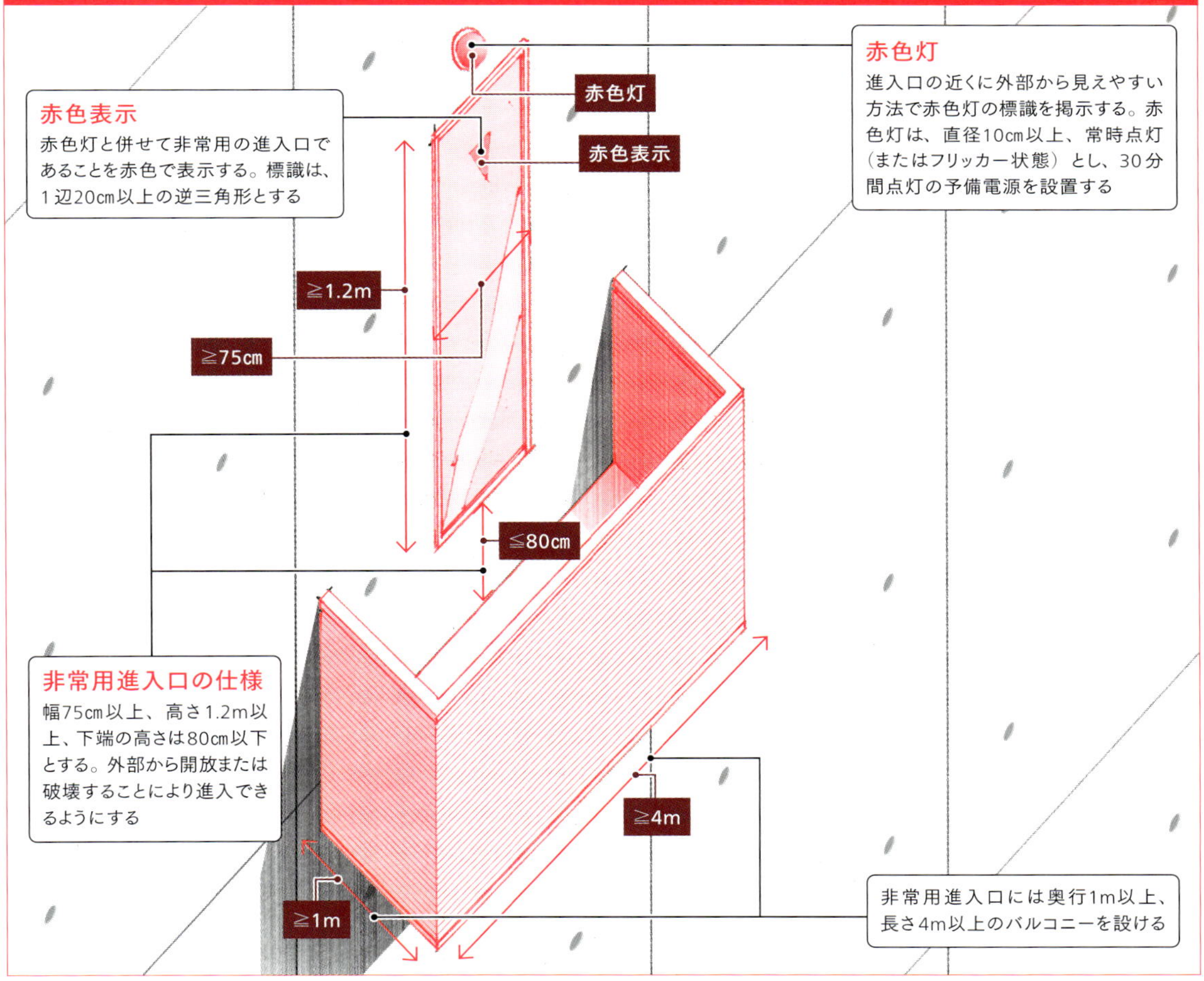
赤色表示
赤色灯と併せて非常用の進入口であることを赤色で表示する。標識は、1辺20cm以上の逆三角形とする
赤色灯
赤色表示
赤色灯
進入口の近くに外部から見えやすい方法で赤色灯の標識を掲示する。赤色灯は、直径10cm以上、常時点灯（またはフリッカー状態）とし、30分間点灯の予備電源を設置する
≧1.2m
≧75cm
≦80cm
非常用進入口の仕様
幅75cm以上、高さ1.2m以上、下端の高さは80cm以下とする。外部から開放または破壊することにより進入できるようにする
≧4m
≧1m
非常用進入口には奥行1m以上、長さ4m以上のバルコニーを設ける

※ 高さ31mを超える建築物はハシゴ車が届かないため、非常用エレベータの設置が義務つけられており、消防隊は非常用エレベータで火災現場に進入し消火・救助活動を行う。このため高さ31mを超える階には非常用進入口は設置不要

避難
代替進入口

非常用進入口に代わる代替進入口は10m以内に区切って設置

ここを見る！

令126条の6

これを押さえる！

代替進入口は非常用進入口に代わって設ける開口部のこと。道や4m以上の通路・空地に面して設ける点は同じだが、進入口の大きさを直径1m以上の円が内接できるものでも可としている点や、外壁を10m以内ごとの間隔に区切った範囲に設置するなどの点が異なっている。バルコニーや赤色灯の設置は不要とされている。

代替進入口の基本

代替進入口は外壁面の距離10m以下ごとに1以上設置する
代替進入口は外壁を10m以下ごとに区切った範囲内の任意の位置に1カ所ずつ設置すればよいので、代替進入口どうしの距離は10mを超えることができる
代替進入口は道路または道に通ずる幅員4m以上の通路などに面する外壁部分の3階以上に設置する
代替進入口の大きさ
幅75cm、高さ120cm以上とする

代替進入口の大きさ

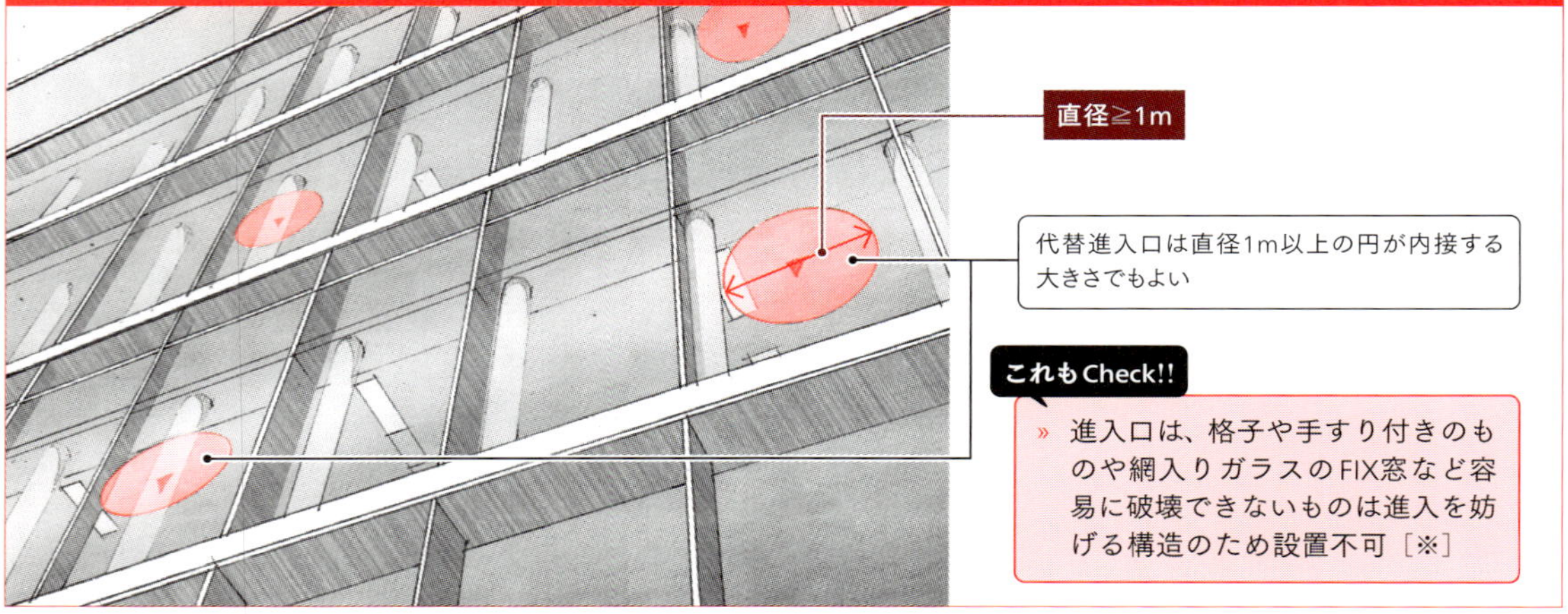

直径≧1m
代替進入口は直径1m以上の円が内接する大きさでもよい
これもCheck!!
» 進入口は、格子や手すり付きのものや網入りガラスのFIX窓など容易に破壊できないものは進入を妨げる構造のため設置不可［※］

道路に面していない建築物の場合

4m以上の空地
道路に面していない建築物
幅4m以上の空地に面する外壁面に代替進入口を設置する

※ 容易に破壊可能な木製の格子や手摺、網入りガラスの引き違い窓や開き窓などは進入を妨げる構造には該当しないので設置可

COLUMN

非常用進入口はあらゆる部分に容易に到達できるようにすればOK

図1　非常用進入口の設置例（共同住宅を除く）

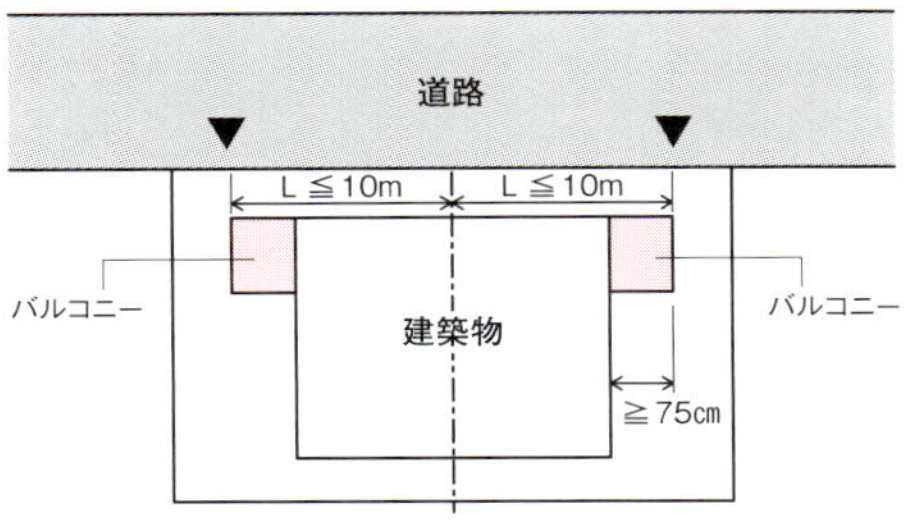

図2　共同住宅の代替進入口の特例（①②のいずれかを満たせばよい）

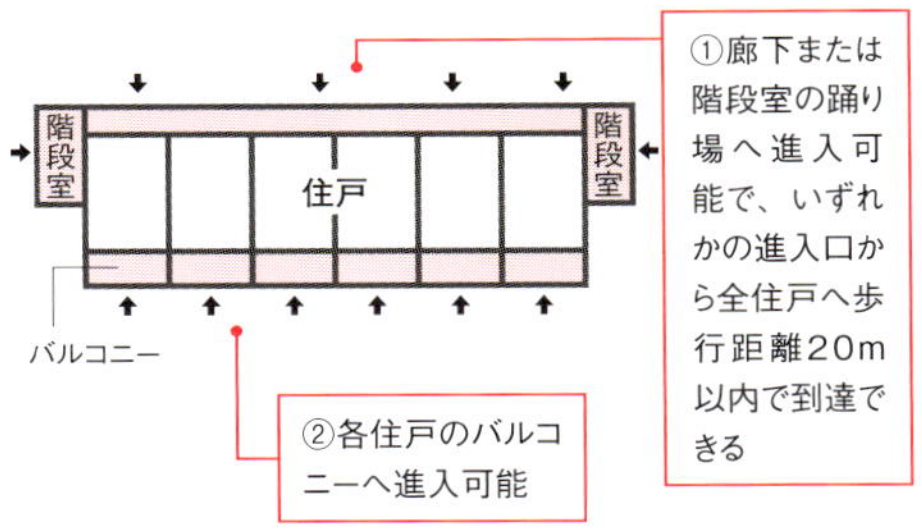

図3　4m以上の接道をしていない路地状敷地の場合

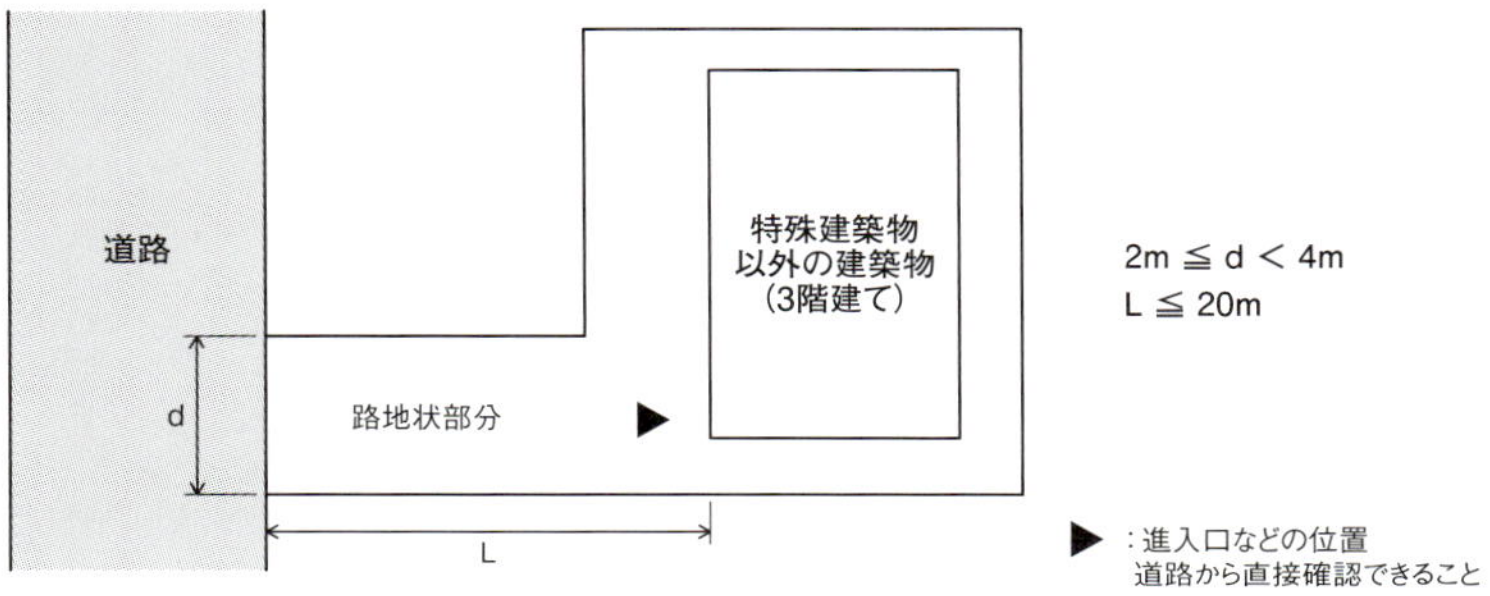

進入口を、非常用進入口とするか、それに代わる代替進入口とするかは任意だが、大規模な倉庫や工場、百貨店などでは非常用進入口を設け、市街地の一般的な建築物では代替進入口を設けることが多い。

　高さが31mを超える建築物は、原則として、非常用エレベータ［110頁参照］が設置されるため進入口の設置が不要。非常用エレベータの設置が免除されている場合は、31mを超える各階には進入口の設置は不要だが、31m以下の3階以上の各階には進入口の設置が必要となる。また、高さ31mの位置が階の途中となる場合は、その階にも進入口の設置が必要となる。

　不燃性の物品の保管など火災発生のおそれの少ない用途に供する階や、次に挙げるような屋外からの進入を防止する必要がある階については、その直上階または直下階から進入できれば、進入口の設置が免除される。

①周囲に危害を及ぼすおそれのある放射性物質、有毒ガス、細菌、病原菌、爆発物などを取り扱う建築物や変電所。

②進入口を設けるとその目的を達成できない冷蔵倉庫、人の拘禁目的の用途（留置所、拘置所など）、美術品収蔵庫、金庫室、無響室、電磁遮蔽室、無菌室などの用途のもの［※］。

　階段、高低差、樹木などの障害によりはしご車がつけられない状態である場合や、低層部の屋根・屋上を経由しなければ進入できない場合であっても、原則として該当する外壁面には進入口を設置する必要がある。

　また、図1のようにバルコニーまたは開放廊下を経由して代替進入口に準ずる開口部から室内に進入できる場合は、バルコニーまたは開放廊下が道または通路に面していればよく、道に面する外壁面には進入口の設置が不要となる。ただし、共同住宅には、この取り扱いは適用できない。

　共同住宅については、図2のように階段室、廊下、バルコニーのいずれかに進入できれば、それ以外の外壁面に進入口を設けなくても、代替進入口を設置したものと同等と扱われる。

　4m以上の接道をしていない路地状敷地の場合の進入口については、次の条件を満たす必要がある［図3］。

①道から進入口までの延長が20m以下

②地階を除く階数が3

③特殊建築物の用途でないこと

④進入口（進入口に付随するバルコニーなどを含む）が道から直接確認できる位置に消火活動上有効に設置されていること。

※　平12国交告1438号

高さ31m超えの建築物には非常用エレベータの設置が必須

ここを見る！

- 法34条2項
- 令126条の4
- 令126条の5
- 令129条の13の2
- 令129条の13の3
- 昭45建告1830号
- 平12建告1411号

これを押さえる！

高さ31mを超える建築物では、非常用エレベータの設置が義務付けられている。非常用エレベータは停電時でも運転できるよう予備電源を設けて、分速60m以上で1分以内に最上階に到達できる速度とし、積載量1千150kg以上でなければならない。併せて、扉が開いたまま昇降させる措置など、消火作業を円滑にする性能が必要。

非常用エレベータの設置義務

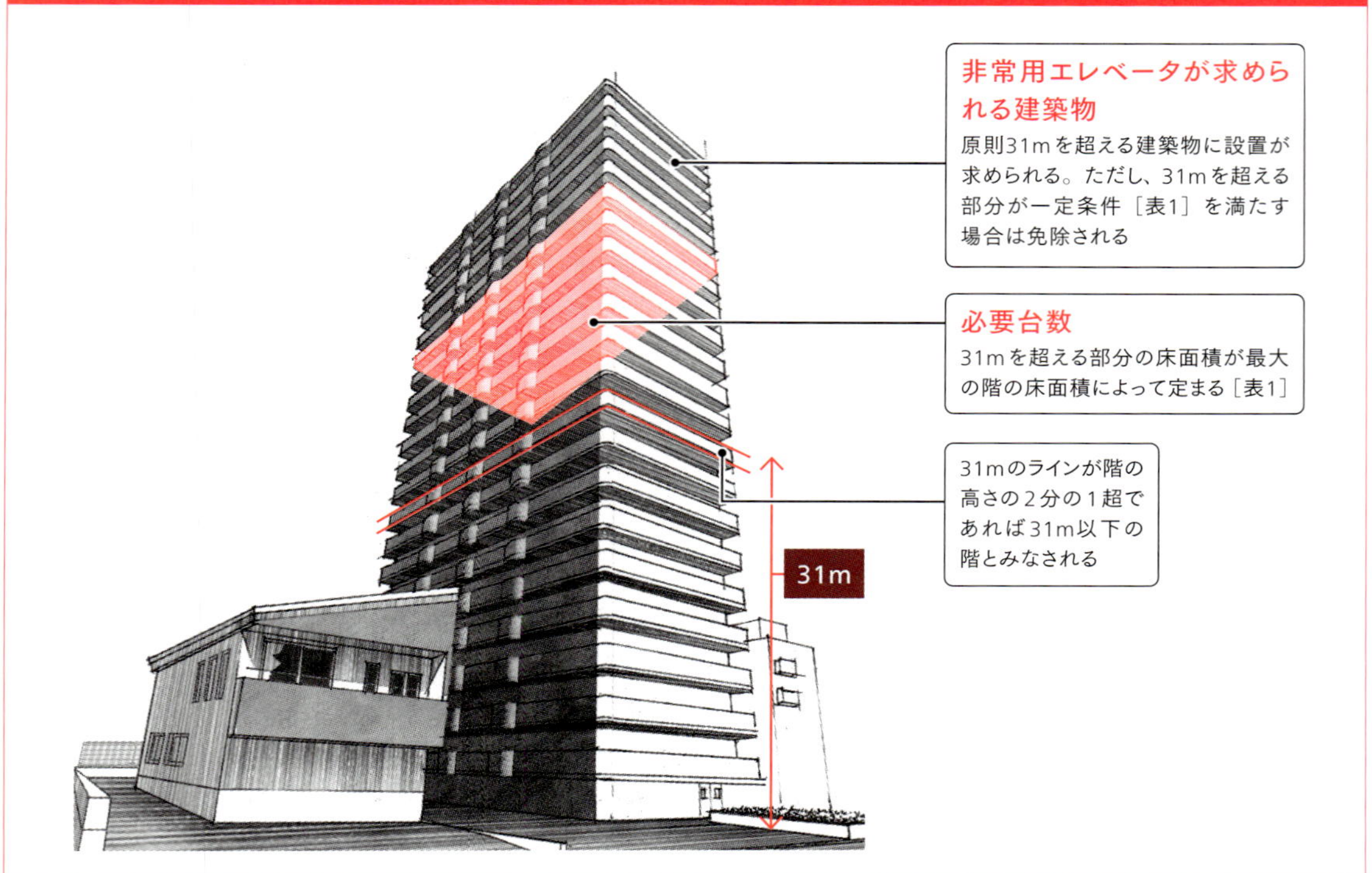

非常用エレベータが求められる建築物
原則31mを超える建築物に設置が求められる。ただし、31mを超える部分が一定条件［表1］を満たす場合は免除される
必要台数
31mを超える部分の床面積が最大の階の床面積によって定まる［表1］
31mのラインが階の高さの2分の1超であれば31m以下の階とみなされる
31m

非常用エレベータの乗降ロビー

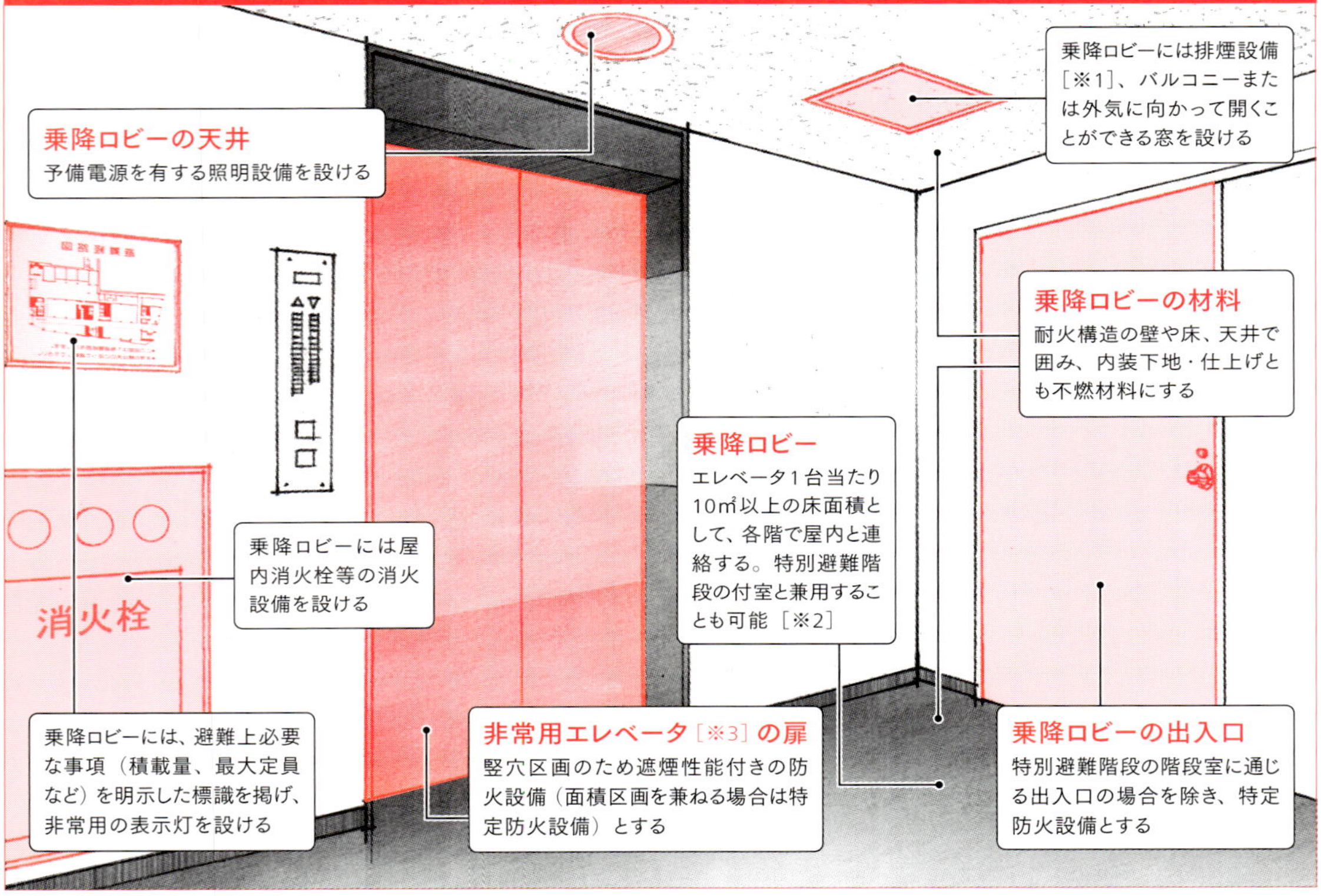

乗降ロビーの天井
予備電源を有する照明設備を設ける
乗降ロビーには排煙設備［※1］、バルコニーまたは外気に向かって開くことができる窓を設ける
乗降ロビーの材料
耐火構造の壁や床、天井で囲み、内装下地・仕上げとも不燃材料にする
乗降ロビー
エレベータ1台当たり10㎡以上の床面積として、各階で屋内と連絡する。特別避難階段の付室と兼用することも可能［※2］
乗降ロビーには屋内消火栓等の消火設備を設ける
消火栓
乗降ロビーには、避難上必要な事項（積載量、最大定員など）を明示した標識を掲げ、非常用の表示灯を設ける
非常用エレベータ［※3］の扉
竪穴区画のため遮煙性能付きの防火設備（面積区画を兼ねる場合は特定防火設備）とする
乗降ロビーの出入口
特別避難階段の階段室に通じる出入口の場合を除き、特定防火設備とする

表1　エレベータの必要台数と緩和基準［令129条の13の2・3］

エレベータの必要台数	高さ＞31mの階で最大床面積：S	S≦1,500㎡	1台以上
		S＞1,500㎡	3,000㎡を増すごとに1台追加
設置を免除される建築物	高さ＞31mの部分が次のいずれかに該当する場合	階段室・機械室・装飾塔・物見塔等	
		各階の床面積の合計が500㎡以下	
		階数が4以下、かつ主要構造部が耐火構造で、100㎡以内ごとに防火区画されている場合	
		機械製作工場・不燃性物品保管倉庫等で、主要構造部が不燃材料	

これもCheck!!

- 避難階では、非常用エレベータ出入口から屋外出口までの距離を30m以内とする。乗降ロビーを設けた場合は、その出口から屋外への出口までの距離を30m以内とする
- エレベータの籠は、次の仕様にする。①定員≧17名、②昇降路寸法間口（出入口は除く）≧2.4m、③奥行き≧2.35m、④籠の有効出入口幅≧1m、高さ≧2.1m

※1　大臣が定めた構造方法に限る
※2　兼用する場合の乗降ロビーの床面積は、特別避難階段の付室の必要床面積（おおむね5㎡）を合算した床面積とし、令123条3項12号の規定にも適合しなければならない
※3　昇降路は、エレベータ2台以内ごとに耐火構造の壁・床で囲む

非常用照明の基本

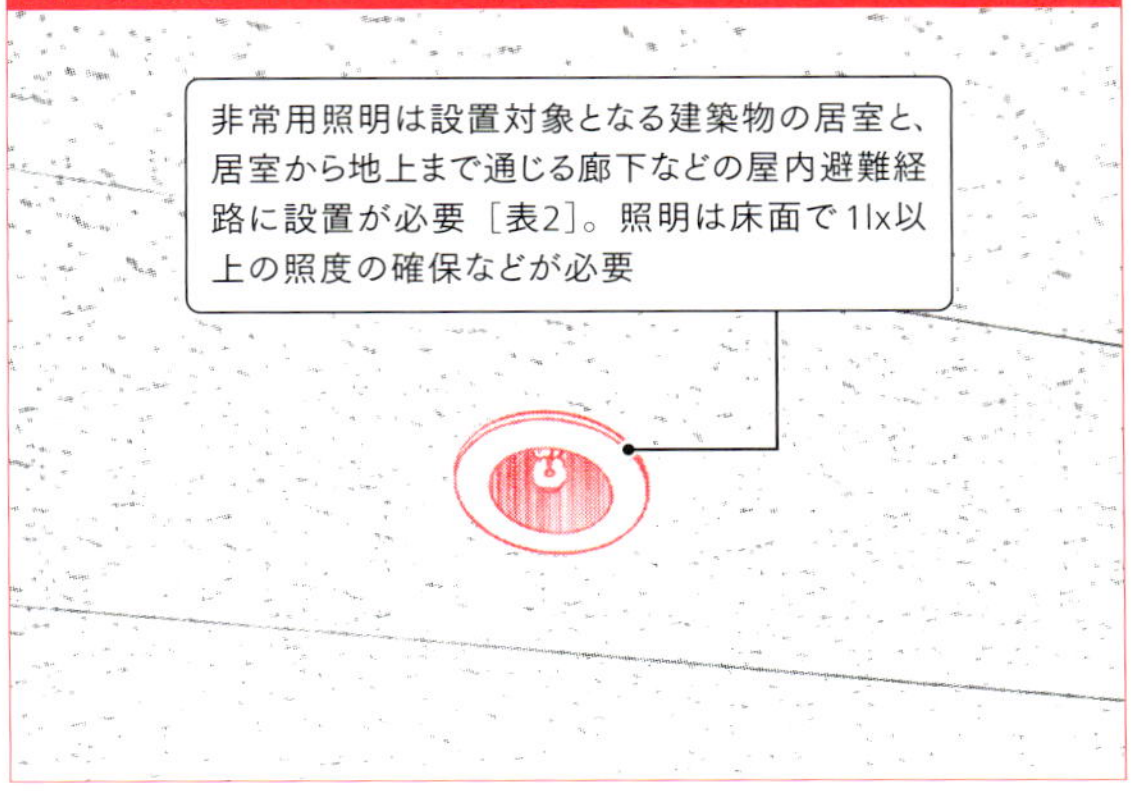
非常用照明は設置対象となる建築物の居室と、居室から地上まで通じる廊下などの屋内避難経路に設置が必要［表2］。照明は床面で1lx以上の照度の確保などが必要

表2　非常用照明の設置対象［令126条4］

①法別表第1（い）欄（1）～（4）の特殊建築物の居室
②階数≧3、かつ延べ面積＞500㎡の建築物の居室
③採光上の無窓居室（採光上有効な開口部の面積＜居室床面積の1／20）
④延べ面積＞1,000㎡の建築物の居室
⑤上記①～④の居室から地上に通ずる廊下、階段等の通路（採光上有効に直接外気に開放された通路を除く）
⑥上記①～⑤に類する建築物の部分で照明装置の設置を通常要する部分（廊下に接するロビー、通り抜け避難に用いられる場所等）
以下のものは適用除外
戸建住宅・長屋・共同住宅の住戸／病院の病室・下宿の宿泊室・寄宿舎の寝室など／学校等／告示で定められたもの［下図］

非常用照明が免除される居室［平12建告1411号］

《避難階の緩和》

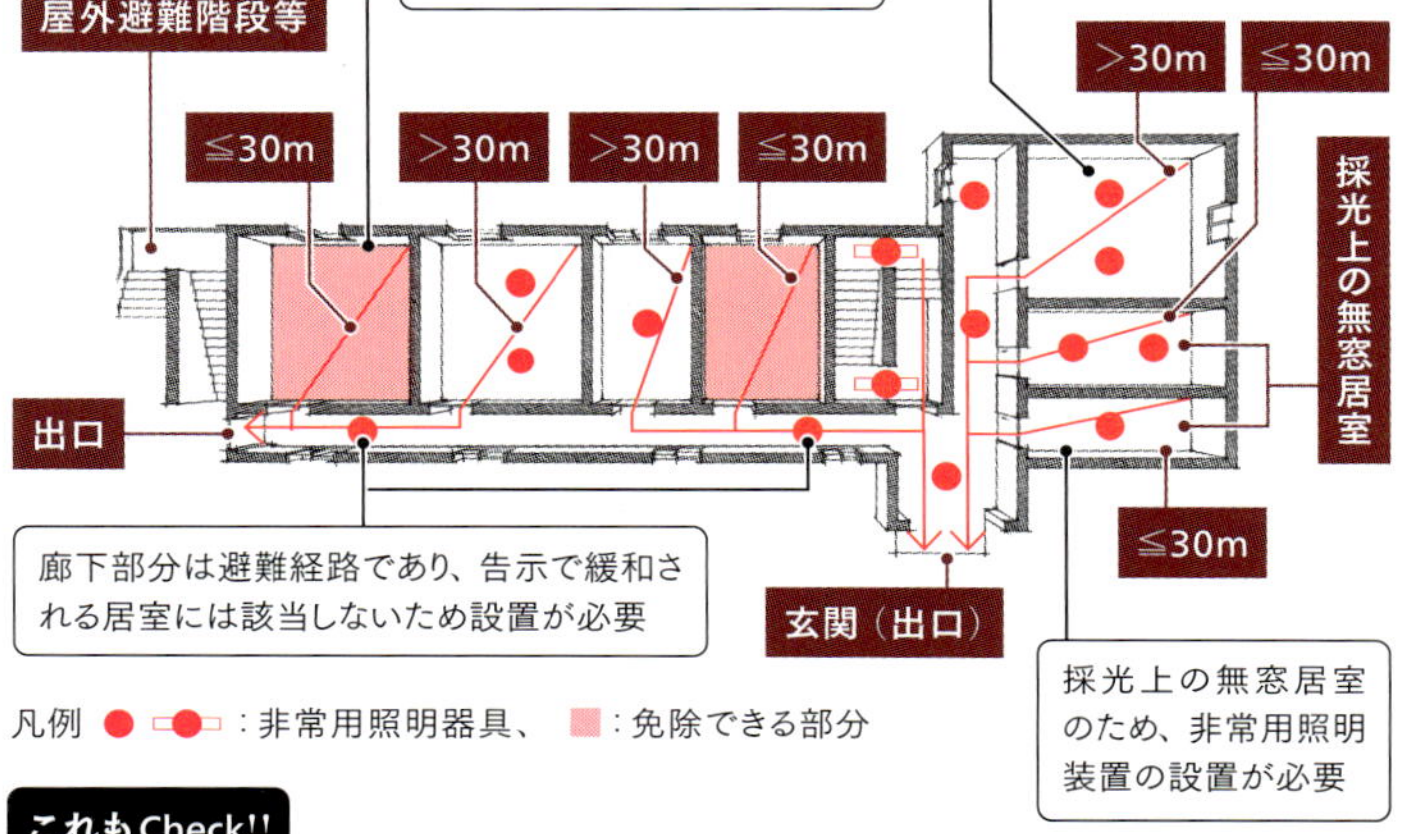
採光無窓でない居室で、避難階の居室の各部から屋外出入口までの歩行距離が30m以下のものは、避難上支障がなければ設置が免除される
30m超のため、この居室のすべてを対象として非常用照明装置の設置が必要
屋外避難階段等
≦30m
＞30m
＞30m
≦30m
＞30m
≦30m
採光上の無窓居室
出口
≦30m
玄関（出口）
廊下部分は避難経路であり、告示で緩和される居室には該当しないため設置が必要
採光上の無窓居室のため、非常用照明装置の設置が必要
凡例 ● ●-● ：非常用照明器具、■：免除できる部分

《避難階直上・直下階の緩和》

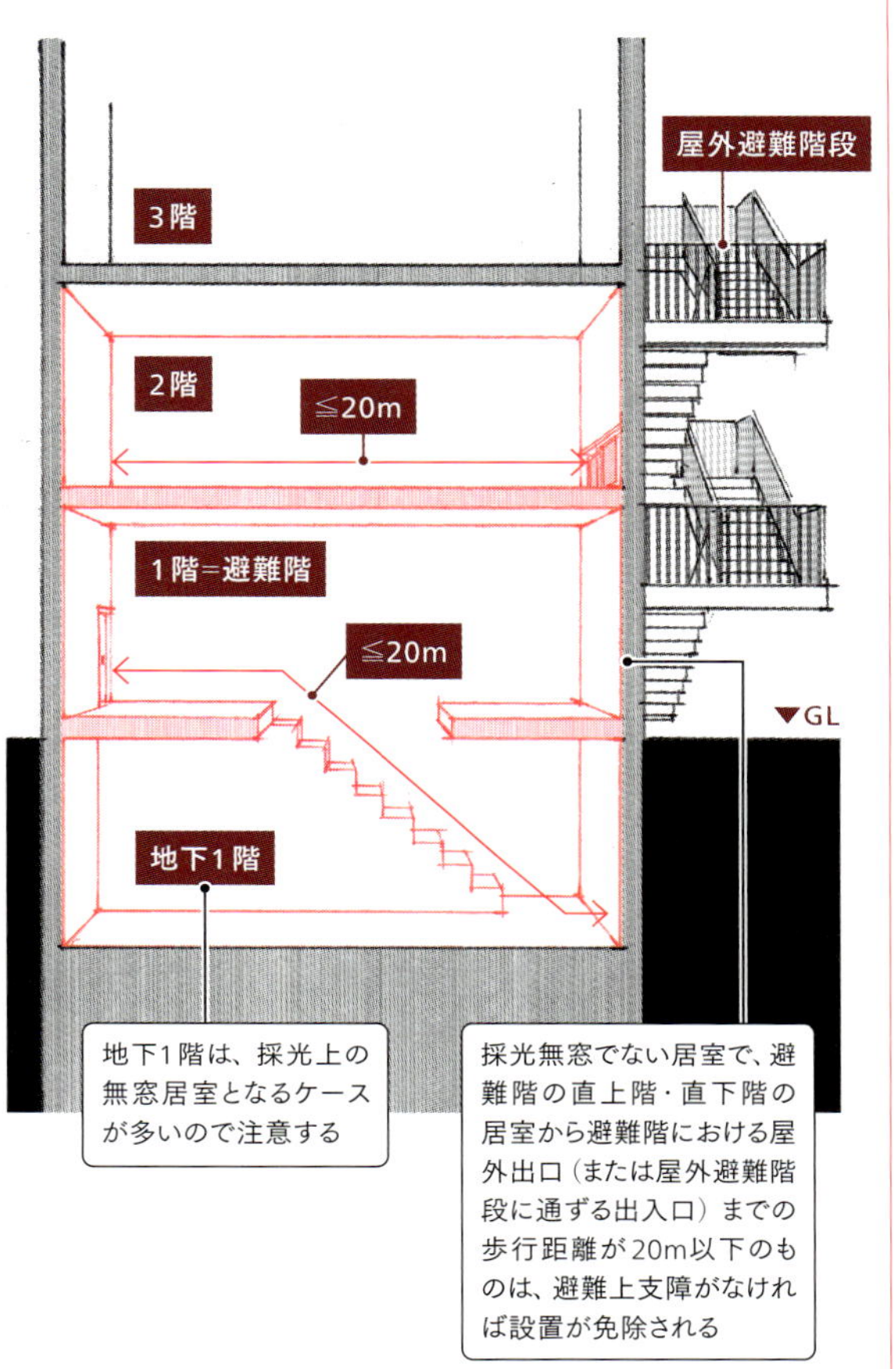
屋外避難階段
3階
2階
≦20m
1階＝避難階
≦20m
▼GL
地下1階
地下1階は、採光上の無窓居室となるケースが多いので注意する
採光無窓でない居室で、避難階の直上階・直下階の居室から避難階における屋外出口（または屋外避難階段に通ずる出入口）までの歩行距離が20m以下のものは、避難上支障がなければ設置が免除される

これもCheck!!

» 平成30年3月29日に平12建告1411号が改正され、「規制の適用を受けない居室」として、次の居室が加わっている。
・ 床面積≦30㎡の居室で、地上への出口を有するもの
・ 床面積≦30㎡の居室で、地上まで通ずる部分が次の①または②に該当するもの
　①非常用照明装置が設けられたもの
　②採光上有効に直接外気に開放されたもの
これにより、「避難階」および「避難階の直下階または直上階」に限らず、条件を満たす居室であれば、どの階であっても非常用照明装置の設置が不要となった。なお、襖や障子などで仕切られた2室は1室とみなして適用される

表3　非常用照明装置の構造［令126条の5、昭45建告1830号］

照明方法	直接照明方式
照度	床面の水平面照度≧1lx 蛍光灯・LEDランプによる非常用照明装置は、平常時で2lx以上を確保できるものとする 火災時において温度が上昇した場合でも、著しく光度が低下しない構造とする
照明器具	照明器具（照明カバー、その他照明器具に付属するものを含む）の主要部分は難燃材料で造るか、覆う
予備電源	下記等を満たす予備電源を設ける ・30分点灯容量の蓄電池があること（別置型・照明器具内臓型などあり） ・常用の電源が断たれた場合に自動的に切り替わり、常用電源の復旧時にも自動切り替えできるもの ・蓄電池・交流低圧の屋内幹線で開閉器に非常用の照明装置を表示
その他	詳細は昭45建告1830号による

JIL適合マーク

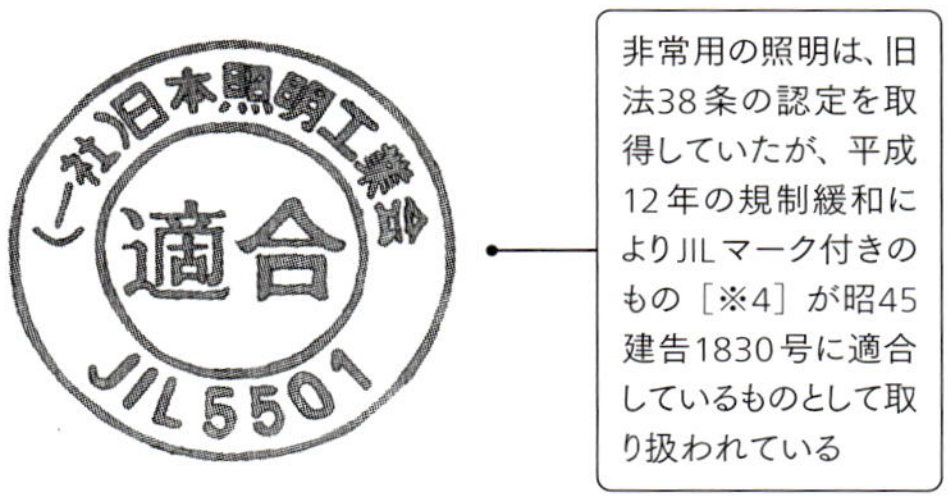
（一社）日本照明工業会
適合
JIL 5501
非常用の照明は、旧法38条の認定を取得していたが、平成12年の規制緩和によりJILマーク付きのもの［※4］が昭45建告1830号に適合しているものとして取り扱われている

※4　（一社）日本照明器具工業会の自主認定を取得した製品

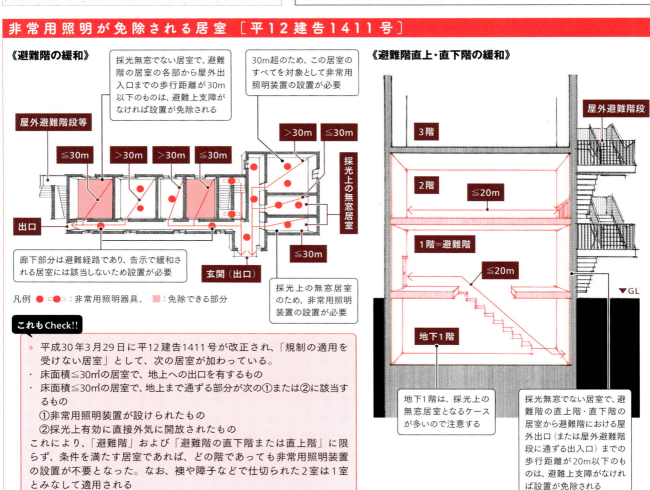

PART 7

防煙・排煙

建築物からの避難で最も支障となるのが
火災時に発生する煙や有毒ガスである。
そのため、建築物を防煙壁により区画して蓄煙することで
初期火災の段階での煙の伝搬を遅延させたり
区画ごとに設けた排煙設備で
煙やガスを屋外に速やかに排出することで
避難経路を煙やガスによる汚染から守ったりする必要がある。
不特定多数の人が利用する
特殊建築物や大規模な建築物など
避難に時間のかかる建築物には
排煙設備の設置が義務づけられているので
しっかり内容を押さえておこう。

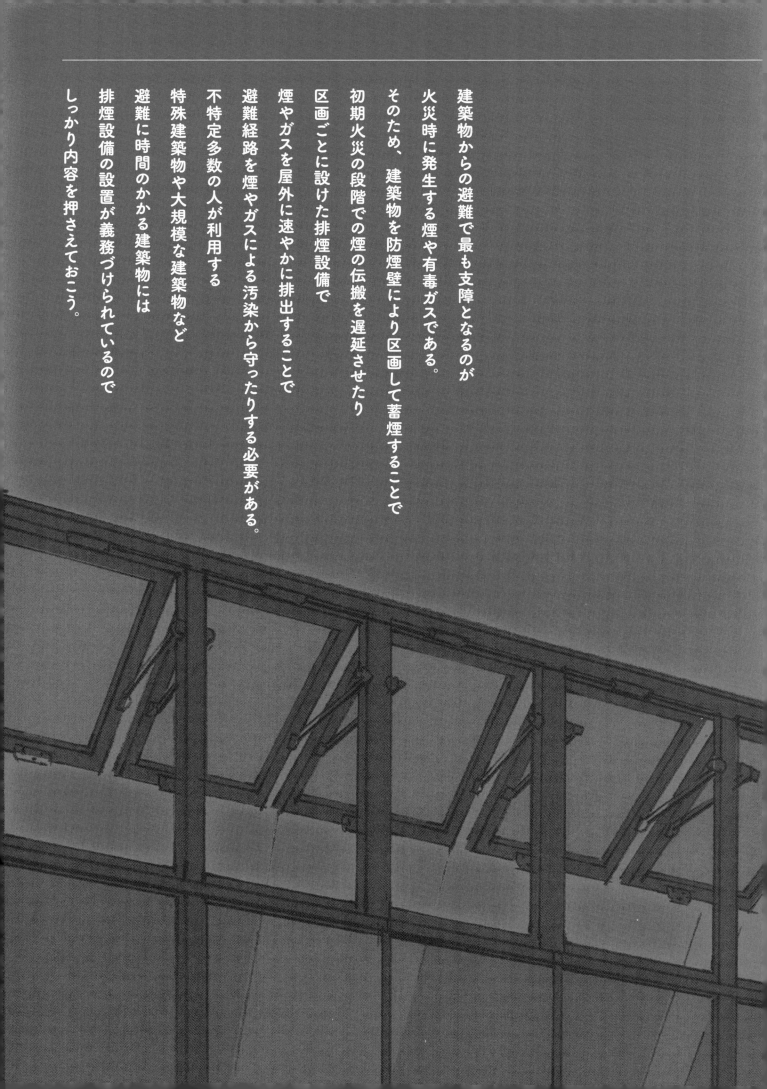

排煙は防煙区画＋排煙設備で行う

排煙の基本

平均天井高が3m以上の建築物

平均天井高が3m以上の建築物では「床面からの高さが2.1m以上」かつ「天井（天井のない場合は屋根）の平均高さの1／2以上の部分」を排煙上有効な部分として、排煙口を設ければよい［平12建告1436号3号］

表　排煙設備の設置が必要な建築物および居室［＊］

S：延べ面積

設置対象　（S：延べ面積）				設置が免除される建築物または免除部分	
建築物	S＞500㎡	法別表第1（い）欄（1）～（4）の特殊建築物	(1)劇場、映画館、集会場、観覧場、公会堂など	なし	(1)階段の部分、昇降路の部分、乗降ロビーその他これらに類する部分 (2)機械製作工場、不燃性物品倉庫などで主要構造部が不燃材料であるもの、その他同等以上に火災発生のおそれの少ない構造のもの (3)平12建告1436号4号に該当する建築物の部分［119頁参照］
			(2)共同住宅、病院、病室のある診療所、ホテル、児童福祉施設等	100㎡以内に防火区画された部分（共同住宅の住戸は200㎡以内）	
			(3)学校、美術館、図書館、スポーツ練習場など	学校、体育館、スポーツ練習場など	
			(4)百貨店、展示場、ナイトクラブ、飲食店、10㎡を超える物販店など	なし	
		階数≧3（地階を含む）		高さ≦31mの部分で100㎡以内ごとに防煙壁で区画された居室部分	
居室	S＞1,000㎡の建築物で、1室の床面積＞200㎡の居室				
	無窓居室	天井から80cm以内の排煙上有効な開口部の面積＜居室の床面積×1／50の居室		なし	

＊　建築物が準耐火構造の壁・床および防火設備で区画されている場合や、建築物の2以上の部分が特定空間（アトリウムなど高さ6m以上の吹抜け）に接し、令2国交告663号に定める構造の場合は、それぞれ別の建築物とみなして排煙の規定を適用する

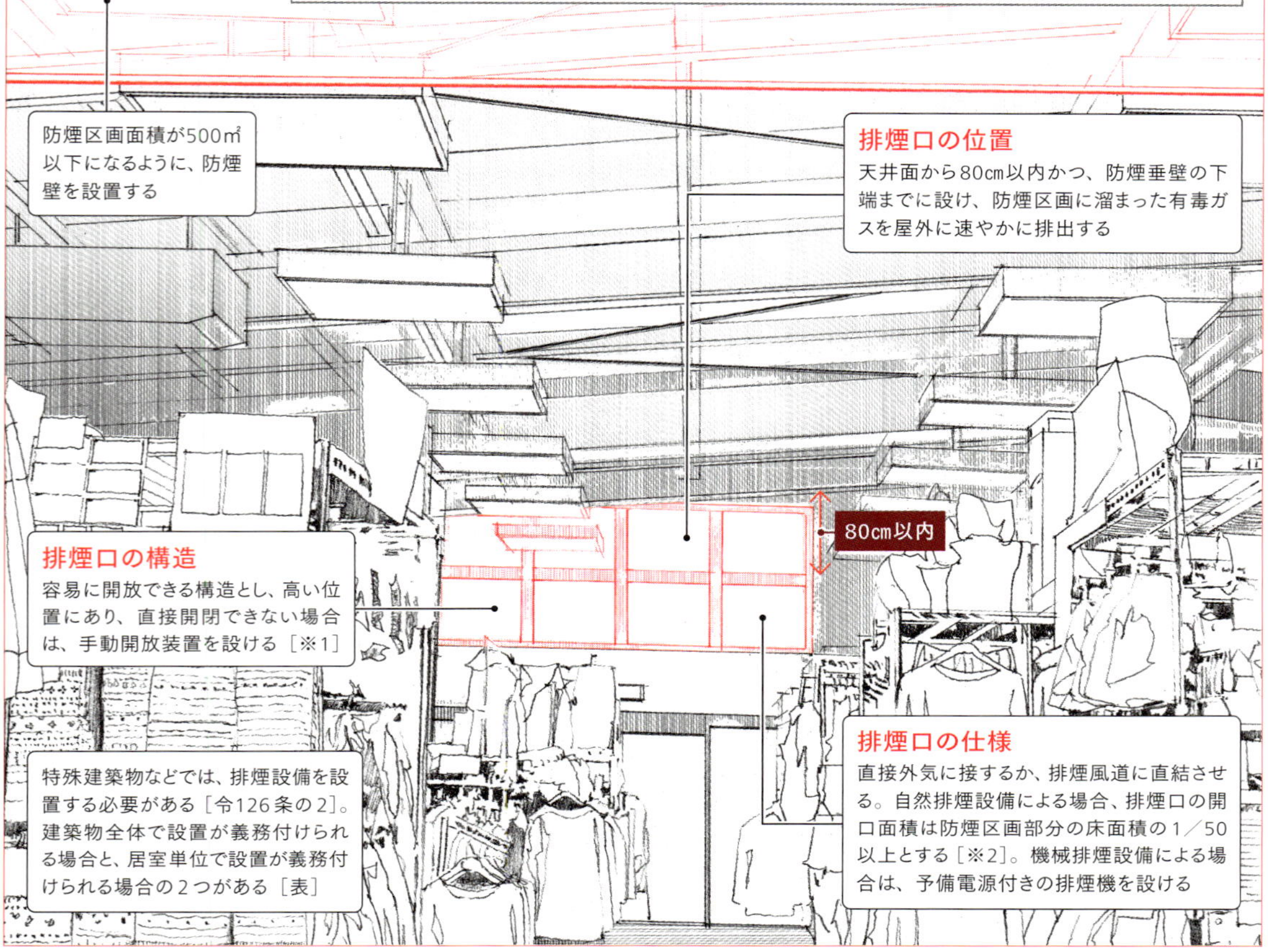
防煙区画面積が500㎡以下になるように、防煙壁を設置する
排煙口の位置
天井面から80cm以内かつ、防煙垂壁の下端までに設け、防煙区画に溜まった有毒ガスを屋外に速やかに排出する
80cm以内
排煙口の構造
容易に開放できる構造とし、高い位置にあり、直接開閉できない場合は、手動開放装置を設ける［※1］
特殊建築物などでは、排煙設備を設置する必要がある［令126条の2］。建築物全体で設置が義務付けられる場合と、居室単位で設置が義務付けられる場合の2つがある［表］
排煙口の仕様
直接外気に接するか、排煙風道に直結させる。自然排煙設備による場合、排煙口の開口面積は防煙区画部分の床面積の1／50以上とする［※2］。機械排煙設備による場合は、予備電源付きの排煙機を設ける

機械排煙と自然排煙

機械排煙の例

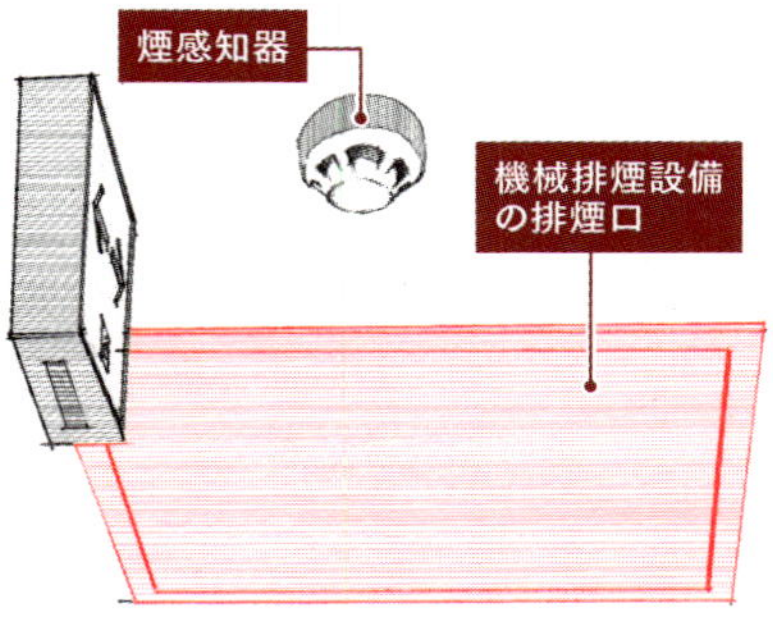
煙感知器
機械排煙設備の排煙口

自然排煙の例

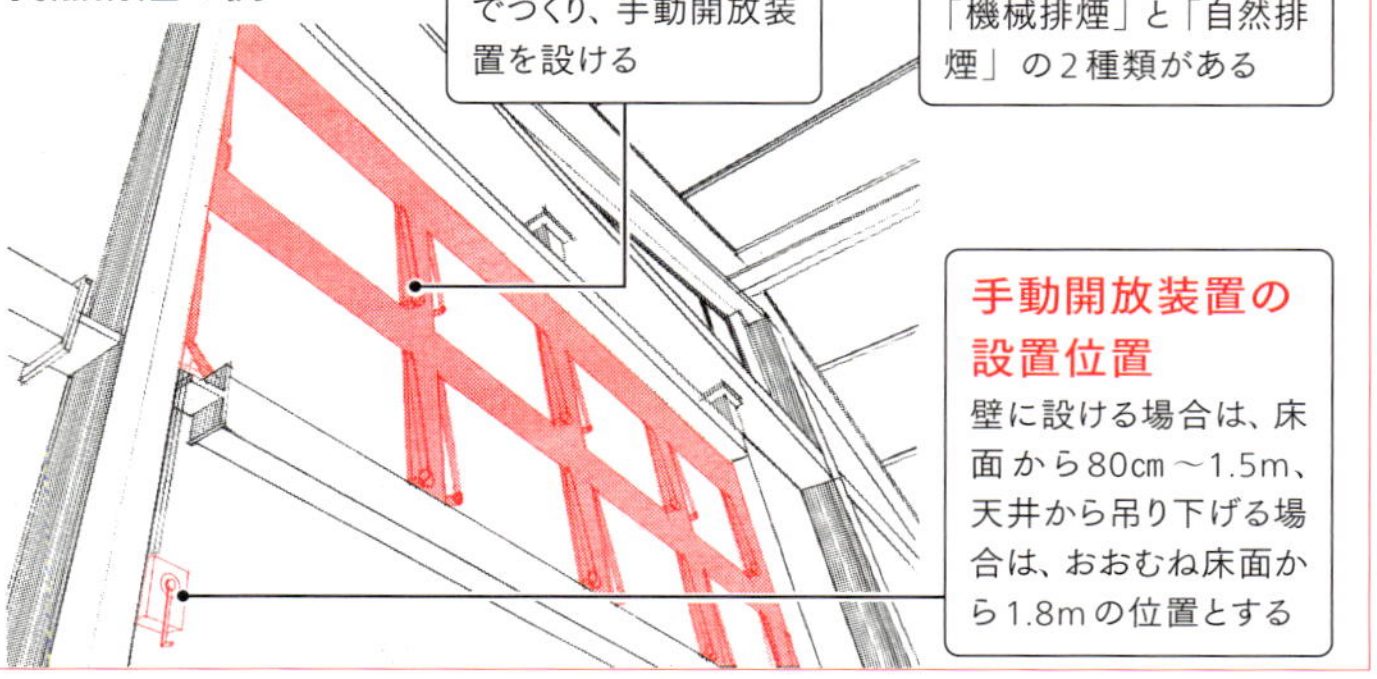
排煙口は、不燃材料でつくり、手動開放装置を設ける
排煙方法は2つ
「機械排煙」と「自然排煙」の2種類がある
手動開放装置の設置位置
壁に設ける場合は、床面から80cm～1.5m、天井から吊り下げる場合は、おおむね床面から1.8mの位置とする

※1　もっぱら人力によって作動できることを原則とするため、電動式の押ボタンは手動開放装置とは認められない

※2　自然排煙設備の排煙開口部には手動開放装置等の設置が必要だが、排煙上の無窓居室に該当するか否かを判断する際の排煙開口部は排煙設備ではないので、手動開放装置等の設置義務はない

ここを見る！

- 令126条の2
- 令126条の3
- 平12建告1436号
- 令2国交告663号

これを押さえる！

避難に時間のかかる建築物や無窓の居室では、火災によって発生する一酸化炭素などの有毒な煙を速やかに屋外に排出して、建築物から円滑な避難ができるように排煙設備の設置が義務付けられている。排煙は、建築物を不燃材の間仕切り壁や垂れ壁などで防煙区画し、排煙設備によりその区画部分の煙を屋外に排出して行う。

排煙上有効な開口面積

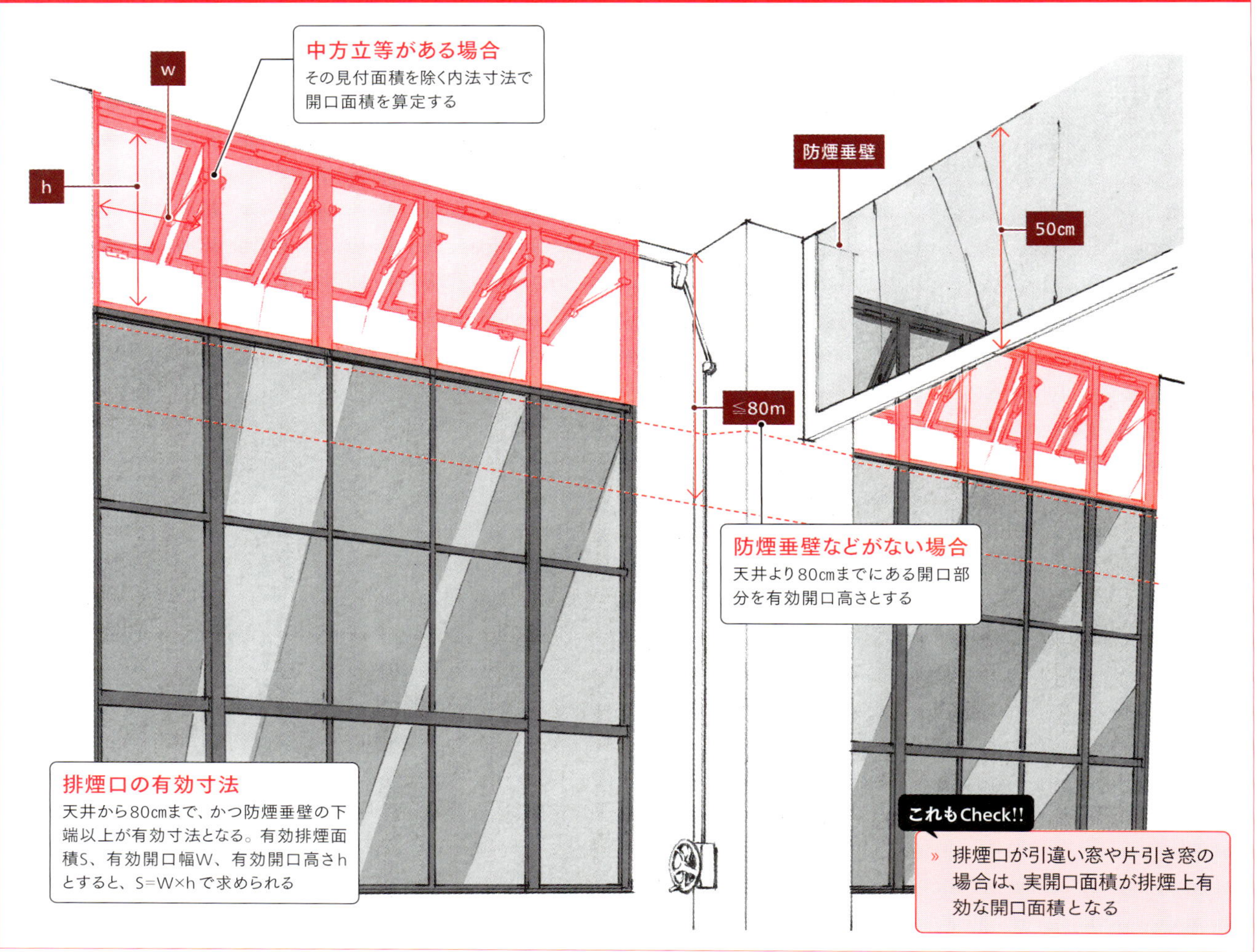

中方立等がある場合
その見付面積を除く内法寸法で開口面積を算定する

防煙垂壁などがない場合
天井より80cmまでにある開口部分を有効開口高さとする

排煙口の有効寸法
天井から80cmまで、かつ防煙垂壁の下端以上が有効寸法となる。有効排煙面積S、有効開口幅W、有効開口高さhとすると、S=W×hで求められる

これもCheck!!
» 排煙口が引違い窓や片引き窓の場合は、実開口面積が排煙上有効な開口面積となる

排煙口の有効範囲

《内倒し窓など》

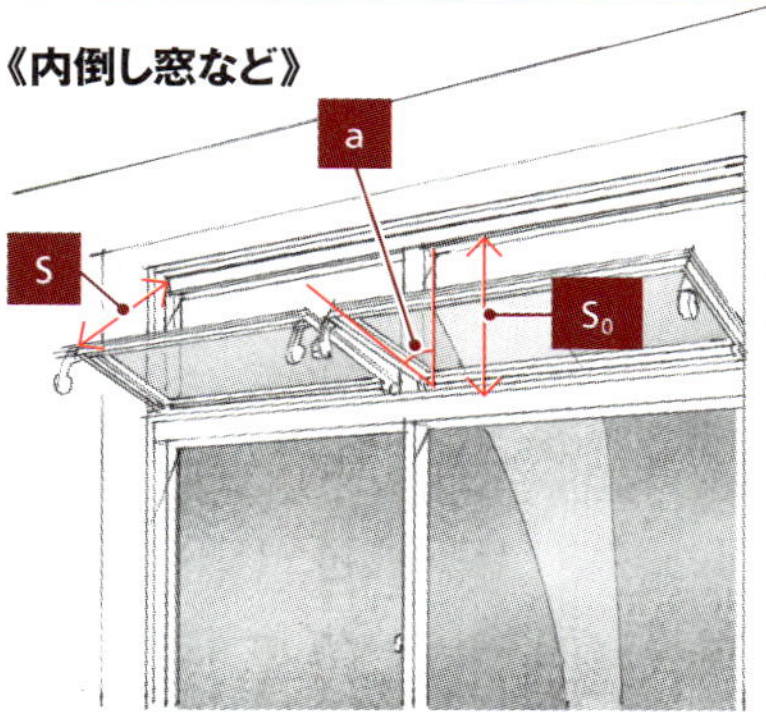

外・内倒し窓・突き出し窓の場合
突き出す角度aが45°≦a≦90°の場合、有効開口面積S_0=開口部面積Sになる。一方、0°≦a<45°の場合は、有効開口面積S_0=開口部面積S×a／45°となる

《ガラリ窓》

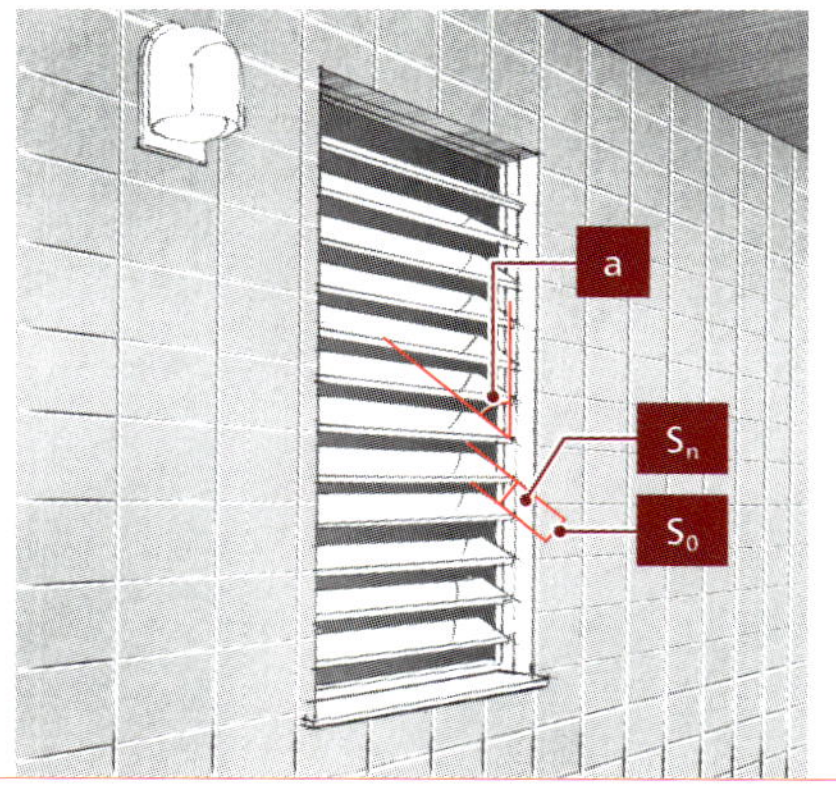

ガラリ窓の場合
ガラリの角度aが45°≦a≦90°の場合、有効開口面積S_0=開口部面積S（=S_1+S_2+S_3+…S_n）になる。一方、0°≦a<45°の場合は、有効開口面積S_0=開口部面積S（=S_1+S_2+S_3+…S_n）×a／45°となる

有効な機械排煙口の設置位置

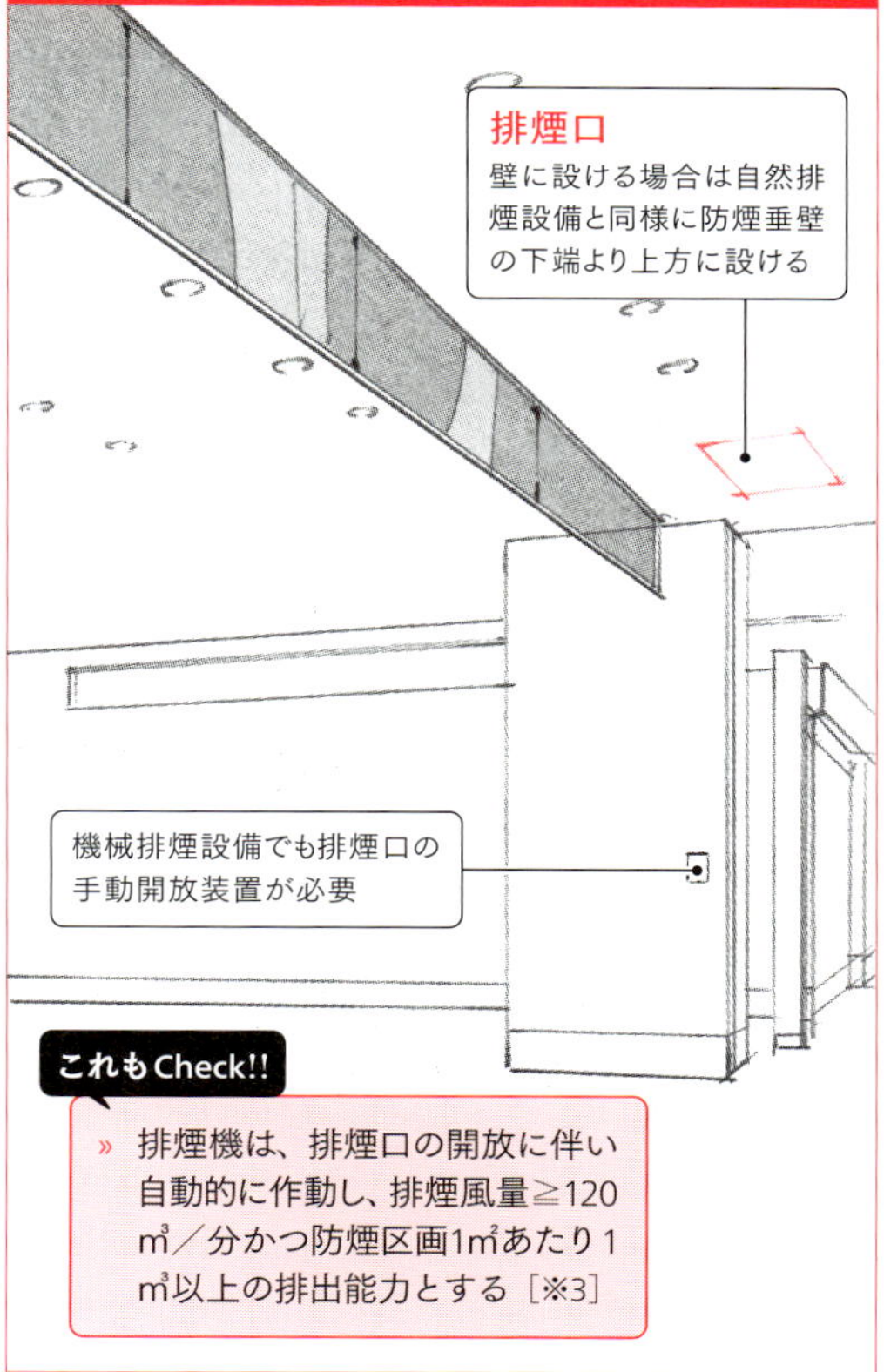

排煙口
壁に設ける場合は自然排煙設備と同様に防煙垂壁の下端より上方に設ける

機械排煙設備でも排煙口の手動開放装置が必要

これもCheck!!
» 排煙機は、排煙口の開放に伴い自動的に作動し、排煙風量≧120㎥／分かつ防煙区画1㎡あたり1㎥以上の排出能力とする［※3］

※3　複数の防煙区画を受け持つ排煙機は、防煙区画のうち最大のものの床面積1㎡あたり2㎥の排出能力とする

自然排煙口は有効寸法で25cm以上の屋外スペースが確保できる位置に設置する

ここを見る！

令126条の2

令126条の3

これを押さえる！

自然排煙の場合の排煙口は、①隣地境界線、②当該建築物の他の部分、③同一敷地内の他の建築物、から有効寸法で25cm以上確保した排煙上支障のない屋外空間に面して設ける。こうした空間を設けにくい地下部分であっても、一定の条件を満たすからぼりや排煙シャフトを設けることにより自然排煙とすることが可能となる。

自然排煙口の設置位置の基本

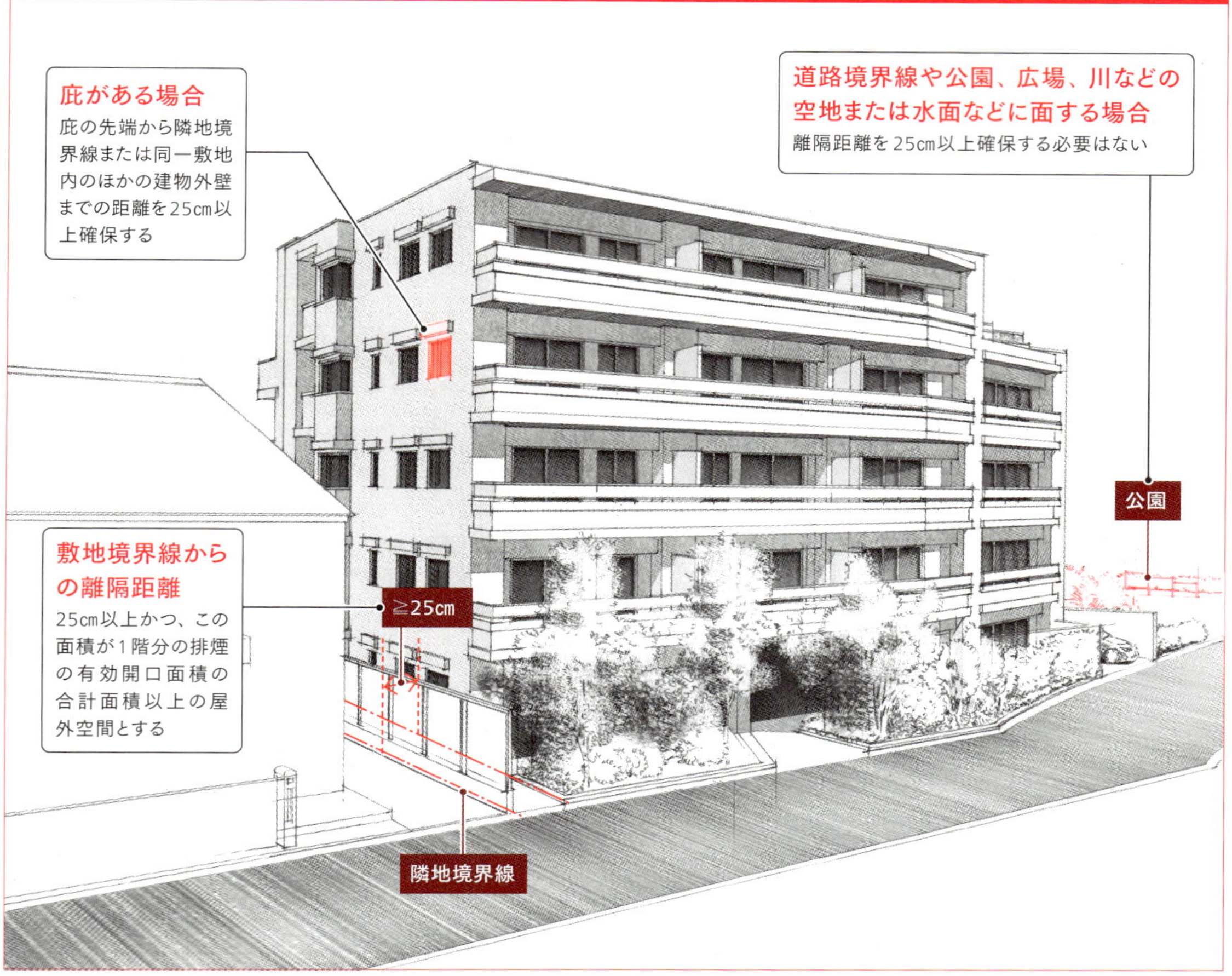
庇がある場合
庇の先端から隣地境界線または同一敷地内のほかの建物外壁までの距離を25cm以上確保する
道路境界線や公園、広場、川などの空地または水面などに面する場合
離隔距離を25cm以上確保する必要はない
公園
敷地境界線からの離隔距離
25cm以上かつ、この面積が1階分の排煙の有効開口面積の合計面積以上の屋外空間とする
≧25cm
隣地境界線

地階部分の自然排煙口

《からぼりを設ける場合》

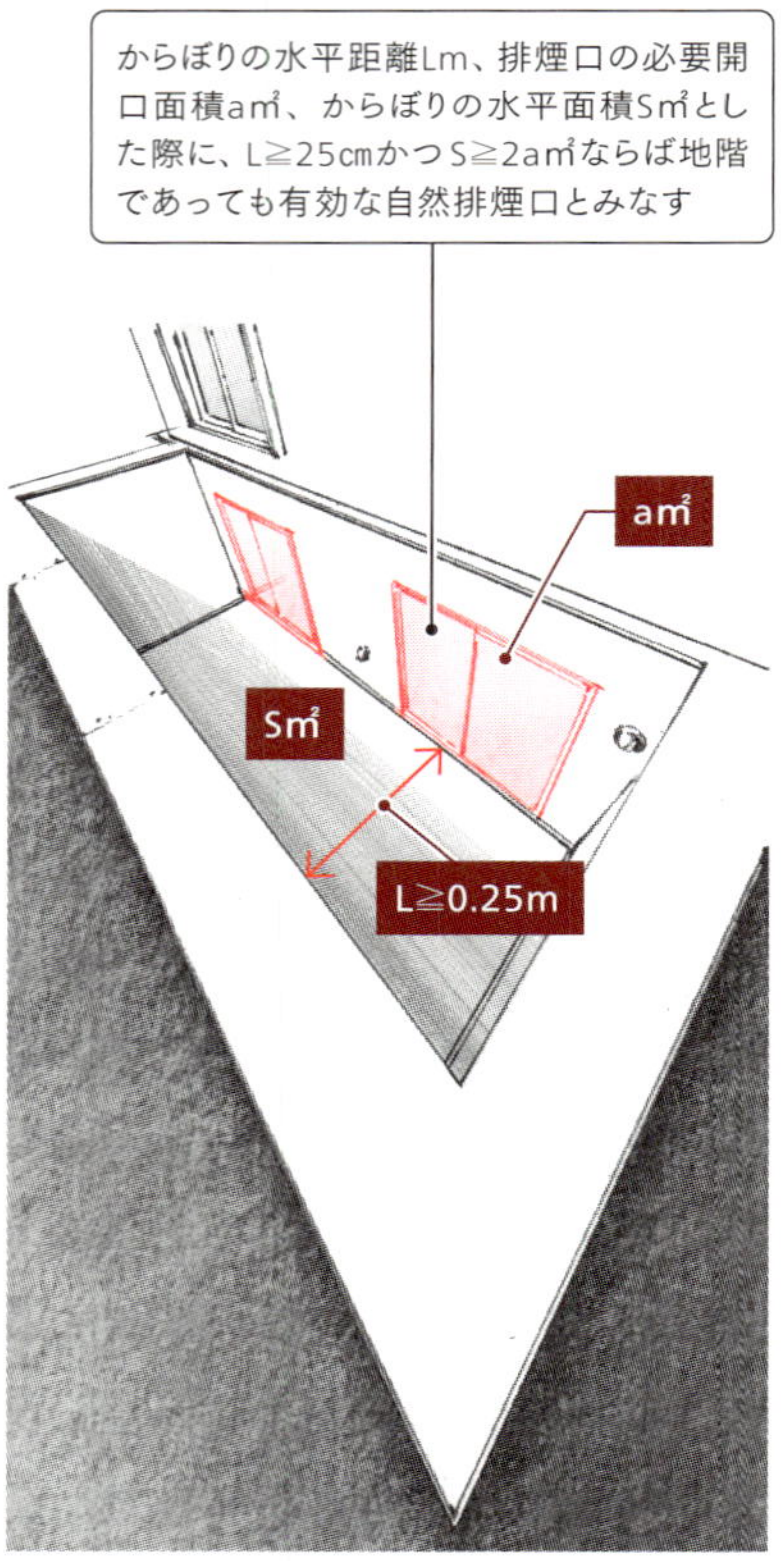
からぼりの水平距離Lm、排煙口の必要開口面積a㎡、からぼりの水平面積S㎡とした際に、L≧25cmかつS≧2a㎡ならば地階であっても有効な自然排煙口とみなす
a㎡
S㎡
L≧0.25m

《排煙シャフトを設ける場合》

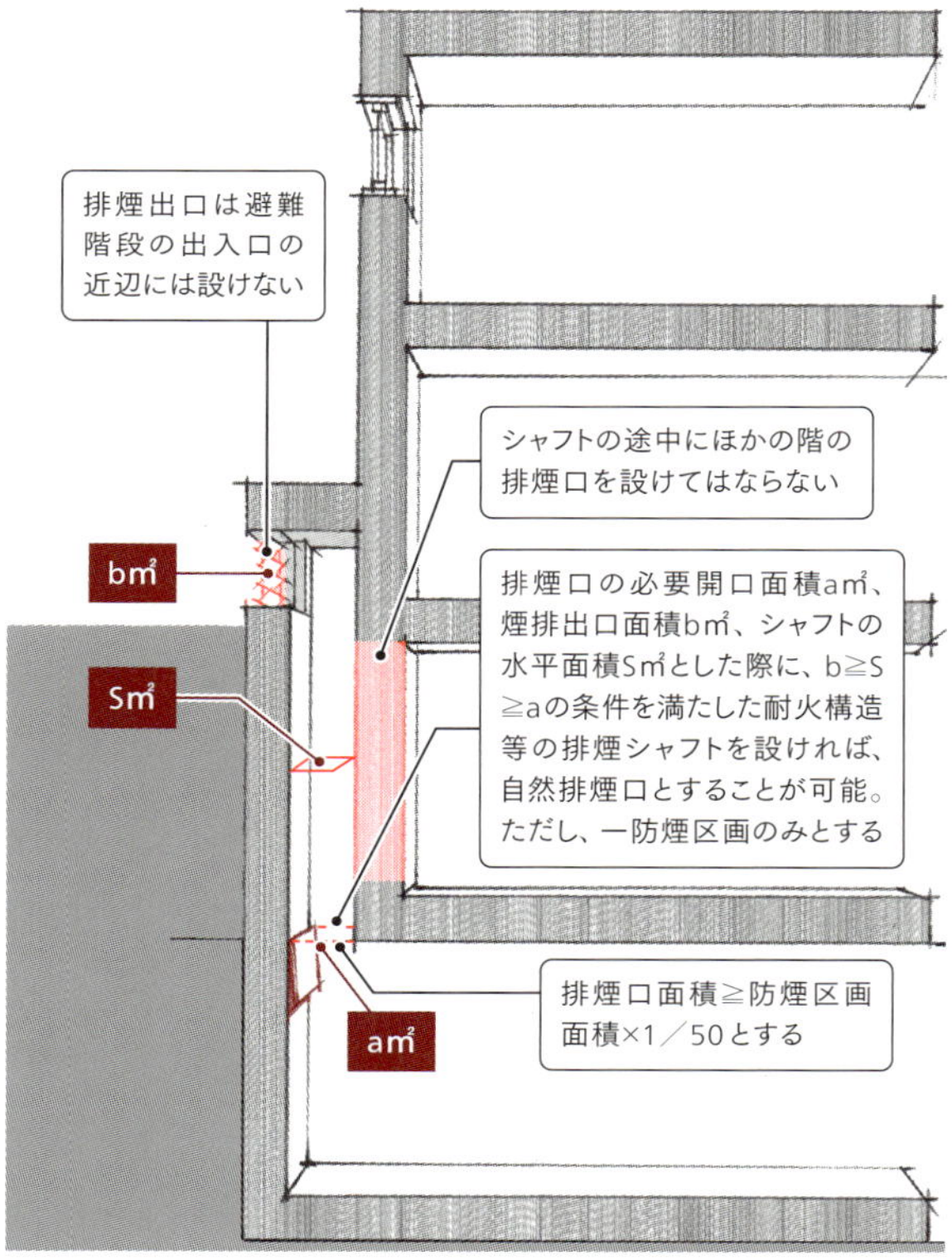
排煙出口は避難階段の出入口の近辺には設けない
シャフトの途中にほかの階の排煙口を設けてはならない
b㎡
S㎡
排煙口の必要開口面積a㎡、煙排出口面積b㎡、シャフトの水平面積S㎡とした際に、b≧S≧aの条件を満たした耐火構造等の排煙シャフトを設ければ、自然排煙口とすることが可能。ただし、一防煙区画のみとする
排煙口面積≧防煙区画面積×1／50とする
a㎡

防煙区画は床面積500㎡以内ごとに防煙壁で区画する

ここを見る！
令126条の3

これを押さえる！

防煙区画は、防煙壁で500㎡以内ごとに区画し、火災時に発生する煙の拡散を防ぐためのもの。防煙区画間の開口部に常時閉鎖式または煙感知器連動の不燃材料の戸が設けられている場合は、戸の上部の垂れ壁は50㎝ではなく30㎝以上あればよい［※］。防煙区画内には区画内の各部分から30ｍ以内に排煙設備の排煙口を設ける。

防煙区画の基本

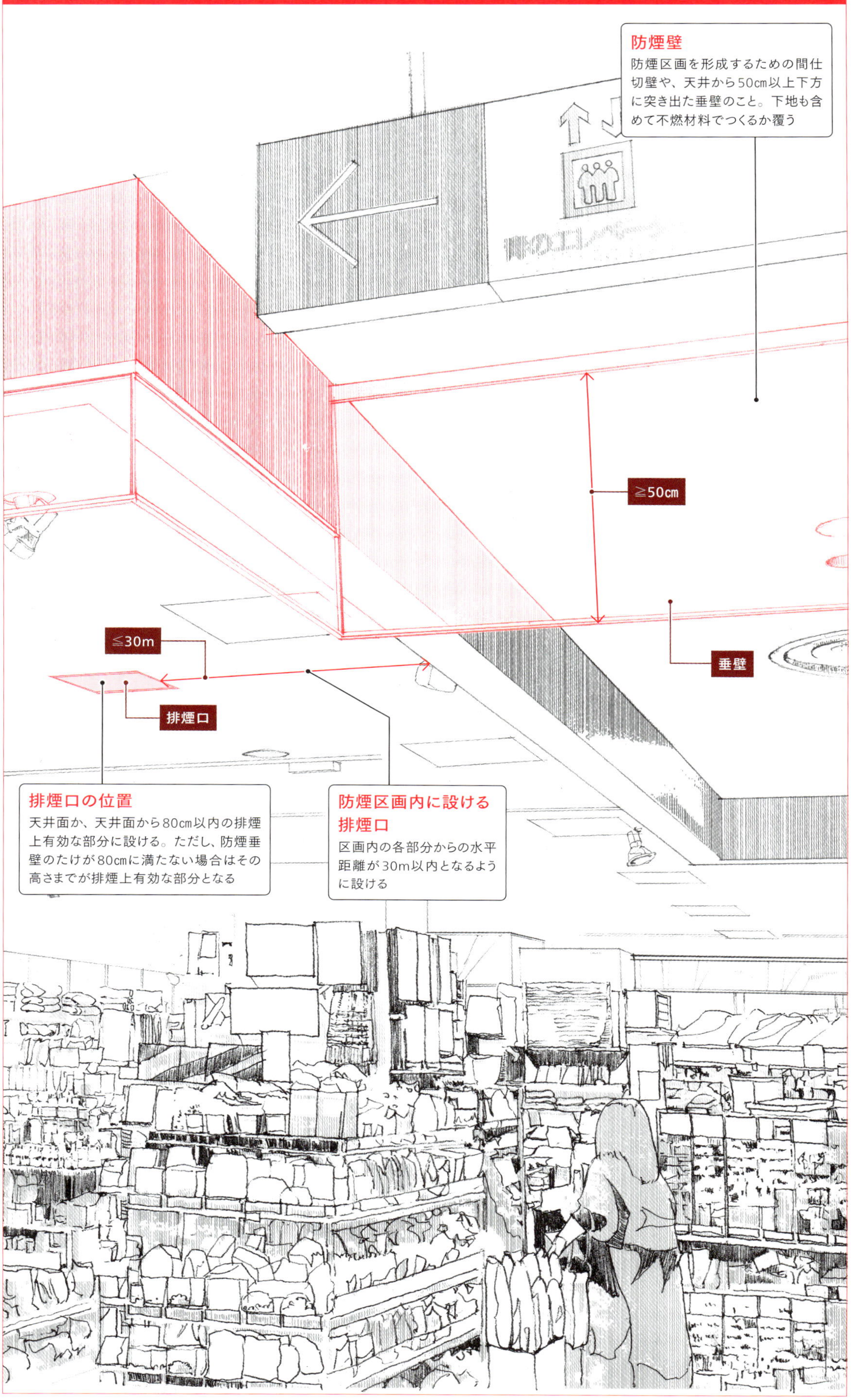
防煙壁
防煙区画を形成するための間仕切壁や、天井から50㎝以上下方に突き出た垂壁のこと。下地も含めて不燃材料でつくるか覆う
≧50㎝
≦30m
垂壁
排煙口
排煙口の位置
天井面か、天井面から80㎝以内の排煙上有効な部分に設ける。ただし、防煙垂壁のたけが80㎝に満たない場合はその高さまでが排煙上有効な部分となる
防煙区画内に設ける排煙口
区画内の各部分からの水平距離が30m以内となるように設ける

※ この場合、排煙口は垂れ壁の下端までではなく、天井面から80㎝以内の部分が排煙上有効な部分となる

排煙設備が免除されている階段などは防煙垂壁で区画する

上下階の防煙区画

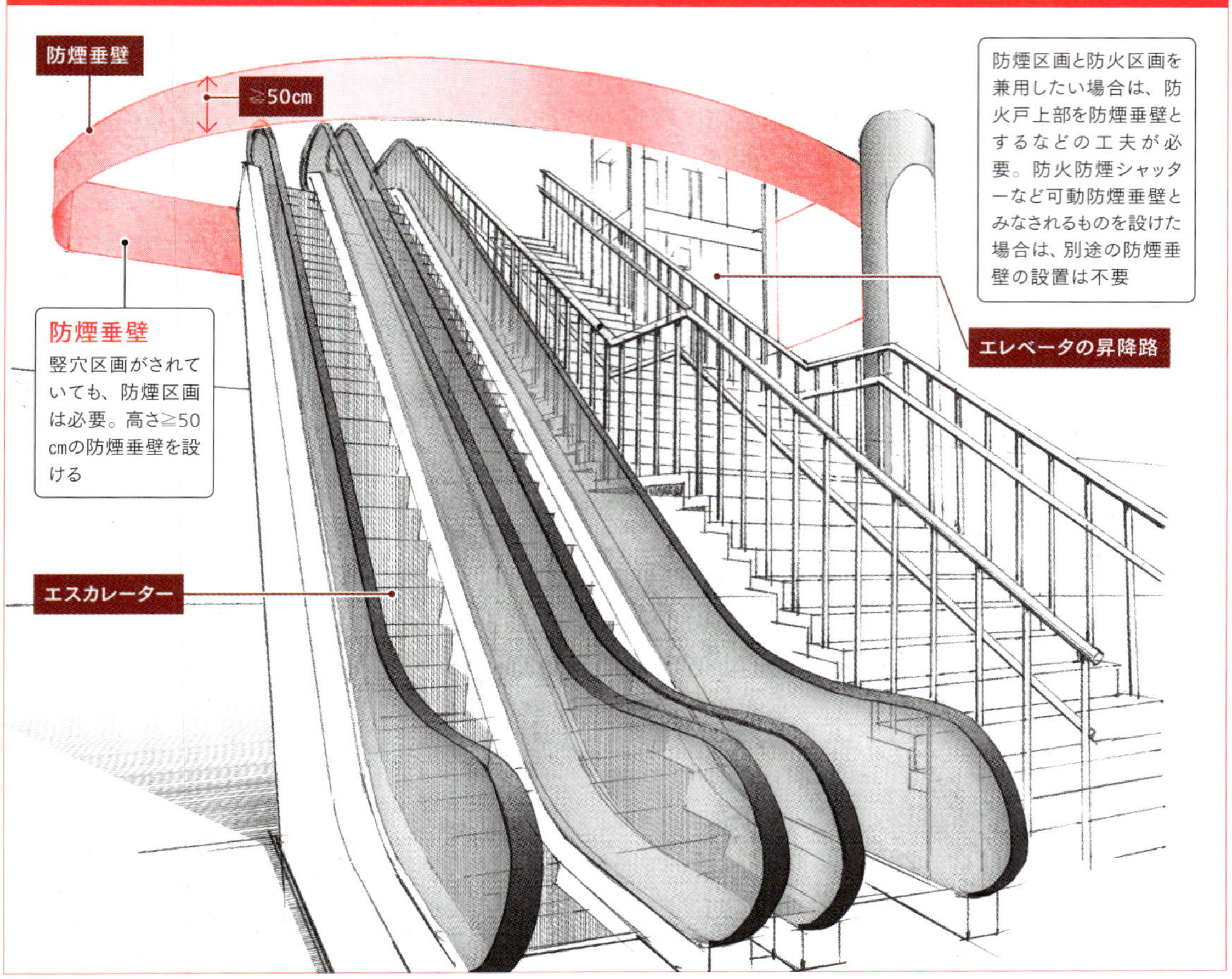

防煙垂壁
≧50cm
防煙区画と防火区画を兼用したい場合は、防火戸上部を防煙垂壁とするなどの工夫が必要。防火防煙シャッターなど可動防煙垂壁とみなされるものを設けた場合は、別途の防煙垂壁の設置は不要
防煙垂壁
竪穴区画がされていても、防煙区画は必要。高さ≧50cmの防煙垂壁を設ける
エレベータの昇降路
エスカレーター

これもCheck!!

» 排煙設備の設置を要する建築物は、各階ごとに防煙区画することが原則だが、避難階とその直上階または直下階のみに通じる吹抜けで、面積が大きく避難上支障がない場合や、工場などで用途上やむを得ない場合は上下の階を一の防煙区画としてもよい。この場合は、吹抜け部分の垂壁は不要となる

2室を一の防煙区画とみなす場合

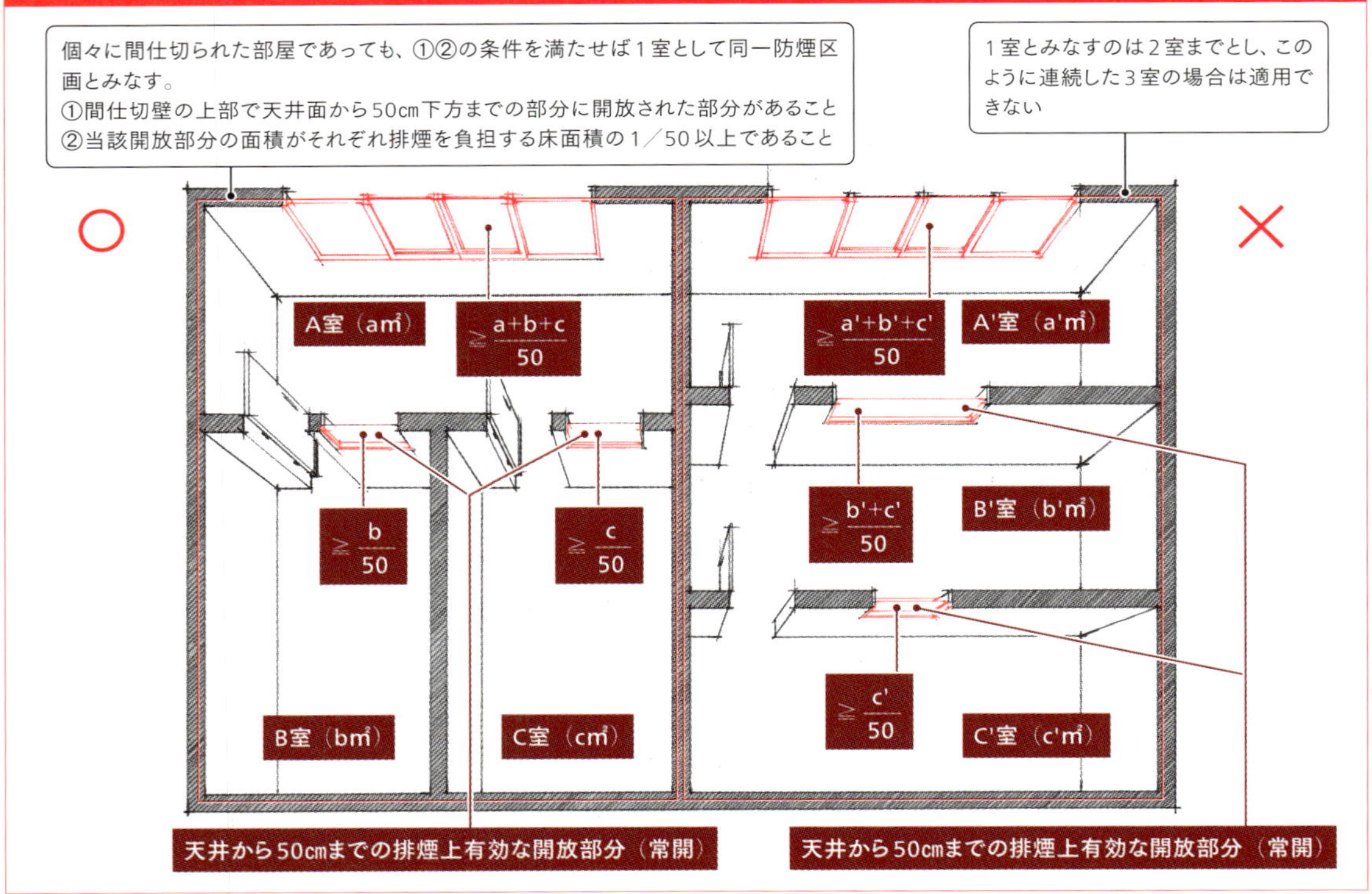

個々に間仕切られた部屋であっても、①②の条件を満たせば1室として同一防煙区画とみなす。
①間仕切壁の上部で天井面から50cm下方までの部分に開放された部分があること
②当該開放部分の面積がそれぞれ排煙を負担する床面積の1／50以上であること
1室とみなすのは2室までとし、このように連続した3室の場合は適用できない
○
×
A室（am²）
≧ a+b+c / 50
≧ a'+b'+c' / 50
A'室（a'm²）
≧ b / 50
≧ c / 50
≧ b'+c' / 50
B'室（b'm²）
≧ c' / 50
B室（bm²）
C室（cm²）
C'室（c'm²）
天井から50cmまでの排煙上有効な開放部分（常開）
天井から50cmまでの排煙上有効な開放部分（常開）

ここを見る！

令126条の2
令126条の3
平12建告1436号

これを押さえる！

階段や吹抜けなどの竪穴部分は、そこを通じて下階の煙が上階に行かないように、竪穴区画の有無にかかわらず、竪穴部分とその他の部分とを防煙間仕切り壁や垂壁を設けて防煙区画する。要件を満たせば竪穴区画と防煙区画の兼用も可能。また告示の改正により、排煙設備の設置免除となる建築物や居室が増えているので注意する。

防煙区画で区画した場合の排煙口

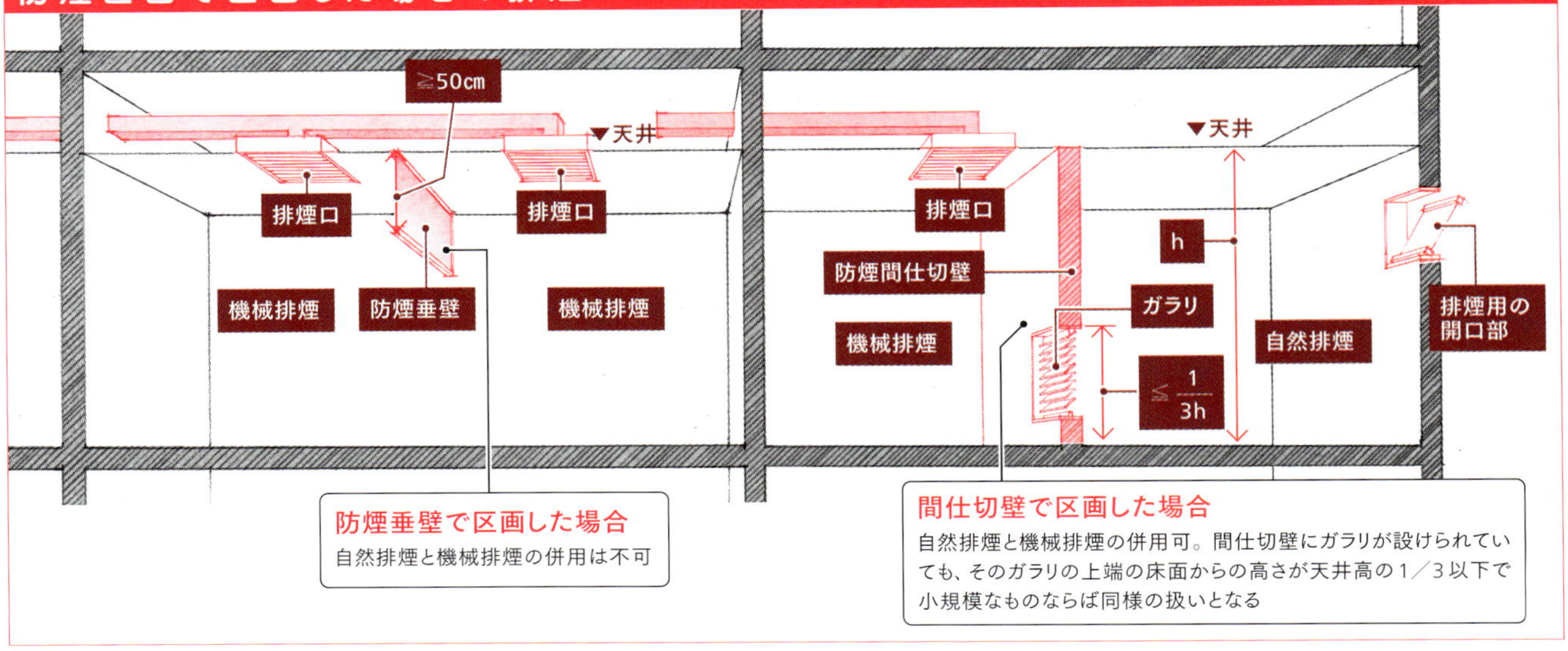

告示による排煙設備の免除［平12建告1436号4号］

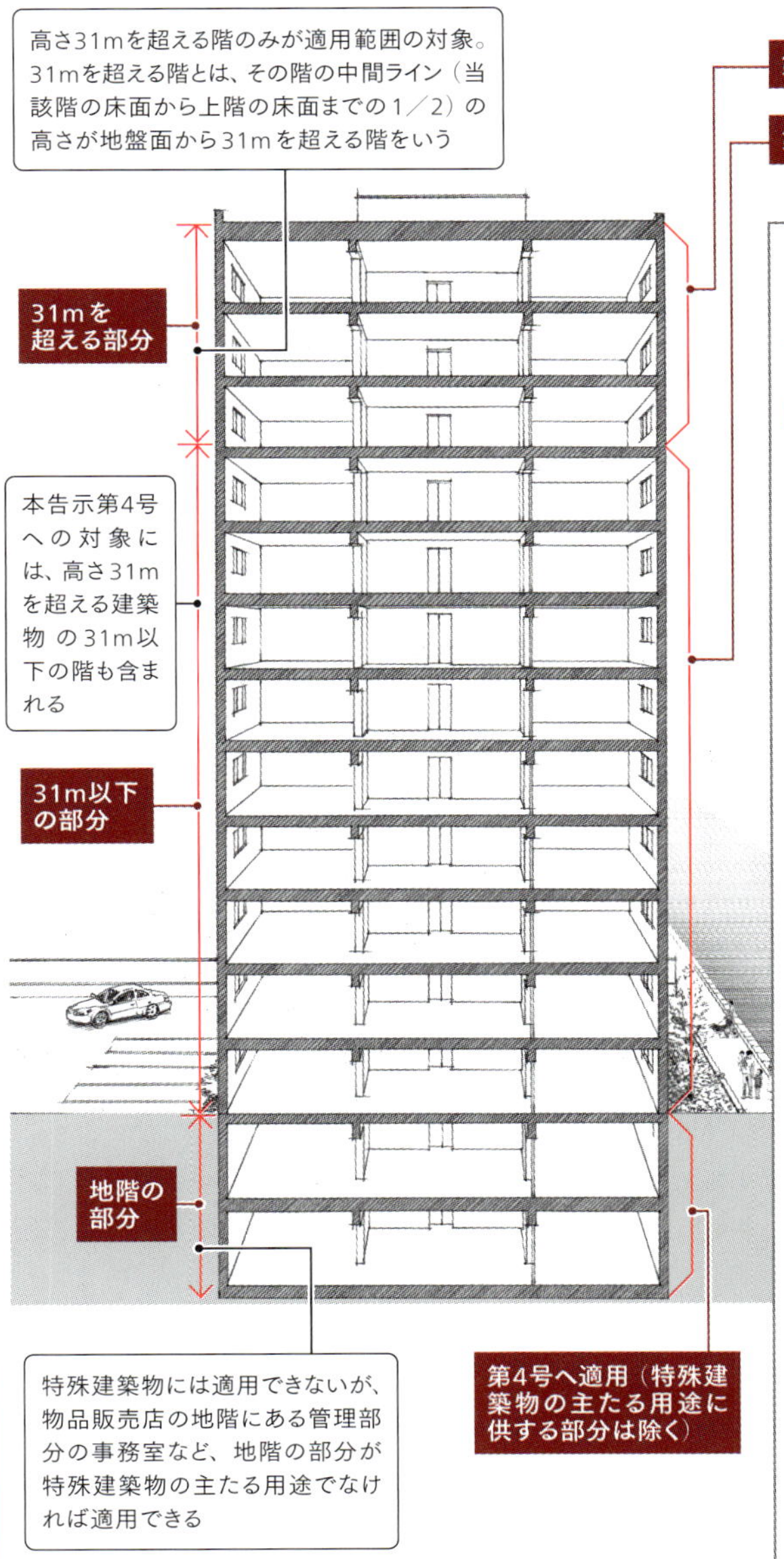

排煙設備の設置が必要な建築物について個々の部屋を室であるか、居室であるかに分け、表の通り適用する

表　平12建告1436号4号による排煙設備の設置免除

［網掛け］令和6年4月施行の改正で告示に追加された部分

緩和対象となる建築物・室				面積の制限	設置免除となる条件
イ	階数≦2の住宅・長屋の住戸			延べ面積≦200㎡	居室の有効換気面積≧居室床面積×1／20
ロ	階数≦2の、自動火災報知設備を設けた建築物で、条件を満たした部分（特定配慮建築物［*1］を除く）			延べ面積≦500㎡	各居室に屋外への出口等［*2］を設けたもの
ハ					床面積≦50㎡［*3］の部分で、当該以外の部分と間仕切り壁、10分間防火設備［*4、*5］により区画され、各居室から屋外への出口または屋外避難階段の出入口までの距離が25m以下のもの
ニ	法別表第1（い）欄の特殊建築物以外の建築物、または児童福祉施設等（入所施設を除く）、美術館、図書館、飲食店などで、条件を満たした部分			居室の床面積が100㎡程度	避難階、またはその直上階の主たる用途に供する各居室に、屋外への出口等［*2］が設けられているなど一定の基準を満たすもの
ホ	危険物の貯蔵所、自動車車庫、通信機械室、繊維工場などで条件を満たした部分			なし	不燃性ガス消火設備または粉末消火設備を設けたもの
へ	(1)	高さ31m以下の部分［*6］	非居室	なし	居室や避難経路に面する開口部に防火設備[*8]を設け、それ以外の開口部には戸・扉を設置、かつ内装仕上げを準不燃材料としたもの
	(2)			床面積≦100㎡	防煙壁により区画されたもの
	(3)		居室	床面積≦50㎡	準耐火構造の間仕切り壁・防火設備［*5、*7］で区画されたもの
	(4)			なし	床面積100㎡以内ごとに準耐火構造の床・壁、防火設備［*8］で区画し、内装仕上げを準不燃材料としたもの
	(5)			床面積≦100㎡	内装の下地・仕上げとも不燃材料としたもの
ト	高さ31mを超える部分		非居室・居室	床面積≦100㎡	耐火構造の床・壁、防火設備［*8］で区画され、内装仕上げを準不燃材料としたもの

*1　次の①または②該当するもの。①法別表第1（い）欄（1）の用途のもの、病院、入院施設のある診療所、入所使用の児童福祉施設等、②自動車車庫、自動車修理工場、地階または地下工作物内（地下街）に設けられた居室で法別表第1（い）欄（1）、（2）、（4）の用途のものを有する特殊建築物

*2　屋外への出口、バルコニー、屋外への出口に近接した出口をいい、当該部分から屋外への出口等を経て道まで避難上支障のないもの（技術的助言で歩行距離や通路幅が示されている）

*3　天井高≧3mの場合は100㎡

*4　スプリンクラー設備を設けたもの、消火上有効な措置を講じたもの、壁・天井の内装を難燃材料で仕上げたもののいずれかとした場合は戸

*5　遮煙性能付きで、常時閉鎖式または煙感知器、熱煙感知器連動の自動閉鎖式のもの

*6　法別表第1（い）欄の特殊建築物の主たる用途の部分で地階にあるものを除く

*7　スプリンクラー設備を設けたもの、消火上有効な措置を講じたもの、壁・天井の内装を準不燃材料で仕上げたもののいずれかとした場合は、間仕切り壁および10分間防火設備

*8　常時閉鎖式または感知器連動の自動閉鎖式のもの

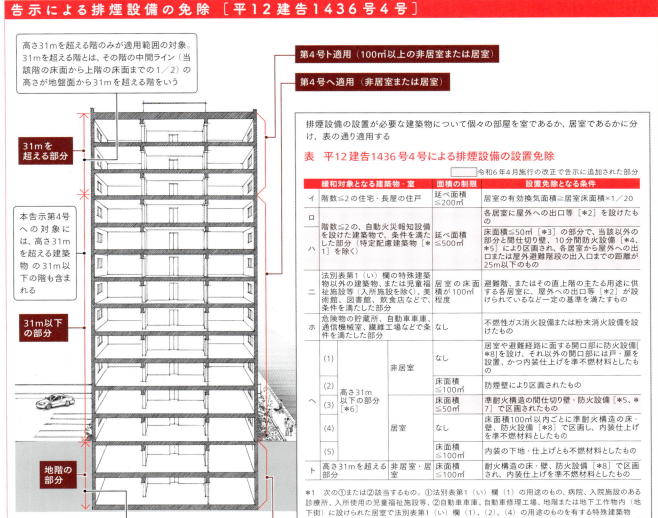

PART 8

居室

建築基準法では、人が長い時間過ごす部屋を「居室」、
納戸や機械室などそれ以外を「居室以外の室」として区別している。
居室と居室以外の室では、適用される建築基準法の規定が異なり
居室は、天井高や床高、採光、換気など
環境・衛生に関する規制のほか
排煙設備や非常用照明の設置、壁や天井の内装仕上げなど
防火・避難に関する規制などを受ける。
ここでは、居室の良好で安全な環境を確保するための
規制について学ぼう。

居室 天井高

居室の天井高は2.1m以上。勾配天井は平均値で算出

ここを見る！

令21条
令22条
平12建告1347第1第3項

これを押さえる！

居室は、「居住、執務、作業、集会、娯楽その他これらに類する目的のため継続的に使用する室」と定義されている［※1］。天井高とは、床面から天井面までの高さのことであるが、それぞれの居室で天井高を2.1m以上確保しなければならない。

居室の天井高の算定

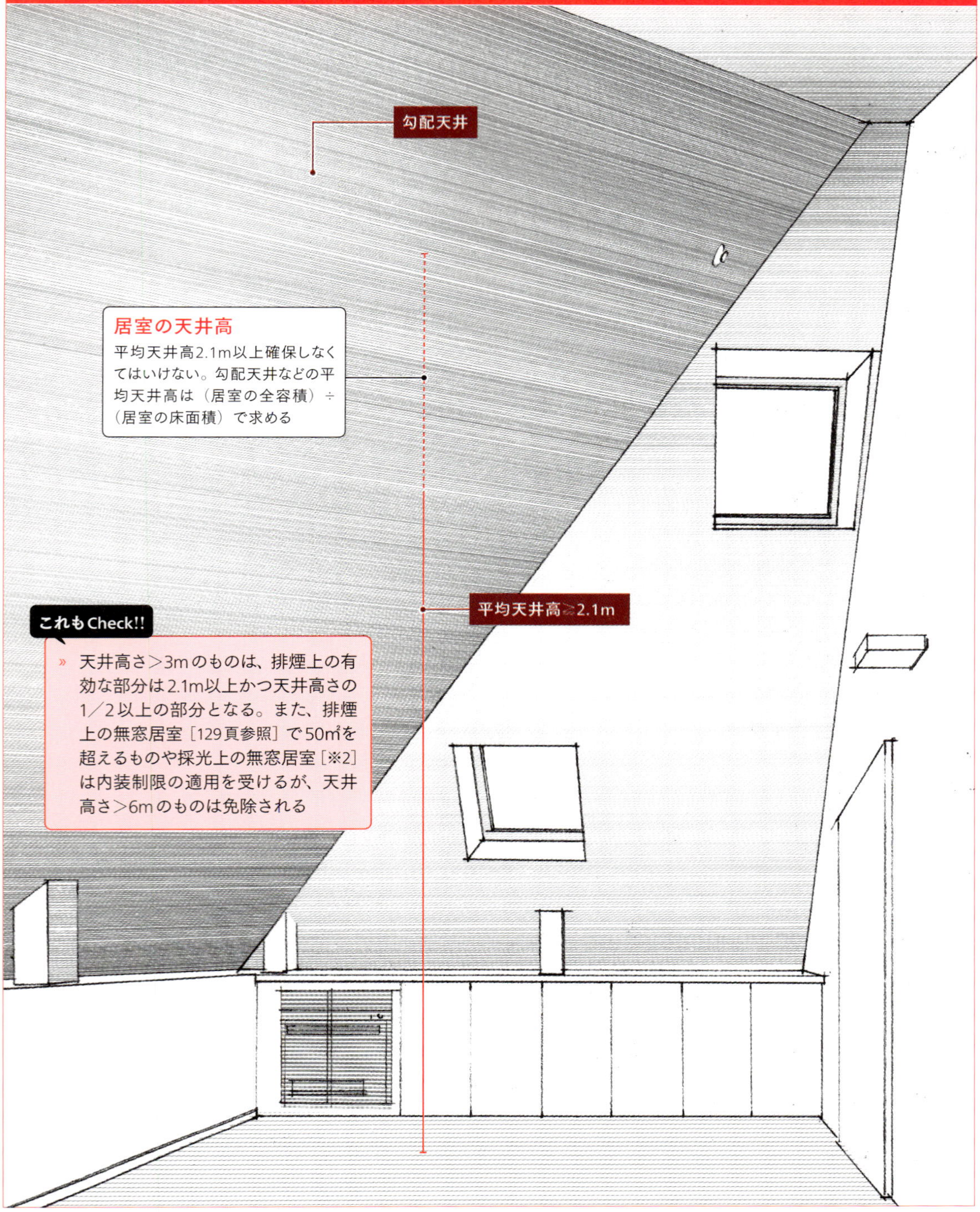

居室の天井高

平均天井高2.1m以上確保しなくてはいけない。勾配天井などの平均天井高は（居室の全容積）÷（居室の床面積）で求める

これもCheck!!

» 天井高さ＞3mのものは、排煙上の有効な部分は2.1m以上かつ天井高さの1／2以上の部分となる。また、排煙上の無窓居室［129頁参照］で50㎡を超えるものや採光上の無窓居室［※2］は内装制限の適用を受けるが、天井高さ＞6mのものは免除される

居室の床高

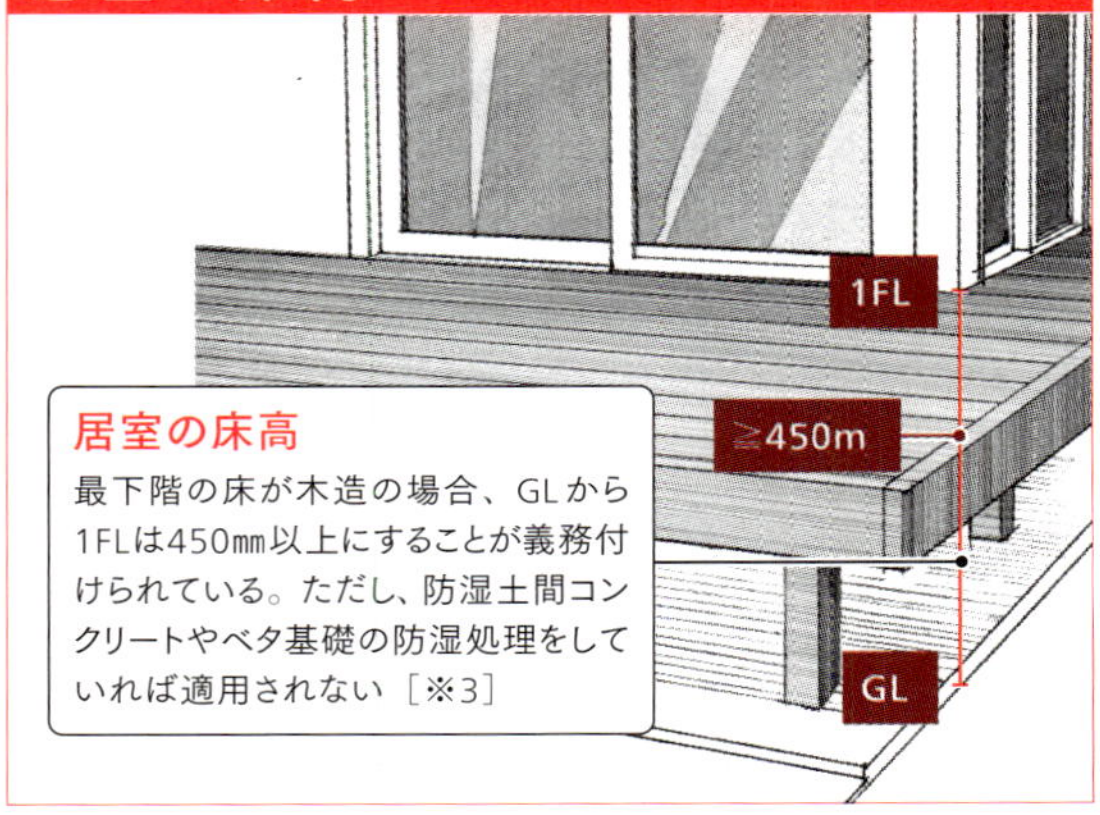

居室の床高

最下階の床が木造の場合、GLから1FLは450㎜以上にすることが義務付けられている。ただし、防湿土間コンクリートやベタ基礎の防湿処理をしていれば適用されない［※3］

居室に該当しない場合

納戸や機械室

「居室」ではなく「非居室」に該当するため、天井高は2.1mに満たなくてもよい

※1 住宅の台所で小規模な場合は使用実態が継続的でなく、用途が調理に限られるため、防火避難規定の適用では非居室として扱う
※2 温湿度調整作業室などやむを得ない理由により採光上の無窓居室となったもの
※3 基礎の構造計算を行わない場合は、告示に従って基礎の立上り部分の高さは300㎜以上必要なので注意

居室　小屋裏収納

床面積に算入しない小屋裏収納は最高の内法高さ1.4m以下

ここを見る！

平12住指発682号

これを押さえる！

階とみなされない小屋裏収納や床下収納は、床面積に算入されない。ただし、最高内法高さを1.4m以下とするほか、「小屋裏収納部分の水平投影面積の合計が、小屋裏収納などを設置する階の床面積の2分の1未満であること」や「小屋裏の余剰空間を利用して設けるもの」などの要件がある［※1］。

小屋裏収納・床下収納の基本

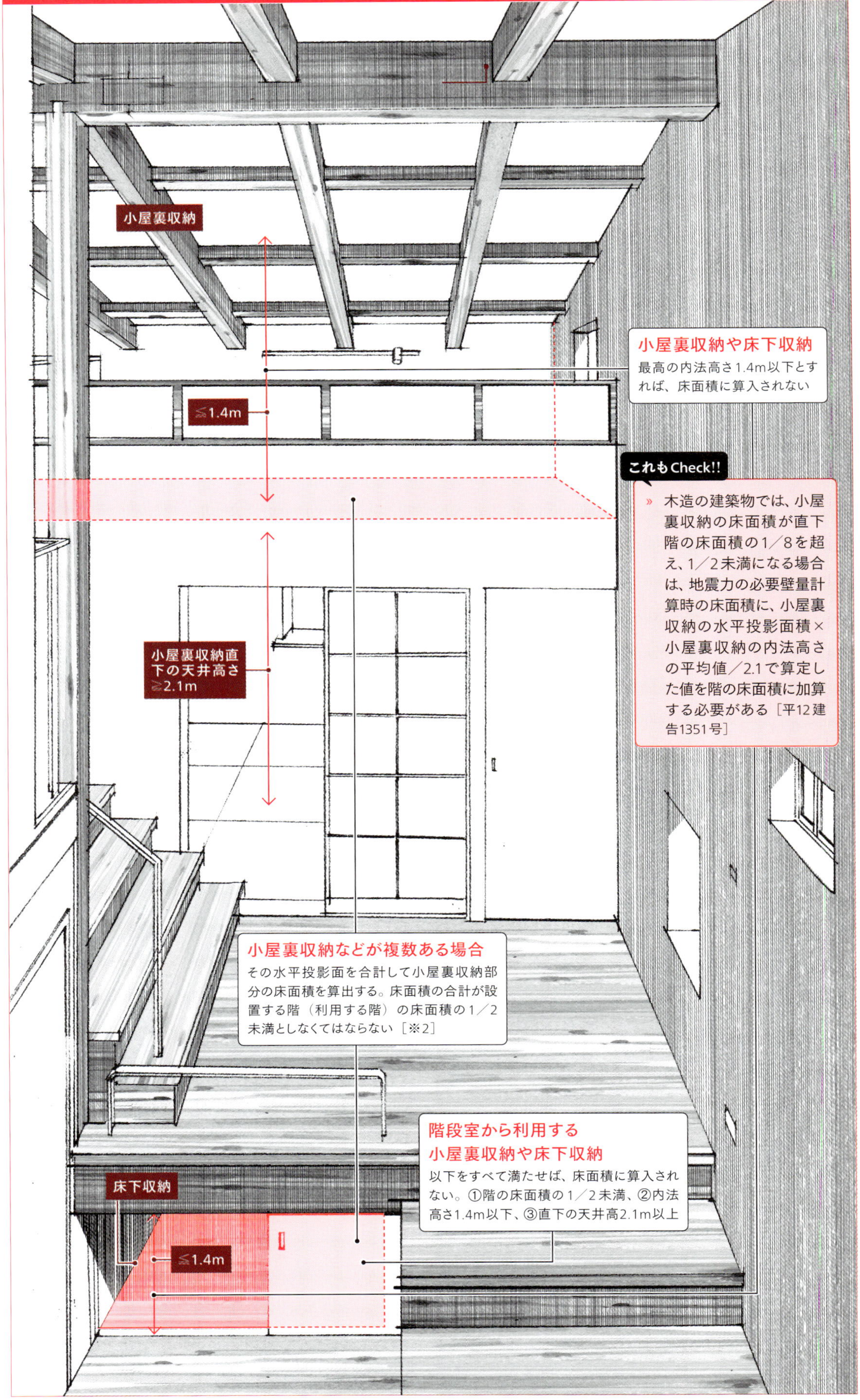

小屋裏収納
≦1.4m
小屋裏収納や床下収納
最高の内法高さ1.4m以下とすれば、床面積に算入されない
これもCheck!!
» 木造の建築物では、小屋裏収納の床面積が直下階の床面積の1／8を超え、1／2未満になる場合は、地震力の必要壁量計算時の床面積に、小屋裏収納の水平投影面積×小屋裏収納の内法高さの平均値／2.1で算定した値を階の床面積に加算する必要がある［平12建告1351号］
小屋裏収納直下の天井高さ≧2.1m
小屋裏収納などが複数ある場合
その水平投影面を合計して小屋裏収納部分の床面積を算出する。床面積の合計が設置する階（利用する階）の床面積の1／2未満としなくてはならない［※2］
階段室から利用する小屋裏収納や床下収納
以下をすべて満たせば、床面積に算入されない。①階の床面積の1／2未満、②内法高さ1.4m以下、③直下の天井高2.1m以上
床下収納
≦1.4m

※1　「小屋裏収納部分に設ける窓等の面積制限」など、そのほかさまざまな条件が求められることがあるので、申請する特定行政庁や確認検査機関に問い合わせが必要

※2　2階床下物置と1階天井裏物置を設けた場合など「上下階に連続する小屋裏物置等」については、内法高さの合計を1.4m以下とする

居室
地階居室

地階の居室は採光が不要。ただし、防湿措置は必要

地階の居室の基本

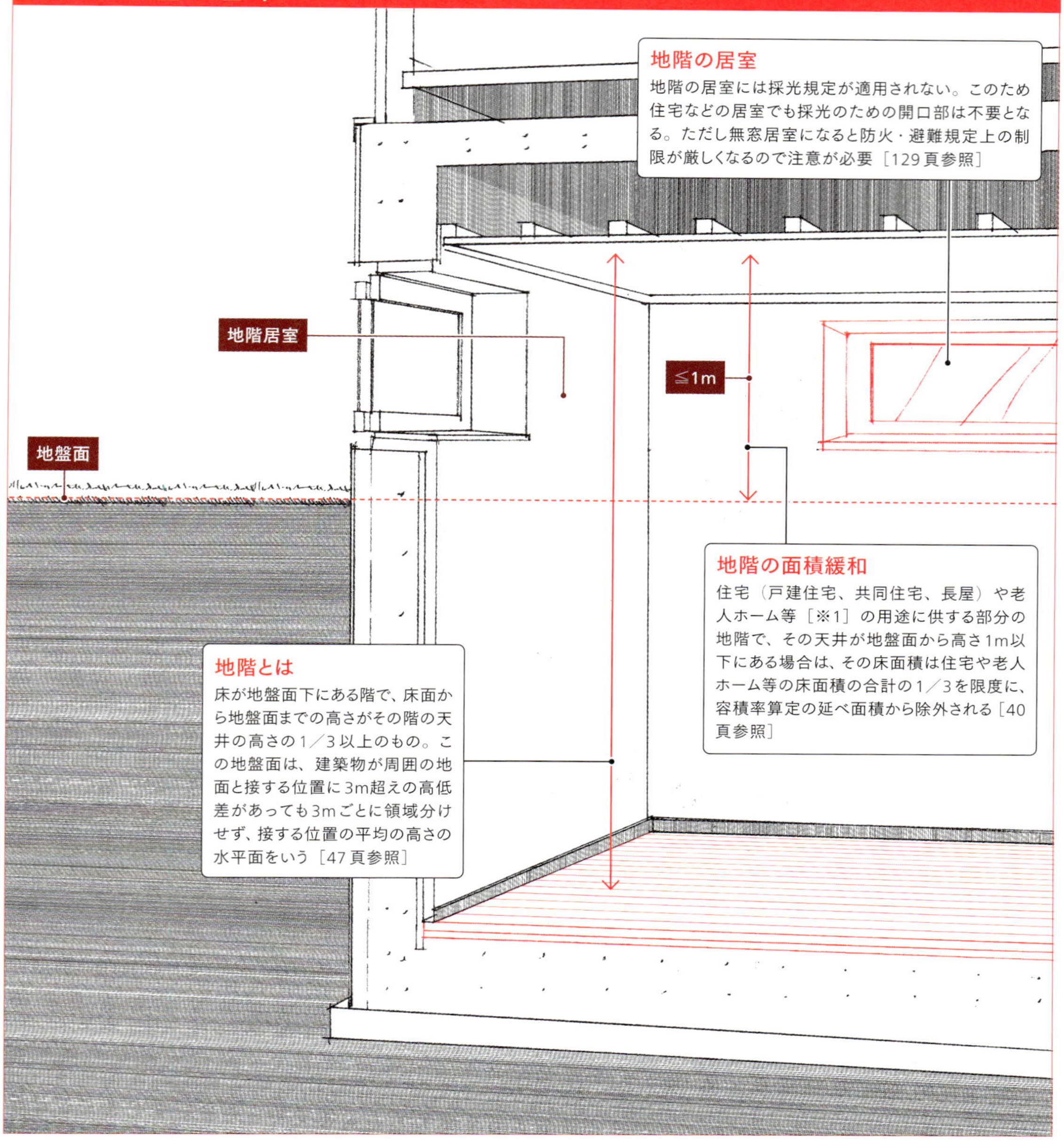
地階の居室
地階の居室には採光規定が適用されない。このため住宅などの居室でも採光のための開口部は不要となる。ただし無窓居室になると防火・避難規定上の制限が厳しくなるので注意が必要［129頁参照］
地階居室
≦1m
地盤面
地階の面積緩和
住宅（戸建住宅、共同住宅、長屋）や老人ホーム等［※1］の用途に供する部分の地階で、その天井が地盤面から高さ1m以下にある場合は、その床面積は住宅や老人ホーム等の床面積の合計の1／3を限度に、容積率算定の延べ面積から除外される［40頁参照］
地階とは
床が地盤面下にある階で、床面から地盤面までの高さがその階の天井の高さの1／3以上のもの。この地盤面は、建築物が周囲の地面と接する位置に3m超えの高低差があっても3mごとに領域分けせず、接する位置の平均の高さの水平面をいう［47頁参照］

表　住宅などの居室を地階に設ける場合の技術的基準［令22条の2、平12建告1430号］

規制内容	住宅（戸建住宅、長屋、共同住宅）の居室、学校の教室、病院の病室［※2］、寄宿舎の寝室を地階に設ける場合は、以下の防湿措置と防水措置を講じなければならない
居室の防湿措置	居室に①～③のいずれかを設置する ①空地［※3］またはからぼりの設置 居室の開口部に面して設け［左頁図参照］、開口部の換気上有効な部分≧居室床面積×1／20とする。からぼりは左頁図の寸法とする。 ②換気設備の設置 令20条2の技術的基準に適合するものとする ③除湿設備の設置 建築設備として配管等を接続したものとする。除湿機能付きエアコンは可。移動可能な除湿機などは不可
土に接する部分の防水措置	土に接する部分を①または②とする。 ただし、常水面以上の部分は、耐水材料で造り材料の接合部とコンクリートの打継ぎ部分に防水処置をすれば免除される ①外壁、床、屋根に防水層を設ける。防水層は、埋戻しなど工事中に損傷を受けるおそれがある場合は、き裂、破断などの損傷を防止する保護層を設ける。また、下地の種類、土圧、水圧の状況に応じ、割れ、すき間等が生じないよう、継ぎ目に十分な重ね合わせをするなどの措置を講じる ②屋根を①とし、外壁・床は耐水材料で造り、直接土に接する部分と居室に面する部分との間に水の浸透を防止する空隙部を設けて2重構造とする。空隙部には浸透水を排出する設備を設ける

※1　老人ホームのほか福祉ホームなど、共用廊下・共用階段を容積率算定の延べ面積から除外する場合と同じ施設［42頁参照］
※2　医療法により、病院の病室は放射線治療病室を除いて地階に設けることはできない
※3　開口部の前面に、当該開口部の下端より高い位置に地面がない空地で敷地内のもの。傾斜地などで該当するケースが多い

ここを見る！

- 法28条
- 法29条
- 法52条3項
- 令1条2号
- 令22条の2
- 平12建告1430号

これを押さえる！

地階とは床が地盤面下にある階で、床面から地盤面までの高さがその階の天井高の1／3以上のもの。地階の居室には採光は不要。ただし、住宅の居室、学校の教室、病院の病室、寄宿舎の寝室を地階に設ける場合は、居室の防湿措置や土に接する外壁や床の防水措置が必要［表］。

住宅などの地階居室の防湿措置（ドライエリアの設置）

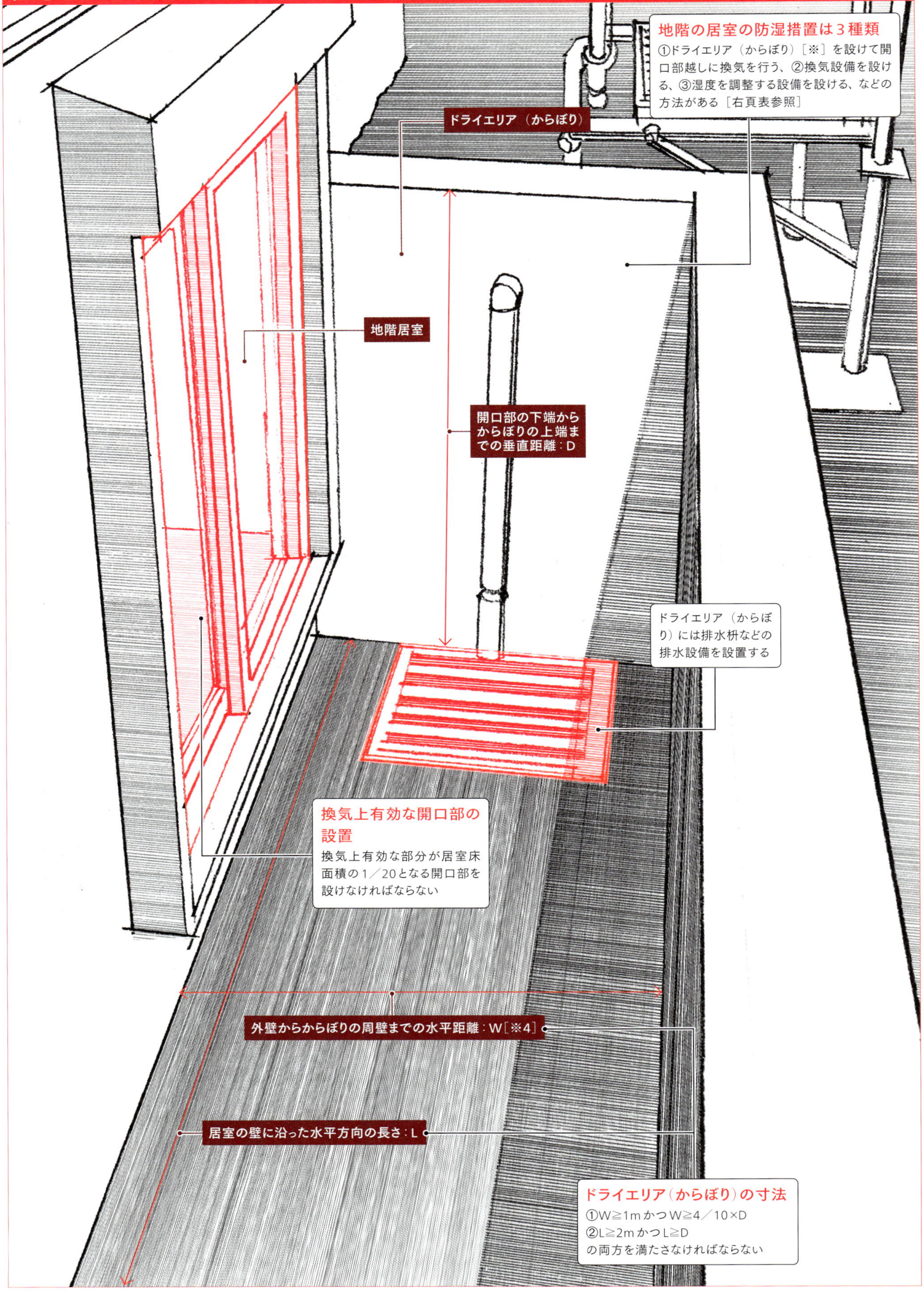

地階の居室の防湿措置は３種類
①ドライエリア（からぼり）［※］を設けて開口部越しに換気を行う、②換気設備を設ける、③湿度を調整する設備を設ける、などの方法がある［右頁表参照］
ドライエリア（からぼり）
地階居室
開口部の下端からからぼりの上端までの垂直距離：D
ドライエリア（からぼり）には排水枡などの排水設備を設置する
換気上有効な開口部の設置
換気上有効な部分が居室床面積の１／20となる開口部を設けなければならない
外壁からからぼりの周壁までの水平距離：W［※4］
居室の壁に沿った水平方向の長さ：L
ドライエリア（からぼり）の寸法
①W≧1mかつW≧4／10×D
②L≧2mかつL≧D
の両方を満たさなければならない

※4　W＞2mとなるからぼりの場合は、建築物の周囲の地盤と接する位置が、からぼりの周壁の部分ではなく、からぼりの底盤の部分となる。このため平均地盤面が下がり、建築物の高さがからぼりのない場合に比べて高くなる。これにより斜線制限や日影規制などの高さ制限に抵触してしまうことがあるので注意する

窓の有効採光面積は居室床面積×定められた割合以上必要

ここを見る！

法28条
令19条
昭55建告1800号

これを押さえる！

住宅、病院、学校などの居室は、適切な生活環境を確保するため、窓などの有効採光面積（採光補正係数で補正した面積）［左頁参照］を、居室の床面積に定められた割合［表1］を乗じた数値以上とする必要がある。住宅、保育所の保育室、学校の教室などは一定の照度を確保した照明設備を設けると、この割合が緩和される［表2］。

住宅での居室の有効採光面積

住宅の居室の開口部
居室の床面積の1／7以上の採光上有効な開口部を設けなければならない
照明設備の設置
床面で50lx以上の照度を確保すれば、有効採光面積は居室床面積の1／7以上から1／10以上に緩和される

表1　採光が必要な居室と割合［※1］

	建築物の用途と対象となる居室	窓の有効採光面積の居室面積に対する割合
（1）	幼稚園、小学校、中学校、義務教育学校、高等学校、中等教育学校、幼保連携型認定こども園の教室	1／5
（2）	保育所・幼保連携型認定こども園の保育室	
（3）	住宅（長屋・共同住宅の住戸を含む）の居室、寄宿舎の寝室、下宿の宿泊室	1／7
（4）	病院・診療所の病室	
（5）	児童福祉施設等［※2］の寝室、訓練室など	
（6）	（1）以外の学校の教室	1／10
（7）	病院、診療所、児童福祉施設等［※2］の談話室、娯楽室	

表2　照明設備を設けた場合の有効採光面積割合の緩和［昭55建告1800号］

緩和対象用途と居室	緩和要件	割合の緩和
住宅（長屋・共同住宅の住戸を含む）の居室	床面で50lx以上の照度を確保する照明設備の設置	1／7から1／10に緩和
幼稚園、保育所、幼保連携型認定こども園の教室・保育室	床面で200lx以上の照度を確保する照明設備の設置	1／5から1／7に緩和
小学校、中学校、義務教育学校、高等学校、中等教育学校の教室	①・②の要件を満たすこと ①床面から50cmの高さの水平面で200lx以上の照度を確保する照明設備の設置 ②窓などの開口部で、採光に有効な部分のうち床面から50cm以上の部分の面積が教室床面積の1／7以上	
上記用途の音楽教室、視聴覚教室	令20条の2による換気設備を設け、床面から50cmの高さの水平面で200lx以上の照度を確保する照明設備の設置	1／5から1／10に緩和

保育所の保育室の有効採光面積

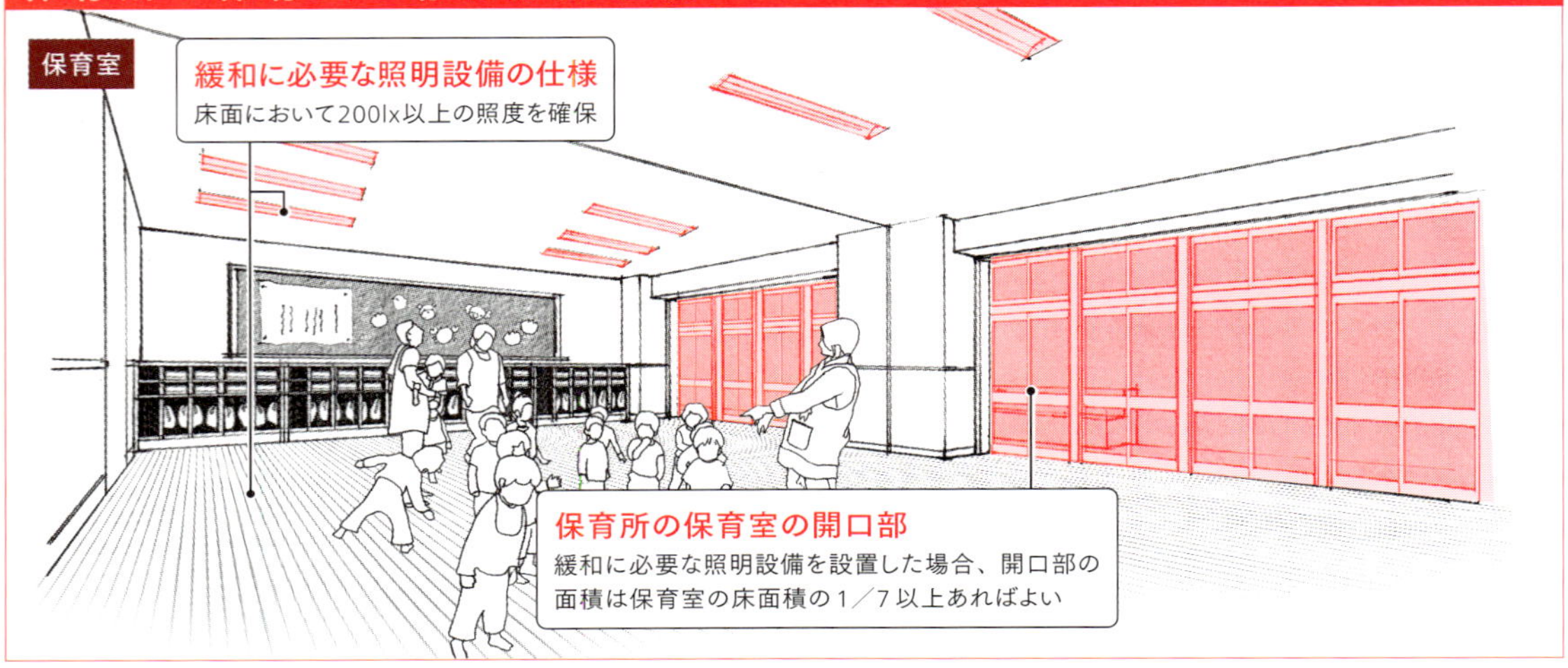
保育室
緩和に必要な照明設備の仕様
床面において200lx以上の照度を確保
保育所の保育室の開口部
緩和に必要な照明設備を設置した場合、開口部の面積は保育室の床面積の1／7以上あればよい

学校の教室の有効採光面積

50cm
学校の教室の窓
照明設備を設けて、床面から50cmの高さの水平面で200lx以上の照度を確保すれば、有効採光面積は居室床面積の1／5以上から1／7以上に緩和される。ただし採光上有効な部分の高さは床面から50cm以上の部分となる

※1　次の居室は、採光規定が適用されない。①地階または地下工作物（地下街）内の居室、②温湿度調整を必要とする作業室、③その他用途上やむを得ない居室（例：住宅の音楽練習室、大学・病院等で細菌・ほこりの侵入を防ぐ必要のある居室）｜※2　児童福祉施設（幼保連携型認定こども園を除く）、助産所、身体障害者社会参加支援施設（補装具制作施設と視聴覚障害者情報提供施設を除く）、保護施設(医療保護施設を除く)、婦人保護施設、老人福祉施設、有料老人ホーム、母子保健施設、障害者支援施設、地域活動支援センター、福祉ホーム、障害福祉サービス事業（生活介護、自立訓練、就労移行支援、就労継続を行う事業に限る）のこと

有効採光面積は窓面積×採光補正係数で求める

ここを見る！

令20条

これを押さえる！

窓から入る光の量は、窓の設置位置により異なる。このため、窓の採光に有効な部分の面積（採光有効面積）は、これを考慮し窓の面積×採光補正係数で算定する。採光補正係数は、窓直上の建物部分と隣地境界線との水平距離（D）と、窓から庇・屋根面までの垂直距離（H）を用いて、用途地域ごとの算定式［表］により計算する。

隣地境界線に面する場合の算定方法

有効採光面積

窓の面積をW、採光補正係数［表］をKとし、下式で求める。
有効採光面積＝W×K

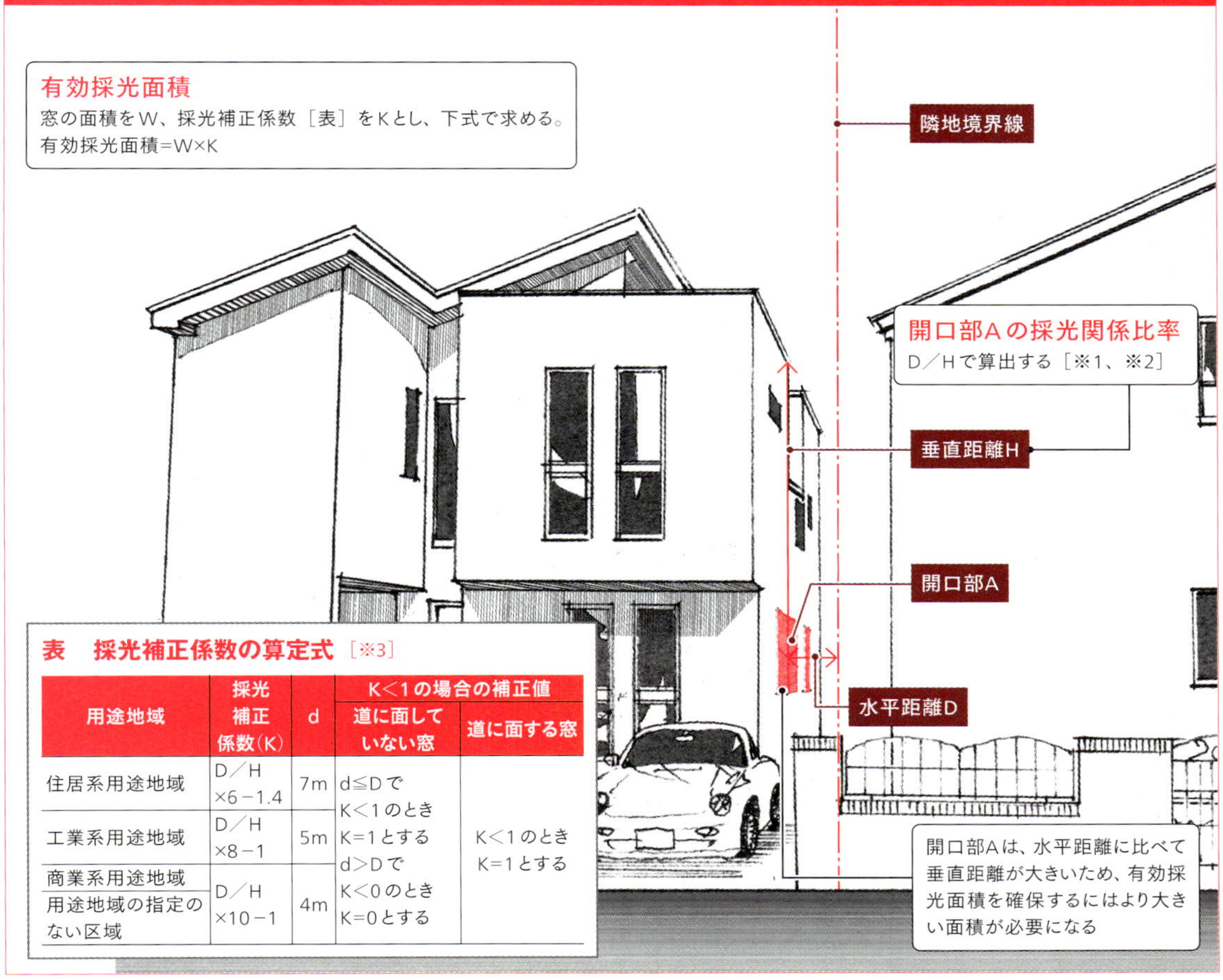
隣地境界線
開口部Aの採光関係比率
D／Hで算出する［※1、※2］
垂直距離H
開口部A
水平距離D
開口部Aは、水平距離に比べて垂直距離が大きいため、有効採光面積を確保するにはより大きい面積が必要になる

表　採光補正係数の算定式［※3］

用途地域	採光補正係数（K）	d	K＜1の場合の補正値　道に面していない窓	K＜1の場合の補正値　道に面する窓
住居系用途地域	D／H×6－1.4	7m	d≦DでK＜1のときK=1とする d＞DでK＜0のときK=0とする	K＜1のときK=1とする
工業系用途地域	D／H×8－1	5m		
商業系用途地域 用途地域の指定のない区域	D／H×10－1	4m		

道路に面する場合の算定方法

これもCheck!!

» 開口部の上部の庇が透明であるなど採光を阻害しない場合、庇をないものとして水平距離を算出し、採光補正係数を算出できる

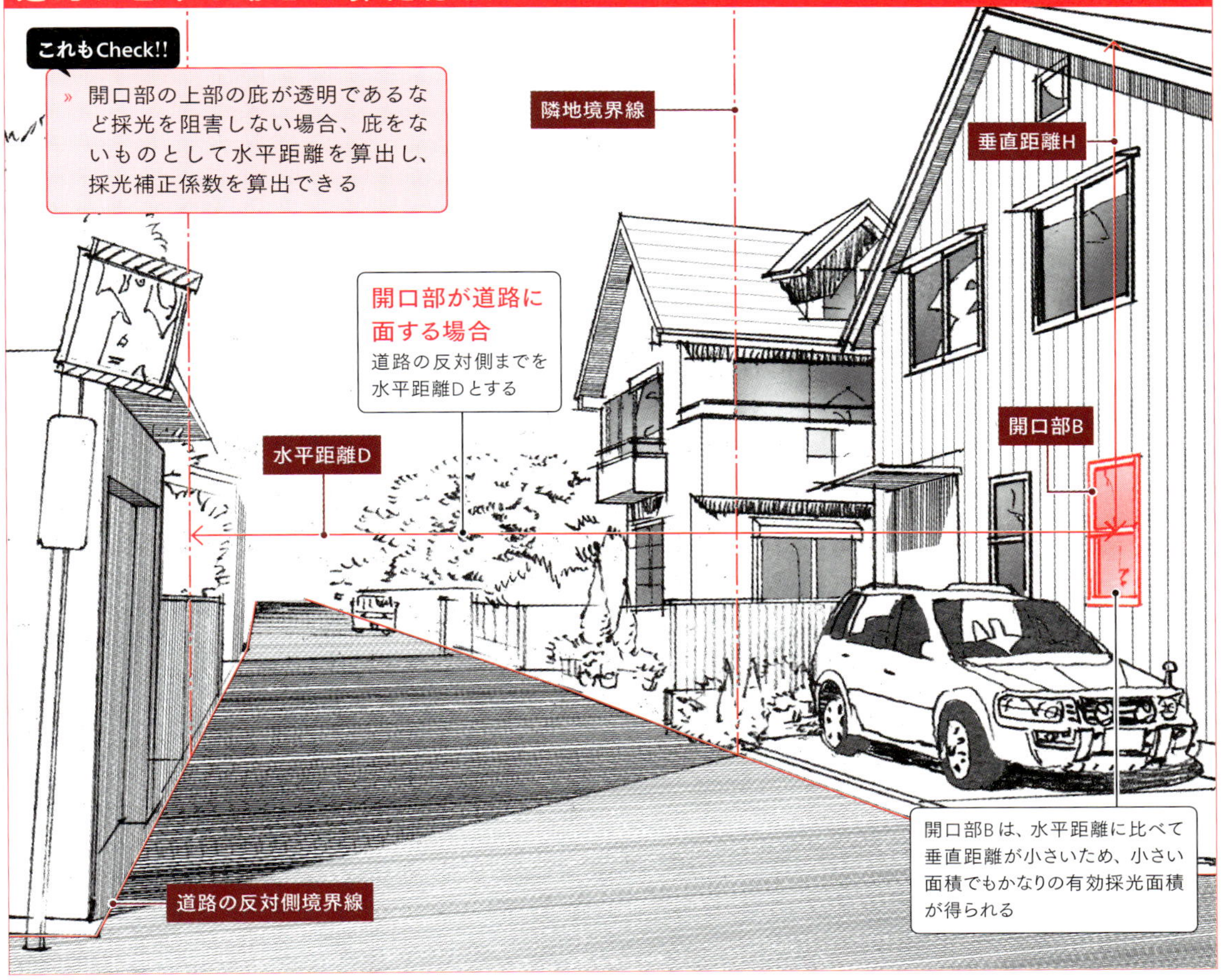
隣地境界線
垂直距離H
開口部が道路に面する場合
道路の反対側までを水平距離Dとする
水平距離D
開口部B
道路の反対側境界線
開口部Bは、水平距離に比べて垂直距離が小さいため、小さい面積でもかなりの有効採光面積が得られる

※1　水平距離Dは、開口部の真上の建築物の壁面や軒、庇などの先端から、隣地境界線までの水平長さ［※2］。垂直距離Hは、開口部の真上の建築物の頂点から開口部の中心までの垂直長さ｜※2　①道路に面する場合は道路の反対側の境界線まで、②公園・河川などに面する場合はその幅の1／2だけ隣地境界線の外側の線まで、③同一敷地内のほかの建築物もしくは当該建築物の部分に面する場合は対向部までの、それぞれの水平長さ｜※3　算定の結果、Kが3を超えた場合はK=3とする

開口部がない居室でも採光を確保できる

ここを見る！

- 法28条1項
- 令20条
- 平15国交告303号

これを押さえる！

1つの居室では有効採光面積が不足していても、その居室が襖や障子などの建具で仕切られたほかの居室に続く場合、2つの居室を1つの居室とみなして採光を検討できる［※1］。一方、開口部を壁に設けにくい場合は、採光補正係数の高い天窓を活用する方法もある。

2室を1室とみなす特例

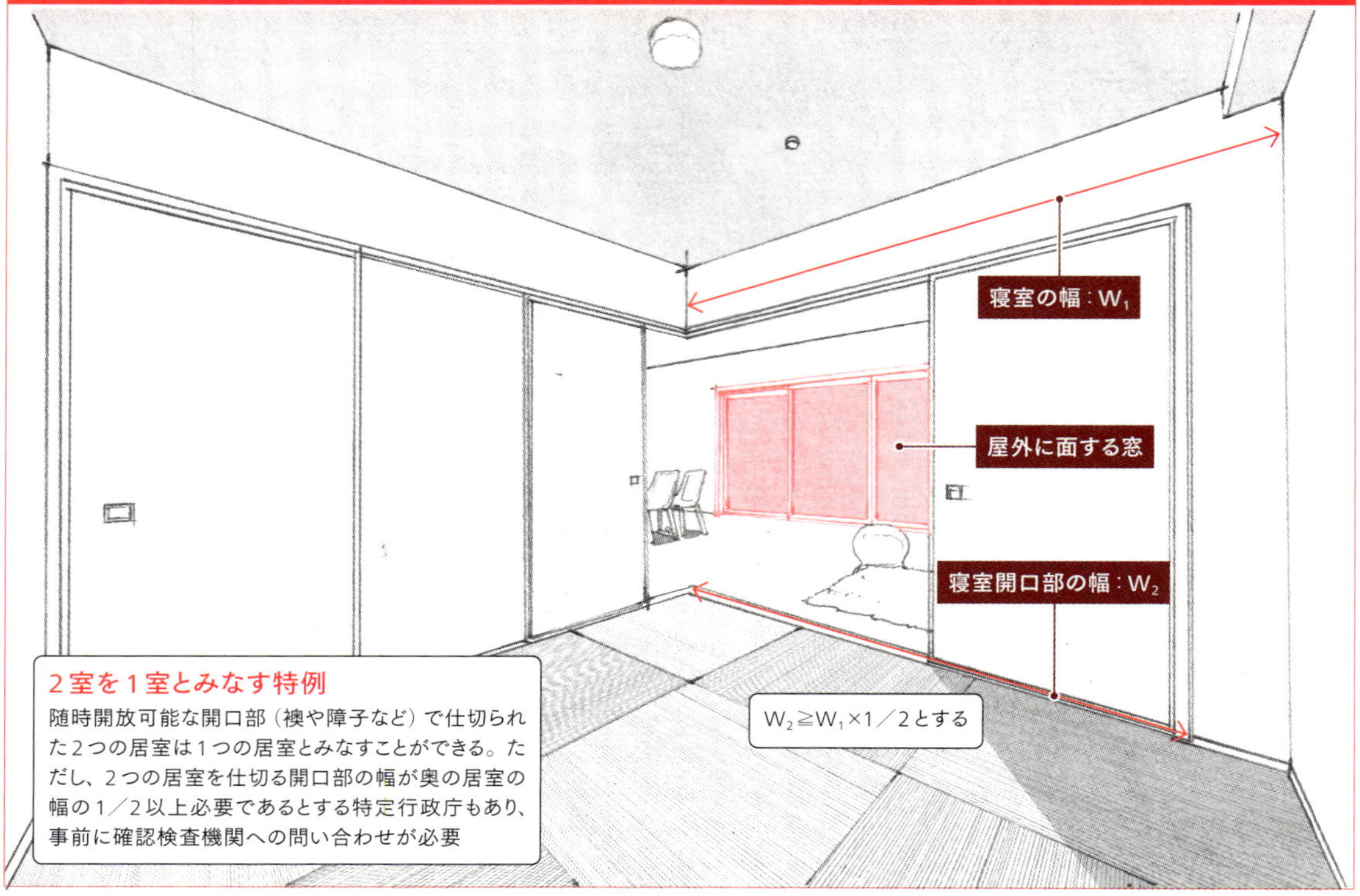
寝室の幅：W_1
屋外に面する窓
寝室開口部の幅：W_2
$W_2 \geqq W_1 \times 1/2$とする
2室を1室とみなす特例
随時開放可能な開口部（襖や障子など）で仕切られた2つの居室は1つの居室とみなすことができる。ただし、2つの居室を仕切る開口部の幅が奥の居室の幅の1／2以上必要であるとする特定行政庁もあり、事前に確認検査機関への問い合わせが必要

居室の外側に縁側がある場合の特例

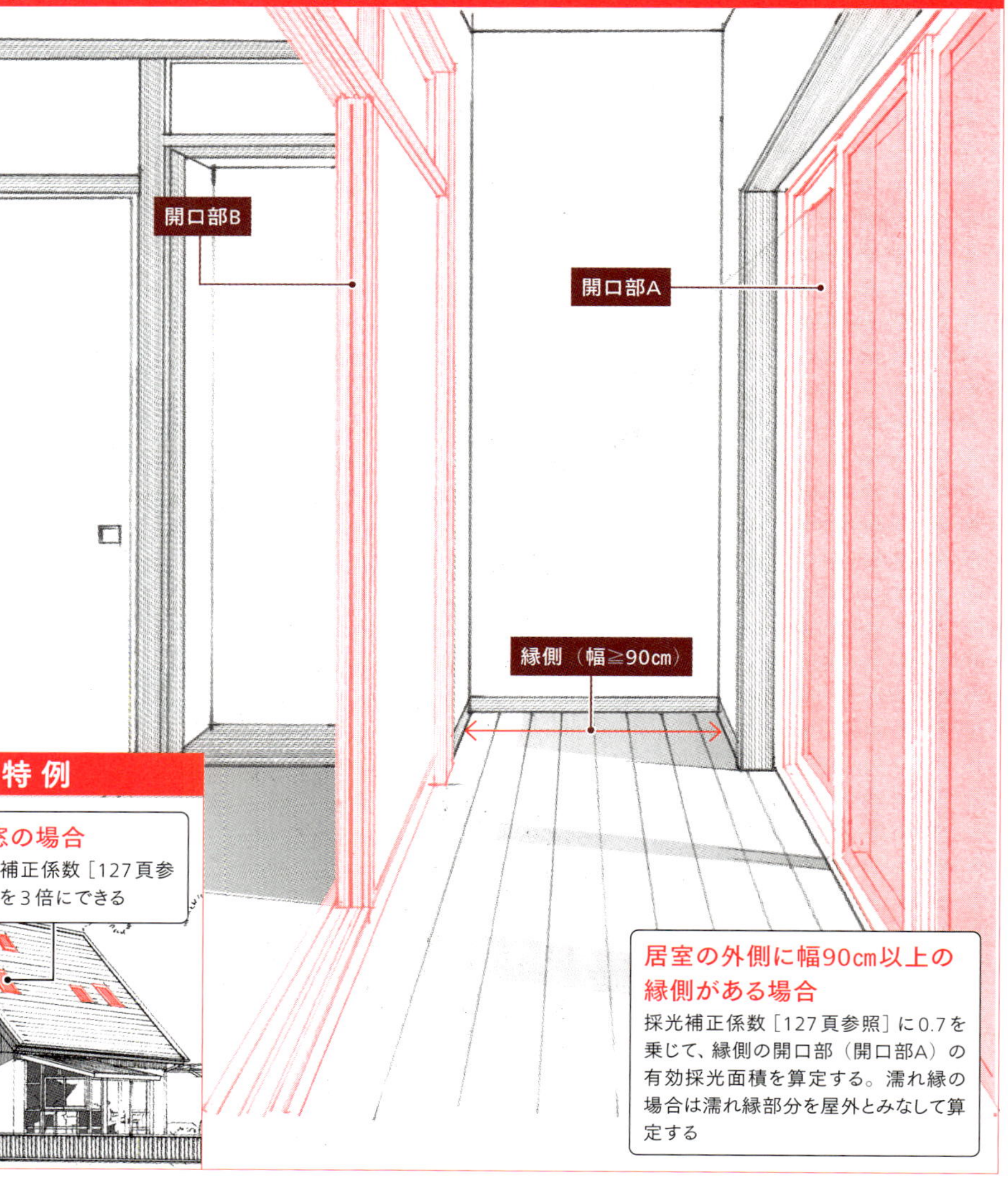
開口部B
開口部A
縁側（幅≧90㎝）
居室の外側に幅90㎝以上の縁側がある場合
採光補正係数［127頁参照］に0.7を乗じて、縁側の開口部（開口部A）の有効採光面積を算定する。濡れ縁の場合は濡れ縁部分を屋外とみなして算定する

天窓の場合の特例

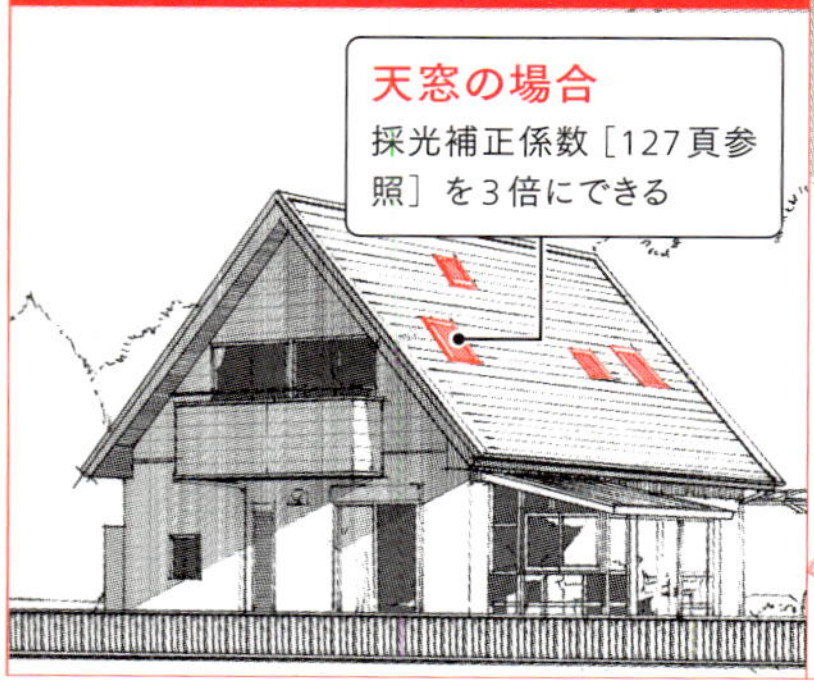
天窓の場合
採光補正係数［127頁参照］を3倍にできる

※1　換気の検討の場合も、同様の特例が適用される

※2　近隣商業地域や、商業地域内では、住宅（長屋・共同住宅の住戸を含む）の居室は、襖や障子を設けず框戸や欄間などで仕切られている場合でも、一方の居室の窓の有効採光面積が2室合計の床面積の1／7以上で、かつ框戸や欄間などの開口部面積が他方の居室の床面積の1／7であれば、採光規定を満たしていることとなる［平15国交告303号］

COLUMN

さまざまな種類の無窓居室、制限される内容もさまざま

窓などの開口部のある部屋でも、開口部の大きさが一定の基準を満たさない場合は、建築基準法上の「無窓居室」になる。無窓居室にはさまざまな種類がある。たとえば、法28条2項で居室には換気上有効な開口部が必要と規定されているが、これを満たさない居室は換気無窓居室として換気設備の設置が必要となる。また、法35条、法35条の2、法35条の3により、それぞれ令116条の2、令128条の3の2、令111条1項で定める無窓居室には制限が課せられる。これらを整理すると以下のようになる。

無窓居室の種類と必要な措置

<table>
<tr><th colspan="2">無窓居室の種類</th><th>換気上の無窓居室</th><th>避難口無窓居室</th><th>採光上の無窓居室</th><th>排煙上の無窓居室</th><th>やむを得ない採光上の無窓居室</th></tr>
<tr><td colspan="2" rowspan="2">無窓居室となる場合
無窓居室に対する規制措置</td><td>換気上有効な窓、開口部の面積合計＜居室床面積×1／20</td><td>直接外気に接する避難上有効な開口部で直径1mの円が内接できる大きさまたはW≧75cm、H≧120cmの大きさのものが無い居室</td><td>採光に有効な開口部の面積［＊1］合計＜居室床面積×1／20</td><td>天井または天井から下方80cm以内の距離にある開放できる開口部の面積合計＜居室床面積×1／50</td><td>温湿度調整を必要とする作業室など、やむを得ず法28条1項の1／5～1／10の採光が確保されていない居室</td></tr>
<tr><td>法28条2項</td><td>法35条の3
令111条1項2号</td><td>法35条、法35条の3
令111条1項1号
令116条の2第1項1号</td><td>法35条、法35条の2
令116条の2第1項2号
令128条の3の2第1号</td><td>法35条の2
令128条の3の2第2号</td></tr>
<tr><td>換気設備（法28条2項）</td><td>換気設備を設置する</td><td>●</td><td></td><td></td><td></td><td></td></tr>
<tr><td>廊下の幅（令119条）</td><td>無窓居室を有する階に対して適用</td><td></td><td></td><td>●</td><td></td><td></td></tr>
<tr><td>直通階段の設置（令120条）</td><td>直通階段までの歩行距離を30m以下とする</td><td></td><td></td><td>●
［＊2］</td><td></td><td></td></tr>
<tr><td>非常用照明（令126条の4）</td><td>非常用照明設備を当該居室とそこからの避難経路に設置</td><td></td><td></td><td>●</td><td></td><td></td></tr>
<tr><td>敷地内通路（令128条）</td><td>屋外出口から道路に通ずるW≧1.5mの敷地内通路を設ける［＊3］</td><td></td><td></td><td>●</td><td>●</td><td></td></tr>
<tr><td>防火措置（法35条の3）</td><td>居室を区画する主要構造部を耐火構造または不燃材料でつくったものとする［＊4］</td><td></td><td colspan="2">どちらにも該当する場合に適用
●
［＊5］</td><td></td><td></td></tr>
<tr><td>内装制限（令128条の5）</td><td>当該居室および居室から地上に通ずる主たる廊下・階段などの壁・天井の仕上げを準不燃材料とする［＊6］</td><td></td><td></td><td></td><td>50㎡を超える居室の場合に適用
●</td><td>●</td></tr>
<tr><td>排煙設備（令126条の2）</td><td>排煙設備を設置する</td><td></td><td></td><td></td><td>●</td><td></td></tr>
</table>

凡例　●：適用される規制

＊1　令20条の規定により計算した採光上有効な面積｜＊2　一定の避難上支障のない措置を講じたものは、その他の居室と同等の歩行距離とできる［令5国交告208号］｜＊3　階数≦3で延べ面積<200㎡の建築物はW≧90cm｜＊4　法別表第1(い)欄(1)項の用途（劇場、映画館、演芸場、観覧場、公会堂、集会所など）に供する場合は適用されない。｜＊5　一定の避難上支障のない措置を講じたものや、次の①～③のいずれかに該当し自動火災報知設備を設けたものは免除される。①床面積≦30㎡の就寝用途以外の居室、②避難階で屋外の出口までの歩行距離≦30m、③避難階の直上階や直下階で屋外の出口または屋外避難階段の出入口までの歩行距離≦20m［令2国交告249号］｜＊6　天井高さが6mを超える場合は適用されない

有効換気窓の算定は開口部の形状で異なる

ここを見る！

- 令20条の2
- 令20条の3
- 令129条の2の5
- 昭45建告1826号
- 昭45建告1832号

これを押さえる！

居室には、その床面積の1／20以上の自然換気に有効な開口部が必要。有効開口部面積は開口部の形状により、外気に有効に開放される部分の面積を算出する。換気上有効な面積が確保できない場合は、換気設備を設ける必要がある［※］。

開口部の形状ごとの換気上有効な開口部面積

片引き窓

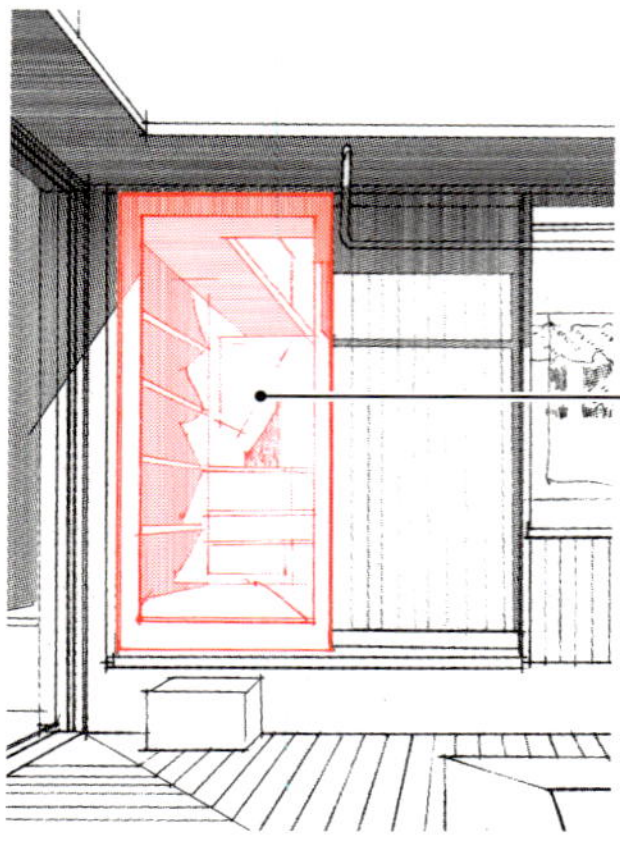

片引き窓の場合
有効開口部面積＝窓面積

引違い窓

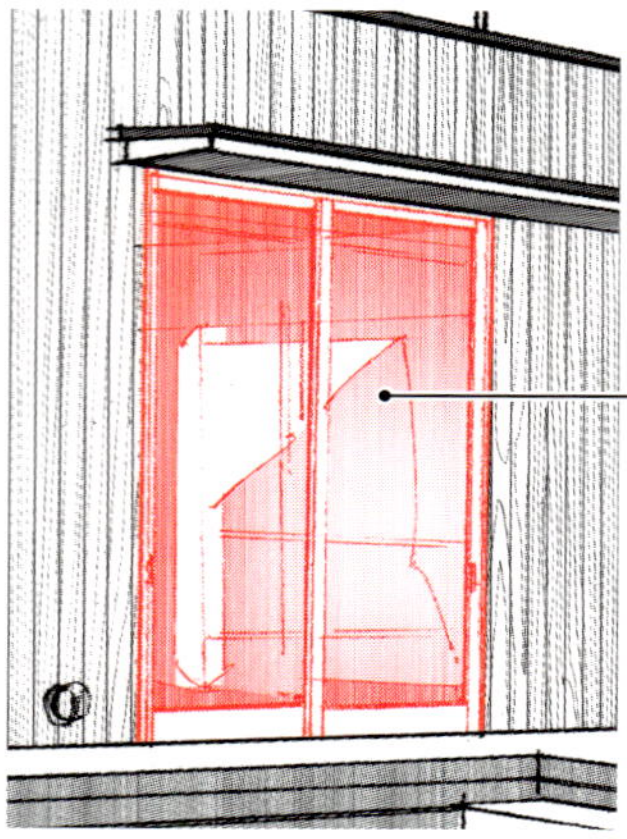

引違い窓の場合
有効開口部面積＝窓面積×1／2

両開き窓

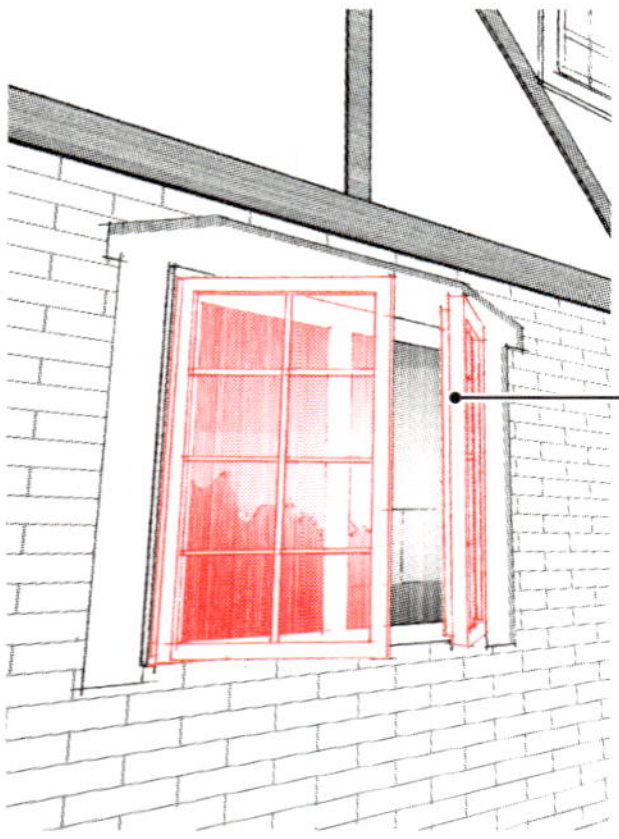

両開き窓の場合
有効開口部面積＝窓面積

3枚引違い窓

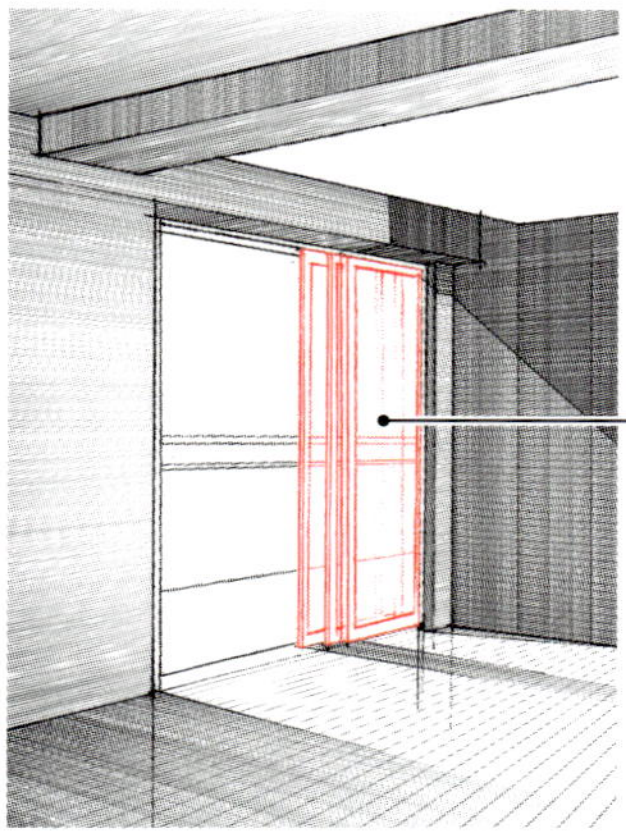

3枚引違い窓の場合
有効開口部面積＝窓面積×2／3

はめ殺し窓

はめ殺し窓の場合
有効開口部面積＝0

上げ下げ窓

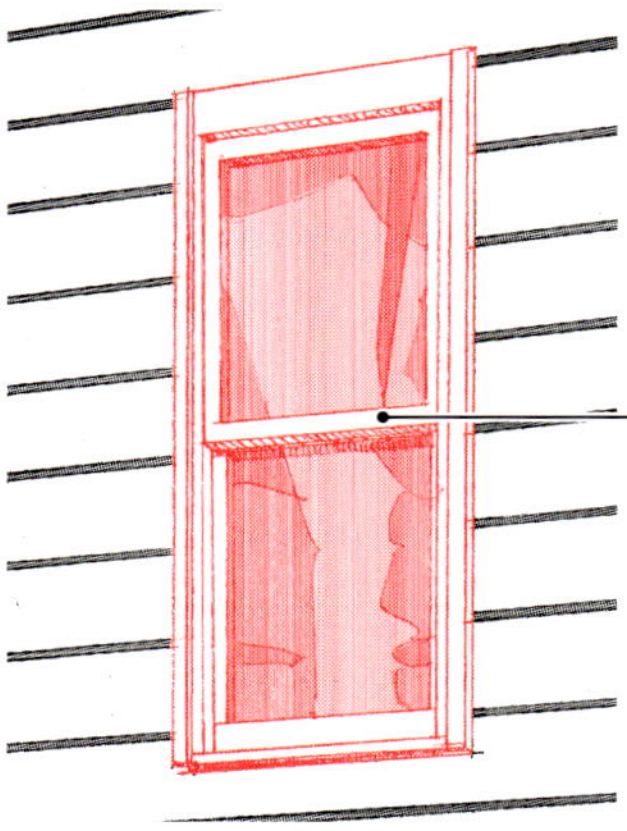

上げ下げ窓の場合
有効開口部面積＝窓面積×1／2

外倒し窓・ガラリ窓

外・内倒し窓、回転窓、ガラリ窓の場合
回転角度aが45°≦a≦90°の場合、有効開口面積＝窓面積になる。一方、0°＜a＜45°の場合は、有効開口面積＝a／45°×窓面積となる

※　換気上の無窓居室となる場合、①自然換気設備、②機械換気設備、③中央管理方式による空調設備、のいずれかの換気設備を設けなければならない。劇場や映画館などの特殊建築物では、自然換気設備は認められず、機械換気設備か空調設備のいずれかとしなければならない。また調理室や湯沸かし室などの火気使用室では中央管理方式の空調設備は認められない［表1］。火気使用のための換気設備と居室の換気設備を兼用する場合は、燃焼器具のための換気基準と居室の換気基準の両方を満たす必要がある

表1　換気設備の設置

適用対象		設置する換気設備の種類	適用条項
換気設備の設置が必要となる部分	換気上の無窓居室 （有効換気面積＜居室の床面積×1／20）	自然換気設備	令20条の2 令129条の2の5 昭45建告1826号・1832号
		機械換気設備	
		中央管理方式の空調設備	
	劇場、映画館、演芸場、観覧場、公会堂、集会場、その他これらに類する建築物の居室	機械換気設備	
		中央管理方式の空調設備	
	火気使用室	自然換気設備 ①排気筒方式 ②煙突方式 ③換気フード付排気筒方式	令20条の3 昭45建告1826号
		機械換気設備 ①換気扇等方式 ②排気フード付換気扇等方式 ③煙突+換気扇等方式	

火気使用室の換気設備の免除［令20条の3第1項］

以下の①～③のいずれかに該当する場合は換気設備が免除される

①密閉式燃焼器具(直接屋外から空気を取入れ、廃ガスを直接屋外に排出する燃焼器具)のみを設けたもの

②住宅・住戸（床面積≦100㎡）に設けられた調理室で、器具の発熱量の合計（密閉式燃焼器具、煙突を設けた設備・器具を除く）が12kw以下、調理室の床面積の1／10以上かつ0.8㎡以上の換気上有効な開口部を設けたもの

③調理室以外の火気使用室で、器具の発熱量の合計（密閉式燃焼器具、煙突を設けた設備、器具を除く）が6kw以下、かつ床面積の1／20以上の換気上有効な開口部を設けたもの

火気使用室の必要換気量

火気使用室における必要換気量は、下記の式で求められる。
必要換気量（V）＝定数×理論廃ガス量（K）×燃料消費量（Q）
V：必要換気量（㎥／h）
K：理論廃ガス量（㎥）
Q：燃料消費量（kg／h）または発熱量（kW）

排気フードのない場合

排気フードを使用しないキッチンまたは、開放形燃焼器具を使用する居室などは、定数を40とし必要換気量を算出する

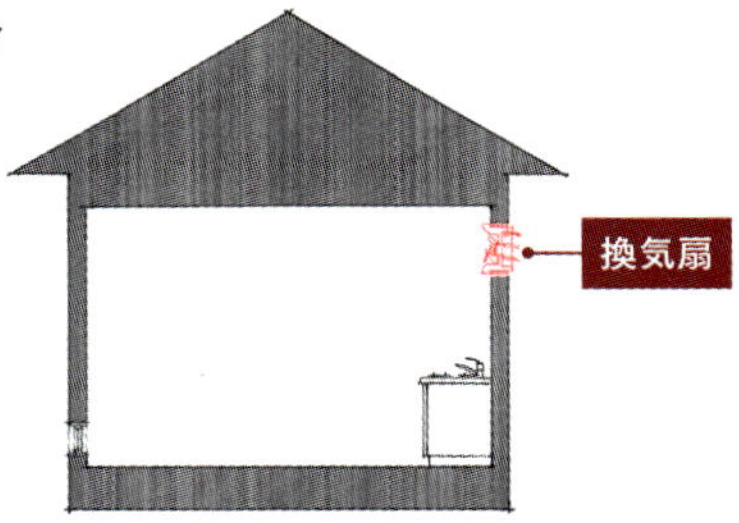

排気フードⅠ型の場合

火源等を覆うことができ、廃ガスを一様に捕集できるレンジフードファンやキッチンフードファンを使用したキッチンなどは、定数を30とし必要換気量を算出する

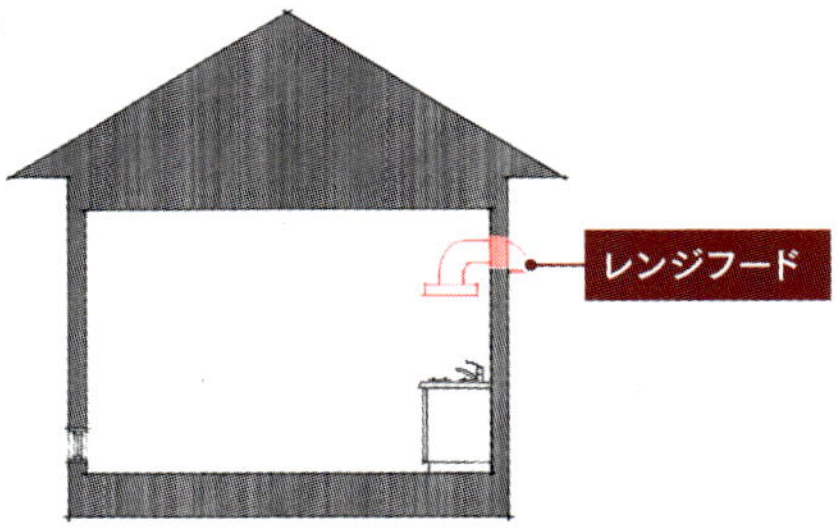

排気フードⅡ型の場合

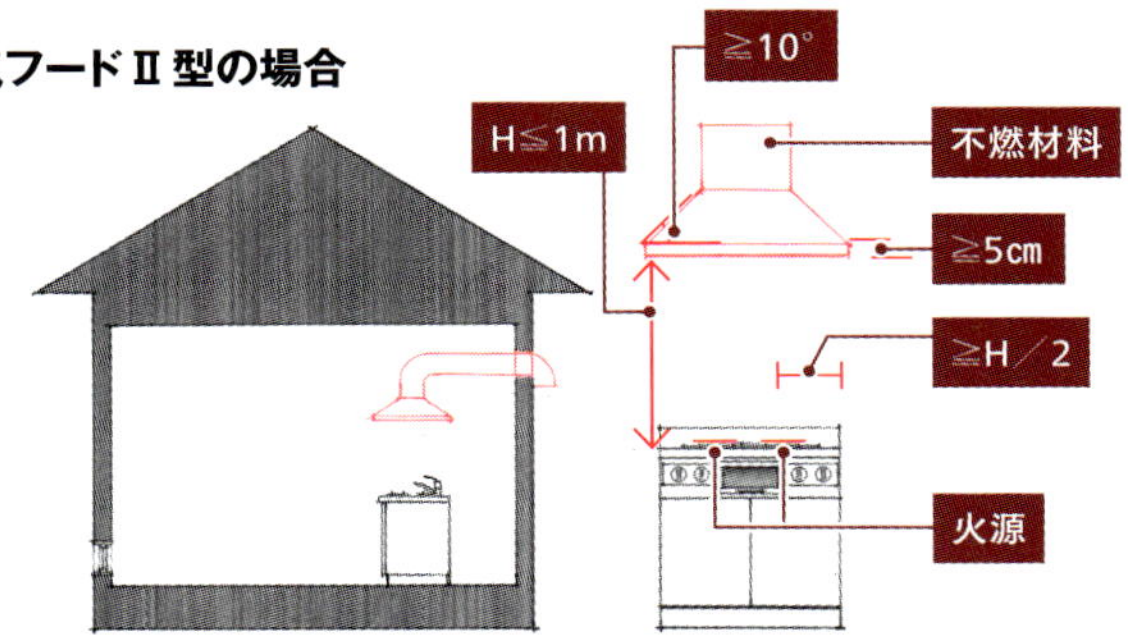

右に示す寸法のフードを使用したキッチンなどは、定数を20とし必要換気量を算出する

表2　理論廃ガス量（K）

燃料の種類	理論廃ガス量
都市ガス12A	0.93㎥／kWh
都市ガス13A	
都市ガス5C	
都市ガス6B	
ブタンエアガス	
LPガス（プロパン主体）	0.93㎥／kWh （12.9㎥／kg）
灯油	12.1㎥／kg

表3　ガス器具と燃料消費量（Q）（参考値）

ガス器具			燃料消費量	発熱量（kW）
都市ガス（13A）	コンロ	1口	0.23㎥／h	2.9
		2口	0.50㎥／h	6.4
		3口	0.73㎥／h	9.3
	湯沸器	5号	0.91㎥／h	11.6
	ガス釜	1ℓ	0.10㎥／h	1.3
		2ℓ	0.14㎥／h	1.8
プロパンガス	コンロ	1口	0.18kg／h	2.5
		2口	0.40kg／h	5.6
		3口	0.65kg／h	9.1
	湯沸器	5号	0.78kg／h	10.9
	ガス釜	1ℓ	0.12kg／h	1.7
		2ℓ	0.16kg／h	2.2

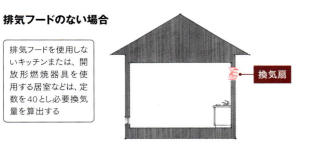

シックハウス対策には材料の制限と24時間換気がある

ここを見る！

法28条の2
令20条の4～8
平14国交告1112～1115号
平15国交告273・274号

これを押さえる！

建築物には発がん物質である石綿建材の使用が禁止され、居室を有する建築物は健康被害をもたらすクロルピリホス添加建材の使用禁止や、ホルムアルデヒド発散建材の内装への使用制限を受ける。また、家具等に含まれるホルムアルデヒド対策のため、居室を有する建築物には常時稼働する換気設備の設置が義務付けられている。

シックハウス対策の基本

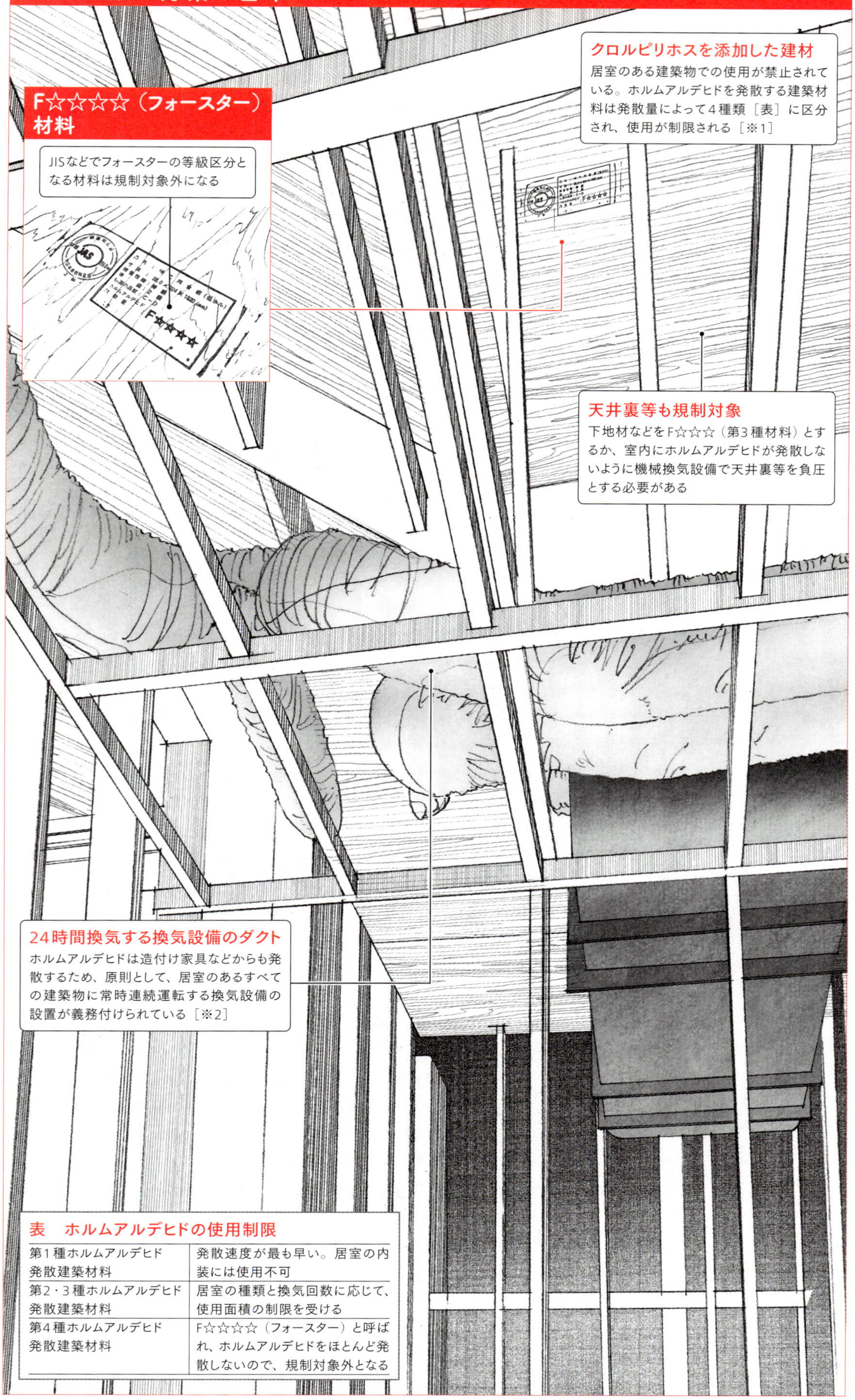
F☆☆☆☆（フォースター）材料
JISなどでフォースターの等級区分となる材料は規制対象外になる
クロルピリホスを添加した建材
居室のある建築物での使用が禁止されている。ホルムアルデヒドを発散する建築材料は発散量によって4種類［表］に区分され、使用が制限される［※1］
天井裏等も規制対象
下地材などをF☆☆☆（第3種材料）とするか、室内にホルムアルデヒドが発散しないように機械換気設備で天井裏等を負圧とする必要がある
24時間換気する換気設備のダクト
ホルムアルデヒドは造付け家具などからも発散するため、原則として、居室のあるすべての建築物に常時連続運転する換気設備の設置が義務付けられている［※2］

表　ホルムアルデヒドの使用制限

第1種ホルムアルデヒド発散建築材料	発散速度が最も早い。居室の内装には使用不可
第2・3種ホルムアルデヒド発散建築材料	居室の種類と換気回数に応じて、使用面積の制限を受ける
第4種ホルムアルデヒド発散建築材料	F☆☆☆☆（フォースター）と呼ばれ、ホルムアルデヒドをほとんど発散しないので、規制対象外となる

※1　クロルピリホスとホルムアルデヒドは揮発性で長期間経過すると人体への影響がほとんどなくなるため、建築物に用いられた状態で5年以上経過したものは制限が適用されない

※2　換気設備は、機械換気設備か中央管理方式の換気設備とする。機械換気設備による場合は、戸建住宅、長屋、共同住宅などの居室、寄宿舎の寝室、家具などの物品販売業の売場については0.5回／h以上、その他の居室については0.3回／h以上の換気回数が必要

居室　無窓居室

開口部の面積が極めて小さい場合は無窓居室になる

ここを見る！

法28条、法35条、法35条の2、法35条の3、令111条、令116条の2、令120条、令126条の2、令126条の4、令128条、令128条の3の2

これを押さえる！

無窓居室には主に「採光上」「換気上」「排煙上」の3つがある。それぞれ、居室の床面積に対する有効開口部面積が一定基準に満たない場合、無窓居室となる。無窓居室となった場合は、さまざまな法規制を受ける［129頁参照］。

無窓居室の例（音楽練習室）

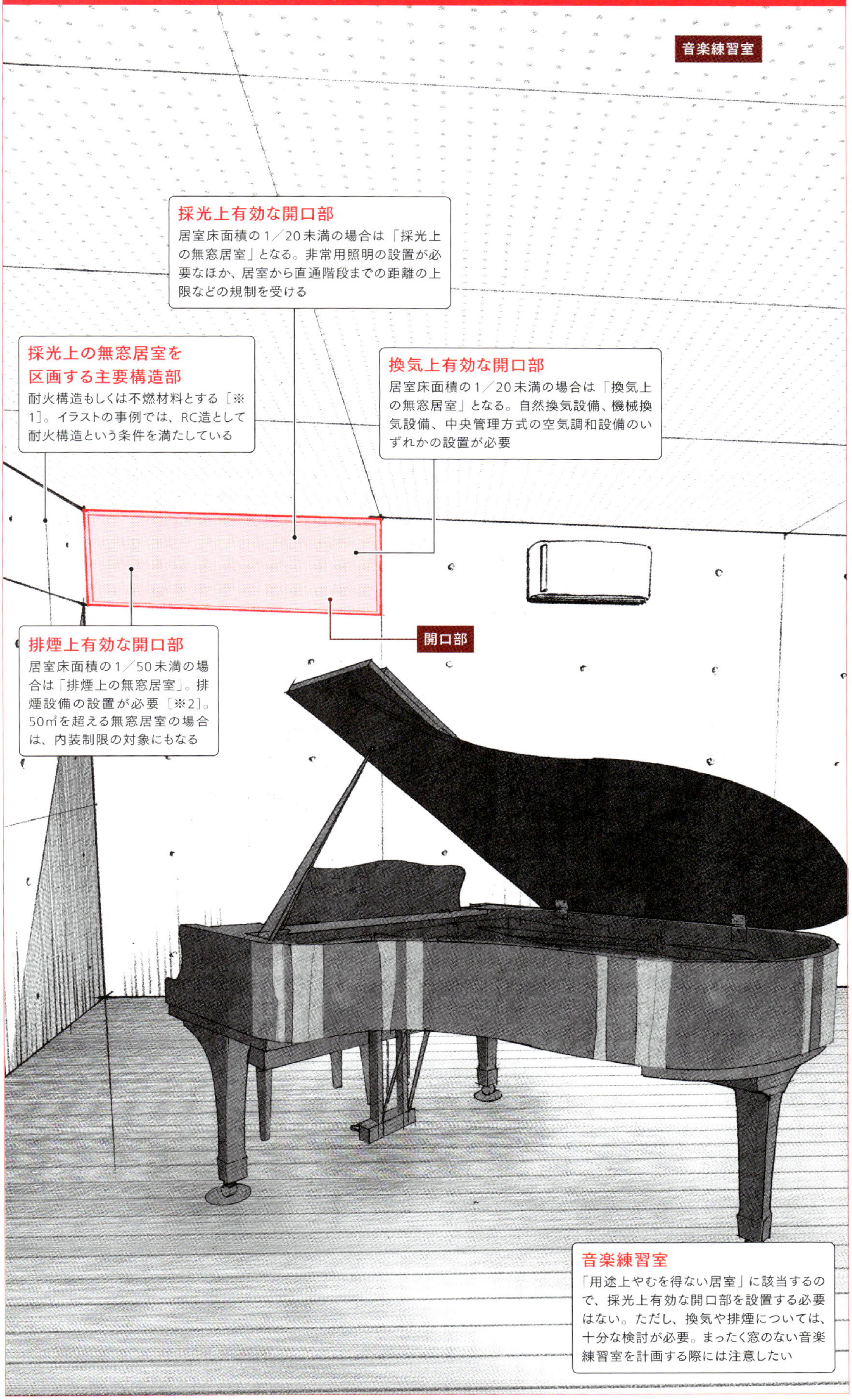

音楽練習室
採光上有効な開口部
居室床面積の1／20未満の場合は「採光上の無窓居室」となる。非常用照明の設置が必要なほか、居室から直通階段までの距離の上限などの規制を受ける
採光上の無窓居室を区画する主要構造部
耐火構造もしくは不燃材料とする［※1］。イラストの事例では、RC造として耐火構造という条件を満たしている
換気上有効な開口部
居室床面積の1／20未満の場合は「換気上の無窓居室」となる。自然換気設備、機械換気設備、中央管理方式の空気調和設備のいずれかの設置が必要
開口部
排煙上有効な開口部
居室床面積の1／50未満の場合は「排煙上の無窓居室」。排煙設備の設置が必要［※2］。50㎡を超える無窓居室の場合は、内装制限の対象にもなる
音楽練習室
「用途上やむを得ない居室」に該当するので、採光上有効な開口部を設置する必要はない。ただし、換気や排煙については、十分な検討が必要。まったく窓のない音楽練習室を計画する際には注意したい

※1　採光上の無窓居室、または直接外気に接する避難上有効な開口部（直径1m以上の円が内接できるもの、または幅≧75cm、高さ≧1.2m）を有しない居室の場合に適用される。ただし告示による緩和措置がある［129頁参照］

※2　階数≦2で延べ面積≦200㎡の住宅や長屋の住戸は、告示により排煙無窓の居室であっても排煙設備の設置が免除されるが、換気無窓居室でないことが免除の要件なので注意が必要

COLUMN

建築物省エネ法改正による 省エネ基準適合義務化

表1　省エネ基準適合義務対象

対象となるもの	①建築物の新築 ②建築物の増改築部分（法改正により既存部分の省エネ措置は対象から除外された）
対象とならないもの	①10㎡以下の新築、増改築 ②修繕・模様替え（大規模なものも含む） ③用途変更 ④以下の建築物 ・無居室または高い開放性を有するため空調設備を設ける必要のないもの →無居室のもの：自動車車庫、駐輪場、畜舎、堆肥舎、公共用歩廊、常温倉庫 →高い開放性を有するもの：観覧場、スケート場、水泳場、スポーツ練習場、神社・寺院など ・歴史的建造物、文化財等 ・仮設建築物（法85条1項・2項・6項・7項のもの）

＊　省エネ基準には義務基準とそれより水準の高い誘導基準とが定められており、誘導基準では非住宅の外皮性能も制限を受ける

省エネ基準（義務基準）
省エネ性能は、建築物の設備が1年間に使用する一次エネルギー消費量と建築物の外皮性能数値とで示され、これを法で定める基準値以下としなければならない。ただし省エネ基準のうち義務基準では非住宅の外皮性能は適用除外されている［＊］

表2　手続きに必要な図書

●：申請時に提出　○：申請時の提出は必ずしも必要ではない

図書	省エネ適判を受ける場合			省エネ適判を受けない場合	
	省エネ適判	確認申請	完了検査	確認申請	完了検査
省エネ適判通知書		○	●		
性能確保計画書［＊］	●	○	●		
設計内容説明書	●		●	●	●
各種図面	●		●	●	●
各種計算書	●		●		
機器表等	●		●	●	●
省エネ工事監理報告書			●		●
納入仕様書・品質証明書・施工記録書等			●（現場備付）		●（現場備付）

＊　建築物エネルギー消費性能確保計画

エネルギー消費性能適合性判定（省エネ適判）
建築物の省エネ性能は、建築研究所のホームページで公開されているWEBプログラムに建物の基本情報や省エネ建材・設備仕様などを入力することで計算することができ、建築物の属性、用途別に様々なプログラムや計算シートが用意されている。エネルギー消費性能適合性判定（省エネ適判）においては、この計算結果を提出する

住宅（戸建住宅・長屋・共同住宅）についてはWEBプログラムを使用せず、告示で定められた仕様とすることにより省エネ基準に適合させる方法もある。この場合、確認申請時の省エネ基準適合性判定機関による省エネ適判は不要で、確認審査の中で省エネ基準への適合性の審査が行われる。また、設計住宅性能評価や長期優良住宅建築等計画の認定または長期使用構造等の確認を受けた住宅についても省エネ適判は不要だ

建築物省エネ法［※1］では、建築物の省エネ性能を向上させるため、①省エネ基準への適合義務、②大手住宅事業者に対するトップランナー制度、③建築物再生可能エネルギー利用促進区域、などの規制措置や、④性能向上計画認定制度、⑤省エネ性能の表示、などの誘導措置が定められ、省エネ基準や省エネ性能の計算方法も定められている。

改正により、令和7年4月1日以降に着工するすべての建築物［表1］は、省エネ基準に適合することが義務付けられた。確認申請の必要なものは申請時に必要な図書［表2］を提出。省エネ基準への適合性審査が行われ、基準に適合していなければ確認済証が交付されない［9頁参照］。また工事完了後は基準法の完了検査時に省エネ基準への適合性についても検査を受け、適合していなければ検査済証が交付されない［※2］。この改正により、300㎡以上の住宅に適用されていた省エネ措置の届け出義務や、300㎡未満の建築物に適用されていた省エネ措置の建築主に対する建築士の説明義務は廃止される。

今後も建築物省エネ法は継続的に見直しが行われ、2030年度以降に新築する建築物についてはZEH・ZEB［※3］水準を省エネ基準（義務基準）とするなど、より厳しい措置が導入される予定だ。

※1　温室効果ガス削減の政府目標の達成のためには、建築物の省エネ化を徹底することが喫緊の課題となり、建築物分野を省エネ法から分離独立させ、平成27年に建築物のエネルギー消費性能の向上に関する法律（建築物省エネ法）が新たに制定された
※2　ただし、都市計画区域・準都市計画区域内の平屋で延べ面積が200㎡以下の建築物（新3号の建築物）［8頁参照］は、省エネ基準についての審査検査が省略される
※3　net Zero Energy House と net Zero Energy Building の略語であり、ともに省エネ措置と太陽光発電などの創エネ措置とで基準一時消費エネルギー消費量から正味100%以上を削減した住宅・建築物のこと

INDEX

あ

か

さ

た

な

は

ま

や

ら

著者

関田保行（せきた・やすゆき）

建築基準適合判定資格者・一級建築士・ルート２主事・住宅性能評価員・省エネ適合判定資格者

1952年さいたま市生まれ。'75年武蔵工業大学（現東京都市大学）建築学科卒。埼玉県住宅供給公社勤務後、ビューローベリタスジャパン執行役員、ユーディーアイ確認検査法務統括などを経て、現在、建築法規研究所代表。芝浦工業大学工学部建築学科・神奈川大学工学部建築学科非常勤講師、日本建築行政会議理事、建築行政情報センター（ICBA）理事を歴任。主な著書に『写真でスラスラわかる建築基準法』『見るだけで分かる！建築基準法入門　最新法改正対応版』『はじめて学ぶ建築法規』のほか、これまでに14冊の書籍の執筆や監修を行っている

リアルイラストで スラスラわかる 建築基準法

［2025年大改正対応版］

2025年1月7日　初版第1刷発行
2025年3月28日　　第2刷発行

著者　関田保行
発行者　三輪浩之
発行所　株式会社エクスナレッジ
〒106-0032 東京都港区六本木7-2-26
https://www.xknowledge.co.jp/

問い合わせ先　編集　TEL：03-3403-1381
Fax：03-3403-1345
info@xknowledge.co.jp
販売　TEL：03-3403-1321
Fax：03-3403-1829